留学生のための

漢字の教科書

上級1000

改訂版

佐藤　尚子
佐々木仁子 著

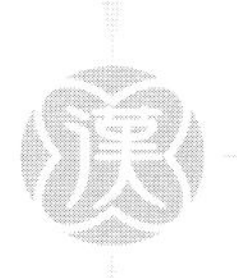

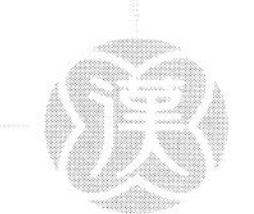

国書刊行会

はじめに

本書は2011年に刊行された『留学生のための漢字の教科書 上級1000』の改訂版です。今回の改訂にあたり、収録されている漢字の意味と語彙に、インドネシア語、ベトナム語（漢越語）の翻訳を新たに追加し、今までの英語、中国語、韓国語を合わせて5ヶ国語を併記しました。また、語彙索引も追加しました。

日本語を習得するためには、漢字の学習が不可欠です。特に、レベルが上がれば上がるほど、語彙を増やすために漢字をしっかり勉強しなければなりません。一方、漢字の習得には長い時間が必要です。漢字習得の効率的な方法についての研究がいろいろ行われていますが、結局は、繰り返し読んで、何回も書くという昔ながらの方法に落ち着くようです。また、非漢字圏の学習者は、漢字の認知のしかたが、漢字圏の学習者とは異なり、漢字のそれぞれの部分を一つのまとまりとして認知のするのが難しいという問題があります。

このような問題を踏まえ、漢字の学習に本当に必要な要素だけを取り入れた教材が本書です。

本書の作成にあたり、広く使われている複数の中級、上級教科書や改定常用漢字表などの資料にあたり、語彙を検討し、漢字1000を決定しました。上級レベルの漢字を学習するうえで必要となる漢字と、その読み、語彙を集めてあります。きちんと漢字が書けるようになるために、筆順も載せてあります。また、漢字は初級、中級レベルではあるが、読みが上級レベルであるものをまとめ、載せました。

本書の各課の導入や練習問題に、千葉大学園芸学部の日本語の授業で使用した教材を掲載しました。そのため、本書には生物学や農業に関連した事項が多く取り上げられています。本書を作成するに当たり、著書の転載を快く許可してくださった執筆者の先生方ならびに出版社に厚く御礼申し上げます。

既刊の『留学生のための漢字の教科書 初級300［改訂版］』『留学生のための漢字の教科書 中級700［改訂版］』と合わせて、本書が皆さんの漢字の学習に役に立つことを祈っております。

目次（もくじ）

この本には別冊解答(べっさつかいとう)がついています。

本書の特徴

＊『留学生のための漢字の教科書　上級1000』の特徴

この本は、上級レベル（日本語能力試験旧1級＝N1レベル、日本留学試験レベル）で必要な漢字1,000字について書いたものです。今までの漢字の教科書は、取り上げられている漢字はいろいろなデータに当たって、適切に選ばれているものが多かったのですが、取り上げられている読みと語彙については、その基準がわからないものがあり、勉強している人から「この読みはどんなときに使うのですか」という質問が出ることがよくありました。この本では、独立行政法人国際交流基金、財団法人日本国際教育協会『日本語能力試験　出題基準【改定版】』（2006年、凡人社。以下、『主題基準』と表す）と、日本留学試験の日本語（聴解、聴読解、読解）の問題などをもとに、上級で必要な漢字1,000字と必要な読み、語彙を選び、教科書にしました。また、筆順がなければ正しく書けない人が多いことから、すべての漢字の筆順を載せました。そして「第1章　初級・中級で学習した漢字の上級での読み方」で、上級レベルの語彙を勉強するときに必要になる、初級・中級では習っていない読みをまとめました。

初級レベルの漢字に関しては、『初級300［改訂版］』が、中級レベルに関しては『中級700［改訂版］』が刊行されており、初級、中級レベルの読み、語彙はそれぞれの本で説明しています。

＊本書の構成

第1章　初級・中級で学習した漢字の上級での読み方

ここでは、初級・中級の語彙を勉強するときに必要になる、初級・中級では習っていない読みをまとめて勉強します。

第2章　上級漢字1000

32の課と4つの「まとめ問題」からなります。1課で30字〜33字ずつ勉強します。

＊『第2章　上級漢字 1000』の構成

導入部、漢字の提示、「練習」からなります。導入部に提示されている漢字・語彙のうち、その課で学習する漢字は、ページの右側に示してあります（各課に出ている語彙のすべてを示してはいません）。

漢字の読みは音訓の順に並んでいます。音はかたかな、訓はひらがなで表します。漢字の読みは、名詞・い形容詞・な形容詞・動詞（自動詞・他動詞）・副詞・特殊読みの順に並んでいます。

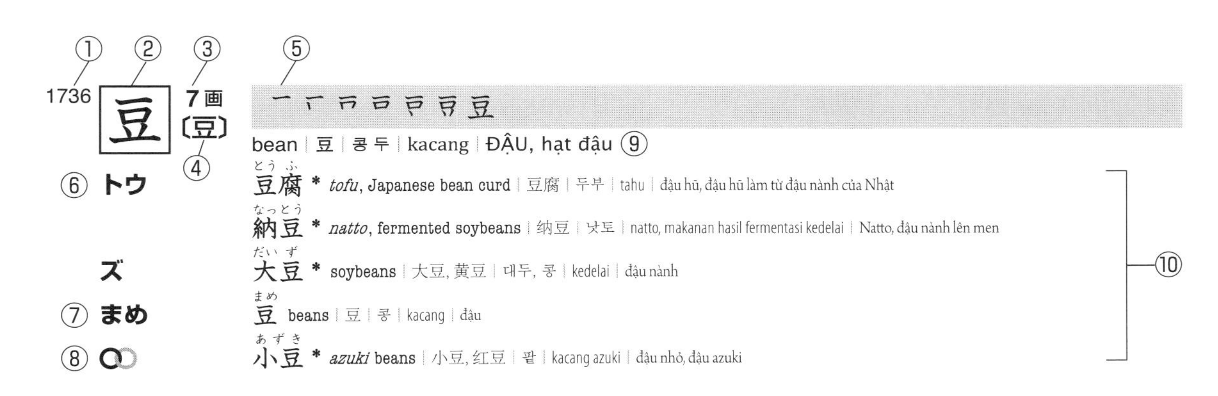

① 通し番号
② 漢字
③ 画数
④ 部首
⑤ 書き順
⑥ 音読み
⑦ 訓読み
⑧ 特別な読み
⑨ 漢字の意味（英語、中国語、韓国語、インドネシア語、ベトナム語（漢越語））
⑩ 語彙とその英語訳、中国語訳、韓国語訳、インドネシア語訳、ベトナム語訳
⑪ ＊のついた語彙：『出題基準』には掲載されていない語彙
⑫ 改訂常用漢字表による許容字体

✻漢字、読み、語彙、部首の選択

漢字：『出題基準』に示されている旧２級の漢字 23 字、旧１級の漢字 922 字、改定常用漢字表から 78 字、計 1,000 字を載せました。改定常用漢字表にはありますが、本書で採用しなかった漢字を表１（p.9）に、改定常用漢字表外で本書で採用した漢字を表２（p.9）に示しました。また、2010 年に常用漢字となった漢字を表３（p.9）にまとめました。

読み：「改定常用漢字表」に示されている読みの中で、旧１、２級語彙と本書で採用した語彙で使われているものを載せました。改定常用漢字表の読みを採用したものを表４（p.10）に示しました。

語彙：原則として『出題基準』で旧１、２級の語彙とされているものの中から選びました。『出題基準』に語彙がないものについては各課のトピックに合う語彙と、平成 14 年から 22 年の日本留学試験の日本語（聴解、聴読解、読解）の試験問題などから有用な語彙を選び、採用しました。それらの語彙には＊を付けました。ただし、例えば「内閣総理大臣」は『出題基準』に「内閣」「総理大臣」があり、それによって構成されている複合語です。このように、『出題基準』に出ている語によって構成されている複合語には＊をつけていません。

部首：原則として『康熙字典』（DVD-ROM 版、2007 年、紀伊國屋書店）によりました。ただし、旧字体と部首が異なる場合は、『角川　大字源』（1992 年、角川書店）に従いました。また、部首の読みについては一部『大漢語林』（1992 年、大修館書店）を参照しました。

表1　改定常用漢字表にはあるが、本書で採用しなかった漢字　136字

尉 逸 淫 唄 畝 悦 謁 凹 翁 虞 苛 禍 寡 楷 諧 劾 骸 嚇 喝 且
喚 棺 款 毀 騎 臼 恭 暁 斤 錦 惧 串 窟 憬 繭 舷 錮 呉 孔 坑
侯 乞 拷 墾 采 宰 搾 刹 恣 嗣 諮 璽 酌 爵 淑 俊 抄 肖 宵 硝
詔 礁 嘱 薪 仁 帥 凄 拙 詮 租 桑 曹 曽 槽 踪 堕 泰 丹 逐 嫡
酎 鋳 嘲 勅 捗 朕 鶴 貞 逓 艇 填 斗 奴 痘 謄 篤 凸 屯 尼 婆
畔 斑 頒 蛮 賦 丙 蔽 俸 某 紡 貌 謀 勃 銘 冶 闇 諭 庸 窯 羅
辣 吏 璃 慄 侶 虜 厘 瑠 隷 麗 廉 錬 弄 楼 籠 麓

表2　改定常用漢字表外で本書で採用した漢字

斡	斡旋する	蒙	啓蒙する	桶	湯桶読み
夷	征夷大将軍	淘	淘汰する	噌	味噌汁
嚢	胆嚢	禄	貫禄	怯	卑怯な

＊ただし練習問題は除く。

表3　2010年に常用漢字となった漢字　196字

挨 曖 宛 嵐 畏 萎 椅 彙 茨 咽 淫 唄 鬱 怨 媛 艶 旺 岡 臆 俺
苛 牙 瓦 楷 潰 諧 崖 蓋 骸 柿 顎 葛 釜 鎌 韓 玩 伎 亀 毀 畿
臼 嗅 巾 僅 錦 惧 串 窟 熊 詣 憬 稽 隙 桁 拳 鍵 舷 股 虎 錮
勾 梗 喉 乞 傲 駒 頃 痕 沙 挫 采 塞 埼 柵 刹 拶 斬 恣 摯 餌
鹿 叱 嫉 腫 呪 袖 羞 蹴 憧 拭 尻 芯 腎 須 裾 凄 醒 脊 戚 煎
羨 腺 詮 箋 膳 狙 遡 曽 爽 痩 踪 捉 遜 汰 唾 堆 戴 誰 旦 綻
緻 酎 貼 嘲 捗 椎 爪 鶴 諦 溺 填 妬 賭 藤 瞳 栃 頓 貪 丼 那
奈 梨 謎 鍋 匂 虹 捻 罵 剥 箸 氾 汎 阪 斑 眉 膝 肘 訃 阜 蔽
餅 璧 蔑 哺 蜂 貌 頬 睦 勃 昧 枕 蜜 冥 麺 冶 弥 闇 喩 湧 妖
瘍 沃 拉 辣 藍 璃 慄 侶 瞭 瑠 呂 賂 弄 籠 麓 脇

＊薄字は本書で採用しなかった漢字（練習問題・漢字の用例として示した語彙などは除く。）

表4　改定常用漢字表外の読みを採用したもの

縁	へり	縁
城	き	宮城県・茨城県
岐	ギ	岐阜県
児	こ	鹿児島県
阪	さか	大阪府
媛	ひめ	愛媛県
聖	ショウ	聖徳太子
扇	あお-ぐ	扇ぐ
捻	ひね-る	捻る

第1章

初級・中級で学習した漢字の上級での読み方

■初級レベルの漢字

数字は『初級漢字300』の通し番号（1～300）

No.	漢字	読み	例
1	人		素人（しろうと） an amateur 玄人（くろうと） an expert
3	女	ニョウ	女房（にょうぼう） a wife
7	川	セン	河川（かせん） rivers
8	田	デン	水田（すいでん） a paddy field
			田舎（いなか） the country, one's hometown
16	明	あ-かす	明（あ）かす to disclose, to confide, to spend a night
21	一	イツ	統一（とういつ）する to unify
36	白	ハク	明白（めいはく）な obvious, clear
38	赤	あか-らむ	赤（あか）らむ to turn red
40	黄	コウ	黄河（こうが）* the Yellow River
		オウ	黄金（おうごん） gold 硫黄（いおう） sulfur
45	金	コン	黄金（おうごん） gold
		かな	金（かな）づち a hammer
52	来	きた-る	来（きた）る coming, next
57	寝	ね-かす	寝（ね）かす* to let ... sleep, to lay
60	強	し-いる	強（し）いる to force, to compel
70	主	ぬし	家主（やぬし） the owner of a house
71	内	ダイ	境内（けいだい）* precinct of (a temple or a shrine)
73	仕	ジ	給仕（きゅうじ）する to wait on a person at table
		つか-える	仕（つか）える to serve
75	生	は-やす	生（は）やす to grow
			芝生（しばふ） the grass, the lawn 弥生時代（やよいじだい）* the *Yayoi* period
96	春	シュン	春分（しゅんぶん）の日（ひ）* the Vernal Equinox
97	夏	カ	春夏秋冬（しゅんかしゅうとう）* the four seasons
		ゲ	夏至（げし）* the summer solstice
98	秋	シュウ	秋分（しゅうぶん）の日（ひ）* the Autumnal Equinox
99	冬	トウ	冬至（とうじ）* the winter solstice
106	何	カ	幾何学（きかがく）* geometry
114	音	ね	本音（ほんね） one's real intention
117	映	は-える	映（は）える to shine, to glow
121	立	リュウ	建立（こんりゅう）する* to erect, to build
139	発	ホツ	発足（ほっそく）する to start, to set up
142	小		小豆（あずき）* *azuki* beans
143	高	たか	残高（ざんだか） a balance
153	軽	ケイ	軽減（けいげん）する to reduce, to lighten
155	弱	よわ-る	弱（よわ）る to get weak, to weaken
160	悪	オ	嫌悪（けんお）する* to hate, to detest
166	親	した-しむ	親（した）しむ to have friendly feelings, to be fond of
167	切	サイ	一切（いっさい） all, everything
171	研	と-ぐ	研（と）ぐ to sharpen

No.	漢字	読み	語例
173	質	シチ	人質（ひとじち） a hostage
174	問	とん	問屋（とんや） a wholesale store
182	計	はか-らう	見計らう（みはからう） to take the opportunity in doing, to choose ... at one's discretion
185	和	なご-やか	和やかな（なごやかな） sociable, amicable, peaceful
		やわ-らげる	和らげる（やわらげる） to soften
186	代	タイ	交代する（こうたいする） to take turns, to change
192	取	シュ	取材する（しゅざいする） to report, to cover
203	病	ヘイ	疾病*（しっぺい） a disease
		や-む	病む（やむ） to get sick
207	建	コン	建立する*（こんりゅうする） to erect, to build
214	図	はか-る	図る（はかる） to plan
241	体	テイ	体裁（ていさい） appearance, decency, format
242	頭	かしら	頭（かしら） a leader, a head
245	足	○○	裸足（はだし） a bare foot
247	目	ボク	面目（めんぼく） honor
248	耳	ジ	耳鼻科（じびか） otolaryngology, ENT
251	風	○○	風邪（かぜ） a cold
252	声	セイ	声明（せいめい） a declaration, a proclamation
263	歩	あゆ-む	歩む（あゆむ） to walk
264	走	ソウ	走行する（そうこうする） to run
288	試	こころ-みる	試みる（こころみる） to try
290	合	ガッ	合唱する（がっしょうする） to sing in chorus
300	説	と-く	説く（とく） to explain

■中級レベルの漢字

数字は『中級漢字 700』の通し番号 (301 ～ 1000)

No.	漢字	読み	語例	意味
303	定	さだ-まる	定（さだ）まる	to be decided, to be fixed
		さだ-める	定（さだ）める	to set, to fix
305	授	さず-ける	授（さず）ける	to give, to teach
309	初	はつ	初耳（はつみみ）	news, the first I've heard
312	練	ね-る	練（ね）る	to knead, to polish
319	欠	か-く	欠（か）く	to lack
327	最	○○	最寄（もよ）り(の)*	the nearest ..., nearby
336	記	しる-す	記（しる）す	to write
341	速	すみ-やか	速（すみ）やかに	speedily, soon
342	遅	おく-らす	遅（おく）らす	to delay, to set ... back
347	細	サイ	詳細（しょうさい）	details
355	冷	ひ-やかす	冷（ひ）やかす	to make fun of, to tease
360	化	ば-ける	化（ば）ける	to turn
376	若	ジャク	若干（じゃっかん）の	a little, a few, some
379	老	お-いる	老（お）いる	to grow old
		ふ-ける	老（ふ）ける	to grow old
384	的	まと	的（まと）	a mark, a target
386	技	わざ	技（わざ）	a skill, a technique
389	緒	チョ	情緒（じょうちょ）	emotion, atmosphere
391	専	もっぱ-ら	専（もっぱ）ら	entirely, only
406	児	ニ	小児科（しょうにか）	pediatrics
408	壁	ヘキ	細胞壁（さいぼうへき）*	a cell wall
413	戸	コ	戸籍（こせき）	family registration
415	蔵	くら	蔵（くら）	a storehouse
416	器	うつわ	器（うつわ）	a container, a vessel
417	乳	ちち	乳（ちち）	milk
419	果	は-て	果（は）て	the end
		は-てる	果（は）てる	to come to an end
		は-たす	果（は）たす	to carry out, to accomplish
422	並	ヘイ	並行（へいこう）して	side by side, at the same time
		なら-びに	並（なら）びに	and
430	過	あやま-ち	過（あやま）ち	a mistake, an error
438	燃	ネン	燃料（ねんりょう）	fuel
439	残	○○	名残（なごり）	remains
441	越	エツ	優越（ゆうえつ）	superiority
447	交	まじ-わる	交（まじ）わる	to cross, to associate
		まじ-える	交（まじ）える	to cross, to exchange
		か-わす	交（か）わす	to exchange
448	差	さ-す	差（さ）し支（つか）え	an obstacle, inconvenience
449	役	エキ	現役（げんえき）*	active service
450	公	おおやけ	公（おおやけ）の	public

No.	漢字	読み	ふりがな	例
453	城	ジョウ	ひめじじょう	姫路城* *Himeji* Castle
460	角	つの	つの	角 a horn
464	札	ふだ	なふだ	名札 a name card
465	改	あらた-まる	あらた	改まる to change, to be improved
472	快	こころよ-い	こころよ	快い pleasant, comfortable
477	危	あや-ぶむ	あや	危ぶむ to fear
478	路	じ	あわじしま	淡路島* *Awaji* Island
479	側	ソク	そくめん	側面 the side, an aspect
481	受	う-かる	しけん / う	(試験に)受かる to pass (an examination)
487	営	いとな-む	いとな	営む to run (a business)
489	備	そな-わる	そな	備わる to be provided
495	募	つの-る	つの	募る to raise
499	修	シュ	しゅぎょう	修行 training
505	粉	フン	ふんまつ	粉末 powder
506	杯	さかずき	さかずき	杯 a (*sake*) cup
509	薄	ハク	はくじゃく	薄弱な weak
511	湯	トウ	ねっとう	熱湯 boiling water
512	沸	フツ	ふっとう	沸騰する to boil
513	軟	ナン	じゅうなん	柔軟な flexible, supple
525	保	たも-つ	たも	保つ to keep
526	設	もう-ける	もう	設ける to provide, to set up
533	更	ふ-かす	よ ふ	夜更かし staying up late
537	接	つ-ぐ	つ	接ぐ to join
542	怒	いか-る	いか	怒り anger
545	恥	はじ	はじ	恥 shame
		は-じらう	は	恥じらう to be shy
		は-じる	は	恥じる to be ashamed
547	抱	ホウ	かいほう	介抱する to nurse, to take care of
551	似	ジ	るいじ	類似する to resemble
554	仏	ブツ	ぶつぞう	仏像 a statue of Buddha
556	築	きず-く	きず	築く to build, to built up
559	経	へ-る	へ	～を経て via ..., through ...
574	慣	な-らす	な	慣らす to accustom
575	干	カン	じゃっかん	若干の a little, a few, some
		ひ-る	しおひが	潮干狩り* shelfish gathering
584	連	つら-なる	つら	連なる to range
		つら-ねる	つら	連ねる to be lined with
586	喜	キ	きげき	喜劇 comedy
589	故	ゆえ	ゆえ	故に therefore
590	疲	ヒ	ひろう	疲労 fatigue

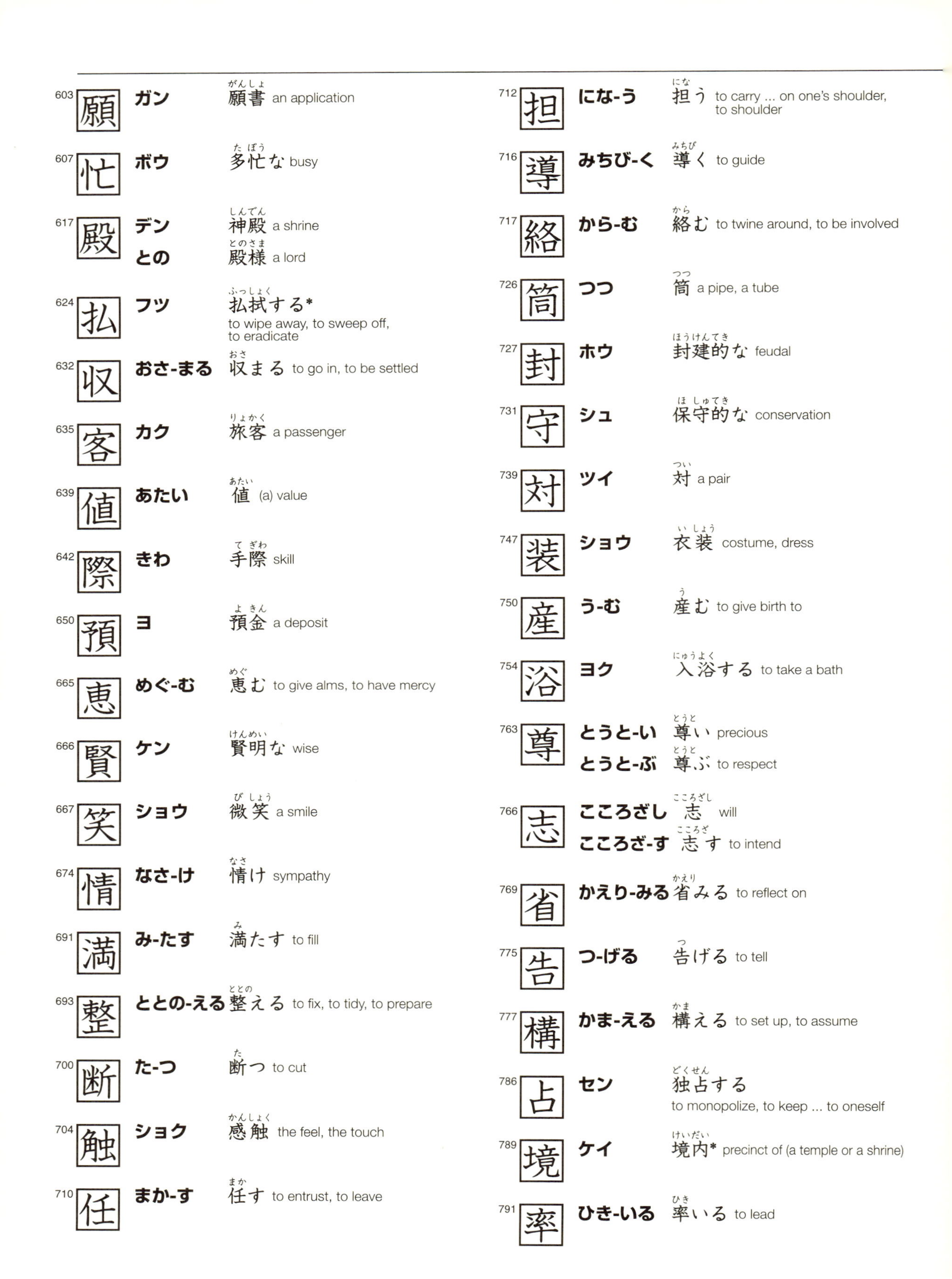

No.	Kanji	Reading	Example	Meaning
603	願	ガン	願書（がんしょ）	an application
607	忙	ボウ	多忙（たぼう）な	busy
617	殿	デン	神殿（しんでん）	a shrine
		との	殿様（とのさま）	a lord
624	払	フツ	払拭（ふっしょく）する*	to wipe away, to sweep off, to eradicate
632	収	おさ-まる	収（おさ）まる	to go in, to be settled
635	客	カク	旅客（りょかく）	a passenger
639	値	あたい	値（あたい）	(a) value
642	際	きわ	手際（てぎわ）	skill
650	預	ヨ	預金（よきん）	a deposit
665	恵	めぐ-む	恵（めぐ）む	to give alms, to have mercy
666	賢	ケン	賢明（けんめい）な	wise
667	笑	ショウ	微笑（びしょう）	a smile
674	情	なさ-け	情（なさ）け	sympathy
691	満	み-たす	満（み）たす	to fill
693	整	ととの-える	整（ととの）える	to fix, to tidy, to prepare
700	断	た-つ	断（た）つ	to cut
704	触	ショク	感触（かんしょく）	the feel, the touch
710	任	まか-す	任（まか）す	to entrust, to leave
712	担	にな-う	担（にな）う	to carry ... on one's shoulder, to shoulder
716	導	みちび-く	導（みちび）く	to guide
717	絡	から-む	絡（から）む	to twine around, to be involved
726	筒	つつ	筒（つつ）	a pipe, a tube
727	封	ホウ	封建的（ほうけんてき）な	feudal
731	守	シュ	保守的（ほしゅてき）な	conservation
739	対	ツイ	対（つい）	a pair
747	装	ショウ	衣装（いしょう）	costume, dress
750	産	う-む	産（う）む	to give birth to
754	浴	ヨク	入浴（にゅうよく）する	to take a bath
763	尊	とうと-い	尊（とうと）い	precious
		とうと-ぶ	尊（とうと）ぶ	to respect
766	志	こころざし	志（こころざし）	will
		こころざ-す	志（こころざ）す	to intend
769	省	かえり-みる	省（かえり）みる	to reflect on
775	告	つ-げる	告（つ）げる	to tell
777	構	かま-える	構（かま）える	to set up, to assume
786	占	セン	独占（どくせん）する	to monopolize, to keep ... to oneself
789	境	ケイ	境内（けいだい）*	precinct of (a temple or a shrine)
791	率	ひき-いる	率（ひき）いる	to lead

No.	漢字	読み	例	意味
798	傾	かたむ-ける	傾(かたむ)ける	to tilt, to lean
801	仮	かり	仮(かり)の	temporary
804	著	いちじる-しい	著(いちじる)しい	remarkable
809	健	すこ-やか	健(すこ)やかな	healthy
811	操	あやつ-る	操(あやつ)る	to handle, to manage
813	背	ハイ	背景(はいけい)	background
		そむ-く	背(そむ)く	to disobey
816	鼻	ビ	耳鼻科(じびか)	otolaryngology, ENT
821	悩	なや-ます	悩(なや)ます	to trouble
824	抜	バツ	海抜(かいばつ)	the height above sea level
		ぬ-かす	抜(ぬ)かす	to omit
826	歯	シ	歯科医(しかい)*	dentist
834	帯	お-びる	帯(お)びる	to wear, to take on, to assume
840	吹	スイ	吹奏楽(すいそうがく)*	wind-instrument music
845	富	とみ	富(とみ)	wealth
		と-む	富(と)む	to be wealthy, to be rich
849	砂	○○	砂利(じゃり)	gravel
850	埋	マイ	埋蔵量(まいぞうりょう)	deposits
		う-まる	埋(う)まる	to be buried
852	浮	フ	浮力(ふりょく)	buoyancy
855	沈	チン	沈没(ちんぼつ)する	to sink
		しず-める	沈(しず)める	to sink
857	植	う-わる	植(う)わる	to be planted
858	虫	チュウ	昆虫(こんちゅう)	an insect
859	甘	あま-える	甘(あま)える	to behave like a baby, to depend on one's kindness
861	群	グン	群(ぐん)	a group
		むら-がる	群(むら)がる	to gather, to crowd
862	根	コン	球根(きゅうこん)	a bulb
866	辺	べ	浜辺(はまべ)	a beach
875	辛	シン	香辛料(こうしんりょう)	spices
876	照	ショウ	参照(さんしょう)する	to refer
877	鳴	メイ	共鳴(きょうめい)する	to be resonant
878	谷	コク	渓谷(けいこく)*	a ravine
881	星	セイ	星座(せいざ)	a constellation
884	極	ゴク	極楽(ごくらく)	(Buddhist) paradise
		きわ-める	極(きわ)めて	extremely
889	河	カ	河川(かせん)	rivers
891	逃	トウ	逃走(とうそう)する	to escape
		のが-れる	逃(のが)れる	to escape
		のが-す	逃(のが)す	to set free, to let ... go
899	探	タン	探険(たんけん)する	to explore
904	兆	きざ-し	兆(きざ)し	a sign
914	捜	ソウ	捜査(そうさ)する	to investigate

No.	Kanji	Reading	Example
919	反	そ-る	反る（そる） to warp
928	暴	バク	暴露する（ばくろする） to expose, to disclose
934	勝	まさ-る	勝る（まさる） to excel
937	仲	○○	仲人（なこうど） a go-between, a matchmaker
938	打	ダ	打撃（だげき） a blow, batting
943	負	ま-かす お-う	負かす（まかす） to defeat, to beat 負う（おう） to carry on the back
950	訪	おとず-れる	訪れる（おとずれる） to visit
973	革	カク	革命（かくめい） a revolution
975	貧	ヒン ビン	貧困（ひんこん） poverty 貧乏な（びんぼうな） poor
976	雇	コ	雇用する（こようする） to employ
981	損	そこ-なう	損なう（そこなう） to harm, to damage, to hurt
983	乱	みだ-れる みだ-す	乱れる（みだれる） to be disordered 乱す（みだす） to disturb
989	政	ショウ	摂政*（せっしょう） a regent, regency
990	治	おさ-まる	治まる（おさまる） to calme down, to be governed well
991	済	す-ます	済ます（すます） to finish

■都道府県名に使われる漢字

No.	Kanji	Reading	Example
453	城	き	宮城県*（みやぎけん） *Miyagi* Prefecture 茨城県*（いばらきけん） *Ibaraki* Prefecture
332	形	かた	山形県*（やまがたけん） *Yamagata* Prefecture
361	馬	ま	群馬県*（ぐんまけん） *Gunma* Prefecture
443	神	○○	神奈川県*（かながわけん） *Kanagawa* Prefecture
146	新	にい	新潟県*（にいがたけん） *Niigata* Prefecture
845	富	○○	富山県*（とやまけん） *Toyama* Prefecture
154	重	え	三重県*（みえけん） *Mie* Prefecture
993	兵	ヒョウ	兵庫県*（ひょうごけん） *Hyogo* Prefecture
112	鳥	○○	鳥取県*（とっとりけん） *Tottori* Prefecture
869	香	か	香川県*（かがわけん） *Kagawa* Prefecture
681	愛	○○	愛媛県*（えひめけん） *Ehime* Prefecture
82	分	○○	大分県*（おおいたけん） *Oita* Prefecture
406	児	こ	鹿児島県*（かごしまけん） *Kagoshima* Prefecture

練習問題

答え➡別冊 P.2

＿＿＿の読みをひらがなで書きなさい。

1 日本では、春分の日と秋分の日は祝日で、休みです。

2 昆虫が群がっている。

3 預金の残高を確認する。

4 裸足で芝生の上を歩く。

5 最寄りの耳鼻科へ行きました。

6 建立されたばかりのお寺の境内を歩く。

7 姫路城を築いたのはだれですか。

8 彼女は手際よく、片付けを済ました。

9 子どもが風邪をひいたので、小児科へ連れて行きました。

10 試験に受かった学生は若干だった。

11 多忙なあまり、自分のことを省みる時間がない。

12 彼は専ら 仏像を作っている。

13 レポートの体裁を整えました。

14 彼がそのような過ちを犯した背景には何があったのでしょうか。

15 このあたりにはチューリップの球根が植わっているはずだ。

16 少数の人々が多くの富を独占している。

17 革命のために、その国は大いに乱れた。

18 ４月に発足した委員会の活動を取材した。

19 速やかに願書を出してください。

20 彼はヨーロッパを経て、アフリカに逃れた。

21 合唱や吹奏楽に親しむ。

22 彼女は私にだけ本音を明かした。

23 この二つの器のデザインは、類似している。

24 田舎にある水田を見に行った。

25 どのような捜査が行われているか、その詳細については、お話しできません。

26 燃料を売る会社を営んでいる。

27 彼はこの仕事の一切を部下に任すらしい。

28 この本には私の国が統一されるまでどのような道を歩んだかが記されている。

29 上流にある渓谷を探険してみたい。

30 彼の考えは賢明ではあるが、あまりにも保守的だ。

31 来る土曜日に神殿で儀式（ぎしき）が行われる。

32 この小説は、精神を病んで、自殺を図った人の話だ。

33 粉末のスープを入れたカップに熱湯を注ぐ。

34 適当な時間を見計らって、もう一度試みたが、うまくいかなかった。

35 この衣装は、来月上演される喜劇の舞台にぴったりだ。

上級漢字 1000

1課 入国手続き

入国審査・税関・住まいに関する資料を読む

なんと書いてありますか

①

入国審査

❶ 入国審査官に旅券（査証が貼付されたもの）、在留資格認定証明書（交付を受けた場合）、ＥＤカード（出入国記録カード）などを提出(ていしゅつ)する。

↓

❷ 入国審査官から案内を受けた後、原則、両手の人差し指を指紋読取機器に置き、指紋情報を読み取る。

↓

❸ 指紋読取機器の上部にあるカメラで顔写真を撮影する。

↓

❹ 入国審査官からインタビューを受ける。

↓

❺ 入国審査官から旅券等を受け取り、審査終了。

（法務省入国管理局「新しい入国審査手続（個人識別情報の提供義務化）の概要について」より作成）

②

主な持ち込み禁止物

- 麻薬、覚醒剤、ＭＤＭＡなど
- 拳銃などの銃砲類
- 通貨、クレジットカードなどの偽造品
- 偽のブランド品、海賊版(かいぞくばん)など知的財産権を侵害する物品

主な持ち込み規制品

- 猟銃、刀剣など
- 事前に検疫が必要な生きた動植物、肉製品、果物など
- 医薬品、化粧品など（数量に限度があります。）

★違反すると罰せられ、奨学金の支給も受けられなくなります。

★「ワシントン条約」「外来生物法」に該当する動植物その製品の持ち込みは禁止されています。果物や動物を持ち込む場合、検疫を受けなければなりません。没収されることもあるので注意が必要です。

①
審査
査証
貼付する
指紋
撮影する

②
麻薬
覚醒剤
拳銃
銃砲類
偽造品
偽（の）
侵害する

猟銃
刀剣
検疫
罰する
奨学金
該当する
没収する

1001 **審** 15画 〔宀〕

シン

（書き順）丶 丷 宀 宀 宀 宀 宀 宷 宷 宷 宷 審 審 審 審

investigate | 审 | 살필 심 | investigasi | THẨM, thẩm tra

審査(しんさ) an examination, an inspection | 审查 | 심사 | pemeriksaan, inspeksi | thẩm tra, điều tra

審判(しんぱん) judgement, a judge | 审判 | 심판 | keputusan, juri | thẩm phán, phán quyết

不審(ふしん)な dubious, suspicious | 可疑的 | 불심한, 의심스러운 | mencurigakan | đáng nghi, hoài nghi

審議(しんぎ)する to deliberate | 审议 | 심의하다 | mendiskusikan | xem xét kỹ lưỡng

1002 **証** 12画 〔言〕

ショウ

（書き順）丶 亠 亠 亠 言 言 言 訂 訂 訂 証 証

prove | 证 | 증거 증 | pembuktian | CHỨNG, chứng cứ

査証(さしょう) * a visa | 签证 | 사증 | visa | thị thực

証拠(しょうこ) proof, evidence | 证据 | 증거 | bukti | chứng cứ

健康保険証(けんこうほけんしょう) * a health insurance card | 健康保险证 | 건강보험증 | kartu asuransi kesehatan | thẻ bảo hiểm y tế

証明(しょうめい)する to prove, to certify | 证明 | 증명하다 | membuktikan | chứng minh, chứng nhận

保証(ほしょう)する to guarantee | 保证 | 보증하다 | menjamin | bảo đảm

1003 **貼** 12画 〔貝〕

チョウ
は-る

（書き順）丨 冂 冃 月 目 貝 貝 貝 貝 貼 貼 貼

stick | 贴 | 붙일 첩 | tempel | THIẾP, dán

貼付(ちょうふ)する * to stick | 粘贴, 贴上 | 첩부하다 | menempel | dán

貼(は)る to stick | 粘, 贴 | 붙이다 | menempel | dán

1004 **紋** 10画 〔糸〕

モン

（書き順）𠃋 幺 幺 糸 糸 糸 糸 紋 紋 紋

pattern | 纹 | 무늬 문 | pola, cap | VĂN, VẤN, hoa văn

指紋(しもん) * a fingerprint | 指纹 | 지문 | sidik jari | vân tay

1005 **撮** 15画 〔扌〕

サツ
と-る

（書き順）一 十 扌 扌 扌 扌 扌 担 担 担 担 撮 撮 撮 撮

pick | 摄 | 사진 찍을 촬 | ambil gambar | TOÁT, chụp

撮影(さつえい)する to take a photograph, to make a film | 摄影, 拍照 | 촬영하다 | mengambil foto, mengambil adegan (film) | chụp ảnh, làm phim

撮(と)る to take a photograph, to make a film | 拍, 照 | (사진을) 찍다 | mengambil foto, mengambil adegan (film) | chụp ảnh, làm phim

1006 **影** 15画 〔彡〕

エイ
かげ

（書き順）丨 口 日 日 旦 早 早 昌 昌 景 景 景 影 影 影

shadow | 影 | 그림자 영 | bayangan | ẢNH, cái bóng

影響(えいきょう)する to influence, to have an effect | 影响 | 영향주다 | mempengaruhi, memberi dampak | ảnh hưởng, gây ảnh hưởng

影(かげ) a shadow | 影子 | 그림자 | bayangan | cái bóng

人影(ひとかげ) the shadow of a person | 人影 | 사람의 그림자, 사람의 모습 | bayangan orang | cái bóng của người

1007 **麻** 11画 〔麻〕

マ
あさ

（書き順）丶 亠 广 广 庁 庍 床 床 府 麻 麻

hemp | 麻 | 삼 마 | rami | MA, sợi gai

麻酔(ますい) anesthesia | 麻醉 | 마취 | anestesi, bius | thuốc mê

麻薬(まやく) * a drug | 毒品 | 마약 | narkotika | ma túy

麻(あさ) hemp | 麻, 麻布 | 삼실, 삼베 | rami | dây gai, cây gai

1008 **醒** 16画 〔酉〕

セイ

（書き順）一 丆 丙 丙 两 酉 酉 酉 酉 酉 酉 酉 酲 醒 醒 醒

awake | 醒 | 깰 성 | terjaga | TỈNH, thức tỉnh

覚醒剤(かくせいざい) * a stimulant (drug) | 毒品（摇头丸）| 각성제 | obat perangsang | chất kích thích, ma tuý

1009 **剤** 10画 〔刂〕

丶 亠 ナ 文 产 产 斉 斉 斉 剤

drug, chemical | 剂 | 약 지을제 | obat, zat | TỄ, thuốc, dược phẩm

ザイ

洗剤（せんざい） a detergent | 洗涤剂, 洗衣粉 | 세재 | deterjen | xà bông giặt

錠剤（じょうざい）* a pill, a tablet | 药丸, 药片 | 정제, 알약 | pil, tablet | thuốc viên

1010  10画 〔手〕

丶 丷 䒑 兰 兰 类 类 叁 叁 拳

fist | 拳 | 주먹 권 | kepalan tangan | QUYỀN, nắm tay

ケン

拳銃（けんじゅう）* a pistol, a (hand) gun | 手枪 | 권총 | pistol | súng lục, súng ngắn

1011  14画 〔金〕

ノ 八 𠆢 今 全 全 金 金 金' 金" 鉢 鉢 銃 銃

gun | 铳 | 총 총 | senapan | SÚNG, súng

ジュウ

銃（じゅう） a gun, a rifle | 枪 | 총 | senapan | súng

1012 **砲** 10画 〔石〕

一 ア 不 石 石 石' 矽 矽 砲 砲

gun | 炮 | 대포 포 | senapan, meriam | PHÁO, pháo

ホウ

鉄砲（てっぽう） a gun, a rifle | 步枪 | 총 | senapan api | súng

銃砲類（じゅうほうるい）* gunnery | 步枪类 | 총포류 | persenjataan api | súng cầm tay

1013  11画 〔亻〕

ノ 亻 亻 伊 伊 伊 偽 偽 偽 偽 偽

false | 伪 | 거짓 위 | palsu | NGỤY, đồ giả

ギ

偽造（ぎぞう）する to forge, to counterfeit | 伪造 | 위조하다 | memalsukan | giả mạo, nguỵ tạo

偽造品（ぎぞうひん） a fake | 伪造品 | 위조품 | barang hasil pemalsuan | hàng giả

にせ

偽（にせ）(の)* false, counterfeit, fake | 假(的), 假冒(的) | 거짓(의) | palsu, gadungan | bắt chước, nhái, giả

偽物（にせもの） an imitation, a counterfeit, a forgery | 假冒的东西, 冒牌货 | 위물, 가짜 물건 | barang imitasi, barang bukan orisinal | đồ giả, hàng nhái

1014 **侵** 9画 〔亻〕

ノ 亻 亻 亻 亻 亻 亻 侵 侵

invade | 侵 | 침노할 침 | melanggar | XÂM, xâm lược

シン

侵入（しんにゅう）する to invade, to break in, to trespass | 侵入 | 침입하다 | melakukan invasi, menyusup | xâm nhập, đột nhập, xâm phạm

侵害（しんがい）する * to infringe | 侵害, 侵犯 | 침해하다 | melanggar | xâm hại

おか-す

侵（おか）す to invade, to violate | 侵犯, 侵害 | 침범하다, 침해하다 | melanggar, memperkosa | xâm nhập, tấn công

1015  11画 〔犭〕

ノ 犭 犭 犭 犭' 犭" 犭" 猟 猟 猟 猟

hunting | 猎 | 사냥할 렵 | perburuan | LIỆP, săn bắn

リョウ

猟銃（りょうじゅう）* a shotgun, a hunting rifle | 猎枪 | 엽총, 사냥총 | senapan berburu | súng săn

狩猟（しゅりょう）* hunting | 狩猎, 打猎 | 수렵, 사냥 | perburuan | săn bắt

1016  2画 〔刀〕

フ 刀

sword | 刀 | 칼 도 | pedang | ĐAO, gươm

トウ

刀剣（とうけん）* a sword, a dagger | 刀剑 | 도검 | pedang | đao kiếm, gươm đao

単刀直入（たんとうちょくにゅう）に * directly, straightforwardly, point-blank | 单刀直入的, 直截了当的 | 단도직입적으로 | secara langsung, langsung ke permasalahannya | ngay lập tức, nói thẳng, vào thẳng vấn đề

かたな

刀（かたな） a sword | 刀 | 칼 | pedang | thanh gươm

1017 剣
10画 〔刂〕

ケン

ノ 𠆢 亼 亽 合 㑒 㑒 佥 剣 剣

sword | 剑 | 칼 검 | pedang | KIẾM, kiếm

真剣(しんけん)な serious | 认真的, 正经的 | 진지한 | serius | nghiêm túc

1018 疫
9画 〔疒〕

エキ

丶 亠 广 广 疒 疒 疒 疗 疫

epidemic | 疫 | 전염병 역 | epidemi, wabah | DỊCH, bệnh dịch

検疫(けんえき) * quarantine | 检疫 | 검역 | karantina | kiểm dịch

免疫(めんえき) * immunity | 免疫 | 면역 | kekebalan | miễn dịch

1019 罰

14画 〔罒〕

バツ

丶 冂 罒 罒 罒 罒 罒 罒 罒 罒 罒 罒 罚 罰

punishment | 罚 | 벌할 벌 | hukuman | PHẠT, hình phạt

罰(ばつ) punishment, a penalty | 惩罚, 处罚 | 벌 | hukuman | phạt, hình phạt

刑罰(けいばつ) a penalty, punishment | 刑法 | 형벌 | hukuman | xử phạt, hình phạt

罰(ばっ)する to punish, to penalize | 处罚, 处分 | 벌하다, 처벌하다 | menghukum | phạt, xử phạt

処罰(しょばつ)する to punish | 处罚, 处分 | 처벌하다 | menghukum, menindak | xử phạt

1020 奨

13画 〔大〕

ショウ

丨 丬 丬 丬 丬 丬 丬 丬 将 将 奨 奨 奨

encourage | 奖 | 권장할 장 | mendorong | TƯỞNG, khuyến khích

奨学金(しょうがくきん) a scholarship | 奖学金 | 장학금 | beasiswa | học bổng

奨学生(しょうがくせい) * a scholarship student | 领奖学金的学生 | 장학생 | mahasiswa penerima beasiswa | sinh viên có học bổng

奨励(しょうれい)する to encourage | 奖励 | 장려하다 | memberikan dorongan | động viên, khích lệ

1021 該

13画 〔言〕

ガイ

丶 亠 亠 亠 言 言 言 言 訁 訁 訁 該 該

correspond | 该 | 갖출 해, 마땅 해 | mirip, cocok | CAI, tương ứng

該当(がいとう)する to fall under, to be applicable | 符合, 适合 | 해당하다 | sesuai dengan, relevan dengan | tương ứng, phù hợp

1022 没

7画 〔氵〕

ボツ

丶 氵 氵 氵 沪 没 没

sink | 没 | 가라앉을 몰, 잠길 몰 | menenggelamkan | MỐT, chìm

没収(ぼっしゅう)する to confiscate | 没收 | 몰수하다 | menyita | tịch thu

沈没(ちんぼつ)する to sink | 沉没 | 침몰하다 | tenggelam | chìm xuống

1023 態

14画 〔心〕

タイ

𠂉 厶 ⺊ 肻 育 育 育 能 能 能 能 態 態 態

state | 态 | 모습 태 | keadaan | THÁI, trạng thái

状態(じょうたい) a state, conditions | 状态 | 상태 | keadaan, kondisi | trạng thái, tình trạng

形態(けいたい) shape, form | 形态 | 형태 | bentuk | hình dáng, hình thức

態度(たいど) attitude, manner, behavior | 态度 | 태도 | sikap, prilaku | thái độ

1024 舎

8画 〔口〕

シャ

ノ 人 亼 今 全 舎 舎 舎

building | 舍 | 집 사 | bangunan | XÁ, ký túc xá

校舎(こうしゃ) a school building, a schoolhouse | 校舍 | 교사 | bangunan sekolah | cơ sở, học xá

宿舎(しゅくしゃ) * lodgings, accommodations | 宿舍 | 숙사 | asrama, pemondokan | nhà trọ, chỗ ở

田舎(いなか) the country, one's hometown | 乡下, 老家 | 시골, 고향 | kampung | quê hương, quê nhà

1025 **寮** 15画 〔宀〕

リョウ

dormitory | 寮 | 동관 료(요) | asrama | LIÊU, ký túc xá

寮(りょう) a dormitory | 宿舍 | 기숙사 | asrama | ký túc xá

1026 **抽** 8画 〔扌〕

チュウ

draw out | 抽 | 뽑을 추 | menarik | TRỪU, kéo ra

抽選(ちゅうせん) a lot | 抽选 | 추첨 | undian | rút thăm

抽象的(ちゅうしょうてき)な abstract | 抽象的 | 추상적인 | abstrak | mang tính trừu tượng

1027 **謝** 17画 〔言〕

シャ

thank, apologize | 谢 | 사례할 사 | bersyukur, maaf | TẠ, cảm ơn, xin lỗi

感謝(かんしゃ)する to thank | 感谢 | 감사하다 | berterima kasih | cảm tạ

謝礼(しゃれい) * fee, gratuity, a reward | 谢礼, 报酬 | 사례 | uang terima kasih, upah, honor | tiền phí, phần thưởng, tạ lễ

謝罪(しゃざい)する to apologize | 谢罪, 赔罪, 道歉 | 사죄하다 | meminta maaf | tạ tội, xin lỗi

あやま-る

謝(あやま)る to apologize | 道歉, 谢罪 | 용서를 빌다, 사과하다 | meminta maaf | xin lỗi

1028 **敷** 15画 〔攵〕

し-く

spread | 敷 | 펼 부 | menggelar | PHU, trải, đặt

敷(し)く to spread, to cover | 铺, 垫上 | 깔다, 펴다 | menggelar, menghamparkan | trải, lát, phủ

敷金(しききん) * a deposit | (租房)押金 | 전세 보증금 | deposit | tiền cọc

敷地(しきち) a lot, a site | 地基, 用地 | 부지, 대지, 터 | lokasi, tanah, area | nền đất, khu đất

屋敷(やしき) a mansion, a residence | 公馆, 宅邸 | 저택, 큰 주택 | rumah besar, tempat kediaman | khu nhà ở, khu dân cư

1029 **契** 9画 〔大〕

ケイ

promise | 契 | 맺을 계 | berjanji | KHẾ, KHIẾT, giao ước, hứa

契機(けいき) an opportunity, a chance | 转机, 动机 | 계기 | kesempatan | cơ hội, cơ may

契約(けいやく)する to contract | 契约, 合同 | 계약하다 | menjalin kontrak | ký hợp đồng

1030 **却** 7画 〔卩〕

キャク

withdraw | 却 | 물리칠 각 | sebaliknya | KHƯỚC, khước từ, từ chối

返却(へんきゃく)する to return | 还, 归还, 退还 | 반각하다, 반환하다 | mengembalikan | hoàn trả

脱却(だっきゃく)する * to slough off, to shake off | 摆脱, 抛弃, 逃出 | 탈각하다, 벗어나다 | membebaskan, melepaskan diri | thoát khỏi, rút khỏi

冷却(れいきゃく)する * to cool, to refrigerate | 冷却 | 냉각하다 | mendinginkan | làm lạnh

1031 **旋** 11画 〔方〕

セン

gyrate | 旋 | 돌 선 | berkeliling | TOÀN, xoay tròn

斡旋(あっせん)する to mediate | 斡旋, 介绍 | 알선하다, 주선하다 | mengusahakan | can thiệp

1032 **詳** 13画 〔言〕

ショウ

detailed | 详 | 자세할 상 | terperinci | DƯƠNG, TƯỜNG, chi tiết

詳細(しょうさい) details | 详细 | 상세 | detail, rincian | chi tiết

くわ-しい

詳(くわ)しい detailed | 详细, 精通 | 상세하다, 정통하다, 잘 알고 있다 | terperinci | chi tiết

答え➡別冊 P.2

問題1　次の説明を読んで、下線部①～⑯の読みをひらがなで書きなさい。

（1）

①形態	管理者・経営者	備考
留学生②宿舎	大学・公益（こうえき）法人・地方公共団体等・民間	留学生専用の③寮
一般学生寮	大学	所属大学の学生専用の寮
公営住宅	地方公共団体	希望者が多い場合は④抽選
学生会館	民間・公益法人	学生を対象とした寮
アパート・マンション	民間	民営の集合住宅
下宿	民間	大家が住む建物の一部を借りる
ホームステイ	民間	一般日本人の住居に同居

（2）

アパートの探し方

❶大学で紹介を受ける

❷不動産屋へ行く

⑤礼金（⑥家主への⑦謝礼）、⑧敷金（⑨契約時に支払い、⑩解約時に⑪修理代などが差し引かれて⑫返却される）、⑬仲介斡旋料など契約に関することは理解が難しいので、日本の事情に⑭詳しい人と一緒に行きましょう。

❸⑮情報誌やインターネットで⑯探す

問題2　送りがなが必要な場合はそれに注意して、下線部の言葉を漢字で書きなさい。

① はがきに切手をはる。　② 写真をとる。

③ にせの１万円札　④ 不審なひとかげ

⑤ あさの布　⑥ おもちゃのかたな

⑦ 権利をおかす。　⑧ 罪とばつ

2課 在留カード

在留カード・保険に関する資料を読む

なんと書いてありますか

新しい在留管理制度について

- 入国時に「在留カード」が交付されます。
- １年以内に再入国する場合の再入国許可手続きが原則不要になります。
- 従来(じゅうらい)の外国人登録制度が廃止になります。

在留カードとは

日本に入管法上の在留資格をもって中長期間在留する外国人に対し、上陸許可や、在留資格の変更許可、在留期間の更新許可等、在留にかかわる許可に伴(ともな)って交付されるものです。在留カードには、写真のほか、以下のような情報が記載されます。

1. 氏名、生年月日、性別及び国籍の属する国又は入管法第２条第５号ロに規定する地域
2. 住居地（本邦(ほんぽう)※における主たる住居の所在地）
3. 在留資格、在留期間及び在留期間の満了の日
4. 許可の種類及び年月日
5. 在留カードの番号、交付年月日及び有効期間の満了の日
6. 就労(しゅうろう)制限の有無
7. 資格外活動許可を受けているときはその旨

＊ 在留カードは常時携帯することが必要で、入国審査官、入国警備官、警察官等から提示を求められた場合には、提示する必要があります。

＊ 在留カードを紛失したり汚してしまった場合には、最寄りの地方入国管理局等で手続をすることになります。手続終了後、新しい在留カードが交付されます。

※本邦(ほんぽう)：日本

（法務省入国管理局ホームページ「新しい在留管理制度」より作成）

①
施行する
廃止する
記載する
氏名
及び
国籍
属する
又は
旨
携帯する
提示する
紛失する

② 保険のいろいろ

１）国民健康保険 ：日本に１年以上滞在する外国人は加入する義務があります。

２）損害保険 ：必要に応じて加入します。

傷害保険	偶然の事故に遭い、ケガなどをした場合の保険。
個人賠償責任保険	偶然の事故により他の人や物に損害を与えてしまった場合の保険。
火災保険	火事を起こした場合の保険。民間のアパートなどを借りる場合、加入を勧められます。

②
滞在する
義務
傷害
偶然
遭う
賠償する
火災
勧める

1033 **施** 9画 〔方〕 シ / セ / ほどこ-す

丶亠方方方方扩扩施施

carry out | 施 | 베풀 시 | melaksanakan | THI, THÍ, thực thi

シ
- 施設(しせつ) an institution, facilities | 设施 | 시설 | lembaga, sarana | cơ sở vật chất
- 実施する(じっし) to put into effect, to carry out | 实施 | 실시하다 | melaksanakan, menyelenggarakan | thực hành, thực thi
- 施行する(しこう) * to enforce, to carry out | 施行, 实施 | 시행하다 | memberlakukan, melaksanakan | thực thi, thi hành
- 施工する(しこう) * to construct | 施工 | 시공하다 | melaksanakan pekerjaan | thi công

セ
- 施行する(せこう) * to enforce, to carry out | 施行, 实施 | 시행하다 | memberlakukan, melaksanakan | thực thi, thi hành
- 施工する(せこう) * to construct | 施工 | 시공하다 | melaksanakan pekerjaan | thi công

ほどこ-す
- 施す(ほどこ) to give, to do, to perform | 施舍, 施 | 베풀다, 주다, 취하다 | memberikan, melakukan | cho, thực hiện

*「施工する」「施行する」には「しこうする」「せこうする」の2つの読み方がある。

1034 **廃** 12画 〔广〕 ハイ / すた-れる

丶亠广广产产序序庐庐庐废廃

abolish | 废 | 폐할 폐 | menghapuskan | PHẾ, phế thải

ハイ
- 廃止する(はいし) to abolish | 废止 | 폐지하다 | menghapuskan | bãi bỏ
- 荒廃する(こうはい) to go to ruin | 荒废 | 황폐하다 | menjadi puing, menjadi bobrok | phá hủy, tàn phá
- 廃絶する(はいぜつ) * to abolish | 废弃, 废除, 绝嗣 | 폐절하다 | menghapuskan | tuyệt chủng, dập tắt
- 廃棄する(はいき) to dispose, to scrap | 废弃 | 폐기하다 | membuang | phế bỏ

すた-れる
- 廃れる(すた) to go out of use, to die out | 变成无用, 过时 | 쓸모 없게 되다, 유행하지 않게 되다 | menjadi usang, mundur | phế bỏ, loại bỏ

1035 **載** 13画 〔車〕 サイ / の-る / の-せる

一十土吉吉吉青青壹車載載載

put on | 载 | 실을 재 | memasang | TẢI, TÁI, đăng tải

サイ
- 記載する(きさい) to record, to enter | 记载 | 기재하다 | mencatat, mencantumkan | ghi chép, điền vào
- 掲載する(けいさい) to carry, to run, to insert | 刊登, 登载 | 게재하다 | memuat, memasang | đăng tải, điều hành, cài đặt vào

の-る
- 載る(の) to be on, to appear | 登载, 载, 放 | 위에 놓이다, 실리다, 게재되다 | termuat, terpancang | đăng tải, xuất hiện

の-せる
- 載せる(の) to put on, to publish | 放, 登载, 载入 | 타게 하다, 태우다, 싣다, 게재하다 | menaruh, memuat | chất lên, đăng tải

1036 **氏** 4画 〔氏〕 シ

ノ𠂉ㄈ氏

family | 氏 | 성씨 씨 | keluarga, marga | CHI, THỊ, gia tộc

シ
- 氏名(しめい) a (full) name | 姓与名 | 씨명, 성명 | nama lengkap | họ và tên
- ～氏(し) ... family, Mr. ..., Ms.... | …氏 | …씨 | Bpk ..., Ibu ..., Sdr ... | quý ...

1037 **及** 3画 〔又〕 キュウ / およ-ぶ / およ-び / およ-ぼす

ノ乃及

reach to | 及 | 미칠 급 | mencapai | CẬP, đạt

キュウ
- 普及する(ふきゅう) to spread, to popularize | 普及 | 보급하다 | menyebar, meluas | phổ cập, lan rộng, làm cho phổ biến
- 追及する(ついきゅう) to investigate | 追究 | 추궁하다 | menginvestigasi | điều tra

およ-ぶ
- 及ぶ(およ) to reach, to extend | 达到, 涉及 | 달하다, 이르다, 미치다 | mencapai, mengenai | bằng, đạt đến, lan ra

およ-び
- 及び(およ) and | 及, 和, 与 | 및, 과, 와 | dan | và

およ-ぼす
- 及ぼす(およ) to influence, to affect | 达到, 波及 | 미치게 하다, 끼치다 | menyebabkan, membawa | gây (ảnh hưởng, hại)

1038 **籍** 20画 〔⺮〕 セキ

ノ𠂉𠂉𥫗𥫗竺竺竿笋笋笋笋笋箝箝籍籍籍籍籍

writing | 籍 | 문서 적 | daftar | TỊCH, hộ tịch

セキ
- 国籍(こくせき) one's nationality | 国籍 | 국적 | kewarganegaraan | quốc tịch
- 書籍(しょせき) a book | 书籍 | 서적 | buku | sách vở
- 戸籍(こせき) family registration | 户籍 | 호적 | pencatatan keluarga | hộ tịch, hộ khẩu
- 学籍(がくせき) * a school register | 学籍 | 학적 | mahasiswa (sesuai dengan daftar) | thành tích
- 除籍する(じょせき) * to remove, to expel | 除籍 | 제적하다 | mencoret dari daftar | tách hộ, đuổi ra
- 在籍する(ざいせき) * to be on the register | 在册, 在学籍 | 재적하다 | terdaftar | đăng ký, đang làm việc (ở) tại

1039 **属** 12画 〔尸〕 ゾク

𠃌コ尸尸尸尸居居居属属属

belong to | 属 | 엮을 속 | termasuk | THUỘC, thuộc về

ゾク
- 金属(きんぞく) metal | 金属 | 금속 | logam | kim loại
- 属する(ぞく) to belong to | 属于 | 속하다 | tergabung, anggota dari | thuộc vào
- 所属する(しょぞく) to belong to | 所属 | 소속하다 | berafiliasi | phụ thuộc, thuộc về

1040 **又** 2画〔又〕

ノ又

again | 又 | 또 우 | lagi | HỰU, HỮU, lại, nữa

また

又(また) also, again | 又 | 또 | juga, lagi | thêm nữa, hơn nữa

又は(または) or | 或, 或者 | 또는 | atau | hoặc là

1041 **旨** 6画〔日〕

一 匕 旨 旨 旨 旨

purport | 旨 | 뜻 지 | pokok, inti | CHỈ, ý nghĩa

シ

要旨(ようし) the point, the gist | 要旨 | 요지 | abstrak, ringkasan | yếu tố chính

趣旨(しゅし) the purport, the purpose, the aim | 宗旨, 旨趣 | 취지 | maksud, inti | mục đích, chủ chính

むね

旨(むね) * effect, the purpose, an aim | 意思, 趣旨 | 취지, 뜻 | inti, maksud, tujuan | mục đích, mục tiêu

1042 **携** 13画〔扌〕

一 十 扌 扌 扌 扌 扌 拃 拃 推 推 携 携

carry | 携 | 이끌 휴 | bawa | HUỀ, mang theo

ケイ

携帯電話(けいたいでんわ) * a mobile phone | 手机 | 휴대전화, 핸드폰 | telepon genggam | điện thoại di động

携帯する(けいたいする) to carry | 携带 | 휴대하다 | membawa | mang theo

提携する(ていけいする) to tie up, to cooperate | 协作, 合作 | 제휴하다 | bekerja sama | hợp tác, liên kết với

たずさ-わる

携わる(たずさわる) to engage, to be involved | 从事, 参与 | (어떤 일에) 관계하다, 관여하다, 종사하다 | ambil bagian, ikut serta dalam | liên quan, dính líu đến

1043 **提** 12画〔扌〕

一 十 扌 扌 扣 扣 押 担 担 捍 提 提

present | 提 | 끌 제 | menyerahkan | ĐỀ, đề xuất

テイ

前提(ぜんてい) a premise | 前提 | 전제 | dasar pemikiran | tiền đề

提出する(ていしゅつする) to present, to submit | 提出 | 제출하다 | menyerahkan | nộp

提案する(ていあんする) to suggest, to propose | 建议, 提案 | 제안하다 | menyarankan, mengajukan usul | đề xuất, đề trình

提示する(ていじする) to present, to produce, to show | 提示 | 제시하다 | memperlihatkan, menunjukkan | xuất trình, bày tỏ

1044 **紛** 10画〔糸〕

く 幺 幺 糸 糸 糸 糸 糸 紛 紛

confused | 纷 | 어지러울 분 | campur aduk | PHẤN, lộn xộn

フン

紛争(ふんそう) dispute | 纷争 | 분쟁 | konflik | tranh chấp

紛失する(ふんしつする) to lose | 遗失, 丢失 | 분실하다 | hilang | làm mất

まぎ-らわしい

紛らわしい(まぎらわしい) confusing, misleading | 容易混淆, 不易分辨 | 아주 비슷하여 헷갈리기 쉽다, 혼동하기 쉽다 | membingungkan, sulit dibedakan | gây bối rối

まぎ-れる

紛れる(まぎれる) to disappear, be diverted | 混淆, 混杂 | 분간 못하게 되다, 혼동되다, 헷갈리다 | tercampur aduk, terlipur | mất tích, lẫn vào bên trong

1045 **滞** 13画〔氵〕

丶 冫 氵 氵 氵 泄 泄 泄 泄 浩 滞 滞 滞

stay | 滞 | 막힐 체 | tinggal, diam | TRỆ, trú lại

タイ

渋滞(じゅうたい) a traffic jam | 堵塞, 堵车 | 삽체, 정체 | kemacetan lalu lintas | kẹt xe

停滞した(ていたいした) stagnant | 停滞, 停顿 | 정체하다 | terhenti | trì trệ

滞在する(たいざいする) to stay | 逗留, 居住 | 체재하다 | tinggal | lưu trú, ở lại

とどこお-る

滞る(とどこおる) to be delayed, to stagnate, to overdue | 堵塞, 积压 | 밀리다, 막히다, 정체되다 | tertunda, tertunggak, macet | đình trệ, tù đọng, quá hạn

1046 **義** 13画〔⺷〕

丶 丷 䒑 䒑 兰 兰 差 差 差 美 義 義 義

justice | 义 | 옳을 의 | keadilan | NGHĨA, nghĩa vụ

ギ

講義(こうぎ) a lecture | 讲义, 讲解, 讲课 | 강의 | kuliah, ceramah umum | bài giảng

義務(ぎむ) duty, obligation | 义务 | 의무 | kewajiban | nghĩa vụ

定義(ていぎ) a definition | 定义 | 정의 | definisi | định nghĩa

正義(せいぎ) justice | 正义 | 정의 | keadilan | chính nghĩa

1047 **傷** 13画〔亻〕

ノ 亻 亻 亻 亻 作 作 伯 但 倬 傷 傷 傷

wound | 伤 | 다칠 상 | luka | THƯƠNG, vết thương

ショウ

傷害(しょうがい) * injury | 伤害 | 상해 | tindakan melukai | vết thương

負傷する(ふしょうする) to get injured, to get wounded | 负伤 | 부상하다 | menderita luka | làm bị thương

きず

傷(きず) an injury | 伤 | 상처 | luka | vết thương

傷つく(きずつく) to get hurt | 受伤 | 다치다, 상처를 입다 | terluka | bị tổn thương

1048 **偶** 11画 〔亻〕

ノ イ 亻 亻 亻 亻 但 偶 偶 偶 偶

couple | 偶 | 짝 우 | pasangan | NGẪU, cặp

グウ

偶数（ぐうすう） an even number | 偶数 | 우수 | bilangan genap | số chẵn

配偶者（はいぐうしゃ） one's spouse | 配偶 | 배우자 | pasangan | người phụ thuộc, vợ hoặc chồng

偶発的な（ぐうはつてき）* accidental | 偶发性的 | 우발적인 | insidental | ngẫu nhiên

偶然（に）（ぐうぜん） by chance | 偶然(地) | 우연히, 뜻밖에 | secara kebetulan | tình cờ

1049 **遭** 14画 〔辶〕

一 ㄷ 币 市 曲 曲 曲 曲 曹 曹 曹 曹 遭 遭

encounter | 遭 | 만날 조 | berjumpa | TAO, gặp phải

ソウ

遭遇する（そうぐう）* to encounter | 遭遇 | 조우하다, 우연히 만나다 | berjumpa | bắt gặp

遭難する（そうなん） to meet with a disaster | 遇难, 遇险 | 조난하다 | mengalami musibah, hilang | gặp nạn

あ-う

遭う（あ） to meet with, to encounter | 遭遇, 碰上 | 만나다, 겪다, 당하다 | bertemu, berjumpa | gặp, gặp phải

1050 **賠** 15画 〔貝〕

丨 冂 月 月 目 貝 貝 貝 貝 貯 貯 賠 賠 賠 賠

compensate | 赔 | 물어줄 배 | kompensasi | BỒI, bồi thường

バイ

賠償する（ばいしょう） to compensate | 赔偿 | 배상하다 | mengganti rugi | bồi thường

1051 **償** 17画 〔亻〕

ノ イ 亻 亻 亻 亻 亻 亻 亻 亻 俨 俨 償 償 償 償 償

compensate | 偿 | 갚을 상 | menebus | THƯỜNG, bồi thường

ショウ

代償（だいしょう）* compensation, a price | 代偿, 赔偿 | 대상 | kompensasi, harga | việc bồi thường, tiền bồi thường

無償（の）（むしょう）* gratis, free of charge | 无偿(的) | 무상(의) | gratis, cuma-cuma | miễn phí, miễn bồi thường

弁償する（べんしょう） to compensate | 赔, 赔偿 | 변상하다 | mengganti rugi | bồi thường

補償する（ほしょう） to compensate | 补偿 | 보상하다 | memberikan kompensasi | bồi thường

つぐな-う

償い（つぐな） compensation, atonement | 补偿, 赎罪 | 보상, 속죄 | kompensasi, penebusan | đền bù

1052 **災** 7画 〔火〕

く 巛 巛 巛 巛 巛 災

disaster | 灾 | 재앙 재 | bencana | TAI, thiên tai

サイ

火災（かさい） a fire | 火灾 | 화재 | kebakaran | hỏa hoạn

災害（さいがい） disaster | 灾害 | 재난 | bencana | thảm họa, tai họa

災難（さいなん） misfortune, disaster | 灾难 | 재해 | musibah, bencana | tai nạn, thảm họa

防災（ぼうさい）* disaster prevention | 防灾 | 방재 | pencegahan bencana | phòng chống thiên tai

1053 **勧** 13画 〔力〕

ノ ト 느 午 午 午 午 夅 奔 奔 奞 勧 勧

urge | 劝 | 권할 권 | menganjurkan | CẦN, thúc giục

カン

勧誘する（かんゆう） to invite | 劝, 劝诱 | 권유하다 | mengundang | rủ rê

勧告する（かんこく） to advise, to recommend | 劝告 | 권고하다 | mengajurkan, merekomendasikan | khuyến cáo, bảo ban

すす-める

勧める（すす） to advise, to recommend | 劝, 劝诱 | 권하다 | menganjurkan, merekomendasikan | khuyến khích, khuyên

勧め（すす） advice, recommendation | 规劝, 劝告 | 권고, 권유 | anjuran, rekomendasi | tiến cử, khuyến khích

1054 **誕** 15画 〔言〕

丶 亠 亠 亠 言 言 言 訁 訂 訂 訂 訂 証 誕 誕

birth | 诞 | 낳을 탄 | kelahiran | ĐẢN, sinh ra

タン

誕生日（たんじょうび） one's birthday | 生日 | 탄생일, 생일 | ulang tahun | sinh nhật

1055 **請** 15画 〔言〕

丶 亠 亠 亠 言 言 言 訁 訁 訁 詳 請 請 請 請

ask | 请 | 청할 청 | meminta | THỈNH, thỉnh cầu

セイ

申請する（しんせい） to apply | 申请 | 신청하다 | mengajukan permohonan | xin cấp, thỉnh nguyện

請求する（せいきゅう） to demand, to claim, to ask | 要求, 索取 | 청구하다 | menagih, meminta | yêu cầu, đòi hỏi

要請する（ようせい） to request | 请求, 要求 | 요청하다 | meminta | yêu cầu, thỉnh cầu

1056 離 18画〔隹〕

separate | 离 | 떠날 리(이) | pisah | LY, cách ly

リ
- 距離（きょり） distance | 距离 | 거리 | jarak | khoảng cách
- 分離する（ぶんり） to separate | 分离, 分开 | 분리하다 | memisahkan | phân tách
- 離婚する（りこん） to divorce | 离婚 | 이혼하다 | bercerai | ly hôn

はな-れる
- 離れる（はな） to leave | 离, 分离, 离开 | 떨어지다, 벌어지다, 멀어지다 | berpisah | tách xa, chia lìa

はな-す
- 離す（はな） to part, to separate | 放, 放开, 隔开 | 떼다, 놓다, 풀다 | memisahkan | cách ly, chia ra

1057 暇 13画〔日〕

free time | 暇 | 틈 가, 겨를 가 | senggang | HẠ, rảnh rỗi

カ
- 休暇（きゅうか） a holiday, vacation | 休假 | 휴가 | libur, cuti | kỳ nghỉ
- 余暇（よか） leisure (hours) | 余暇, 业余时间 | 여가 | waktu senggang | thời gian rảnh rỗi

ひま
- 暇な（ひま） free | 空闲的 | 한가한 | senggang, bebas | rảnh rỗi

1058 診 12画〔言〕

examine a patient | 诊 | 진찰할 진 | memeriksa pasien | CHẨN, khám bệnh

シン
- 診療所（しんりょうじょ）* a clinic | 诊疗所 | 진료소 | klinik pemeriksaan | nơi khám chữa bệnh
- 問診票（もんしんひょう）* medical questionnaire | 病况调查卡 | 문진표 | lembar pertanyaan medis | phiếu khám bệnh
- 診療費（しんりょうひ） a fee for medical examination and treatment | 诊疗费, 诊治费 | 진료비 | biaya periksa | phí khám bệnh
- 健康診断（けんこうしんだん）* a medical checkup [examination] | 健康检查, 体检 | 건강진단 | pemeriksaan kesehatan | kiểm tra sức khỏe
- 診察する（しんさつ） to examine | 看病, 诊察 | 진찰하다 | memeriksa | kiểm tra sức khỏe
- 診断する（しんだん） to diagnose | 诊断 | 진단하다 | mendiagnosa | chẩn đoán
- 受診する（じゅしん）* to consult a doctor | 受诊, 接受诊断 | 수진하다, 진찰을 받다 | periksa ke dokter | được chẩn đoán

み-る
- 診る（み） to examine | 诊察, 看病 | 보다, 진찰하다 | memeriksa | kiểm tra, khám

1059 但 7画〔亻〕

provided that | 但 | 다만 단 | dengan syarat | ĐẢN, tuy nhiên

ただ-し
- 但し（ただ） but, however | 但, 但是 | 단, 다만 | tapi, itu pun | tuy nhiên

1060 旦 5画〔日〕

daybreak | 旦 | 아침 단 | fajar, pagi | ĐÁN, ngày nghỉ

タン
- 元旦（がんたん）* the first day (morning) of the year | 元旦 | 원단, 설날 | hari pertama dalam tahun yang baru | mùng một tết
- 一旦（いったん） once | 一旦, 既然, 暂且 | 일단 | sekali | tạm, một chút

1061 納 10画〔糸〕

put in place | 纳 | 들일 납 | membayar, memenuhi | NẠP, nộp, giao

ノウ
- 納入する（のうにゅう） to deliver, to supply, to pay | 缴纳, 交纳 | 납입하다 | membayar, menyerahkan | thâu nạp, giao hàng, cung cấp, trả
- 返納する（へんのう）* to return | 交回, 归还 | 반납하다 | mengembalikan | trả lại
- 滞納する（たいのう） to fall behind in one's payment | 滞纳, 拖欠 | 체납하다 | menunggak pembayaran | không đóng tiền theo đúng thời hạn

ナッ
- 納得する（なっとく） to consent, to satisfy, to understand | 理解, 同意, 想通 | 납득하다 | terima, puas, mengerti | lý giải, đồng ý, hiểu

おさ-まる
- 納まる（おさ） to deliver, to be satisfied | 容纳, 收纳 | 납입되다, 납부되다 | terbayar, merasa puas | thu nạp, lưu lại, ổn

おさ-める
- 納める（おさ） to accept, to deliver, to pay | 缴纳, 交纳 | 바치다, 납입(납품)하다 | membayar, menyerahkan | đóng, nộp

1062 姻 9画〔女〕

marriage 姻 혼인 | pernikahan | NHÂN, hôn nhân

イン
- 婚姻（こんいん）* a marriage | 婚姻 | 혼인 인 | perkawinan | hôn nhân

練習

答え➡別冊 P.2

問題 1　次の説明を読んで、下線部①～⑭の読みをひらがなで書きなさい。

（1）

＊在留カードの有効期間は、16 歳以上の永住者の方については交付日から 7 年、16 歳以上の永住者以外の方については、在留期間の満了の日までとなります。
16 歳未満の永住者の方については、16 歳の①誕生日が在留カードの有効期限となり、その前に在留カードの更新②申請をする必要があります。

＊以下の場合には、変更があった日から 14 日以内に③最寄りの地方入国管理局・支局・出張所に届け出る必要があります。

1. 氏名、④国籍、生年月日、性別に変更があった場合
2. ⑤所属機関に変更があった場合
3. ⑥配偶者との⑦離婚等の場合

＊⑧休暇などで一時的に日本を⑨離れる場合の再入国許可手続きは原則不要です。

（法務省入国管理局ホームページ「新しい在留管理制度」より作成）

（2）

(1)国民健康保険に加入するには、住んでいる市区町村の役所で手続きをしてください。加入後は月々の保険料の支払いが必要です。

(2)国民健康保険に入っていれば、医療機関での⑩診療費は 30%の負担で受診できます。⑪但し、病院で国民健康被保険者証（保険証）の⑫提示が必要です。健康保険証を忘れると⑬一旦全額支払わなければなりません。

(3)他の市区町村へ引っ越す場合や帰国する場合には、保険証を市区町村の窓口に⑭返納してください。

問題 2　送りがなが必要な場合はそれに注意して、下線部の言葉を漢字で書きなさい。

① こんいん届を出す。　　② 雑誌に記事をのせる。

③ 業務がとどこおる。　　④ 授業料をおさめる。

⑤ 国際交流事業にたずさわる。　　⑥ 似ていてまぎらわしい漢字

⑦ 罪をつぐなう。　　⑧ 町がすたれる。

3課 大学

入学手続き・履修登録をする

なんと書いてありますか

履修登録

①「履修登録システム」にアクセス

② 個人情報の登録

：

「ユーザID」と「パスワード」を入力し「ログイン」ボタンをクリック
「ユーザーID」は学籍番号（８桁）
「パスワード」（初期）は生年月日の西暦数字（８桁）

ID（学籍番号） 11X3X999　パスワード ●●●●●●●●　ログイン
ID (student number)　Password

③「パスワードの変更」を選択

「新しいパスワード」欄と「確認用」欄に新しいパスワードを入力し、「変更する」をクリック

④「履修登録」を選択

：

緊急連絡先も必ず入力してください。

⑤「処理選択」画面から「履修登録」を選択

必須項目を入力しないと登録が完了しません。

（登録例）

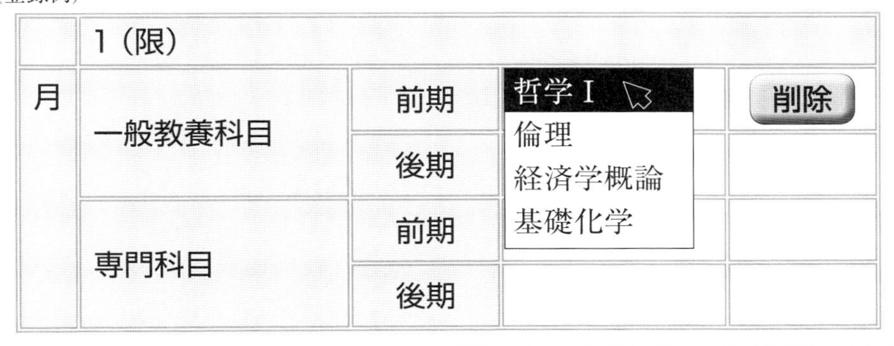

	1（限）			
月	一般教養科目	前期	哲学Ⅰ	削除
		後期	倫理	
	専門科目	前期	経済学概論	
		後期	基礎化学	

履修する
桁
西暦
選択する
欄
緊急
必須
項目

教養
哲学
倫理
概論
基礎
削除する

1063 **履** 15画 〔尸〕

carry out | 履 | 밟을 리(이) | mengenakan | LÝ, thực hiện

リ

履歴（りれき） a history | 履历 | 이력, 경력 | riwayat | lý lịch

履修（りしゅう）する * to take (a course) | 选修, 学习 | 이수하다 | mengambil (kuliah) | tham dự khóa học

は-く

履（は）く to put on (shoes, socks) | 穿(鞋) | (구두 등을) 신다 | memakai (sepatu, kaus kaki) | mang (vớ, giày dép)

1064 **桁** 10画 〔木〕

beam | 桁 | 차꼬 항, 도리 형 | balok | HÀNH, HÀNG, hàng

けた

桁（けた） a place, a figure | 位数 | (숫자의) 자릿수 | balok | vị trí, chữ số

1065 **暦** 14画 〔日〕

calendar | 历 | 책력 력 | penanggalan | LỊCH, lịch

レキ

西暦（せいれき） the Christian era | 西历, 公历 | 서력, 서기 | Tahun Masehi | dương lịch

還暦（かんれき） one's sixtieth birthday | 花甲 | 환갑, 회갑 | ulang tahun ke-60 | sinh nhật 60 tuổi

こよみ

暦（こよみ） a calendar | 历 | 책력, 달력, 일력 | penanggalan | lịch

1066 **択** 7画 〔扌〕

select | 择 | 가릴 택 | pilih | TRẠCH, lựa chọn

タク

選択（せんたく）する to choose, to select | 选择 | 선택하다 | memilih | lựa chọn, chọn

採択（さいたく）する to adopt | 采纳, 通过 | 채택하다 | menerima, mengadopsi | lựa chọn

二者択一（にしゃたくいつ） * a choice between two things, alternative | 二者选一 | 이자 택일, 양자 택일 | pilihan dari dua alternatif | chọn một trong hai

1067 **欄** 20画 〔木〕

column | 栏 | 난간 란(난) | kolom | LAN, cột

ラン

欄（らん） a column, a blank, space | 栏 | 난간, 난 | kolom, isian, ruang | cột, khoảng trống

欄干（らんかん） * a parapet, a railing | 栏杆 | 난간 | terali | tay vịn, lan can

1068 **緊** 15画 〔糸〕

tighten | 紧 | 긴할 긴 | tegang, ketat | KHẨN, khẩn cấp

キン

緊急（きんきゅう） urgency, emergency | 紧急 | 긴급 | darurat, emergensi | khẩn cấp, gấp rút

緊張（きんちょう）する to be nervous, to feel the strain | 紧张 | 긴장하다 | tegang | hồi hộp, lo lắng

1069 **須** 12画 〔頁〕

must | 须 | 모름지기 수 | harus | TU, nhất thiết

ス

必須（ひっす）(の) * indispensable | 必须(的), 必需(的) | 필수(의) | wajib, penting | cần thiết

1070 **項** 12画 〔頁〕

item | 项 | 항목 항 | butir | HẠNG, hạng mục

コウ

項目（こうもく） a head(ing), an item | 项目 | 항목 | butir, hal | hạng mục

事項（じこう） matters, articles, items | 事项 | 사항 | hal, perkara | điều khoản, mục

要項（ようこう） * (a list of) essential points | 要点 | 요항 | hal yang penting-penting | các mục thiết yếu

1071 **養** 15画〔⻞〕
丶 丷 䒑 ⺷ 龹 羊 兰 美 美 羔 养 养 养 養 養
ヨウ
bring up | 养 | 기를 양 | merawat | DƯỠNG, nuôi dưỡng
教養（きょうよう） culture | 教养 | 교양 | pengetahuan umum | giáo dưỡng
栄養（えいよう） nutrition | 营养 | 영양 | nutrisi | dinh dưỡng
養分（ようぶん） nourishment | 养分 | 양분, 자양분 | sari | nuôi dưỡng
休養（きゅうよう）する to rest | 休养 | 휴양하다 | beristirahat | nghỉ ngơi, tĩnh dưỡng
やしな-う
養（やしな）う to bring up, to support, to cultivate | 养育, 养活 | 기르다, 부양하다 | mengasuh, menafkahi, memelihara | nuôi dưỡng, hỗ trợ

1072 **哲** 10画〔口〕
一 十 扌 扌 扩 扩 折 折 哲 哲
テツ
wise | 哲 | 밝을 철 | bijak | TRIẾT, triết học
哲学（てつがく） philosophy | 哲学 | 철학 | filsafat | triết học
何（なん）の変哲（へんてつ）もない * ordinary, common | 不出奇, 平淡无奇 | 아무도 별다른 것이 없다, 특히 내세울 만한것이 없다 | biasa, tidak ada keistimewaan | bình thường

1073  10画〔亻〕
丿 亻 亻 仒 仒 伶 侖 侖 倫 倫
リン
morals | 伦 | 인륜 륜(윤) | moral | LUÂN, luân lý
倫理（りんり） * ethics | 伦理 | 윤리 | etika | luân lý

1074 **概** 14画〔木〕
一 十 才 木 朾 朾 杞 栶 根 根 概 概 概 概
ガイ
general | 概 | 대개 개 | umum | KHÁI, khái quát
概論（がいろん） introduction | 概论 | 개론 | pengantar | đại cương
概説（がいせつ） outline | 概说 | 개설 | ikhtisar, ringkasan | phác thảo
概念（がいねん） a notion, a general idea, a concept | 概念 | 개념 | konsep, pengertian | khái niệm, quan niệm
概略（がいりゃく） an outline, a summary | 概况, 概要, 概略 | 개략, 대략 | garis besar | khái lược, tóm tắt
概観（がいかん）する * to survey | 概观, 概况 | 개관하다 | meninjau secara luas | khái quát, điều tra
一概（いちがい）に indiscriminately, unconditionally | 一概, 一律, 笼统地 | 통틀어, 일률적으로, 무조건, 한마디로 | begitu saja, tanpa syarat | bừa, ẩu, tuyệt đối

1075  18画〔石〕
一 ア 不 石 石 石 石 矿 矿 矿 矿 砞 砞 碰 礎 礎 礎 礎
ソ
foundation stone | 础 | 주춧돌 초 | fondasi | SỞ, cơ sở
基礎（きそ） foundation, a basis | 基础 | 기초 | fondasi, dasar | nền tảng, cơ sở

1076  9画〔刂〕
丨 丬 ⺌ 肖 肖 肖 肖 削 削
サク
whittle | 削 | 깎을 삭 | mengikis | TƯỚC, chuốt, gọt
削除（さくじょ）する to delete | 删掉, 删除 | 삭제하다 | menghapus | xóa
削減（さくげん）する to cut down | 削减 | 삭감하다 | memotong | cắt giảm
けず-る
削（けず）る to shave, to reduce, to cut | 削, 削减, 删去 | 깎다, 삭감하다, 삭제하다 | mengikis, mengurangi, memotong | gọt, bào, cắt

1077  8画〔阝〕
ㄱ 3 阝 阝 阝 阝 附 附
フ
attach | 附 | 붙을 부 | melekatkan | PHỤ, đính kèm
附属（ふぞく）(の) * attached to | 附属(的) | 부속 | afiliasi | kèm theo

1078 稚 13画〔禾〕

チ

infantile | 稚 | 어릴 치 | muda | TRĨ, ấu trĩ

幼稚園（ようちえん） a kindergarten | 幼儿园 | 유치원 | taman kanak-kanak | mẫu giáo

幼稚な（ようち） childish, infantile | 幼稚的 | 유치한 | kekanak-kanakan | ấu trĩ, tính trẻ con

1079 析 8画〔木〕

セキ

analyze | 析 | 쪼갤 석 | analisis | TÍCH, phân tích

分析する（ぶんせき） to analyze | 分析 | 분석하다 | menganalisis | phân tích

解析する（かいせき） * to analyze | 解析 | 해석하다, 분석하다 | menganalisis | phân tích

1080 

盤 15画〔皿〕

バン

board | 盘 | 소반 반 | papan | BÀN, bảng, bàn

基盤（きばん） a basis, a foundation | 基础, 底盘 | 기반 | basis, fondasi | nền móng, cơ sở

地盤（じばん） the ground, the foundation | 地盘 | 지반 | tanah, fondasi | nền đất, móng

1081 

創 12画〔刂〕

ソウ

create | 创 | 비롯할 창 | cipta | SÁNG, sáng tạo

独創的な（どくそうてき） original, creative | 独创的 | 독창적인 | orisinal, kreatif | độc đáo, có sức sáng tạo

創作する（そうさく） to create | 创作 | 창작하다 | meciptakan | tạo tác

創刊する（そうかん） to start (a new magazine) | 创刊 | 창간하다 | menerbitkan perdana | phát hành số đầu

創立する（そうりつ） to found, to establish | 创立 | 창립하다 | mendirikan | tạo lập, thành lập

創造する（そうぞう） to create | 创造 | 창조하다 | menciptakan | sáng tạo

つく-る

創る（つく） * to create | 创造 | 창조하다 | membuat, membangun | tạo nên

1082 

系 7画〔糸〕

ケイ

relate | 系 | 이어맬 계 | berhubungan | HỆ, quan hệ

体系（たいけい） a system | 体系 | 체계 | sistem | hệ thống

系統（けいとう） a system | 系统 | 계통 | sistem, jenis | hệ thống

〜系（けい） ... group, ... course | …系, …系统 | …계, …계통 | kelompok..., jalur... | hệ, nhóm, kiểu

1083 

棟 12画〔木〕

トウ

ridge | 栋 | 마룻대 동 | bubung | ĐỐNG, đỉnh

棟（とう） a building《counter for building》| 栋 | 집수를 세는 말, 동 | bangunan | tòa nhà

1084 

援 12画〔扌〕

エン

aid | 援 | 도울 원 | bantuan | VIỆN, VIÊN, chi viện

応援する（おうえん） to support, to aid | 支援, 声援 | 응원하다 | mendukung | hỗ trợ, ủng hộ

援助する（えんじょ） to assist, to aid, to support | 援助 | 원조하다 | membantu, mendanai, mendukung | viện trợ, trợ giúp

救援する（きゅうえん） to relieve, to rescue | 救援, 支援 | 구원하다 | menolong, menyelamatkan | cứu trợ

支援する（しえん） * to support, to help, to back up | 支援 | 지원하다 | menyokong, mendukung, menunjang | chi viện, ủng hộ

1085 

購 17画〔貝〕

コウ

purchase | 购 | 살 구 | beli | CẤU, thu mua

購買（こうばい） purchasing | 购买 | 구매 | pembelian | mua vào

購入する（こうにゅう） to purchase, to buy | 购入, 购买 | 구입하다 | membeli | mua

購読する（こうどく） to subscribe | 订阅 | 구독하다 | berlangganan | đặt mua báo

1086  7画 〔攵〕

一 工 工 工' 工\ 攻 攻

attack | 攻 | 칠 공 | serangan | CÔNG, công kích

コウ

専攻（せんこう）する to major | 专修, 专门研究 | 전공하다 | ambil jurusan ilmu | chuyên môn

攻撃（こうげき）する to attack | 攻击 | 공격하다 | menyerang | công kích

せ-める

攻（せ）める to attack | 功, 攻打 | 공격하다, 치다 | menyerang | tấn công, công kích

攻（せ）め an attack, offense | 进攻 | 공격, 공세 | serangan | tấn công

1087  17画 〔耳〕

一 丅 F F E 耳 耳 耳 耳 耳 耳 耳 耳 耳 聴 聴 聴

listen | 听 | 들을 청 | mendengarkan | THÍNH, lắng nghe

チョウ

聴覚（ちょうかく） (the sense of) hearing | 听觉 | 청각 | (indra) pendengaran | thính giác

聴診器（ちょうしんき） a stethoscope | 听诊器 | 청진기 | stetoskop | ống nghe

視聴者（しちょうしゃ）* an audience, a listener, a viewer | 收看者, 观众 | 시청자 | pemirsa, pendengar, audiensi | người xem, khán thính giả

聴講（ちょうこう）する to attend a lecture, to audit | 听讲 | 청강하다 | menghadiri kuliah | nghe giảng

き-く

聴（き）く to listen | 听 | 듣다 | mendengarkan | nghe

1088 准 10画 〔冫〕

丶 冫 冫 冫 冫 冫 冫 准 准 准

standard, associate | 准 | 준할 준 | semi-, setara | CHUẨN, tiêu chuẩn, liên quan

ジュン

准教授（じゅんきょうじゅ）* an associate professor | 副教授 | 준교수, 부교수 | associate profesor, dosen di bawah profesor | phó giáo sư

批准（ひじゅん）する * to ratify | 批准 | 비준하다 | meratifikasi | phê chuẩn, duyệt

1089 締 15画 〔糸〕

𠃋 幺 幺 糸 糸 糸 糸 紵 紵 紵 締 締 締 締 締

tighten | 缔 | 맺을 체 | mengencangkan | ĐẾ, siết chặt

テイ

締結（ていけつ）する * to conclude | 缔结 | 체결하다 | menjalin | kết luận, kí kết

し-まる

戸締（とじ）まり locking up (the door) | 锁门 | 문단속 | mengunci pintu rumah | khóa cửa

取（と）り締（し）まる to manage, to control | 管束, 管理, 取缔 | 단속하다, 관리하다, 감독하다 | mengontrol, menertibkan | điều hành, điều khiển

し-める

締（し）め切（き）り a deadline, a close | 截止, 届满 | (기한의) 마감 | tenggat waktu, penutupan | hạn chót

締（し）め切（き）る to close | 届满, 截止 | 마감하다 | menutup | chấm dứt

1090 掲 11画 〔扌〕

一 十 扌 扌 扌 扌 扌 扌 掲 掲 掲

put up | 揭 | 높이 들 게 | memasang | YẾT, niêm yết, đăng tải

ケイ

掲示板（けいじばん）* a(n electronic) bulletin board | 布告栏, 电子传告栏 | 게시판 | papan pengumuman | bảng thông báo

掲示（けいじ）する to put up (a notice) | 揭示 | 게시하다 | memasang pengumuman | thông báo

掲載（けいさい）する to carry, to run, to insert | 刊登, 登载 | 게재하다 | memuat, memasang | đăng tải, cài đặt

かか-げる

掲（かか）げる to put up, to carry | 挂, 悬 | 내걸다, 달다 | mengibarkan, menggemborkan, memuat | treo lên

1091 簿 19画 〔⺮〕

丿 ⺈ ⺮ ⺮ ⺮ ⺮ ⺮ ⺮ 笁 笁 箔 箔 箔 簿 簿 簿 簿 簿 簿

book | 薄 | 문서 부 | buku | BỘ, quyển, bộ

ボ

名簿（めいぼ） a list (of names) | 名簿, 名单 | 명부 | daftar nama | danh sách

簿記（ぼき）* bookkeeping | 簿记 | 부기 | pembukuan | sổ ghi kế toán

1092  12画 〔十〕

一 十 十 忄 忄 忄 忄 忄 博 博 博 博

extensive | 博 | 넓을 박 | mendapat penghargaan, ekstensif | BÁC, uyên bác

ハク

博士（はくし） a doctor | 博士 | 박사 | doktor | tiến sĩ

博物館（はくぶつかん） a museum | 博物馆 | 박물관 | museum | viện bảo tàng

博士（はかせ） a doctor | 博士 | 박사 | doktor | tiến sĩ

問題１　次の①～⑥の施設名の読みをひらがなで書きなさい。

キャンパスマップ

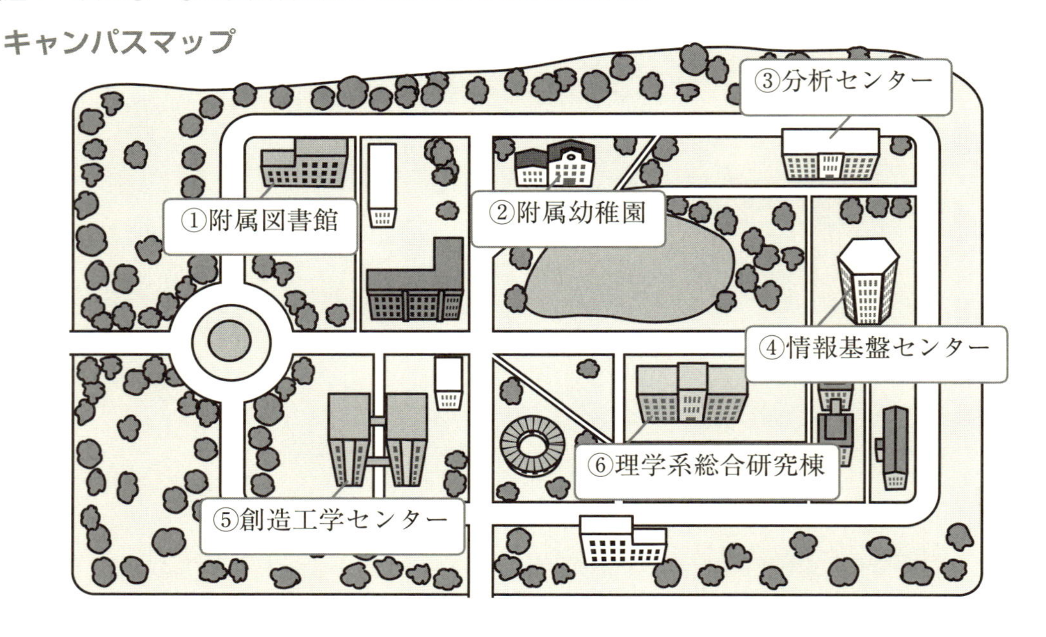

問題２　下線部の読みをひらがなで書きなさい。

① 学生支援課で学生証を受け取ってください。

② 通学定期券を購入する際は駅の窓口で学生証を提示します。

③ 機械工学専攻の授業を聴講することができますか。

④ この授業の担当教員は田中花子准教授です。

⑤ 前期レポートの締め切りは7月30日です。詳細は掲示板を見てください。

⑥ この研究室に所属する研究員及び学生の名簿を作成します。

⑦ この携帯電話で音楽が聴けますか。

問題３　送りがなが必要な場合はそれに注意して、下線部の言葉を漢字で書きなさい。

① 靴をはく。

② 家族をやしなう。

③ 木をけずる。

④ 相手チームをせめる。

⑤ 交通違反をとりしまる。

⑥ 目標をかかげる。

⑦ はくし課程に進学する。

4課 学生生活

アルバイトをする・奨学金を受ける

なんと書いてありますか

①

アルバイト募集

教師（韓国語）
週3日（1日3時間以上、5月1日から3ヵ月）
- 9:00 ～ 12:00
- 12:00 ～ 15:00
- 15:00 ～ 18:00

1コマ60分
時給 1,800円（交通費 別途支給）
○○語学学院 TEL：XXX－XXXX（担当：佐藤（さとう））

②

資格外活動許可申請書

APPLICATION FOR PERMISSION TO ENGAGE IN ACTIVITY OTHER THAN THAT PERMITTED UNDER THE STATUS OF RESIDENCE PREVIOUSLY GRANTED

12他に従事しようとする活動の内容
(1) 職務の内容 □翻訳・通訳 ☑語学教師 □その他
(2) 雇用契約期間 5月1日～7月31日 (3) 週間稼働時間 9時間
(4) 報酬 64800円（☑月額 □週額 □日額 ）
13 勤務先
(1) 名称 ○○語学学院
(2) 所在地 東京都葛飾区堀切（ほりきり）1丁目XXX-X
(3) 業種 □製造 □商業 ☑教育 □その他
14……

以上の記載内容は事実と相違ありません。
申請人（法定代理人）の署名／申請書作成年月日
年 月 日

注意 申請書作成後申請までに記載内容に変更が生じた場合、申請人（法定代理人）が変更箇所を訂正し、署名すること。

（法務省ウェブサイト「資格外活動許可申請」をもとに作成）

申請者は、申請人本人や、地方入国管理局長に届け出た弁護士又は行政書士で、申請人から依頼を受けた人などです。
資格外活動許可申請書は、所轄の入国管理局に提出します。

①
韓国語

②
従事する
翻訳
通訳
稼動する
報酬

名称
葛飾区

箇所
訂正する
弁護士
所轄

1093 **韓** 18画 〔韋〕 ［韓］

Korea | 韩 | 한국 한 | Korea | HÀN, Hàn Quốc

カン
韓国（かんこく）* Korea | 韩国 | 한국 | Korea | Hàn quốc
韓国語（かんこくご）* the Korean language | 韩语 | 한국어 | bahasa Korea | tiếng Hàn Quốc

1094 **従** 10画 〔彳〕

follow | 从 | 좇을 종 | ikut | TÙNG, TÒNG, đi theo, phục tùng

ジュウ
従業員（じゅうぎょういん） an employee | 员工 | 종업원 | karyawan | nhân viên
従来（じゅうらい）(の) former, old, existing | 以前(的), 过去(的) | 종래(의) | yang sudah-sudah, konvensional, lama | từ trước tới nay
従事（じゅうじ）する to be engaged, to work | 从事 | 종사하다 | terlibat dalam (pekerjaan), mengerjakan | phụng sự, theo đuổi, làm theo

したが-う
従（したが）う to obey | 服从, 按照 | 따르다, 좇다 | mematuhi | tuân theo

1095  **翻** 18画 〔羽〕

turn over | 翻 | 날 번, 뒤칠 번 | membalik | PHIÊN, phiên chuyển

ホン
翻訳（ほんやく）する to translate | 翻译 | 번역하다 | menerjemahkan | phiên dịch

1096  **訳** 11画 〔言〕

translate, meaning | 译 | 통변할 역 | menerjemahkan, arti | DỊCH, phiên dịch, ý nghĩa

ヤク
訳（やく） a translation | 译, 翻译 | 역, 번역 | terjemahan | dịch
通訳（つうやく） interpretation, an interpreter | 口译 | 통역 | penerjemahan lisan, interpreter | thông dịch

わけ
訳（わけ） meaning, reason | 意思, 原因, 理由, 道理 | 의미, 도리, 원인, 까닭, 사정, 이유 | arti, alasan | lý do, nguyên nhân
言（い）い訳（わけ） an explanation, an excuse | 辩解, 分辨 | 변명, 해명 | dalih, alasan | biện bạch, ngụy biện

1097  **稼** 15画 〔禾〕

work | 稼 | 심을 가 | mencari nafkah | GIÁ, kiếm tiền

カ
稼動（かどう）する * to work, to operate | 工作, 运转 | 가동하다 | bekerja, beroperasi | thao tác, vận hành

かせ-ぐ
共稼（ともかせ）ぎ(の) a double-income (family) | 双职工 | 맞벌이 | rumah tangga berpenghasilan dobel | gia đình vợ chồng cùng đi làm
稼（かせ）ぐ to earn, to get | 赚钱 | (일하여) 수입을 얻다, 벌다 | mencari nafkah, mendapat uang | kiếm tiền

1098  **酬** 13画 〔酉〕

reciprocate | 酬 | 갚을 수 | membalas | THÙ, thù lao

シュウ
報酬（ほうしゅう） a reward, pay | 报酬 | 보수 | imbalan, bayaran | tiền lương, thù lao

1099  **称** 10画 〔禾〕

call | 称 | 일컬을 칭 | panggilan | XƯNG, XỨNG, xưng hô

ショウ
名称（めいしょう） a name | 名称 | 명칭 | nama | danh xưng, tên gọi
称（しょう）する to call | 称, 称为 | 칭하다, 부르다, 일컫다 | menyebut, menamakan | gọi tên, đặt tên là

1100  **葛** 12画 〔艹〕 ［葛］

Japanese arrowroot | 葛 | 칡 갈 | garut Jepang | CÁT, cây dong

カツ
葛飾区（かつしかく）* *Katsushika* Ward | 葛饰区 | 카츠시카구 | Distrik Katsushika | quận Katsushika
葛藤（かっとう）* conflict | 纠纷, 纠葛 | 갈등 | konflik | xung đột, giằng xé

1101 **飾** 13画 〔飠〕

ノ 𠆢 𠆢 今 今 今 自 食 食 飣 飭 飾 飾

decorate | 饰 | 꾸밀 식 | menghias | SỨC, trang trí

ショク
かざ-る

修飾（しゅうしょく）する to modify | 修饰 | 수식하다 | memodifikasi, menerangkan | bổ nghĩa
装飾（そうしょく）する to decorate, to ornament | 装饰 | 장식하다 | mendekorasi, memberi ornamen | trang hoàng, trang trí
飾（かざ）る to decorate, to adorn | 装饰, 修饰 | 장식하다, 꾸미다 | menghias | trang trí
着飾（きかざ）る to dress up | 盛装, 打扮 | (화려하게) 옷을 차려 입다 | menghias diri | ăn diện
葛飾区（かつしかく）* *Katsushika* Ward | 葛饰区 | 카츠시카구 | Distrik Katsushika | khu Katsushika

1102 **箇** 14画 〔⺮〕

ノ ⺈ ⺮ ⺮ ⺮ ⺮ 竹 竹 笛 笛 笛 筒 箇 箇

counter for items | 个 | 낱 개 | kata bilangan untuk barang | CÁ, từ phân loại cho vật

カ

～箇月（かげつ） ... month(s) | …个月 | …개월 | ... bulan | ...tháng (đếm)
箇所（かしょ） a place, a point | 地方, 部分 | 개소, 곳, 자리, 부분 | tempat, poin | chỗ, nơi, địa điểm
箇条書（かじょうが）き items | 分条写, 分项写 | 조목별(조항별)로 씀 | pokok-pokok | viết theo ý chính đầu dòng

1103 **訂** 9画 〔言〕

丶 亠 亠 亠 言 言 言 訂 訂

revise | 订 | 바로잡을 정 | revisi | ĐÍNH, đính chính

テイ

訂正（ていせい）する to correct | 订正, 修订 | 정정하다 | meralat | sửa chữa, đính chính
改訂（かいてい）する to revise | 修订 | 개정하다 | merevisi | cải chính

1104 **弁** 5画 〔廾〕

ㄥ 厶 厶 弁 弁

argue | 辩, 辨 | 고깔 변 | berdebat | BIỆN, BIỀN, biện luận

ベン

弁護士（べんごし） a lawyer | 律师 | 변호사 | pengacara | luật sư
弁当（べんとう） a packed lunch | 盒饭, 便当 | 도시락 | bekal makanan | cơm hộp
弁護（べんご）する to defend, to justify | 辩护 | 변호하다 | membela, mempertahankan | bào chữa, biện hộ
弁解（べんかい）する to excuse | 辩解 | 변해하다, 변명하다 | membela diri | biện minh

1105 **護** 20画 〔言〕

丶 亠 亠 亠 言 言 言 言 訁 訁 訁 訁 訁 訁 訁 訁 訁 譁 譿 護

protect | 护 | 도울 호 | melindungi | HỘ, bảo hộ

ゴ

看護師（かんごし） a nurse | 护士 | 간호사 | perawat | y tá
保護（ほご）する to protect | 保护 | 보호하다 | melindungi | bảo hộ
介護（かいご）する to nurse | 看护 | 간호(개호)하다 | merawat | điều dưỡng
護衛（ごえい）する to guard | 护卫 | 호위하다 | mengawal, menjaga | hộ vệ, bảo vệ

1106 **士** 3画 〔士〕

一 十 士

man | 士 | 선비 사 | pria | SĨ, người

シ

学士（がくし） a bachelor | 学士 | 학사 | sarjana | cử nhân
修士（しゅうし） a master | 硕士 | 석사 | master | thạc sĩ
博士（はかせ／はくし） a doctor | 博士 | 박사 | doktor | tiến sĩ

1107 **轄** 17画 〔車〕

一 厂 冂 冃 日 亘 車 車 車 車 軒 軒 軺 轄 轄 轄 轄

jurisdiction | 辖 | 다스릴 할 | menyatukan | HẠT, quản lý

カツ

所轄（しょかつ）* jurisdiction | 所管, 管辖 | 소할, 관할 | wewenang | quyền hạn xét xử

1108 **頃** 11画 〔頁〕

ノ ヒ ヒ ヒ ⺃ 圻 圻 埍 頃 頃 頃

a short while | 顷 | 이랑 경, 잠깐 경 | saat, kala | KHOẢNH, khoảnh khắc

ころ

～頃（ごろ） about ..., around ... | …时候 …경 | waktu..., saat... | tầm..., khoảng...
日頃（ひごろ） usually | 平时, 平素 | 평시, 평소 | sehari-hari | thường xuyên
近頃（ちかごろ）* recently, lately | 近来, 最近 | 요즈음, 최근, 근래 | akhir-akhir ini, belakangan ini | gần đây

1109 **振** 10画 〔扌〕

一 十 扌 扌 扩 扩 扼 扼 振 振

swing | 振 | 떨칠 진 | menggoyang-goyangkan | CHẤN, xoay

シン

不振(ふしん) dullness, depression, a slump | 不佳, 萧条 | 부진 | kemerosotan, kemunduran, kelesuan | không suôn sẻ, đình trệ, ế ẩm

振動(しんどう)する to vibrate, to swing | 振动, 摇动 | 진동하다 | bergetar | rung động, lay chuyển

ふ-る

振(ふ)る to shake, to swing | 挥, 摇 | 흔들다 | menggoyang-goyangkan, mengocok | rung, lắc

振(ふ)り a swing, appearance, pretense | 振动, 样子, 打扮, 装作, 假装 | 휘두름, 모습, 시늉, 체 | goyangan, pura-pura | điệu bộ, giả vờ

振(ふ)り込(こ)む * to transfer money to | 存入, 汇入 | (계좌에) 불입하다, 납입하다 | mentransfer uang | chuyển tiền cho

振(ふ)り向(む)く * to turn around, to look around | 回头, 回顾 | (뒤)돌아보다 | menoleh, menengok sekeliling | ngoảnh mặt, quay lại

ふ-るう

振(ふ)るう * to shake, to exercise | 挥, 抖, 发挥 휘두르다, 발휘하다 | mengayunkan | lắc tập thể thao

1110 **帳** 11画 〔巾〕

丨 冂 巾 巾 巾 帄 帄 帐 帐 帳 帳

notebook | 账, 帐 | 장막 장 | catatan | TRƯƠNG, TRƯỚNG, tập, vở

チョウ

通帳(つうちょう) a bankbook | 存折 | 통장 | buku rekening bank | sổ tiết kiệm, sổ ngân hàng

手帳(てちょう) a (pocket) notebook, a (pocket) diary | 手册, 笔记本 | 수첩 | buku agenda | sổ tay, quyển sổ

几帳面(きちょうめん)な methodical, precise, punctual | 一丝不苟的, 规规矩矩的 | 착실하고 꼼꼼한, 꼼꼼하고 빈틈이 없는 | teliti, cermat, rapi | ngăn nắp, đúng giờ, kỹ tính

1111  7画 〔禾〕

一 二 千 禾 禾 秀 秀

excellent | 秀 | 빼어날 수 | bagus | TÚ, ưu tú

シュウ

優秀(ゆうしゅう)な excellent | 优秀的 | 우수한 | unggul, teladan | ưu tú

1112  11画 〔虍〕

丨 ト 广 广 卢 卢 虍 虍 虚 虚 虚

empty | 虚 | 빌 허 | kosong | HƯ, hư không

キョ

虚偽(きょぎ)の * false, untrue | 虚伪的 | 허위의, 거짓의 | palsu, tidak benar | giả mạo, không đúng

謙虚(けんきょ)な modest, humble | 谦虚的 | 겸허한 | rendah hati, sederhana | khiêm nhường

虚弱(きょじゃく)な * weak, delicate, sickly | 虚弱的 | 허약한 | lemah, sensitif, penyakitan | ẻo lả, mảnh dẻ, yếu ớt

1113  14画 〔言〕

一 十 扌 扌 扩 扩 折 折 哲 哲 誓 誓 誓 誓

swear | 誓 | 맹세할 서 | sumpah | THỆ, thề

セイ

誓約(せいやく)する * to take an oath, to swear | 誓约 | 서약하다 | bersumpah | thề, giao kèo

ちか-う

誓(ちか)う to take an oath, to swear | 发誓, 起誓 | 맹세하다, 굳게 결심하다 | bersumpah | thề, hứa

1114  18画 〔心〕

ノ 彳 彳 彳 彳 彳 徉 徉 徉 徨 徨 徨 徵 徵 徵 懲 懲 懲

chastise | 惩 | 징계할 징 | jera | TRỪNG, trừng phạt

チョウ

懲戒(ちょうかい) * disciplinary action | 惩戒 | 징계 | hukuman disiplin | trừng phạt, chịu án tù

懲役(ちょうえき) * penal servitude | 徒刑 | 징역 | hukuman penjara | phạt tù giam

こ-りる

懲(こ)りる to learn a lesson | 惩前毖后 | 넌더리나다, 질리다 | jera, kapok | tỉnh ngộ

1115 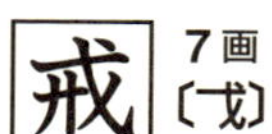 7画 〔戈〕

一 二 千 开 戒 戒 戒

caution | 戒 | 경계할 계 | peringatan | GIỚI, cảnh báo

カイ

警戒(けいかい)する to be cautious, to guard | 警戒 | 경계하다 | berhati-hati, berjaga-jaga | cảnh giác, cảnh báo

戒律(かいりつ) * religious precepts | 戒律 | 계율 | aturan agama | giới luật, điều răn

いまし-める

戒(いまし)める * to warn, to scold, to admonish | 劝戒, 告诫, 戒, 警戒 | 훈계하다, 벌주다, 경계하다 | memperingatkan, menegur | cảnh báo, khiển trách, cảnh cáo

1116 励 7画〔力〕

encourage | 励 | 힘쓸 려 | menyemangati | LỆ, khích lệ

レイ

- 奨励(しょうれい)する to encourage | 奖励 | 장려하다 | menyemangati | khích lệ
- 激励(げきれい)する to encourage, to cheer up | 激励, 鼓励 | 격려하다 | memberi semangat, memberi dorongan | động viên, khích lệ, cổ vũ

はげ-む

- 励(はげ)む to work hard | 努力, 刻苦 힘쓰다, 노력하다 | bekerja giat | phấn đấu

はげ-ます

- 励(はげ)ます to encourage, to cheer up | 鼓励, 激励 | 격려하다, 힘을 돋우어 주다 | menyemangati, menghibur | khích lệ, động viên

1117 票 11画〔示〕

slip, card | 票 | 표 표 | lembar, kartu | PHIẾU, TIÊU, PHIÊU, tem, phiếu

ヒョウ

- 票(ひょう) a vote | 票 | 표 | suara | phiếu bầu
- 投票(とうひょう)する to vote | 投票 | 투표하다 | memilih, menggunakan hak suara | bỏ phiếu, đi bầu
- ～票(ひょう) a ... card, a ... sheet | …票 | …표 | lembar…, kartu… | phiếu

1118 推 11画〔扌〕

push | 推 | 밀 추 | mendorong | SUY, THÔI, xúc tiến

スイ

- 推定(すいてい)する to estimate, to presume | 推定 | 추정하다 | memperkirakan | ước tính, ước chừng
- 推進(すいしん)する to promote | 推进 | 추진하다 | mempromosikan, mendorong | thúc đẩy
- 推測(すいそく)する to suppose, to guess | 推测 | 추측하다 | menduga, mengira | đoán, dự đoán
- 推論(すいろん)する * to reason, to infer | 推论 | 추론하다 | menduga | suy luận
- 推移(すいい)する * to change, to shift | 推移 | 추이하다 | bergeser, berubah | chuyển tiếp, chuyển qua

1119 薦 16画〔艹〕

recommend | 荐 | 천거할 천 | merekomendasikan | TIẾN, tiến cử

セン

- 推薦(すいせん)する to recommend | 推荐 | 추천하다 | merekomendasikan | tiến cử

すす-める

- 薦(すす)める * to recommend | 推荐, 推举 | 추천하다, 권하다 | menganjurkan | khuyến khích, đề cử

1120 鑑 23画〔金〕

mirror | 鉴 | 거울 감 | cermin | GIÁM, giám sát

カン

- 図鑑(ずかん) an illustrated reference book | 图鉴 | 도감 | ensiklopedia | sách tham khảo có hình minh họa
- 印鑑(いんかん) one's seal | 印鉴 | 인감 | cap tanda tangan | con dấu
- 年鑑(ねんかん) a yearbook | 年鉴 | 연감 | buku tahunan | sổ sách báo cáo hằng năm
- 鑑賞(かんしょう)する to appreciate | 欣赏, 鉴赏 | 감상하다 | menikmati (karya) | đánh giá
- 鑑定(かんてい)する * to judge, to appraise | 鉴定 | 감정하다 | menilai, menguji | giám định, đánh giá

1121 障 14画〔阝〕

hinder | 障 | 막을 장 | mengganggu | CHƯỚNG, chướng ngại, cản trở

ショウ

- 故障(こしょう) trouble, a breakdown | 故障 | 고장 | rusak | trục trặc, hư hỏng
- 障害(しょうがい) an obstacle, a difficulty | 障碍 | 장애 | cacat, keterbatasan | trở ngại, chướng ngại
- 障子(しょうじ) *shoji*, a paper sliding door | 纸拉门, 纸拉窗 | 장지 | shoji, pintu geser Jepang | cửa sổ kéo, cửa kéo
- 保障(ほしょう)する to secure, to indemnify | 保障 | 보장하다 | menjamin | bảo đảm

さわ-る

- 障(さわ)る to offend, to jar | 妨碍, 有坏影响 | 지장을 초래하다, 방해가 되다, 해가 되다 | mengganggu | có hại, trở ngại

1122 俗 9画〔亻〕

common | 俗 | 풍속 속 | biasa | TỤC, phong tục

ゾク

- 風俗(ふうぞく) manners and customs | 风俗 | 풍속 | adat, tata cara | phong tục tập quán
- 民俗(みんぞく) folk customs | 民俗 | 민속 | adat istiadat | tập tục dân gian

1123 堅 12画〔土〕

hard | 坚 | 굳을 견 | keras | KIÊN, kiên nhẫn

ケン

- 堅実(けんじつ)な * steady, sound | 踏实的, 牢靠的, 稳健的 | 견실한 | stabil, mantap | vững chắc, bền

かた-い

- 堅(かた)い hard | 硬, 坚固, 坚定 | 단단하고 튼튼하다, 견고하다 | keras | cứng, vững chắc

答え➡別冊 P.3

問題1 次の説明を読んで、下線部①～⑭の漢字はひらがなに、ひらがなは送りがなに注意して漢字に直しなさい。

（1）

奨学金受給についての注意

1）指定された口座に毎月25日①頃に②ふりこまれます。③つうちょう記入をして確認してください。

2）成績が特に④優秀な人は支給期間延長の申請ができます。

3）次のような場合、支給は中止されます。

(1) 申請書類に⑤虚偽の⑥記載事項が判明したとき。

(2) ⑦誓約事項に違反したとき。

(3) 大学において⑧懲戒処分を受けたとき。

（2）

私費外国人留学生に対する奨学金には、国費留学生国内採用、私費外国人留学生学習⑨奨励費、民間奨学団体奨学金などがあります。奨学金の申請を希望する学生は「私費外国人奨学金⑩登録票」を提出しなければなりません。奨学金の申し込みには大学の⑪推薦が必要です。

銀行口座の開設に必要なもの：⑫印鑑（サイン取引も可）

無許可や許可された時間、活動内容を超えて働いた場合は、処罰されたり、強制退去させられます。

注意事項

1）勉強の⑬障害にならないこと

2）貯金や仕送り目的ではないこと

3）⑭風俗営業※（深夜営業の飲食店など）ではないこと

※風俗営業：the entertainment and amusement trades

問題2 送りがなが必要な場合はそれに注意して、下線部の言葉を漢字で書きなさい。

① 勉学にはげむ。

② 愛をちかう。

③ 規則にしたがう。

④ 生活費をかせぐ。

⑤ いいわけをする。

⑥ きかざった人々

⑦ けんじつな生活を送る。

⑧ 手をふる。

⑨ 失敗してもこりない。

⑩ 気にさわる。

就職活動 I

5課

就職関連情報を読む・履歴書を書く

なんと書いてありますか

① 留学生の就職先の業種別構成比

非製造業 84.3%	商業（貿易）	20.6%
	コンピュータ関連サービス	9.4%
	教育	2.5%
	金融保険	1.1%
	:	
製造業 15.7%	電機	2.3%
	一般機械	2.1%
	繊維	0.6%
	化学	0.6%
	鉄鋼	0.3%
	:	

法務省入国管理局「平成28年における留学生の日本企業等への就職状況について」をもとに作成

留学生に期待する将来の役割〔企業調査〕

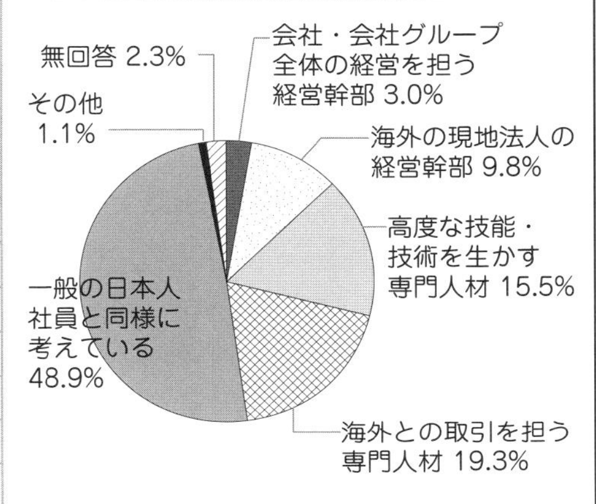

独立行政法人労働政策研究・研修機構「日本企業における留学生の就労に関する調査」2009年6月をもとに作成

①
就職する
金融
繊維
鉄鋼

企業
幹部

② 適性検査

SPI2：多くの企業で採用されている、受験者の性格と能力から適性を知るためのテスト

能力検査	言語分野	仕事をする上で必要な、言語能力、意思伝達能力、文章作成能力が試される。同意語、反対語、語句の意味、長文読解など。
	非言語分野	実務処理に必要な計算能力や論理的思考能力が試される。計算問題、推論、集合、確率、損益算、図表の読み取りなど。
性格検査	行動的側面	周囲の人から見てわかる行動に表れる特性を、社会的内向性、内省（ないせい）性、身体活動性、持続性、慎重性の５つの側面から測定。
	意欲的側面	目標の高さや、それに向かうときの精神的パワーを達成意欲、活動意欲の２つの側面から測定。
	情緒的側面	気持ちや考え方など周囲の人からはわかりにくい内面的な性格を、敏感性、自責（じせき）性、気分性、独自性、自信性、高揚性の６つの側面から測定。

②
損益
慎重な
敏感な
高揚する

③

履歴書

氏名	田中　薫※

年	月	学歴・職歴
		学歴
:	:	:
平成22年	3月	東京大学〇〇学部　卒業
		職歴

※薫（かおる）：（人の名前）
Kaoru

③
薫

1124 **就** 12画 〔尢〕

就 就

take | 就 | 나아갈 취 | ambil | TỰU, thành tựu

シュウ

就業（しゅうぎょう） employment, starting work | 就业 | 취업 | masuk kerja | việc làm, giờ làm việc

就職（しゅうしょく）する to get a job | 就职 | 취직하다 | mendapat pekerjaan | tìm việc, xin việc

就任（しゅうにん）する to assume | 就任 | 취임하다 | menduduki jabatan | đảm trách

就労（しゅうろう）する * to work, to be employed | 就业, 着手工作 | 취로하다, 착수하다 | bekerja, dipekerjakan | làm việc, được tuyển dụng

つ-く

就（つ）く to take | 就, 登上, 从事 | (잠자리에) 들다, 오르다, 착수하다, 붙다 | menduduki, menjabat | bắt tay vào làm

1125 **融** 16画 〔虫〕

融 融

fuse | 融 | 녹을 융 | larut | DUNG, tan chảy

ユウ

金融（きんゆう） finance | 金融 | 금융 | finansial | tài chính

融資（ゆうし）する to finance | 融资, 贷款 | 융자하다 | membiayai | cấp vốn

融通（ゆうずう）が利（き）かない to be inflexible | 头脑不灵活, 死心眼 | 융통성이 없다 | tidak fleksibel, keras kepala | không chịu nghe theo, không linh hoạt

1126 **繊** 17画 〔糸〕

繊 繊

fine | 纤 | 가늘 섬 | halus | TIỆM, tinh xảo

セン

繊維（せんい） fiber | 纤维 | 섬유 | serat | tơ sợi

1127 **維** 14画 〔糸〕

維 維

rope | 维 | 벼리 유 | tali | DUY, sợi

イ

明治維新（めいじいしん） * the *Meiji* Restoration | 明治维新 | 메이지유신 | Restorasi Meiji | cải cách Minh Trị

維持（いじ）する to maintain | 维持 | 유지하다 | mempertahankan | duy trì

1128 **鋼** 16画 〔金〕

鋼 鋼

steel | 钢 | 강철 강 | baja | CƯƠNG, sắt thép

コウ

鉄鋼（てっこう） iron and steel | 钢铁 | 강철 | besi dan baja | thép

1129 **企** 6画 〔人〕

企 企

attempt | 企 | 꾀할 기 | usaha | XÍ, lập kế hoạch, nỗ lực

キ

企業（きぎょう） a business, a company | 企业 | 기업 | perusahaan | xí nghiệp, xưởng

企画（きかく）する to plan | 企划, 计划 | 기획하다 | merencanakan | lên kế hoạch

1130 **幹** 13画 〔干〕

幹 幹

trunk | 干 | 줄기 간, 주관할 관 | batang pohon | CÁN, thân cây

カン

新幹線（しんかんせん） *Shinkansen*, a bullet train | 新干线 | 신칸센 | Shinkansen | Tàu Shinkansen, tàu cao tốc

幹部（かんぶ） the executives | 干部 | 간부 | anggota eksekutif | cán bộ

みき

幹（みき） a trunk | 干, 秆 | 나무 줄기, 사물의 주요 부분 | batang pohon | thân cây

1131 **益** 10画 〔皿〕

益 益

benefit, profit | 益 | 더할 익 | manfaat, keuntungan | ÍCH, hữu ích, lợi ích

エキ

利益（りえき） profit | 利益 | 이익 | keuntungan | lợi nhuận, lời

収益（しゅうえき） profit | 收益 | 수익 | keuntungan | lợi nhuận

損益（そんえき） * profit and loss | 损益 | 손익 | untung dan rugi | lỗ lãi

有益（ゆうえき）な useful, profitable | 有益的 | 유익한 | bermanfaat, berguna | có lợi, có ích

1132 **慎** 13画 〔忄〕
シン

丶 忄 忄 忄 忄 忄 忄 怕 恒 恒 慎 慎 慎

prudent | 慎 | 삼갈 신 | bijaksana | THẬN, thận trọng

慎重（しんちょう）な prudent, careful | 慎重的 | 신중한 | berhati-hati | chu đáo, cẩn thận

1133 **敏** 10画 〔攵〕
ビン

ノ ㇒ 亡 勾 勾 毎 毎 毎 敏 敏

nimble | 敏 | 민첩할 민 | gesit | MẪN, mẫn cảm

敏感（びんかん）な sensitive | 敏感的 | 민감한 | sensitif | nhạy cảm

過敏（かびん）な * nervous, sensitive | 过敏的 | 과민한 | terlalu halus, sensitif | quá nhạy cảm, nóng tính

1134 **揚** 12画 〔扌〕
ヨウ
あ-げる

一 十 扌 扌 扣 扣 押 押 押 拐 揚 揚

raise | 扬 | 날릴 양 | menaikkan | DƯƠNG, đưa ra, đề ra

高揚（こうよう）する * to elevate | 发扬, 提高 | 고양하다, 양양하다, (정신이나 기분을)드높이다 | naik, meninggi | nâng lên, đưa lên

揚（あ）げる to raise | 放, 悬 | 높이 올리다 | menaikkan | treo lên, nâng lên

1135 **薫** 16画 〔艹〕
かお-る

一 十 艹 艹 芏 芏 苎 苎 苎 萓 萓 董 董 董 薫 薫

smell sweet | 薰 | 향풀 훈 | wangi | HUÂN, mùi thơm

薫（かお）る * to smell sweet | 发出香气, 散发香味 | 향기가 풍기다, 향기가 나다 | berbau wangi | tỏa hương

1136 **策** 12画 〔⺮〕
サク

ノ ㇒ ㇒ ㇒ ㇒ ⺮ ⺮ 竺 笞 笫 第 策

scheme | 策 | 꾀 책 | rencana | SÁCH, chính sách

策（さく） a plan, a scheme | 计策, 策略 | 계략, 대책 | rencana, rancangan | chiến lược, sách lược

対策（たいさく） measures | 对策 | 대책 | tindakan | biện pháp, đối sách

方策（ほうさく） a plan, a scheme | 方策, 方案 | 방책 | rencana, jalan | kế sách

政策（せいさく） policy | 政策 | 정책 | kebijakan | chính sách

1137 **索** 10画 〔糸〕
サク

一 十 㔾 声 声 索 索 索 索 索

cable | 索 | 찾을 색 | tali, kawat | SÁCH, TÁC, dây cáp

索引（さくいん） an index | 索引 | 색인, 인덱스 | indeks | mục lục

検索（けんさく）する * to search | 检索 | 검색하다 | mencari, menelusuri | tìm kiếm

模索（もさく）する to grope | 摸索 | 모색하다 | meraba-raba | mò mẫm, tìm tòi

捜索（そうさく）する to search | 搜索, 搜查 | 수색하다 | mencari | tìm kiếm

1138 **肢** 8画 〔月〕
シ

丿 月 月 月 肝 肝 肪 肢

limb | 肢 | 팔다리 지 | lengan dan kaki | CHI, tứ chi

選択肢（せんたくし） * an alternative, a choice, an option | 选项 | 선택지 | alternatif, pilihan | chọn lọc, lựa chọn, phương án

1139 **漏** 14画 〔氵〕
も-る
も-れる
も-らす

丶 冫 氵 氵 氵 沪 沪 泥 涓 漏 漏 漏 漏 漏

leak | 漏 | 샐 루(누) | kebocoran | LẬU, rò rỉ

漏（も）る to leak | 漏 | (액체가)새다 | bocor | rò rỉ

漏（も）れる to leak | 漏出, 泄漏, 遗漏 | (물・빛이 틈에서)새다, 빠지다 | bocor | rò rỉ

漏（も）らす to leak | 漏, 遗漏 | 새게하다, 누설하다, 빠뜨리다 | membocorkan | làm rò rỉ

1140  15画 〔車〕

fellow | 輩 | 무리 배 | sesama | BỐI, gã

ハイ

先輩(せんぱい) one's senior | 前辈 | 선배 | senior | đàn anh, tiền bối, người đi trước

後輩(こうはい) one's junior | 后辈, 晚辈 | 후배 | junior | hậu bối, thế hệ sau

1141  15画 〔心〕

consider | 虑 | 생각할 려 | mempertimbangkan | LỰ, suy xét

リョ

遠慮(えんりょ)する to refrain | 客气, 谢绝 | 사양하다 | sungkan | ngần ngại

考慮(こうりょ)する to consider | 考虑 | 고려하다 | mempertimbangkan | xem xét

配慮(はいりょ)する to consider | 关怀, 照顾, 关照 | 배려하다 | mempertimbangkan | lo âu, để ý

苦慮(くりょ)する * to rack one's brains, to worry oneself | 苦思焦虑, 费心思 | 고심하다 | memusingkan kepala, membuat khawatir | căng thẳng đầu óc, ưu tư

1142  16画 〔辶〕

avoid | 避 | 피할 피 | menghindar | TỴ, tránh

ヒ

避難(ひなん)する to shelter, to refuge | 避难, 逃难 | 피난하다 | mengungsi | lánh nạn

回避(かいひ)する * to evade, to avoid | 回避 | 회피하다 | menghindari | tránh né

逃避(とうひ)する * to escape, to flee | 逃避 | 도피하다 | melarikan diri | lẩn tránh, chạy trốn

さ-ける

避(さ)ける to avoid | 避开, 躲避 | 피하다 | menghindar | tránh né

1143  11画 〔口〕

sing | 唱 | 부를 창 | melagukan | XƯỚNG, hát

ショウ

合唱(がっしょう) a chorus | 合唱 | 합창 | paduan suara | hợp xướng

復唱(ふくしょう)する * to repeat | 复述, 重说 | 복창하다 | mengulang, menirukan | lặp lại

とな-える

唱(とな)える to chant, to recite | 高呼, 提倡 | 소리내여 읽다(외다), 외치다, 주장하다 | melagukan | tụng, xướng, hát ca

1144  12画 〔雨〕

atmosphere | 氛 | 눈 날릴 분 | suasana | PHÂN, không khí

フン

雰囲気(ふんいき) atmosphere | 氛围, 气氛 | 분위기 | suasana | bầu không khí

1145  12画 〔辶〕

encounter | 遇 | 만날 우 | perjumpaan | NGỘ, gặp phải

グウ

待遇(たいぐう) treatment | 待遇 | 대우 | perlakuan | đãi ngộ, ưu đãi

境遇(きょうぐう) circumstances | 境遇, 处境 | 경우, 처지 | keadaan | cảnh ngộ

1146 厳 17画 〔口〕

severe | 严 | 엄할 엄 | keras | NGHIÊM, nghiêm túc

ゲン

厳禁(げんきん) * strict prohibition | 严禁 | 엄금 | larangan keras | nghiêm cấm

厳重(げんじゅう)な strict | 严格的, 严重的 | 엄중한 | keras, ketat | nghiêm trọng

厳密(げんみつ)な strict | 严密的 | 엄밀한 | tegas, cermat | rất khó

厳正(げんせい)な * strict, rigid | 严正的 | 엄정한 | serius, adil | nghiêm minh, nghiêm khắc

きび-しい

厳(きび)しい severe | 严, 严格, 严厉 | 엄하다, (혹)심하다, 냉엄(긴박)하다 | tegas, ketat | khắt khe

おごそ-か

厳(おごそ)かな solemn | 庄严的, 严肃的 | 엄숙한 | khidmat, khusyuk | uy nghiêm

1147 **催** 13画〔亻〕

ノ イ イ' 仁 仁 伫 伫 伻 伻 偨 催 催 催

hold | 催 | 재촉할 최 | mengadakan | THÔI, tổ chức

サイ

開催（かいさい）する to hold | 开, 举办, 召开 | 개최하다 | menyelenggarakan | tổ chức, khai mạc

主催（しゅさい）する to sponsor, to promote | 主办, 主持 | 주최하다 | mensponsori, menyelenggarakan | chủ trì, tổ chức

催促（さいそく）する to press, to urge | 催促 | 재촉하다 | mendesak | giục giã, thôi thúc

もよお-す

催（もよお）す to hold | 举行, 举办 | 개최하다 , 열다 | mengadakan | tổ chức

催（もよお）し an event, a meeting | 活动 | 모임, 행사 | acara, event | cuộc họp, sự kiện

1148 **挨** 10画〔扌〕

一 十 扌 扩 扩 扩 拦 拦 挨 挨

approach | 挨 | 밀칠 애 | mendekati | AI, ẢI, tiếp cận

アイ

挨拶（あいさつ） a greeting | 寒暄, 致辞 | 인사, 인사말 | salam | chào hỏi

1149 **拶** 9画〔扌〕

一 十 扌 扌 扌' 扌'' 抄 拶 拶

approach | 拶 | 짓누를 찰 | mendekati | TẠT, TÁN, tiếp cận

サツ

挨拶（あいさつ） a greeting | 寒暄, 致辞 | 인사, 인사말 | salam | chào hỏi

1150 **儀** 15画〔亻〕

ノ イ イ' 亻' 亻'' 亻'' 亻兰 亻羊 佯 佯 佯 儀 儀 儀 儀

manners | 仪 | 거동 의 | adab | NGHI, lễ nghi

ギ

礼儀（れいぎ） etiquette, manners | 礼貌, 礼仪, 礼节 | 예의 | etiket, tata krama | lễ nghĩa, nghi thức

行儀（ぎょうぎ） behavior, manners | 举止, 礼貌 | 예의 범절, 행동거지의 예절 | prilaku, tata krama | cách hành xử

お辞儀（じぎ） a bow | 鞠躬, 行礼 | 머리 숙여 인사함 | bungkuk badan | sự cúi chào

儀式（ぎしき） a ceremony | 仪式, 典礼 | 의식 | upacara | nghi thức, nghi lễ

1151  **織** 18画〔糸〕

く 幺 幺 牟 糸 糸 糸' 紵 紵 紵 紵 紵 絓 絓 絓 織 織 織

weave | 织 | 짤 직 | menenun | CHỨC, đan

シキ

組織（そしき） an organization | 组织 | 조직 | organisasi | cơ cấu, tổ chức

お-る

織（お）る to weave | 织, 编织 | 짜다 | menenun | dệt

織物（おりもの） textiles | 纺织品, 织物 | 직물 | tenunan, tekstil | hàng dệt

1152  **疎** 12画〔⻊〕

一 了 下 正 正 疋 疋 距 距 疎 疎 疎

sparse, unfamiliar | 疏 | 성길 소 | langka, asing | SƠ, thưa thớt, xa lạ

ソ

過疎（かそ） depopulation | （人口）过少, 过稀 | 과소 | depopulasi, jarang penduduk | giảm dân số

意思疎通（いしそつう） * mutual understanding | 沟通想法, 疏通思想 | 의사소통 | komunikasi | hiểu nhau

疎遠（そえん）な * estranged, alienated | 疏远的, 生疏的 | 소원한, 생소한 | renggang | xa cách

疎外（そがい）する* to alienate, keep ... at a distance | 疏远, 不理睬 | 소외하다 | mengasingkan, mengucilkan | xa lánh

1153 **致** 10画〔至〕

一 エ 厶 玄 至 至 到 到 致 致

do | 致 | 이를 치 | melakukan | TRÍ, làm

チ

一致（いっち）する to agree | 一致 | 일치하다 | sesuai, cocok | nhất trí

合致（がっち）する to agree | 一致, 符合 | 합치하다 | sesuai | nhất trí

いた-す

致（いた）す to do | （する的谦让语）做, 办 | （する의 겸사말）하다 | melakukan | làm, xin được làm

問題1 次の説明を読んで、下線部①～⑱の漢字は読みをひらがなで、ひらがなの言葉は送りがなに注意して漢字で書きなさい。

（1）

SPI 2 ①対策：押さえておきたいポイント

- 試験名を②検索して情報を得たり、模擬（もぎ）問題で問題形式に慣れるなど、十分な準備をしておこう。
- 健康に注意し、集中できる体調で試験に臨（のぞ）もう。
- まったくわからない問題は考える時間がもったいない。③消去法を使うなどして早めに④選択肢を選んで時間を節約しよう。
- 計算問題（⑤足し算・引き算、かけ算・割り算）では単純な計算ミスに注意しよう。

（2）

就職活動の注意点

エントリー	・エントリーシートは記入⑥漏れがないか確認し、面接の前に確認できるように提出前にコピーをとっておこう。
OB/OG訪問	・大学の⑦せんぱい（OB/OG）が志望する企業にいれば、話を聞いてみよう。 ・電話で連絡するときは、相手の立場に十分⑧配慮し、休日明けや始業時間の直前、お昼休みの前後など、忙しい時間帯は⑨さけること。日時・場所は⑩復唱しよう。 ・職場の⑪雰囲気や⑫待遇、仕事内容など、聞きたいことをまとめておこう。 ・訪問するとき遅刻は⑬厳禁。
会社説明会	・会社説明会、企業セミナーなどが⑭開催されたら積極的に参加しよう。このとき、⑮あいさつをしっかりすること、⑯礼儀をわきまえて行動することに注意。 ・留学生を採用する際、企業がもっている不安（⑰組織に順応（じゅんのう）できるか、⑱意思疎通に問題がないかなど）を解消できるように準備をしておこう。留学先に日本を選んだ理由や、日本で就職したい理由にも答えられるようにしよう。

問題2 送りがなが必要な場合はそれに注意して、下線部の言葉を漢字で書きなさい。

① 現状をいじする。

② きびしい就職状況

③ 企業説明会をもよおす。

④ おごそかな雰囲気

⑤ 異議をとなえる。

⑥ 布をおる。

⑦ 職につく。

⑧ 木のみき

⑨ 風かおる五月となりました。（It's May, with its fresh breezes.）

⑩ 意見がいっちした。

6課 就職活動Ⅱ

職種に関する資料を読む

なんと書いてありますか

自分にはどんな職種が合うか、考えよう。

営業	顧客のニーズをつかみ、最適な提案を行う。既存の顧客のケアはもちろん、新規の顧客を開拓するのも重要な仕事。幅広い人脈が求められる。
広告・宣伝・販促	自社の製品・サービスを広く宣伝し、販売を促進する。
事務・管理部門	社員が働きやすいよう環境を整備し、業務が円滑に進むようサポート。総務・経理・人事・秘書など。
企画・開発・制作	新しい事業・商品・サービスを生み出す。マーケティング（市場調査を行い、販売戦略を提案）、制作（印刷物や映像、Web サイトなどの制作物に関するを企画を行い、形にする）など。
研究	研究を通して新製品の開発や製品の機能・性能の向上を図る。専門知識と物事を深く追求する姿勢が求められる。
技術	専門的な知識や技術を生かす職種。エンジニア。特に IT 分野のプログラマー・SE（システム・エンジニア）などは、情報通信技術の発展普及で需要が高まっている。
販売・サービス	百貨店、量販店、自社の店舗などで客に直接対応し、販売やサービスを行う。また、客のニーズを把握し、客が満足できる商品やサービスを即座に提案する。販売スタッフ、スーパーバイザー（複数の店舗を統括）、バイヤー、美容師、エステティシャン（肌の手入れ・痩身の施術（せじゅつ）など髪を除く全身のケアを行う）など。

顧客
既存
開拓する
人脈

宣伝する
促進する

円滑に
秘書

姿勢

需要

店舗
把握する
即座に
統括する
痩身

1154 **顧** 21画 〔頁〕

一 ㇇ ㇇ 戸 戸 戸 戸 戸 屏 屏 屛 雇 雇 雇 顧 顧 顧 顧 顧 顧 顧

look back | 顾 | 돌아볼 고 | menoleh ke belakang | CỐ, xem lại

コ

顧客(こきゃく) * a customer, a client | 顾客 | 고객 | pelanggan, klien | bạn hàng, khách hàng

顧問(こもん) * an adviser | 顾问 | 고문 | penasihat | cố vấn

かえり-みる

顧(かえり)みる to look back | 往回看, 回顾 | 뒤돌아보다, 회상(회고)하다 | menoleh ke belakang | hồi tưởng lại

1155 **既** 10画 〔旡〕

㇆ ㇆ ヨ 艮 艮 旣 旣 既 既 既

already | 既 | 이미 기 | sudah | KÝ, đã

キ

既婚(きこん)(の) married | 已婚(的) | 기혼 | sudah menikah | đã kết hôn

既存(きそん)(の)* existing | 既存(的), 原有(的) | 기존의 | yang sudah ada | tồn tại

すで-に

既(すで)に already | 已经 | 이미, 벌써, 이젠 | sudah | đã rồi

1156 **拓** 8画 〔扌〕

一 十 扌 扌 扩 扩 拓 拓

open | 拓 | 박을 탁 | membuka | THÁC, khai thác

タク

開拓(かいたく)する to reclaim | 开拓 | 개탁하다 | merintis, membuka | khai thác, khai phá

1157 **脈** 10画 〔月〕

丿 月 月 月 月' 肜 肜 脈 脈 脈

vein | 脉 | 줄기 맥 | denyut | MẠCH, mạch

ミャク

脈(みゃく) a pulse | 脉 | 맥 | denyut | mạch, nhịp đập

文脈(ぶんみゃく) context | 文脉 | 문맥 | konteks | văn mạch

山脈(さんみゃく) a mountain range | 山脉 | 산맥 | barisan pegunungan | rặng núi

人脈(じんみゃく) * a human network | 人脉, 人的关系 | 인맥 | koneksi | các mối quan hệ

1158 **宣** 9画 〔宀〕

丶 丷 宀 宀 宀 宣 宣 宣 宣

declare | 宣 | 베풀 선 | mendeklarasi | TUYÊN, tuyên hứa

セン

宣伝(せんでん)する to advertise | 宣传 | 선전하다 | mempromosikan, mengiklankan | tuyên truyền

宣言(せんげん)する to declare | 宣言 | 선언하다 | mendeklarasikan | tuyên bố

1159 **促** 9画 〔亻〕

丿 亻 亻 亻 佀 佀 佀 俘 促

urge | 促 | 재촉할 촉 | mendorong | XÚC, xúc tiến

ソク

促進(そくしん)する to promote | 促进 | 촉진하다 | mempromosikan, memajukan | thúc đẩy

うなが-す

促(うなが)す to urge, to promote | 催促, 促使 | 재촉하다, 독촉하다 | mendorong, mengimbau | thúc giục, hối thúc

1160 **滑** 13画 〔氵〕

丶 丶 氵 氵 氵 沪 沪 沪 浐 浐 滑 滑 滑

slide, smooth | 滑 | 미끄러울 활 | licin, lancar | HOẠT, lướt, suôn sẻ

カツ

円滑(えんかつ)な smooth | 圆滑的 | 원활한 | lancar | trơn tru, trôi chảy

コッ

滑稽(こっけい)な comical, funny | 滑稽的, 诙谐的, 可笑的 | 익살스러운, 우스꽝스러운 | lucu | hài hước, buồn cười

なめ-らか

滑(なめ)らかな smooth | 光滑的, 顺利的 | 매끈매끈한, 순조로운 | mulus, halus | trơn tru, mạch lạc

すべ-る

滑(すべ)る to slide, to slip | 滑 | 미끄러지다 | tergelincir, terpeleset | trơn trượt

1161 **秘** 10画〔禾〕

ノ 二 千 禾 禾 禾 私 秘 秘 秘

secret | 秘 | 숨길 비 | rahasia | BÍ, bí mật

ヒ

秘密（ひみつ） secret | 秘密 | 비밀 | rahasia | bí mật

秘書（ひしょ） a secretary | 秘书 | 비서 | sekretaris | thư ký

神秘的な（しんぴてき） mysterious | 神秘的 | 신비적인 | misterius | mang tính thần bí

1162 **姿** 9画〔女〕

丶 冫 冫 冫 次 次 姿 姿 姿

figure | 姿 | 모양 자 | sosok | TƯ, tư thế

シ

すがた

姿勢（しせい） posture, an attitude | 姿势 | 자세 | sikap | điệu bộ, dáng vẻ, thái độ

姿（すがた） a figure, appearance | 姿态, 装束 | 몸매, 옷차림 | sosok, penampilan | bóng dáng, dáng vẻ

1163 

14画〔雨〕

一 厂 币 而 而 而 而 而 雨 雫 雫 雲 需 需

demand | 需 | 쓰일 수, 쓸 수 | kebutuhan | NHU, nhu cầu

ジュ

需要（じゅよう） demand | 需要 | 수요 | kebutuhan | nhu cầu

必需品（ひつじゅひん） necessities | 必需品 | 필수품 | barang kebutuhan | nhu yếu phẩm

1164 

15画〔口〕

ノ 人 人 今 全 舍 舍 舍 舍 舍 舗 舗 舗 舗 舗

spread, shop | 铺 | 펼 포 | toko | PHỐ, trải ra, cửa hàng

ホ

店舗（てんぽ） * a shop, a store | 店铺 | 점포 | toko | cửa hiệu, cửa hàng

舗装する（ほそう） to pave | 铺路 | 포장하다 | mengaspal jalan | lát đường, lát vỉa hè

1165 

7画〔扌〕

一 十 扌 扌 扌 扣 把

grip | 把 | 잡을 파 | pegangan | BẢ, nắm bắt

ハ

把握する（はあく） to grasp, to understand | 把握 | 파악하다 | menggenggam, memahami | lĩnh hội, hiểu, nắm bắt

1166 **握** 12画〔扌〕

一 十 扌 扌 扌 护 护 握 握 握 握 握

grasp | 握 | 쥘 악 | genggaman | ÁC, cầm

アク

にぎ-る

握手（あくしゅ） a handshake | 握手 | 악수 | jabat tangan | cái bắt tay

握る（にぎ） to grip, to grasp | 握, 掌握 | 쥐다, 잡다 | memegang, menggenggam | cầm, nắm

1167 

7画〔卩〕

フ ヲ ヨ 艮 艮 即 即

immediate | 即 | 곧 즉 | segera | TỨC, ngay lập tức

ソク

即座に（そくざ） immediately | 立即, 即刻 | 즉석에, 당장에 | dengan segera | ngay lập tức

1168 

12画〔糸〕

く 幺 幺 糸 糸 糸 糸 紅 紅 紣 統 統

unify | 统 | 거느릴 통 | menyatukan | THỐNG, thống nhất

トウ

大統領（だいとうりょう） a president | 总统 | 대통령 | presiden | tổng thống

統計（とうけい） statistics | 统计 | 통계 | statistik | thống kê

伝統（でんとう） tradition | 传统 | 전통 | tradisi | truyền thống

統一する（とういつ） to unify | 统一 | 통일하다 | menyatukan | thống nhất

1169 括 9画〔扌〕

一 十 扌 扌 扩 扦 扦 括 括

lump together | 括 | 묶을 괄 | mengikat | QUÁT, làm thành một khối

カツ

括弧（かっこ） a parenthesis | 括弧 | 괄호 | tanda kurung | dấu ngoặc đơn

一括（いっかつ）する to lump together | 一包在内, 总括起来 | 일괄하다 | menjadikan satu | gộp, tổng cộng, một lúc

統括（とうかつ）する * to unify | 统括 | 통괄하다 | menyatukan | thống nhất

1170 痩 12画〔疒〕

丶 亠 广 广 疒 疒 疒 疒 疔 疳 痩 痩

thin | 瘦 | 파리할 수 | kurus, tipis | SẤU, ốm, gầy

ソウ

痩身（そうしん） * weight reduction | 体瘦, 瘦身 | 수신, 야윈 몸 | tubuh kurus | dáng mảnh mai

や-せる

痩（や）せる to become thin | 瘦, 贫瘠 | 여위다, 마르다, (땅이) 메마르다 | menjadi kurus | trở nên gầy

1171 為 9画〔灬〕

丶 ソ ツ 为 為 為 為 為 為

do | 为 | 할 위 | mengerjakan | VI, làm

イ

行為（こうい） an act | 行为 | 행위 | tindakan | hành vi

○○

為替（かわせ） exchange | 汇率 | 환(換) | penukaran valuta, wesel | đổi, hoán đổi, tỷ giá hối đoái

外国為替（がいこくかわせ） foreign exchange | 外汇兑换 | 외환 | penukaran valuta asing | đổi ngoại tệ

1172 債 13画〔亻〕

丿 亻 亻 仁 仹 佳 佳 倩 倩 倩 債 債 債

debt | 债 | 빚 채 | hutang | TRÁI, nợ

サイ

負債（ふさい） debt | 负债 | 부채 | hutang | nợ nần

債券（さいけん） * a bond | 债券 | 채권 | ikatan utang | trái phiếu

債務（さいむ） * a debt, an obligation | 债务 | 채무 | hutang, obligasi | món nợ, tài vụ

1173 株 10画〔木〕

一 十 才 木 木 朩 朱 株 株 株

stump | 株 | 그루 주 | tunggul, saham | CHÂU, CHU, gốc cây

かぶ

株（かぶ） a stump, a stock | 树桩子, 树根, 股份 | 그루, 포기, 주식 · 주권의 준말 | saham | cổ phiếu

株式市場（かぶしきしじょう） the stock market | 股市 | 주식시장 | bursa saham, bursa efek | thị trường chứng khoán

株価（かぶか） * stock prices | 股价 | 주가 | nilai saham | giá cổ phiếu

1174 掛 11画〔扌〕

一 十 扌 扌 扌 扌 挂 挂 挂 掛 掛

hang | 挂 | 걸 괘 | menggantung | QUẢI, treo

か-ける

掛（か）ける to hang, to cover | 挂, 搭 | 걸다, 치다 | menggantung, menutup | treo, máng

掛（か）け算（ざん） multiplication | 乘法 | 곱셈 | perkalian | phép tính nhân

掛（か）け金（きん） * an installment, a premium | 欠款, 贷款 | 부금, 외상값 | premi | trả góp thành nhiều lần, tiền góp định kỳ

掛（か）け軸（じく） * a hanging scroll | 字画, 挂轴 | 족자 | hiasan gantung | tranh treo tường

掛（か）け合（あ）う * to negotiate | 交涉, 谈判, 商洽 | 담판하다, 교섭하다, 흥정하다 | tawar-menawar | đàm phán với

か-かる

掛（か）かる * to hang | 挂, 垂挂, 需要, 花费, 用 | 걸리다, 들다 | tergantung, kena | treo, máng

手掛（てが）かり a handhold, a clue | 线索, 头绪 | 단서, 실마리 | petunjuk | căn cứ, cơ sở

1175 患 11画〔心〕

丶 口 口 吕 吕 吕 串 串 患 患 患

fall ill | 患 | 근심 환 | menderita, sakit | HOẠN, ốm, bệnh

カン

患者（かんじゃ） a patient | 患者 | 환자 | pasien | bệnh nhân

1176 **衛** 16画〔彳〕

guard | 卫 | 지킬 위 | perlindungan | VỆ, bảo vệ

エイ

衛生（えいせい） hygiene | 卫生 | 위생 | kebersihan, sanitasi | vệ sinh

衛星（えいせい） a satellite | 卫星 | 위성 | satelit | vệ tinh

自衛（じえい）する to defend oneself | 自卫 | 자위하다 | membela diri | tự vệ

防衛（ぼうえい）する to defend | 防卫 | 방위하다 | mempertahankan | phòng thủ

1177 **疾** 10画〔疒〕

disease | 疾 | 병 질 | penyakit | TẬT, bệnh

シツ

疾病（しっぺい） * a disease | 疾病 | 질병 | penyakit | bệnh tật

疾患（しっかん） * disease | 疾病, 疾患 | 질환, 병 | penyakit | bệnh tật

1178  18画〔臣〕

look over, face | 临 | 임할 림(임) | hadir, menghadapi | LÂM, nhìn lại, đối mặt

リン

臨時（りんじ）(の) temporary | 临时(的) | 임시(적인) | sementara, darurat | lâm thời

臨床（りんしょう）(の) * clinical | 临床 | 임상 | klinis | lâm sàng

臨機応変（りんきおうへん）に * depending on the circumstances | 随机应变地, 临机应变地 | 임기응변으로 | sesuai dengan situasi | tùy cơ ứng biến

のぞ-む

臨（のぞ）む to face, to look over, to attend | 面临, 面对 | 면하다, 향하다, 대하다 | menghadapi, hadir, menghadap | tiếp cận, đối diện với, hướng ra

1179 **射** 10画〔寸〕

shoot | 射 | 쏠 사 | menembak | XẠ, bắn

シャ

注射（ちゅうしゃ） an injection | 注射 | 주사 | suntikan | tiêm chích

放射能（ほうしゃのう） radioactivity, radiation | 放射能 | 방사능 | radioaktivitas | năng lượng phóng xạ

放射線（ほうしゃせん） * radiation | 放射线, 射线 | 방사선 | radiasi | tia phóng xạ

発射（はっしゃ）する to discharge, to shoot | 发射 | 발사하다 | meluncurkan, menembakkan | bắn tên, phóng

反射（はんしゃ）する to reflect | 反射 | 반사하다 | memantul | phản xạ, phản ngược lại

い-る

射（い）る * to shoot | 射 | 쏘다 | melepaskan | bắn

1180 **祉** 8画〔ネ〕

happiness | 祉 | 복 지 | kebahagiaan | CHỈ, phúc lợi

シ

福祉（ふくし） welfare | 福祉 | 복지 | kesejahteraan | phúc lợi

1181 **献** 13画〔犬〕

offer | 献 | 바칠 헌 | menawarkan | HIẾN, cống hiến

ケン

文献（ぶんけん） literature | 文献 | 문헌 | literatur, kepustakaan | văn kiện

貢献（こうけん）する to contribute | 贡献 | 공헌하다 | menyumbangkan | cống hiến

コン

献立（こんだて） a menu | 菜单, 食谱 | 식단, 메뉴 | menu | thực đơn

1182 **託** 10画〔言〕

entrust | 托 | 부탁할 탁 | mempercayakan | THÁC, uỷ thác

タク

託児所（たくじしょ） * a day nursery | 托儿所 | 탁아소 | penitipan anak | nhà trẻ

委託（いたく）する to entrust | 委托 | 위탁하다 | mempercayakan | uỷ thác

1183 **塾** 14画〔土〕

private school | 塾 | 글방 숙 | kursus, sekolah swasta | THỤC, học thêm

ジュク

塾（じゅく） a supplementary private school | 私塾 | 사설학교, 학원, 사숙 | kursus bimbingan belajar | lớp học thêm

答え➡別冊P.3

問題1 次の説明を読んで、下線部①～㉒の読みをひらがなで書きなさい。

様々な専門職

特定の業種において、高度な専門知識や技術が求められる。資格や免許が求められる場合もある。

コンサルタント	専門知識を持ち、企業の外部から客観的なアドバイスを行う。
①金融スペシャリスト	金融・証券・保険などのお金を運用する業界でプランニングやアドバイスを行う。②為替ディーラー（通貨を売買）、トレーダー（③債券や④株価の動向を⑤把握し⑥顧客の投資活動を手助け）、⑦融資・ファンドマネージャー（資金を運用して利益を上げる）、証券アナリスト、アクチュアリー（保険数理士；確率論や⑧統計学に基づき、保険会社が健全な経営⑨維持しつつ、適切な⑩掛け金や保険料の設定を行う）など。
医療サービス	・医師・看護師：⑪患者の健康⑫衛生管理、⑬疾病治療を行う。 ・薬剤師：調剤・服薬指導を行う。 ・医療技師：⑭臨床検査技師、診療⑮放射線技師などがある。 ※診療放射線技師：a radiologist （诊疗）放射线技师 （진료）방사선기사 tenaga medis radiologi chuyên viên chụp X-quang
⑯福祉・⑰介護サービス	・福祉士・介護士：障害者や高齢者の相談や指導援助を行う。 ・栄養士：カロリー計算や⑱献立作成。 ・保育士：保育所や施設に設けられた⑲託児所などで子どもの世話をする。
教師・講師・インストラクター	学習⑳塾・企業研修・スポーツクラブなど。
通訳・㉑翻訳	通訳は国際会議やビジネスシーンなどで㉒意思疎通をサポートする。翻訳は大きく文芸翻訳と実務翻訳に分けられる。

問題2 送りがなが必要な場合はそれに注意して、下線部の言葉を漢字で書きなさい。

① 会社のこもん弁護士（a corporate lawyer）
② りんしょう心理学（clinical psychology）
③ 注意をうながす。
④ 雪山をスキーですべる。
⑤ 歴史をかえりみる。
⑥ 試験にのぞむ。
⑦ 的をいた表現
⑧ 固く手をにぎる。
⑨ 列車はすでに出たあとだった。
⑩ やせ細った体

7課 地名

都道府県名・その他の地名を読む

なんと書いてありますか

北海道地方	関東地方	中部地方	近畿地方	中国地方	四国地方	九州地方
①北海道	⑧茨城県	⑮新潟県	㉔三重県	㉛鳥取県	㊱徳島県	㊵福岡県
	⑨栃木県	⑯富山県	㉕滋賀県	㉜島根県	㊲香川県	㊶佐賀県
東北地方	⑩群馬県	⑰石川県	㉖京都府	㉝岡山県	㊳愛媛県	㊷長崎県
②青森県	⑪埼玉県	⑱福井県	㉗大阪府	㉞広島県	㊴高知県	㊸熊本県
③岩手県	⑫千葉県	⑲山梨県	㉘兵庫県	㉟山口県		㊹大分県
④宮城県	⑬東京都	⑳長野県	㉙奈良県			㊺宮崎県
⑤秋田県	⑭神奈川県	㉑岐阜県	㉚和歌山県			㊻鹿児島県
⑥山形県		㉒静岡県				㊼沖縄県
⑦福島県		㉓愛知県				

宮城県
茨城県
栃木県
埼玉県
神奈川県
新潟県
山梨県
岐阜県
静岡県
滋賀県
大阪府
奈良県
岡山県
徳島県
愛媛県
福岡県
佐賀県
長崎県
熊本県
宮崎県
鹿児島県
沖縄県

近畿地方
瀬戸内海
佐渡
淡路島
霞ヶ浦
仙台市
横浜市
那覇市

1184 **宮** 10画 〔宀〕

キュウ
グウ
みや

丶 丷 宀 宀 宁 宁 宫 宮 宮 宮

royal palace, shinto shrine | 宫 | 집 궁 | keraton, kuil shinto | CUNG, cung đình, đền thờ Thần

宮殿（きゅうでん） a palace | 宫殿 | 궁전 | keraton | cung điện

日光東照宮（にっこうとうしょうぐう）* *Nikko Tosho-gu* | 日光东照宫 | 닛코토쇼궁 | Nikko Tosho-gu | Nikko Tosho-gu

宮城県（みやぎけん）* *Miyagi* Prefecture | 宫城县 | 미야기현 | Prefektur Miyagi | Tỉnh Miyagi

宮崎県（みやざきけん）* *Miyazaki* Prefecture | 宫崎县 | 미야자키현 | Prefektur Miyazaki | Tỉnh Miyazaki

お宮（みや） a *shinto* shrine | 神社 | 신사 | kuil Shinto | cung điện

1185 **茨** 9画 〔艹〕

いばら

一 十 艹 艹 艾 艾 芡 茨 茨 ［茨］

thorn | 茨 | 지붕 일 자 | duri | TỲ, TÌ, cỏ gai

茨城県（いばらきけん）* *Ibaraki* Prefecture | 茨城县 | 이바라키현 | Prefektur Ibaraki | Tỉnh Ibaraki

1186 **栃** 9画 〔木〕

とち

一 十 才 木 木 杤 杤 栃 栃

Japanese horse chestnut | 枥（日本汉字） | 상수리나무 회 | sejenis pohon berangan | LỊCH, DẺ, hạt dẻ ngựa

栃木県（とちぎけん）* *Tochigi* Prefecture | 枥木县 | 토치기현 | Prefektur Tochigi | Tỉnh Tochigi

1187 **埼** 11画 〔土〕

さい

一 十 土 圹 圹 坎 垮 垮 埼 埼 埼

cape | 埼 | 갑 기 | tanjung | KỲ, mũi đất

埼玉県（さいたまけん）* *Saitama* Prefecture | 埼玉县 | 사이타마현 | Prefektur Saitama | Tỉnh Saitama

1188 **奈** 8画 〔大〕

ナ

一 ナ 大 太 夳 夵 奈 奈

crab apple tree | 奈 | 어찌 내, 어찌 나 | sejenis pohon apel | NẠI, cây táo dại

神奈川県（かながわけん）* *Kanagawa* Prefecture | 神奈川县 | 카나가와현 | Prefektur Kanagawa | Tỉnh Kanagawa

奈良県（ならけん）* *Nara* Prefecture | 奈良县 | 나라현 | Prefektur Nara | Tỉnh Nara

1189 **潟** 15画 〔氵〕

かた

丶 冫 氵 氵 氵 泞 泊 泊 沪 沪 渴 渴 潟 潟 潟

lagoon | 潟 | 개펄 석 | laguna | TÍCH, vũng

新潟県（にいがたけん）* *Niigata* Prefecture | 新潟县 | 니이가타현 | Prefektur Niigata | Tỉnh Niigata

1190 **梨** 11画 〔木〕

なし

一 二 千 禾 禾 禾 利 利 犁 梨 梨

pear | 梨 | 배 리(이) | buah pir | LÊ, trái lê

山梨県（やまなしけん）* *Yamanashi* Prefecture | 山梨县 | 야마나시현 | Prefektur Yamanashi | Tỉnh Yamanashi

梨（なし）* a pear | 梨 | 배 | buah pir | quả lê

洋梨（ようなし）* a (European) pear | 洋梨 | 서양배 | buah pir (barat) | trái lê tây

1191 **岐** 7画 〔山〕

キ
ギ

丨 山 山 山一 山十 岐 岐

diverge | 岐 | 갈림길 기 | berbeda | KỲ, phân nhánh

多岐（たき）（の）* various | (涉及)多方面 | 다기의, 여러갈래로 갈려 복잡한 | macam-macam | tính đa dạng

岐阜県（ぎふけん）* *Gifu* Prefecture | 岐阜县 | 기후현 | Prefektur Gifu | Tỉnh Gifu

1192 阜 8画 〔阜〕

ʼ ｜ 𠂉 户 阜 自 𠂤 阜

hill | 阜 | 언덕 부 | bukit | PHỤ, đồi

フ

岐阜県（ぎふけん）* *Gifu* Prefecture | 岐阜县 | 기후현 | Prefektur Gifu | Tỉnh Gifu

1193  岡 8画 〔山〕

丨 冂 冂 門 円 冈 岡 岡

hill | 冈 | 산등성이 강 | bukit | CƯƠNG, đồi

おか

静岡県（しずおかけん）* *Shizuoka* Prefecture | 静冈县 | 시즈오카현 | Prefektur Shizuoka | Tỉnh Shizuoka

岡山県（おかやまけん）* *Okayama* Prefecture | 冈山县 | 오카야마현 | Prefektur Okayama | Tỉnh Okayama

福岡県（ふくおかけん）* *Fukuoka* Prefecture | 福冈县 | 후쿠오카현 | Prefektur Fukuoka | Tỉnh Fukuoka

1194  滋 12画 〔氵〕

丶 丶 氵 氵 氵' 氵" 洴 泫 泫 滋 滋 滋

moisten, enrich | 滋 | 불을 자 | membasahkan, memperkaya | TƯ, màu mỡ

∞

滋賀県（しがけん）* *Shiga* Prefecture | 滋贺县 | 시가현 | Prefektur Shiga | Tỉnh Shiga

1195  賀 12画 〔貝〕

フ カ か 加 加 加 賀 賀 賀 賀 賀 賀

congratulate | 贺 | 하례할 하 | menyelamati | HẠ, chúc mừng

ガ

佐賀県（さがけん）* *Saga* Prefecture | 佐贺县 | 사가현 | Prefektur Saga | Tỉnh Saga

年賀状（ねんがじょう） a New Year's card | 贺年片 | 연하장 | kartu ucapan Tahun Baru | Thiệp mừng năm mới

祝賀会（しゅくがかい） a celebration | 庆祝会 | 축하회 | pesta syukuran, perayaan | lễ mừng

1196  阪 7画 〔阝〕

ㇷ 阝 阝 阝 阝 阪 阪

slope | 阪 | 언덕 판 | lereng | PHẢN, dốc

さか

大阪府（おおさかふ）* *Osaka* Prefecture | 大阪府 | 오사카부 | Prefektur Osaka | Phủ Osaka

1197  良 7画 〔艮〕

丶 ㇇ ㇕ ヨ 自 自 良

good | 良 | 어질 량(양) | bagus | LƯƠNG, lương thiện

リョウ

良心（りょうしん） conscience | 良心 | 양심 | hati nurani | lương tâm

良質（りょうしつ） good quality | 质量良好, 优质 | 양질 | kualitas baik | chất lượng tốt

不良品（ふりょうひん）* inferior goods, defective product(s) | 不良品 | 불량품 | barang tidak bagus | sản phẩm lỗi

改良する（かいりょうする） to improve | 改良 | 개량하다 | memperbaiki | cải tiến

よ-い

良い（よい） good | 好 | 좋다 | baik, bagus | tốt

∞

奈良県（ならけん）* *Nara* Prefecture | 奈良县 | 나라현 | Prefektur Nara | Tỉnh Nara

1198  徳 14画 〔彳〕

ノ ク 彳 彳 彳 彳 彳 徳 徳 徳 徳 徳 徳 徳

virtue | 德 | 덕 덕 | kebajikan | ĐỨC, đạo đức

トク

徳島県（とくしまけん）* *Tokushima* Prefecture | 德岛县 | 토쿠시마현 | Prefektur Tokushima | Tỉnh Tokushima

道徳（どうとく） morality, morals | 道德 | 도덕 | moralitas, moral | đạo đức

1199  12画〔女〕 ひめ

く 女 女 女 女 女 女 女 女 女 媛 媛

princess | 媛 | 여자 원 | putri | VIỆN, công chúa

愛媛県（えひめけん） * *Ehime* Prefecture | 爱媛县 | 에히메현 | Prefektur Ehime | Tỉnh Ehime

1200  11画〔山〕 さき

丨 山 山 山 山 山 山 山 峼 峼 崎

cape | 崎 | 험할 기 | tanjung | KỲ, mỏm đảo

長崎県（ながさきけん） * *Nagasaki* Prefecture | 长崎县 | 나가사키현 | Prefektur Nagasaki | Tỉnh Nagasaki

宮崎県（みやざきけん） * *Miyazaki* Prefecture | 宫崎县 | 미야자키현 | Prefektur Miyazaki | Tỉnh Miyazaki

1201  14画〔灬〕 くま

熊

bear | 熊 | 곰 웅 | beruang | HÙNG, con gấu

熊本県（くまもとけん） * *Kumamoto* Prefecture | 熊本县 | 쿠마모토현 | Prefektur Kumamoto | Tỉnh Kumamoto

熊（くま） * a bear | 熊 | 곰 | beruang | con gấu

1202  11画〔鹿〕 しか か

丶 亠 广 户 户 声 声 唐 唐 鹿 鹿

deer | 鹿 | 사슴 록(녹) | rusa | LỘC, con hươu

鹿（しか） * a deer | 鹿 | 노루 | rusa | con nai

鹿児島県（かごしまけん） * *Kagoshima* Prefecture | 鹿儿岛县 | 카고시마현 | Prefektur Kagoshima | Tỉnh Kagoshima

1203  7画〔氵〕 おき

丶 冫 氵 氵 氵 沪 沖

offing | 冲 | 화할 충 | lepas pantai | XUNG, ngoài khơi

沖縄県（おきなわけん） * *Okinawa* Prefecture | 冲绳县 | 오키나와현 | Prefektur Okinawa | Tỉnh Okinawa

沖（おき） the offing | 海上, 洋面 | 앞바다 | lepas pantai | biển khơi

1204  15画〔糸〕 ジョウ なわ

縄

rope | 绳 | 줄 승 | tali | THẰNG, dây thừng

縄文時代（じょうもんじだい） * the *Jomon* period | 绳文时代 | 죠몬시대 | Prefektur Okinawa | thời kỳ Jomon (Thằng Văn)

縄（なわ） a rope | 绳, 绳索 | 노끈, 새끼줄 | tali | dây thừng

1205  15画〔田〕 キ

畿

capital | 畿 | 경기 기 | daerah pinggiran ibu kota | KỲ, kinh kì

近畿地方（きんきちほう） * the *Kinki* district | 近畿地区 | 킨키지방 | Daerah Kinki | vùng Kinki

1206  19画〔氵〕 せ

瀬

rapids | 濑 | 여울 뢰 | arus deras | LẠI, thác ghềnh

瀬戸内海（せとないかい） * *Seto* Inland Sea | 濑户内海 | 세토내해 | Laut Dalam Seto | Vịnh Seto

1207 **佐** 7画〔亻〕

ノ イ 仁 仕 佐 佐 佐

サ

assist | 佐 | 도울 좌 | | TÁ, phụ tá

佐渡(さど) * *Sado* Island | 佐渡 | 사도 | Pulau Sado | Đảo Sado

1208 **淡** 11画〔氵〕

丶 丷 氵 氵 氵' 氵" 氵火 氵炎 淡 淡 淡

タン
あわ-い

light | 淡 | 맑을 담 | muda, lembut, tawar | ĐẠM, nhẹ

淡水(たんすい) fresh water | 淡水 | 담수 | air tawar | nước ngọt

冷淡(れいたん)な cold | 冷淡的 | 냉담한 | dingin | lãnh đạm, thờ ơ

淡(あわ)い * light, pale | 清淡, 淡泊 | 담담하다, 담박하다 | muda, lembut | nhợt nhạt

淡路島(あわじしま) * *Awaji* Island | 淡路岛 | 아와지섬 | Pulau Awaji | đảo Awaji

1209 **浦** 10画〔氵〕

丶 丷 氵 汀 汀 汩 洧 洧 浦 浦

うら

inlet | 浦 | 개 포 | tepi laut | PHỔ, vịnh nhỏ

霞(かすみ)ヶ浦(うら) * Lake *Kasumigaura* | 霞浦 | 카스미가우라 | Danau Kasumigaura | hồ Kasumigaura

1210 **仙** 5画〔亻〕

ノ イ 仆 仙 仙

セン

immortal | 仙 | 신선 선 | ahli, jagoan | TIÊN, thần tiên

仙台市(せんだいし) * *Sendai* City | 仙台市 | 센다이시 | Kota Sendai | thành phố Sendai

1211 **浜** 10画〔氵〕

丶 丷 氵 氵' 氵" 汻 浐 浜 浜 浜

はま

beach | 濱 | 물가 빈, 선거 병 | pantai | TÂN, BANH, bãi biển

横浜市(よこはまし) * *Yokohama* City | 横滨市 | 요코하마시 | Kota Yokohama | thành phố Yokohama

浜辺(はまべ) a beach | 海滨, 湖滨 | 바닷가, 해변 | pantai | bờ biển

1212 **那** 7画〔阝〕

フ ヲ ヨ 月 尹' 那 那

ナ

full | 那 | 어찌 나 | banyak | NA, đầy tràn

那覇市(なはし) * *Naha* City | 那霸市 | 나하시 | Kota Naha | thành phố Naha

1213 **覇** 19画〔襾〕

一 ㄧ 冖 覀 覀 覀 覀 覀 覀 覀 覀 覀 覀 覀 覀 覇 覇 覇 覇

ハ

leadership | 霸 | 으뜸 패, 두목 패 | kepemimpinan | BÁ, lãnh đạo

那覇市(なはし) * *Naha* City | 那霸市 | 나하시 | Kota Naha | thành phố Naha

制覇(せいは)する * to conquer, to win the championship | 称霸, 获得冠军 | 제패하다 | menguasai, memenangkan pertandingan | thống trị, chinh phục, chiến thắng

連覇(れんぱ)する * to win successive championships | 连续优胜, 连续夺冠 | 연패하다, 연승하다 | menang beruntun | chiến thắng liên tiếp

練習

答え➡別冊 P.4

問題1 例のように書きなさい。

例：わたしは大学へ行きます。
私　だいがく　いきます

① 日本で一番大きい湖は滋賀県にある琵琶(びわ)湖、二番目に大きいのは茨城県の霞ヶ浦です。

② 日本で一番高い山は静岡県と山梨県にまたがる富士山です。

③ 北海道にはくまやしかやいろいろな動物がいます。

④「果物の主な産地を知っていますか。」
「そうですね……、りんごは青森や長野、みかんは愛媛や和歌山、さくらんぼは山形、いちごは栃木、ももは岡山……。」

⑤ 埼玉県の熊谷(くまがや)市は2007年8月に岐阜県の多治見(たじみ)市とともに40.9℃の最高気温を記録した。

⑥ 新潟県は日本一の米の産地と言われています。

⑦ 宮城県の仙台市はみどり豊かな都市で、中国の有名な小説家が留学したことでも知られています。

⑧ 神奈川県の横浜市は東京の次に人口が多い都市です。

⑨ 日本には生後１ヶ月目に赤ちゃんを神社につれていき、健康をいのる「おみや参り」という習慣があります。

⑩ 出雲大社(いずもたいしゃ)は島根県にある神社で、大きいしめなわが印象的です。

⑪ 小学校や中学校の教科書では、三重県は近畿地方に分類されています。

⑫ 淡路島の面積はシンガポール島とほぼ同じです。

⑬ 鹿児島県の農産物と言えば、さつまいもです。

⑭ 沖縄県の県庁は那覇市にあります。

⑮ 四国には徳島、香川、愛媛、高知の４つの県があります。

問題2 送りがなが必要な場合はそれに注意して、下線部の言葉を漢字で書きなさい。

① はまべを歩く。
② なしの皮をむく。
③ たんすいにすむ魚
④ 船でおきへ出る。
⑤ しゅくがかいに出席する。
⑥ 彼は成績がよい。
⑦ ふりょうひんを回収する。
⑧ フランスのベルサイユきゅうでん

8課 歴史

日本の歴史を知る

なんと書いてありますか

西暦年代	時代	項目
（紀元前）	縄文	
3世紀		稲作が伝わる
	弥生	
538 ?	古墳	仏教が伝わる
604	飛鳥	聖徳太子が十七条の憲法を制定する
630		第一次遣唐使が派遣される
710	奈良	平城京に遷都
894	平安	
1001 頃		『枕草子』（清少納言）が書かれる
1010 頃		『源氏物語』（紫式部）が書かれる
1017		藤原道長が摂政となる
1167		
1185		
1192	鎌倉	源頼朝が征夷大将軍となる
1333		鎌倉幕府が滅びる
1338	室町	
1543		ポルトガル人が種子島に漂着し、鉄砲を伝える
	安土桃山	
1603	江戸	
1639		ポルトガル船の来航を禁止し、鎖国が完成する
1867		大政奉還、王政復古
1868	明治	明治維新の改革が始まる
1869		
1871		廃藩置県
1889		大日本帝国憲法が発布される
1912	大正	
1926	昭和	
1989	平成	

聖徳太子

紫式部

源頼朝

出島（鎖国中の貿易拠点）

大日本帝國憲法

明治天皇

紀元前
世紀
稲作
弥生
古墳
聖徳太子
憲法
遣唐使
派遣する
遷都
枕草子
源氏物語
紫式部
藤原氏
摂政
鎌倉
征夷大将軍
幕府
滅びる
漂着する
安土桃山
江戸
鎖国
拠点
大政奉還
廃藩置県
帝国
昭和

1214 紀 9画 〔糸〕
キ

order | 紀 | 벼리 기 | periode | KỶ, kỷ cương

世紀（せいき） a century | 世纪 | 세기 | abad | thế kỷ
紀元前（きげんぜん）* B.C. | 公元前 | 기원전 | sebelum Masehi | Trước Công Nguyên

1215 稲 14画 〔禾〕
いね
いな

rice plant | 稻 | 벼 도 | padi | ĐẠO, trồng lúa

稲（いね） a rice plant | 稻子 | 벼 | padi | trồng lúa
稲光（いなびかり） lightning | 闪电 | 번개 | kilat | ánh chớp
稲穂（いなほ）* a ear of rice | 稻穗 | 벼이삭 | bulir padi | bông lúa
稲刈り（いねかり）* rice reaping | 割稻子 | 벼베기 | penuaian padi, pemetikan padi | việc gặt lúa
稲作（いなさく）* rice growing | 种稻子 | 벼농사 | penanaman padi | trồng lúa

1216 弥 8画 〔弓〕
や

extensively | 弥 | 두루 미 | meningkat | DI, chuyên sâu

弥生時代（やよいじだい）* the *Yayoi* period | 弥生时代 | 야요이시대 | zaman Yayoi | thời kỳ Yayoi

1217 墳 15画 〔土〕
フン

tumulus | 坟 | 무덤 분 | gundukan tanah | PHẦN, phần mộ

古墳（こふん）* a tumulus, an old mound | 古坟, 古墓 | 고분, 옛날 무덤 | makam kuno | mộ cổ
古墳時代（こふんじだい）* the Tumulus period | 古坟时代 | 고분시대 | zaman Kofun | thời kỳ Cổ Mộ

1218 聖 13画 〔耳〕
セイ
ショウ

holy | 圣 | 성인 성 | suci | THÁNH, thần thánh

聖書（せいしょ） the Bible | 圣经 | 성서 | Injil | Kinh thánh
聖徳太子（しょうとくたいし）*《人名》 Prince *Shotoku* | 圣德太子 | 쇼토쿠태자 | Pangeran Shotoku | thái tử Shotoku (tên người)
神聖な（しんせいな） holy | 神圣的 | 신성한 | suci | thần thánh

1219 憲 16画 〔心〕
ケン

law | 宪 | 법 헌 | hukum | HIẾN, hiến pháp

憲法（けんぽう） a constitution | 宪法 | 헌법 | undang-undang dasar | Hiến pháp

1220 遣 13画 〔辶〕
ケン
つか-う

dispatch | 遣 | 보낼 견 | mengutus | KHIỂN, phái cử

派遣する（はけんする） to dispatch, to send | 派遣 | 파견하다 | mengirim, mengutus | phái cử, gửi đi
仮名遣い（かなづかい） the use of *kana* | 假名拼写法 | かな로 표기하는 법 | penggunaan huruf kana | sử dụng chữ Kana
無駄遣い（むだづかい） waste | 浪费, 乱花 | 낭비, 허비 | pemborosan | lãng phí

1221 唐 10画 〔口〕
トウ

Tang dynasty | 唐 | 당나라 당 | Dinasti Tang | ĐƯỜNG, đời Đường

唐（とう）* the Tang dynasty | 唐朝 | (중국)당나라 | Dinasti Tang | nhà Đường
遣唐使（けんとうし）* Japanese Missions to Tang-dynasty | 遣唐使 | 견당사 | Misi Jepang ke Dinast Tang | công sứ được cử sang nhà Đường

1222 **派** 9画 〔氵〕

丶 丶 氵 氵 汇 汇 沠 派 派

group | 派 | 갈래 파 | grup | PHÁI, trường phái

ハ

立派（りっぱ）な fine, excellent | 宏伟的, 盛大的, 优秀的, 出色的 | 훌륭한, 아주 뛰어난, 충분한, 완전한, 어엿한 | bagus, terpuji | hào hoa, rực rỡ, phát triển

派手（はで）な showy, flashy, gaudy | 花哨的, 艳丽的 | 화려한, 화사한, 야한 | mencolok mata | hào hoa, rực rỡ, sặc sỡ

～派（は） a school, a group, a sect | …派 | …파 | kelompok…, aliran…, sekte… | phe phái, nhóm

特派員（とくはいん） a special correspondent | 特派员 | 특파원 | koresponden | đặc phái viên

1223 **遷** 15画 〔辶〕

一 ｢ 戸 襾 襾 覀 覀 覀 覀 覀 覀 䙴 䙴 遷 遷

transfer | 迁 | 옮길 천 | pemindahan | THIÊN, thiên chuyển

セン

遷都（せんと）* the transfer of the capital | 迁都 | 천도 | pemindahan ibu kota | việc dời đô

変遷（へんせん）する to change | 变迁 | 변천하다 | berubah | biến thiên, thay đổi

1224 **枕** 8画 〔木〕

一 十 オ 木 木 朩 朸 枕

pillow | 枕 | 베개 침 | bantal | CHẨM, cái gối

まくら

枕（まくら） a pillow | 枕头 | 베개 | bantal | cái gối

『枕草子（まくらのそうし）』* *The Pillow Book (of Sei Shonagon)* | 枕草子 | 마쿠라노소시 | Buku Bantal (karya Sei Shonagon) | "Sách Gối Đầu" (của Sei Shonagon)

1225 **源** 13画 〔氵〕

丶 丶 氵 氵 汇 汇 沥 沥 沥 沥 源 源 源

source | 源 | 근원 원 | sumber | NGUYÊN, nguồn gốc

ゲン

資源（しげん） resources | 资源 | 자원 | sumber daya | tài nguyên

起源（きげん） origin | 起源 | 기원 | asal | nguồn gốc

財源（ざいげん） a source of revenue | 财源 | 재원 | sumber dana | nguồn tài chính, tài nguyên

語源（ごげん） an etymology, the origin of a word | 语源 | 어원 | asal-usul kata, etimologi | nguồn gốc của từ

『源氏物語（げんじものがたり）』* *The Tale of Genji* | 源氏物语 | 겐지모노가타리 | Hikayat Genji | tập truyện cổ Genji

みなもと

源（みなもと） the source, the origin | 水源, 起源 | 물이 흘러나오는 근원, 수원, 기원, 근원 | sumber, asal | nguồn, nguồn gốc

1226 **紫** 12画 〔糸〕

丨 ト 止 止 此 此 些 些 紫 紫 紫 紫

purple | 紫 | 자줏빛 자 | ungu | TỬ, màu tím

シ

紫外線（しがいせん）* ultraviolet rays | 紫外线 | 자외선 | sinar ultraviolet | tia tử ngoại

むらさき

紫（むらさき）（の） purple | 紫色（的） | 자색（의） | ungu | màu tím

紫式部（むらさきしきぶ）*《人名》| *Murasaki Shikibu* | 紫式部 | 무라사키시키부 | Murasaki Shikibu | Murasaki Shikibu (tên người)

1227 **藤** 18画 〔艹〕

一 十 艹 产 广 肝 肝 肝 肝 胪 胪 胪 胪 藤 藤 藤 藤 藤

wisteria | 藤 | 등나무 등 | pohon wisteria | ĐẰNG, Tử Đằng

トウ

佐藤（さとう）*《名字》| *Sato* | 佐藤 | 사토오 | Sato | Sato (tên người)

加藤（かとう）*《名字》| *Kato* | 加藤 | 카토오 | Kato | Kato (tên người)

ふじ

藤（ふじ）* wisteria | 紫藤 | 등나무 | pohon wisteria | ĐẰNG, cây đậu tía, hoa tử đằng

藤原氏（ふじわらし）* the *Fujiwara* family | 藤原氏 | 후지와라씨 | marga Fujiwara | họ Fujiwara

1228 **摂** 13画 〔扌〕

一 十 扌 扌 扩 扩 扩 拒 拒 押 押 摂 摂

take | 摄 | 당길 섭, 몰아 잡을 섭 | ambil | NHIẾM, lấy

セツ

摂政（せっしょう）* a regent, regency | 摄政 | 섭정 | kabupaten, perwalian | quan nhiếp chính

摂氏（せっし）* Celsius | 摄氏 | 섭시 | celsius | độ bách phân

摂取（せっしゅ）する * to take in, to ingest | 摄取 | 섭취하다 | menyerap, mendapatkan | hấp thu

1229 **鎌** 18画 〔金〕

かま

sickle | 镰 | 낫 겸 | sabit, arit | LIÊM, cái liềm

鎌倉時代（かまくらじだい） * the *Kamakura* period | 镰仓时代 | 카마쿠라시대 | zaman Kamakura | Thời kỳ Kamakura

1230 **倉** 10画 〔人〕

ソウ
くら

storehouse | 仓 | 곳집 창 | gudang | THƯƠNG, nhà kho

倉庫（そうこ） a storehouse | 仓库 | 창고 | gudang | nhà kho

鎌倉市（かまくらし） * *Kamakura* City | 镰仓市 | 카마쿠라시 | Kota Kamakura | thành phố Kamakura

1231 **征** 8画 〔彳〕

セイ

conquer | 征 | 칠 정 | menaklukkan | CHINH, chinh phục

征服（せいふく）する to conquer | 征服 | 정복하다 | menaklukkan | chinh phục

征夷大将軍（せいいたいしょうぐん） * a *shogun* | 征夷大将军 | 세이이대장군 | shogun | tướng quân

1232  13画 〔巾〕

マク
バク

curtain | 幕 | 장막 막 | tirai | MẠC, tấm màn

幕（まく） a curtain | 幕, 帷幕 | 막, 칸막이, 휘장 | tirai | bức màn

幕府（ばくふ） * shogunate | 幕府 | 바쿠후, 막부 | keshogunan | Mạc phủ

1233  13画 〔氵〕

メツ
ほろ-びる
ほろ-ぼす

perish, destroy | 灭 | 꺼질 멸, 멸할 멸 | musnah, punah | DIỆT, huỷ diệt, sụp đổ

絶滅（ぜつめつ）する to become extinct | 灭绝, 根绝 | 절멸하다 | menjadi punah | tuyệt chủng

滅亡（めつぼう）する to perish | 灭亡 | 멸망하다 | runtuh, hancur | diệt vong

滅（ほろ）びる to become extinct, to fall | 灭亡, 灭绝 | 망하다, 멸망하다 | punah, runtuh | diệt vong

滅（ほろ）ぼす to destroy | 使灭亡, 毁灭 | 멸망시키다, 망하게 하다, 망치다 | menghancurkan | tiêu diệt, phá hủy

1234  14画 〔氵〕

ヒョウ
ただよ-う

drift | 漂 | 떠다닐 표 | mengambang | PHIÊU, trôi

漂着（ひょうちゃく）する * to drift ashore | 漂至, 飘到 | 표착하다 | terdampar | dạt vào

漂（ただよ）う to drift, to float | 漂, 漂浮, 充满 | 떠다니다, 떠돌다, 감돌다 | mengambang, melayang | trôi nổi

1235  10画 〔木〕

もも

peach | 桃 | 복숭아 도 | buah persik | ĐÀO, trái đào

安土桃山時代（あづちももやまじだい） * the *Azuchi-Momoyama* period | 安土桃山时代 | 아즈치모모야마시대 | zaman Azuchi Momoyama | Thời kỳ Azuchi Momoyama

桃（もも） * a peach | 桃 | 복숭아 | buah persik | quả đào

1236  6画 〔氵〕

え

large river | 江 | 강 강 | sungai besar | GIANG, sông lớn

江戸時代（えどじだい） * the *Edo* period | 江户时代 | 에도시대 | zaman Edo | Thời kỳ Edo

1237 **鎖** 18画 〔金〕

ノ ㇒ 亼 全 全 牟 金 釒 釒 釒 釒 鎖 鎖 鎖 鎖 鎖 鎖 鎖

chain | 锁 | 쇠사슬 쇄 | rantai | TỎA, buộc xích

サ

鎖国（さこく）* national isolation | 闭关自守 | 쇄국 | penutupan negara | Bế quan tỏa cảng

連鎖（れんさ）* a chain, linkage | 连锁 | 연쇄 | rantai, urut-urutan | chuỗi, hệ thống

封鎖（ふうさ）する to blockade | 封锁 | 봉쇄하다 | memblokade | phong tỏa　閉鎖（へいさ）する to close | 封闭, 关闭 | 폐쇄하다 | menutup | phong tỏa

くさり

鎖（くさり） a chain | 链子, 锁链 | 쇠사슬, 체인 | rantai | cái xích

1238 **拠** 8画 〔扌〕

一 十 扌 扌 扎 扨 拠 拠

grounds | 据 | 의거할 거 | dasar | CỨ, căn cứ

キョ

根拠（こんきょ） grounds | 根据 | 근거 | dasar, landasan | căn cứ

拠点（きょてん）* a foothold, a base | 据点, 基地 | 거점 | basis | cứ điểm, căn cứ

コ

証拠（しょうこ） proof, evidence | 证据 | 증거 | bukti | chứng cứ

1239 **奉** 8画 〔大〕

一 二 三 夫 夫 夫 叁 奉

offer | 奉 | 받들 봉 | mempersembahkan | PHỤNG, cung phụng

ホウ

大政奉還（たいせいほうかん）* The Return of Political Power to the Emperor by the *Tokugawa* Shogunate | 大政奉还 | 대정봉환 | Pengembalian kekuasaan dari Keshogunan Tokugawa ke Kaisar | Sự phục hồi của đế quốc cai trị nhờ tướng Tokugawa

奉仕（ほうし）する to serve | （不计报酬而）服务, 效劳 | 봉사하다 | melayani, mengabdi | phụng sự

たてまつ-る

奉（たてまつ）る to offer | 奉, 恭维 | 바치다, 모시다, 받들다 | mempersembahkan | dâng cúng

1240 **還** 16画 〔辶〕

丶 ㇇ 罒 罒 罒 罒 罒 睘 睘 睘 睘 睘 睘 睘 還 還

return | 还 | 돌아올 환, 돌 선 | kembali | HOÀN, hoàn trả

カン

還元（かんげん）する to reduce | 还原 | 환원하다 | mengurangi | hoàn trả

返還（へんかん）する to return | 返还 | 반환하다 | mengembalikan | trả lại

1241 **藩** 18画 〔艹〕

一 十 艹 艹 艹 芦 芦 芦 芦 茡 萍 萍 蒤 蒤 藩 藩 藩 藩

feudal domain | 藩 | 울타리 번 | klan | PHIÊN, lãnh chúa

ハン

藩（はん）* a feudal domain, a *han* | 藩 | 번 | daerah feodal, han | thái ấp

廃藩置県（はいはんちけん）* The Abolition of the *Han* System and Establishment of Prefectures | 废藩置县 | 폐번치현 | Penghapusan sistem Han dan pembentukan prefektur | loại bỏ kiểu quản lý thị tộc và hình thành quận huyện

1242 **帝** 9画 〔巾〕

丶 亠 亠 ㅗ 产 产 产 帝 帝

emperor | 帝 | 임금 제 | kaisar | ĐẾ, đế chế

テイ

帝国（ていこく）* an empire | 帝国 | 제국 | kekaisaran | đế quốc

大日本帝国憲法（だいにほんていこくけんぽう）* The Constitution of the Empire of Japan | 大日本帝国宪法 | 대일본제국헌법 | Konstitusi Kekaisaran Jepang | Hiến pháp của đế quốc Nhật Bản

1243 **昭** 9画 〔日〕

丨 冂 日 日 日フ 昭 昭 昭 昭

bright | 昭 | 밝을 소 | terang | CHIÊU, sáng rõ

ショウ

昭和（しょうわ）*《年号》| *Showa* | 昭和 | 쇼와 | Showa | Chiêu hòa (niên hiệu)

8課 練習

問題1 例のように書きなさい。

例：わたしは大学へ行きます。（私　だいがく　いきます）

① 長崎の出島（でじま）は鎖国のあいだ、貿易の拠点でした。

② 陰暦（いんれき）3月を「弥生」とも呼びます。

③ 円高還元セールを開催いたします。

④ はでな暮らしをする。

⑤ この予算に当てるざいげんがない。

⑥ 古墳は古代の地位の高い人の墓（はか）です。小さい山のような形をしています。

⑦ えど 幕府の15代将軍は政権を天皇（てんのう）に返した。

⑧ 東京大学は、1897年から1947年まで東京帝国大学という名前でした。

⑨ 昭和は1926年12月25日から1989年1月7日までです。

⑩ 鎌倉にあそびに行って、大仏（だいぶつ）を見てきました。

問題2 ｛　｝の正しいほうに○をつけ、（　　）に読みをひらがなで書きなさい。

① 日本語の｛起源　紀元｝について調べる。（　　　　）

② レポートを｛聖書　清書｝して提出してください。（　　　　）

③ ｛冷倉庫　冷蔵庫｝に肉や野菜を入れる。（　　　　）

④ 駅員は｛制服　征服｝を着ています。（　　　　）

⑤ ｛判　藩｝を廃止して都道府県とする。（　　　　）

問題3 送りがなが必要な場合はそれに注意して、下線部の言葉を漢字で書きなさい。

① 国がほろびる。

② 甘い香りがただよう。

③ まくらカバーを取り替える。

④ くさりの付いたキーホルダー

⑤ ももの花が咲く。

⑥ いねの種をまく。

⑦ むらさき色のふじの花

まとめ問題・1

答え➡別冊 P.4～5

例のように書きなさい。

例：わたしは大学へ行きます。
私　だいがく　いきます

1 婉曲（えんきょく）なひょうげんを使うより、単刀直入に言ったほうが、わかりやすくて、いいですよ。

2 あの学校は、美術のせんもん教育を施すことをもくてきとして設立された。

3 大統領が批准書（しょ）にしょめいした。

4 韓国では、共稼ぎのかていが多いですか。

5 祝日に国旗（こっき）を揚げる。

6 彼女は友人から疎外されているのではないかと思い、最近、人間関係にびんかんになっている。

7 日本では人に会ったとき、握手をしないで、おじぎをする。

8 倉庫の中から証拠となるしょるいが見つかった。

9 私が今までで一番えいきょうを受けた本はこれです。ただ、抽象的な話が多くて、りかいするまでに時間がかかりました。

10 廃棄物（ぶつ）をしょりする施設のけんせつをしんせいする。

11 平和条約を締結することが前提だ。

12 病気でにゅういんしている私を看護師さんがはげましてくれた。

13 厳重な警戒の中で投票がおこなわれた。

14 じぶんの心の中にある葛藤にくるしむ。

15 新潟港（こう）から佐渡の両津港（りょうつこう）まで高速船（こうそくせん）で１時間です。

16 痩せないように、いろいろなものを食べてえいようを摂取する。

17 このような状態から脱却するためにはどうしたらいいか、しんけんに考えた。

18 瀬戸内海のきこうは温暖で雨が少ない。

まとめ問題・1

19 がいりゃくを聞いただけでも、彼の考えが独創的であることがよくわかる。

20 私の趣味(しゅみ)は音楽鑑賞です。今日のコンサートのピアニストはとても優秀だそうで、楽しみです。

21 あそこの家の子どもはいつも行儀がよい。親が厳しく教えたのだろうか。

22 彼は、国内を統一してから、隣(となり)の国をほろぼし、大国(たいこく)を築いた。

23 彼の提案にはなっとくできない。

24 無駄遣いをしないように、財布の中にはお金を少ししか入れないようにしている。

25 何者(なにもの)(someone)かが家にしんにゅうし、お金のほか、パスポートや健康保険証もとられてしまった。

26 携帯電話がふきゅうするにつれ、コミュニケーションの方法もへんかしている。

27 遭難者の救助に行くときは、いつもきんちょうする。

28 彼の手帳には、いろいろなことが箇条書きにしてある。

29 新幹線はいつも込んでいるけれど、どのぐらいの収益があるのだろうか。

30 株式市場にかんけいする統計が載っている論文を参考ぶんけんに入れた。

31 メールで新年の挨拶をすます人がふえているのか、年賀状を出す人がへっている。

32 沖縄は1972年にアメリカから日本へ返還された。

33 あの家から銃がぬすまれた事件の詳細を知っていますか。

34 授業料を滞納して、大学をじょせきになった。

35 視聴者から応援メッセージがとどいた。

36 彼女が儀式にのぞむ場所には厳かな雰囲気が漂っていた。

日本文化

日本的なものを知る

なんと書いてありますか

初詣
吉
鐘
俳句
詠む
陶芸
相撲
土俵
忍者
幽霊
侍
弓
琴
笛
太鼓
鼓
鬼
歌舞伎
亭主
抹茶
漆器
頂戴する
民謡
稽古
師匠
扇子
漫画
怪獣
碁
将棋
駒

1244 **詣** 13画 〔言〕

もう-でる

` ⺊ ⺊ 言 言 言 言 言 言⺊ 言匕 言旨 詣 詣

visit | 诣 | 이를 예 | mengunjungi | NGHỆ, thăm

初詣(はつもうで) * a visit to a shrine or a temple on the New Year's Day | 新年后首次参拜 | 첫참배 | kunjungan ke kuil Shinto di Tahun Baru | đi lễ chùa dịp đầu năm

1245 **吉** 6画 〔口〕

キツ
キチ

一 十 士 吉 吉 吉

lucky | 吉 | 길할 길 | untung | CÁT, may mắn

不吉(ふきつ)な ill-omened, unlucky | 不吉利的 | 불길한 | malang, celaka | không may, bất hạnh

吉(きち) * good luck | 吉 | 길함 | nasib baik | may lành

1246 **鐘** 20画 〔金〕

かね

ノ 人 ㇇ 亼 today 金 金 金 金' 金亠 金立 金产 金音 金音 鐘 鐘 鐘 鐘 鐘

bell | 钟 | 쇠북 종 | lonceng | CHUNG, chuông

鐘(かね) a bell | 钟 | 종 | lonceng | cái chuông

1247 **俳** 10画 〔亻〕

ハイ

ノ 亻 仃 付 付 付 俳 俳 俳 俳

performer | 俳 | 배우 배 | aktor | BÀI, diễn viên

俳句(はいく) a *haiku* | 俳句 | 하이쿠 | haiku | thơ Haiku

俳優(はいゆう) an actor | 演员 | 배우 | aktor | diễn viên

1248 **句** 5画 〔口〕

ク

ノ 勹 勹 句 句

phrase | 句 | 글귀 구 | frase | CÚ, câu

句(く) a phrase | 句, 句子 | 구, 구절 | frase | câu

句読点(くとうてん) punctuation | 句号和逗号, 标点符号 | 구두점 | tanda baca | dấu chấm câu

文句(もんく) a phrase, an expression, a complaint | 意见, 牢骚 | 불평, 트집 | frasa, ungkapan, keluhan | câu cú, câu thể hiện, phàn nàn

語句(ごく) words and phrases | 词句, 语句 | 어구 | frasa | cụm từ

1249 **詠** 12画 〔言〕

よ-む

` ⺊ ⺊ 言 言 言 言 言` 訂 訪 詠 詠

compose | 咏 | 읊을 영 | komposisi | VỊNH, sáng tác

詠(よ)む * to compose (*waka* or *haiku* poems) | 作(诗), 咏 | 읊다, 짓다 | membuat (waka atau haiku), bersajak | ngâm, đọc (thơ), làm thơ

1250 **陶** 11画 〔阝〕

トウ

⁷ 了 阝 阝 阝勹 阝勹 阝勹 陶 陶 陶 陶

pottery | 陶 | 질그릇 도 | tembikar | ĐÀO, đồ gốm sứ

陶器(とうき) pottery | 陶器 | 도기 | tembikar, keramik | đồ gốm

陶芸(とうげい) * ceramic art | 陶艺 | 도예 | seni keramik | gốm sứ

1251 **撲** 15画 〔扌〕

ボク

∞

一 十 扌 扌' 扌'' 扌'' 扌'' 扌'' 扌'' 扌'' 扌'' 撲 撲 撲 撲

give a blow | 扑 | 칠 박 | menyerang | PHÁC, BẠC, đánh vật

撲滅(ぼくめつ)する * to eradicate, to exterminate | 扑灭, 消灭 | 박멸하다 | membasmi, memberantas | tiêu diệt, huỷ diệt

相撲(すもう) *sumo* | 相扑 | 스모, 씨름 | Sumo | Sumo

1252 **俵** 10画 〔亻〕

ヒョウ

ノ イ 仁 仕 仕 佳 佳 佳 俵 俵

straw bag | 俵 | 나누어줄 표 | tas jerami | BIỂU, cái bao

土俵（どひょう） a *sumo* (wrestling) ring | 相扑台 | 씨름판 | ring Sumo | đấu trường, vũ đài

1253 **忍** 7画 〔心〕

ニン

しの-ぶ

フ 刀 刃 刃 忍 忍 忍

bear | 忍 | 참을 인 | menahan, sabar | NHẪN, nhẫn nại

忍者（にんじゃ） * a *ninja*, a Japanese spy in feudal times | 忍者 | 둔갑술을 쓰는 사람 | ninja | Ninja, nội gián Nhật trong thời đại phong kiến

忍耐（にんたい） * patience, endurance | 忍耐 | 인내 | kesabaran, ketahanan | nhẫn nại

忍び寄る（しのびよる） * to steal up, to creep | 偷偷靠近 | 살며시 다가서다 | merayap, menyelinap | rón rén, lén lút

1254 **幽** 9画 〔幺〕

ユウ

丨 刂 幺 幺 幺 幺 幺 幽 幽

subtle | 幽 | 그윽할 유 | halus | U, u ám

幽霊（ゆうれい） a ghost | 幽灵, 鬼魂 | 유령 | makhluk halus | ma quỷ

1255 **霊** 15画 〔雨〕

レイ

一 厂 戸 币 币 币 币 雨 雨 雫 雫 雫 雫 霊 霊

soul | 灵 | 신령 령 | jiwa, roh | LINH, linh hồn

幽霊（ゆうれい） a ghost | 幽灵, 鬼魂 | 유령 | makhluk halus | ma quỷ

1256 **侍** 8画 〔亻〕

さむらい

ノ イ 仁 仕 仕 佳 侍 侍

serve | 侍 | 모실 시 | melayani | THỊ, phục tùng

侍（さむらい） a *samurai*, a warrior | 武士 | 무사 | samurai | võ sỹ, Samurai

1257 **弓** 3画 〔弓〕

ゆみ

フ コ 弓

bow | 弓 | 활 궁 | busur | CUNG, cái cung

弓（ゆみ） a bow | 弓 | 활 | busur | cái cung

1258 **琴** 12画 〔王〕

こと

一 丁 千 王 王 玎 玎 珏 珏 琴 琴 琴

harp | 琴 | 거문고 금 | sejenis kecapi | CẦM, đàn Koto

琴（こと） a *koto*, Japanese harp | 古琴, 筝 | 거문고 | koto, kecapi Jepang | đàn Koto, nhạc cụ Nhật Bản

1259 **笛** 11画 〔⺮〕

ふえ

ノ ト ケ ケ ケ 竹 竹 笞 笛 笛 笛

flute, pipe | 笛 | 피리 적 | seruling | ĐỊCH, cây sáo (nhạc cụ), cây gậy

笛（ふえ） a flute | 笛子 | 피리 | seruling | cây sáo

1260 **鼓** 13画 〔鼓〕

一 十 士 吉 吉 吉 吉 吉 壴 壴 壴 鼓 鼓

drum | 鼓 | 북 고 | gendang | CỔ, trống

コ

つづみ

太鼓（たいこ） a (big) drum | 鼓, 大鼓 | 북 | taiko, gendang | cái trống

鼓（つづみ） * a *tsuzumi*, a Japanese hand drum | 小鼓, 手鼓 | 장구, 북 | tsuzumi, gendang tangan | trống tsuzumi

1261 **鬼** 10画 〔鬼〕

丿 亻 白 由 由 由 甶 鬼 鬼 鬼

devil | 鬼 | 귀신 귀 | setan | QUỶ, quỷ

おに

鬼（おに） a devil, a demon | 鬼, 魔鬼 | 괴물, 귀신 | setan | con quỷ, ma quỷ

1262 **伎** 6画 〔亻〕

丿 亻 仁 什 伎 伎

skill, actor | 伎 | 재간 기 | keahlian, aktor | KỸ, kỹ năng, diễn viên

キ

歌舞伎（かぶき） *kabuki* | 歌舞伎 | 카부키 | Kabuki | kịch Kabuki

1263 **亭** 9画 〔亠〕

丶 亠 亠 亡 亩 亨 亭 亭 亭

arbor | 亭 | 정자 정 | pondok | ĐÌNH, đình

テイ

亭主（ていしゅ） * a husband, a master, a host | 主人, 老板, 丈夫 | 집주인, 남편 | suami, tuan rumah | ông chủ, người chồng

1264 **抹** 8画 〔扌〕

一 十 扌 扌 扌 抹 抹 抹

crush to powder | 抹 | 지울 말 | menghancurkan | MẠT, bột

マツ

抹茶（まっちゃ） * powdered green tea | 抹茶 | 말차, 가루차 | teh hijau bubuk | bột trà xanh

1265 **漆** 14画 〔氵〕

丶 丶 氵 氵 汁 汁 沐 浃 泶 涞 漆 漆 漆 漆

Japanese lacquer | 漆 | 옻 칠 | lak/pernis Jepang | TẤT, sơn mài Nhật

シツ

漆器（しっき） * japan ware, lacquer ware | 漆器 | 칠기, 옻그릇 | barang kerajinan berpernis (Jepang) | đồ sơn mài, đồ Nhật Bản

1266 **戴** 17画 〔戈〕

一 十 土 土 吉 吉 吉 吉 查 查 章 章 章 章 戴 戴 戴

receive | 戴 | 일 대 | menerima | ĐÁI, nhận

タイ

頂戴する（ちょうだいする） to receive | 领受, 得到, 吃 | '받다' '먹다' 의 겸사말 | menerima | nhận, xin

1267 **謡** 16画 〔言〕

丶 二 三 三 言 言 言 言 言 言 訁 訁 評 評 謡 謡

song | 谣 | 노래 요 | lagu | DAO, ca dao

ヨウ

民謡（みんよう） a traditional folk song | 民谣 | 민요 | nyanyian rakyat tradisional | dân ca

童謡（どうよう） a children's song | 童谣 | 동요 | lagu anak-anak | bài hát đồng dao

歌謡曲（かようきょく） a popular song | 流行歌曲, 小调 | 가요곡 | lagu-lagu populer | bài hát được ưa thích

1268 **稽** 15画 〔禾〕

丿 二 千 禾 禾 禾 秆 秆 秆 秆 稽 稽 稽 稽 稽 ［稽］

consider | 稽 | 상고할 계 | mempertimbangkan | KÊ, KHỂ, xem xét

ケイ

稽古（けいこ） practice, training | 练习, 排练 | 익힘, 연습 | latihan | rèn luyện, tập luyện

滑稽な（こっけいな） comical, funny | 滑稽的, 诙谐的, 可笑的 | 익살스러운, 우스꽝스러운 | lucu | hài hước, buồn cười

1269  匠 6画〔匸〕

一 丁 ア 戸 斤 匠

master | 匠 | 장인 장 | master | TƯỢNG, ông chủ

ショウ

師匠(ししょう) * master, teacher | 师傅, 老师 | 사장, 스승, 선생 | master, guru | sư phụ, thầy

巨匠(きょしょう) * a great master | 巨匠 | 거장 | master besar | bậc thầy

1270  扇 10画〔戸〕

一 ニ ヨ 戸 戸 戸 戸 扇 扇 扇

fan | 扇 | 부채 선 | mengipas-ipas | PHIẾN, quạt

セン

扇子(せんす) a folding fan | 扇子 | 선자 | kipas lipat | quạt gấp

扇風機(せんぷうき) an electric fan | 风扇 | 선풍기 | kipas angin | quạt máy

おうぎ

扇(おうぎ) * a fan | 扇子 | 부채 | kipas | chiếc quạt

あお-ぐ

扇ぐ(あおぐ) to fan | 扇 | 부채질하다, 부치다 | mengipas-ipas | quạt

1271  漫 14画〔氵〕

丶 冫 氵 氵 氵 氵 氵 氵 渇 渇 渇 温 淂 漫

rambling | 漫 | 흩어질 만 | melantur-lantur | MẠN, MAN, dạo chơi

マン

漫画(まんが) comics, a cartoon, *manga* | 漫画 | 만화 | komik, kartun | truyện tranh, hoạt hình

1272  怪 8画〔忄〕

丶 丷 忄 忄 怀 怪 怪 怪

mysterious | 怪 | 괴이할 괴 | misterius | QUÁI, kỳ quái

カイ

怪物(かいぶつ) * a monster | 怪物 | 괴물 | monster | quái vật

あや-しい

怪しい(あやしい) strange, mysterious | 奇怪, 可疑 | 이상하다, 괴상하다, 수상하다 | mencurigakan, misterius | đáng ngờ, khó tin

1273  獣 16画〔犬〕

丶 丷 丷 丷 屰 屰 屰 畄 畄 単 単 単 単 獣 獣 獣

beast | 兽 | 짐승 수 | binatang buas | THÚ, quái thú

ジュウ

怪獣(かいじゅう) a monster | 怪兽 | 괴수 | monster | quái thú

けもの

獣(けもの) a beast | 兽类 | 짐승 | binatang buas | quái vật

1274 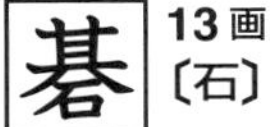 碁 13画〔石〕

一 十 廾 廾 甘 甘 甘 其 其 其 其 碁 碁

go | 棋, 碁 | 바둑 기 | go | KỲ, cờ vây

ゴ

碁(ご) *go*, Japanese checkers | 围棋 | 바둑 | permainan Go | cờ vây, loại cờ Nhật Bản

碁盤(ごばん) a *go* board | 棋盘 | 바둑판, 기판 | papan Go | bàn cờ vây Nhật Bản

1275 棋 12画〔木〕

一 十 才 木 木 朴 柑 柑 柑 棋 棋 棋

shogi | 棋 | 바둑 기 | shogi | KỲ, shogi

キ

将棋(しょうぎ) *shogi*, Japanese chess | 象棋, 日本象棋 | 장기 | shogi, catur Jepang | cờ tướng, cờ Shogi của Nhật

1276  駒 15画〔馬〕

丨 厂 П 戶 甲 馬 馬 馬 馬 馬 馬 駒 駒 駒 駒

horse | 驹 | 망아지 구 | kuda | CÂU, con ngựa

こま

駒(こま) * a piece, a chessman | 马驹子, 马, 棋子 | 말, 망아지, 장기의 말 | biji catur Jepang, kuda | quân tốt (trong cờ)

練習

答え➡別冊 P.5

問題1 例のように書きなさい。

例：わたしは大学へ行きます。
私　だいがく　いきます

① 元旦に家族で初詣に行きました。

② お国には碁や将棋のようなゲームがありますか。

③ べんきょうの「きょう」は弓偏（へん）の漢字です。

④ 明日の祭りで私は笛をふきます。

⑤ 毎週日曜日に陶芸教室に通っています。

⑥ ５歳の息子は怪獣のテレビ番組に夢中です。

⑦ 友だちと相撲をとって土俵からころがり落ちました。

⑧ 忍者の衣装を着て写真をとりました。

⑨ 美しい漆器に和菓子を入れてお客様に出す。

⑩ お土産に扇子はいかがですか。

⑪ お化けと幽霊はどうちがいますか。

⑫ 私のむすめのおどりの師匠にはおおぜいの弟子がいます。

問題2 ｛　　｝の正しいほうに○をつけなさい。

① 昔話に出てくる鬼｛あに　おに｝

② 不吉｛ふきつ　ふけつ｝な夢を見る。

③ 琴｛こと　とこ｝を演奏する。

④ 鐘｛かね　すず｝が鳴る。

⑤ 怪しい｛あやしい　いやしい｝人物

⑥ 鼓｛つつみ　つづみ｝を打つ。

問題3 ｛　　｝の正しいほうに○をつけなさい。

① かぶき｛歌舞技　歌舞伎｝を見る。

② はいく｛俳句　排句｝を詠む。

③ たいこ｛太鼓　大鼓｝をたたく。

④ まんが｛慢画　漫画｝を読む。

⑤ かようきょく｛歌揺曲　歌謡曲｝を聞く。

⑥ さむらい｛侍　待｝の映画

⑦ まっちゃ｛抹茶　末茶｝を飲む。

⑧ ちょうだい｛頂載　頂戴｝する。

10課 世界遺産

日本の世界遺産を知る

なんと書いてありますか

① 姫路城

17 世紀初頭の史跡建造物。天守(a castle tower)、やぐら(a turret)、門、塀や石垣、堀まで保存状態が非常に良く、日本独自の城郭の構造を表すものとして評価されています。

白鷺(しらさぎ)城とも呼ばれる、白く美しい城で、千姫(せんひめ)の物語や、宮本武蔵(みやもとむさし)の妖怪退治、怪談で知られる井戸など、有名なものがたくさんあります。

また、桜はソメイヨシノや山桜などが約 1,000 本あり、見事な花を咲かせます。高さが約 30 メートルある大天守からの眺めもすばらしいです。

② 法隆寺

金堂(こんどう)、五重塔(ごじゅうのとう)、中門、回廊は現存する世界最古の木造建築物。法隆寺の五重塔はその積み上げ式の「柔構造(じゅうこうぞう)」によって長い年月を地震にも耐えてきたと言われています。木材同士が特殊な方法で組み合わされており、地震が起きても揺れを吸収し、その力を衰えさせることができるのです。

③ 日光東照宮

日光の社寺の一つ。江戸初期の豪華で色彩豊かな建造物。「見ざる聞かざる言わざる」の三猿(さんざる)、「眠り猫」が有名です。また、技を尽くし、贅沢(ぜいたく)に作られた陽明門(ようめいもん)の彫刻は傑作です。

遺産

①
姫路城
史跡
塀
石垣
堀
城郭
妖怪
井戸
桜
眺め

②
法隆寺
塔
回廊
耐える
特殊な
揺れ
衰える

③
豪華な
色彩
猿
尽くす
彫刻
傑作

1277 **遺** 15画〔辶〕

丶 口 口 中 虫 𠂀 青 青 貴 貴 貴 貴 貴 遺 遺

イ

leave behind | 遺 | 남길 유 | meninggalkan | DI, để lại

遺跡（いせき） the remains | 遗迹 | 유적 | peninggalan | di tích

遺伝子（いでんし） * a gene | 遗传基因 | 유전자 | gen | phân tử di truyền

遺失物（いしつぶつ） * a lost article | 遗失物 | 유실물 | barang hilang | vật thất lạc

遺産（いさん） * an inheritage, a heritage | 遗产 | 유산 | warisan, harta | di sản

遺族（いぞく） * the bereaved family | 遗族, 遗属 | 유족 | keluarga almarhum | gia quyến

1278 **姫** 10画〔女〕

く 女 女 女 奵 奵 奷 姫 姫 姫

ひめ

princess | 姬 | 아가씨 희 | puteri | CƠ, công chúa

姫（ひめ） * a princess | 姑娘, 公主 | 여자의 미칭, 귀인의 딸 | putri | công chúa

姫路城（ひめじじょう） * *Himeji* Castle | 姬路城 | 히메지성 | Istana Himeji | thành Himeji

1279 **跡** 13画〔⻊〕

丶 口 口 早 早 𧾷 𧾷 𧾷' 𧾷亠 𧾷亣 跡 跡 跡

セキ

trace | 迹 | 발자취 적 | jejak | TÍCH, vết tích

史跡（しせき） * a historic spot | 史迹, 古迹 | 사적 | tempat bersejarah | di tích lịch sử

足跡（そくせき） * one's history, one's achievements | 历程, 成就, 业绩 | 업적 | hasil kerja seseorang, jejak langkah seseorang | dấu ấn lịch sử, thành tựu của một ai

追跡する（ついせきする） to chase | 追踪, 追缉 | 추적하다 | melacak | đuổi bắt

あと

跡（あと） a trace, a track, a mark | 印, 迹 | 자취, 흔적 | jejak, bekas, tanda | dấu vết, vết tích

足跡（あしあと） a footprint | 足迹, 脚印 | 족적, 발자국 | jejak kaki | dấu chân

跡継ぎ（あとつぎ） a successor, an inheritor | 后任, 接班人, 后嗣 | 대를 잇는 사람, 후사, 후계자 | penerus, pengganti | người thừa kế, người kế vị

1280 **塀** 12画〔土〕

一 十 土 𡈽 𡈽 坍 坍 坍 坪 垆 塀 塀

ヘイ

wall | 塀（日本汉字） | 담 병 | tembok | BIÊN, tường rào

塀（へい） a wall, a fence | 墙, 围墙 | 담, 울타리 | tembok, pagar | tường, vách

1281 **垣** 9画〔土〕

一 十 土 圹 圻 垳 垣 垣 垣

かき

fence | 垣 | 담 원 | pagar | VIÊN, hàng rào

垣根（かきね） a fence, a hedge | 篱笆, 栅栏 | 울타리垣根 a fence, a hedge | pagar | hàng rào, luỹ

石垣（いしがき） * a stone wall (fence) | 石墙, 石垣 | 석벽, 돌담 | tembok (pagar) batu | tường đá (vây quanh)

1282 **堀** 11画〔土〕

一 十 土 𡈽 𡈽 坍 坼 坼 堀 堀 堀

ほり

moat, canal | 堀 | 굴 굴 | parit, kanal | QUẬT, đào, kênh đào

堀（ほり） a moat, a canal | 沟, 渠, 护城河 | 수로, 해자 | parit, kanal | kênh đào, hào

1283 **郭** 11画〔阝〕

丶 亠 亠 亠 古 亨 亨 享 享 郭 郭

カク

enclosure | 郭 | 둘레 곽, 외성 곽 | lampiran | QUÁCH, hàng rào vây quanh

城郭（じょうかく） * a castle, castle walls | 城郭 | 성곽, 성벽 | istana, tembok istana | tòa thành, lâu đài

輪郭（りんかく） * an outline | 轮廓 | 윤곽 | garis besar, garis bentuk | đường viền

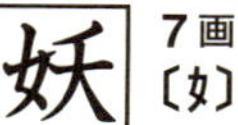

1284 **妖** 7画〔女〕

く 女 女 女 奸 妖 妖

ヨウ

mysterious | 妖 | 요사할 요 | misterius | YÊU, kỳ quái

妖怪（ようかい） * a ghost, a ghastly apparition | 妖怪 | 요괴, 도깨비 | hantu | quái vật, yêu quái

1285 **井** 4画〔二〕
一 二 キ 井
well | 井 | 우물 정 | sumur | TỈNH, cái giếng
ショウ
天井（てんじょう） the ceiling | 顶棚, 天花板 | 천정, 천장 | langit-langit | trần nhà
い
井戸（いど） a well | 井 | 우물 | sumur | cái giếng

1286 **桜** 10画〔木〕
一 十 オ 木 木 ボ ボ 桜 桜 桜
cherry | 樱 | 앵두나무 앵 | buah ceri, sakura | ANH, Anh Đào
さくら
桜（さくら） a cherry tree, a cherry blossom | 樱花, 樱花树 | 벚꽃, 벚나무, 사쿠라 | sakura | cây hoa anh đào

1287 **眺** 11画〔目〕
丨 冂 月 月 目 目 目 目 眺 眺 眺
look | 眺 | 볼 조 | memandang | THIẾU, nhìn ra xa
なが-める
眺める（ながめる） to look at, to gaze | 眺望, 凝视 | 눈여겨보다, 응시하다, 멀리 건너다보다 | memandang | nhìn, ngắm
眺め（ながめ） a view | 景色, 风景, 眺望 | 조망, 경치, 전망 | pemandangan | tầm nhìn

1288 **隆** 11画〔阝〕
フ ㇋ 阝 阝 阝 阝 阝 阝 隆 隆 隆
prosper | 隆 | 높을 륭(융) | makmur | LONG, phồn thịnh
リュウ
法隆寺（ほうりゅうじ）* *Horyuji* (Temple) | 法隆寺 | 호류지 | Kuil Horyuji | Horyuji (Chùa), Pháp Long Tự

1289 **塔** 12画〔土〕
一 十 土 ガ ガ ガ ガ 垯 垯 塔 塔 塔
tower | 塔 | 탑 탑 | menara | THÁP, tháp
トウ
塔（とう） a tower | 塔 | 탑 | menara | tháp, đài

1290 **廊** 12画〔广〕
丶 亠 广 广 庐 庐 庐 庐 庐 廊 廊 廊
corridor | 廊 | 사랑채 랑(낭), 행랑 랑(낭) | koridor | LANG, hành lang
ロウ
廊下（ろうか） a corridor | 走廊 | 낭하, 복도 | lorong | hành lang
回廊（かいろう）* a corridor | 回廊, 长廊 | 회랑, 긴 복도 | koridor | hành lang

1291 **耐** 9画〔而〕
一 ア ア 丙 丙 而 而 耐 耐
endure | 耐 | 견딜 내 | tahan | NẠI, chịu đựng
タイ
忍耐（にんたい）* patience, endurance | 忍耐 | 인내 | kesabaran, ketahanan | nhẫn nại, chịu đựng
耐久性（たいきゅうせい）* durability | 耐用, 耐久性 | 내구성 | ketahanlamaan | tính lâu bền
耐熱（たいねつ）(の)* heat-resistant | 耐热(的) | 내열 | tahan panas | sự chịu nhiệt
耐震（たいしん）(の)* earthquake-proof, earthquake-resistant | 耐震(的) | 내진 | tahan gempa, tahan guncangan | chống động đất, chịu động đất
た-える
耐える（たえる） to endure, to stand | 忍耐, 忍受 | 견디다, 참다 | tahan | chịu đựng

1292 **殊** 10画〔歹〕
一 ア 歹 歹 歹 歹 歹 殊 殊 殊
special | 殊 | 다를 수 | khusus | THÙ, đặc thù
シュ
特殊な（とくしゅな） special | 特殊的 | 특수한 | istimewa | đặc thù
こと
殊に（ことに） especially | 特别, 格外 | 특별히, 특히 | khususnya | một cách đặc biệt

1293 **揺** 12画 〔扌〕

一 扌 扌 扩 扩 扩 护 护 拦 挥 摇 揺

shake | 揺 | 흔들릴 요 | guncang | DAO, lắc

ヨウ

動揺する（どうよう） to be shaken | 动摇 | 동요하다 | terguncang | dao động

ゆ-れる

揺れる（ゆ） to shake, to swing | 摇晃, 晃荡 | 흔들리다, 요동하다 | berguncang, bergoyang-goyang | rung, lắc

揺れ（ゆ） * a shake, swing | 摇动, 颠簸, 波动 | 흔들림, 요동 | guncangan, goyangan | rung chuyển

ゆ-らぐ

揺らぐ（ゆ） to shake, to be shaken | 摇动, 晃荡 | 흔들리다 | goyah, guncang | dao động, rung lắc

1294 **衰** 10画 〔衣〕

丶 亠 亡 声 声 卋 亨 亨 衰 衰

decline | 衰 | 쇠할 쇠 | merosot | SUY, suy thoái

スイ

老衰（ろうすい） senility | 衰老 | 노쇠 | kondisi uzur, lemah karena usia | già yếu

衰退する（すいたい） * to decline, to fall off | 衰退 | 쇠퇴하다 | mundur | suy thoái, giảm

おとろ-える

衰える（おとろ） to decline | 衰弱, 衰退 | 쇠약해지다, 쇠퇴하다 | merosot | suy tàn

1295 **豪** 14画 〔豕〕

丶 亠 亡 吉 吉 声 高 高 亭 亭 亭 豪 豪 豪

excellent | 豪 | 호걸 호 | unggul | HÀO, tuyệt vời

ゴウ

富豪（ふごう） a wealthy person | 富豪 | 부호 | orang yang kaya raya | phú ông, người giàu có

豪雨（ごうう） * a heavy rain | 暴雨, 大雨 | 호우, 폭우 | hujan besar | mưa to

豪快な（ごうかい） * tremendous, magnificent, heroic | 豪爽的 | 호쾌한 | hebat sekali, dahsyat | hào hùng, tráng lệ

1296 **華** 10画 〔艹〕

一 十 艹 艹 丗 芒 芇 苹 荁 華

gorgeous | 华 | 빛날 화 | permai | HOA, hoa lệ

カ

豪華な（ごうか） gorgeous | 豪华的, 华丽的 | 호화한 | mewah | tráng lệ

華麗な（かれい） * splendid, gorgeous, magnificent | 华丽的 | 화려한 | indah, gemerlapan, bagus sekali | rực rỡ, hào hoa, hào nhoáng

はな

華々しい（はなばな） brilliant, magnificent | 华, 华丽 | 눈부시다, 화려하다 | cemerlang, gemerlap | rực rỡ, tuyệt vời

華やかな（はな） flowery, gorgeous | 华丽的, 辉煌的 | 화려한, 눈부신 | meriah, gemerlapan | lộng lẫy, tươi thắm

1297 **彩** 11画 〔彡〕

一 丶 丷 爫 爫 平 乎 采 采 彩 彩

coloring | 彩 | 채색 채 | warna | THÁI, THẢI, sắc thái

サイ

色彩（しきさい） a color | 色彩 | 색채 | warna | màu sắc

いろど-る

彩り（いろど） * coloring, a color scheme | 彩色, 配色 | 채색, 배색 | pemberian warna, pencerahan suasana | tô màu, nhuộm màu

1298 **猿** 13画 〔犭〕

ノ 犭 犭 犷 犷 犷 犷 犹 猜 猜 猿 猿 猿

monkey | 猿 | 원숭이 원 | monyet | VIÊN, con khỉ

さる

猿（さる） a monkey | 猴子, 猿猴 | 원숭이 | monyet | con khỉ

1299 **尽** 6画 〔皿〕

フ コ 尸 尺 尽 尽

use up | 尽 | 다할 진 | menghabiskan | TẬN, tận dụng

ジン

理不尽な（りふじん） * unreasonable, ridiculous | 不讲理的 | 불합리한, 무리한, 도리에 어긋난 | tidak beralasan, bodoh | vô lý, kỳ quặc

つ-きる

尽きる（つ） to run out | 尽, 完, 光 | 다하다, 떨어지다, 끝나다 | habis | cạn kiệt

つ-くす

尽くす（つ） to do best of one's ability, to serve | 尽, 尽力 | 다하다, 전력하다 | melakukan sebisanya, menunaikan | dốc sức

1300 **彫** 11画 〔彡〕

丿 冂 月 用 用 用 周 周 周 彫 彫

carve | 雕 | 새길 조 | memahat | ĐIÊU, điêu khắc

チョウ

彫刻（ちょうこく） sculpture, engraving | 雕刻 | 조각 | pahatan, ukiran | điêu khắc

ほ-る

彫る（ほ） to carve | 雕, 雕刻 | 새기다, 조각하다 | memahat, mengukir | chạm khắc

1301 傑 13画〔亻〕
ノ 亻 亻' 亻ケ 亻タ 亻夕' 亻夕⺌ 亻夕午 亻夕牛 亻夕生 亻夕生 傑 傑
excel | 杰 | 뛰어날 걸 | bagus sekali | KIỆT, kiệt xuất
ケツ
傑作（けっさく） a masterpiece | 杰作 | 걸작 | maha karya | kiệt tác

1302 遍 12画〔辶〕
一 ヨ ヨ 戸 戸 肩 肩 扁 扁 漏 遍 遍
everywhere | 遍 | 두루 편 | secara luas/umum | BIẾN, khắp nơi
ヘン
普遍的な（ふへんてき） universal | 普遍的 | 보편적인 | universal | phổ biến
一遍（いっぺん）* once | 一遍, 一回, 一次 | 한 번, 1회 | sekali | một lần

1303 里 7画〔里〕
丨 冂 日 日 甲 里 里
village | 里 | 마을 리(이) | desa | LÝ, ngôi làng
リ
郷里（きょうり） a home town, a native place | 乡里, 故乡 | 향리, 고향 | kampung halaman | quê hương
万里の長城（ばんりのちょうじょう）* the Great Wall of China | 万里长城 | 만리장성 | Tembok Besar Cina | Vạn lý Trường Thành

1304 唯 11画〔口〕
丨 ㄇ 口 口' 口' 口ʼ 吖 吖 咔 唯 唯
only | 唯 | 오직 유 | hanya | DUY, duy nhất
ユイ
唯一（ゆいいつ）（の） only | 唯一（的） | 유일(한) | satu-satunya | duy nhất

1305 我 7画〔戈〕
ノ 二 千 手 扌 我 我
I | 我 | 나 아 | saya | NGÃ, tôi
ガ
我慢する（がまん） to have patience | 忍耐, 忍受 | 참다, 견디다 | menahan, bersabar | chịu đựng
自我（じが） the self | 自我 | 자아 | aku, diri sendiri | tự mình
われ
我（われ） I | 我 | 나, 자아 | aku, diri | tôi
我々（われわれ） we | 我们 | 우리들 | kita | chúng tôi
わ
我が（わが） my, our | 我的, 我们的 | 나의, 우리의 | ...ku, ...kami | của chúng ta, chúng tôi

1306 剛 10画〔刂〕
丨 冂 冂 冂 円 円 岡 岡 剛 剛
strong | 刚 | 굳셀 강 | kuat | CƯƠNG, mạnh mẽ
ゴウ
剛構造（ごうこうぞう）* rigid structure | 刚结构 | 강구조 | struktur kuat | kết cấu vững chắc
剛性（ごうせい）* rigidity, hardness | 刚性, 刚度 | 강성 | kekuatan, kekerasan | cứng rắn, độ cứng

1307 端 14画〔立〕
丶 亠 亠 立 立 立' 並 竝 端 端 端 端 端 端
end | 端 | 끝 단 | ujung | ĐOAN, cuối cùng
タン
先端（せんたん） the tip, the point, the forepoint | 尖端, 先锋 | 첨단, 선단 | ujung, canggih, maju | mũi nhọn, đỉnh
極端な（きょくたん） extreme | 极端的 | 극단적인 | ekstrem | cực đoan, vô cùng
端的な（たんてき）* direct, straightforward, plain | 直接的, 直截了当的, 明显的 | 단적인 | sederhana, langsung | rõ ràng, thẳng thắn
途端（とたん）（に） just as ... | 正当…时候, 刚一…时候 | 바로 그 순간, 하자마자 | begitu... | ngay khi, vừa lúc
はし
端（はし） an end, a tip, an edge | 头, 端 | 끝, 끄트머리 | ujung, akhir | bờ, cạnh
は
半端な（はんぱ） odd | 零碎的, 零星的, 不彻底的 | 불완전한, 다 차지 않은, 어중간한 | tidak lengkap | số lẻ, kỳ quặc
中途半端な（ちゅうとはんぱ）* incomplete, unfinished | 半途而废的, 不完整的, 不彻底的 | 엉거주춤한, 어중간한 | tanggung, setengah-setengah | nửa vời, chưa hoàn thành
はた
道端（みちばた） wayside, roadside | 道旁 | 길가, 도로변 | pinggir jalan | lề đường

1308 呂 7画〔口〕
丨 ㄇ 口 尸 尸 呂 呂
backbone | 吕 | 법칙 려(여) | tulang punggung | LỮ, xương sống
ロ
風呂（ふろ） a bath | 洗澡, 洗澡水, 澡盆, 浴室 | 목욕, 목욕물, 목욕통, 욕실 | kamar mandi | bồn tắm

練習

答え➡別冊 P.5

問題1　例のように書きなさい。

例：わたしは大学へ行きます。
　　私　　だいがく　いきます

① 姫路城と法隆寺は1993年に日本で初めて世界文化遺産にとうろくされました。

② 世界遺産には建築物や遺跡などの文化遺産、地形や生物、景観などの自然遺産、その両方を合わせ持った複合遺産の3種類があります。

③ 世界遺産に指定されているものは、どれもれきし的、普遍的 価値がある。

④ エジプトのピラミッド、フランスのベルサイユきゅうでんや中国の万里の長城などが有名です。

⑤ 知床（しれとこ）は北海道唯一の世界自然遺産です。

⑥ 姫路城はわがくにの木造建築として、美的完成度が高いと言われている。

⑦ 五重（ごじゅうの）とうは木材同士が堅く接合（せつごう）していないので、ゆれを吸収できる。

⑧「柔（じゅう）構造」に対して、「剛構造」は建物全体を強くする構造である。

⑨ 法隆寺のでんとう的な木造建築は最先端の建築ぎじゅつに生かされています。

⑩ イギリスのバースのふろはbathの語源にもなった世界遺産です。

問題2　｛　　｝の正しいほうに○をつけなさい。

① その曲を聞いた途端｛とたん　とちゅう｝に彼の顔色が変わった。

② 天井｛てんせい　てんじょう｝に照明器具を取り付ける。

③ さくら｛楼　桜｝の花を見ながら散歩する。

④ ろうか｛老化　廊下｝を走らないでください。

⑤ 痛みをがまん｛我慢　我漫｝するのはよくない。

⑥ 野生のさる｛熊　猿｝たちが気持ち良さそうに温泉に入っている。

問題3　送りがなが必要な場合はそれに注意して、下線部の言葉を漢字で書きなさい。

① はなやかなパーティー

② 力がつきる。

③ 勢いがおとろえる。

④ 石に名前をほる。

⑤ 地震にたえる力

⑥ 最善をつくす。

⑦ 決心がゆらぐ。

⑧ 窓から外をながめる。

11課 日常語彙Ⅰ

日常生活を漢字で表す

なんと書いてありますか

①

② 数え方

●土地は「坪」

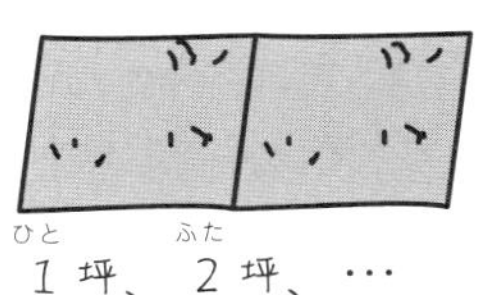

1坪、2坪、…

1坪は約3.3㎡（平方メートル）

●箸は「膳」、ご飯も「膳」

1膳、2膳、…　1膳、2膳、…

（ご飯を茶碗に1杯、2杯）

●椅子は「脚」

1脚、2脚、…

●リズムは「拍」

1拍、2拍、…

①
匂い
嗅ぐ
蛇口
捻る
花壇
傘
蛇

拭く
液晶
拍手
弾く
雑巾
絞る

栓抜き
箸
椅子
鍋料理
釜
炊く
炊飯器
煎る
煮る
蓋

書斎
辞典
蛍光灯
芯
鍵
整頓する
朱肉
鉛筆

②
～坪
～膳
～脚
～拍

1309 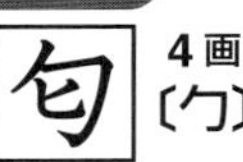 匂 4画〔勹〕

ノ 勹 勺 匂

におーう

smell | 匂 | 향내 내 | bau | MÙI, mùi

匂(にお)う to smell | 有香味儿, 发出芳香, 发臭, 有臭味儿 | 냄새가 나다, 냄새가 풍기다 | berbau | ngửi

匂(にお)い a smell | 味儿, 气味儿, 香味, 芳香 | 냄새, 향내, 향기 | bau | mùi

1310  嗅 13画〔口〕

丨 冂 口 口′ 口′ 口白 口白 口自 口自 口自 嗅 嗅 嗅

キュウ
かーぐ

sniff | 嗅 | 맡을 후 | mencium bau | KHỨU, ngửi

嗅覚(きゅうかく) * the sense of smell | 嗅觉 | 후각 | indra penciuman | khứu giác

嗅(か)ぐ to smell, to sniff | 闻, 嗅 | (냄새를) 맡다 | membaui, mencium bau | ngửi

1311  蛇 11画〔虫〕

丨 冂 口 中 虫 虫 虫′ 虫′ 虫宀 虫宀 蛇

ジャ
へび

snake | 蛇 | 긴 뱀 사 | ular | XÀ, con rắn

蛇口(じゃぐち) a tap | 水龙头 | 수도꼭지 | keran | vòi nước

蛇(へび) * a snake | 蛇 | 뱀 | ular | con rắn

1312  捻 11画〔扌〕

一 十 扌 扌 扌 扌 拎 拎 捻 捻 捻

ネン
ひねーる

twist | 捻 | 비틀 념(염) | memutar | NIỆM, NIỆP, xoắn

捻出(ねんしゅつ)する * to manage, to get, to work out | 挤出, 筹措出来 | 염출하다 | berusaha mengeluarkan | xoay sở, đưa ra

捻(ひね)る to twist, to turn on/off | 拧, 扭 | 비틀다, 틀다, 꼬다 | memutar, terkilir, menyalakan | vặn, ngắt

1313  壇 16画〔土〕

一 十 土 土′ 土亠 土亠 坷 坷 坷 坷 垣 垣 壇 壇 壇 壇

ダン

platform | 坛 | 단 단 | panggung | ĐÀN, bàn thờ

花壇(かだん) a flower bed | 花坛 | 화단 | petakan bunga-bunga | vườn hoa

教壇(きょうだん) * a teachers' platform | 讲坛, 讲台 | 교단 | mimbar di depan kelas | bục giảng

1314  傘 12画〔へ〕

ノ 人 𠆢 仌 仌 仌 仌 仌 仌 傘 傘 傘

かさ

umbrella | 伞 | 우산 산 | payung | TẢN, cây dù

傘(かさ) an umbrella | 雨伞 | 우산 | payung | cây dù

1315 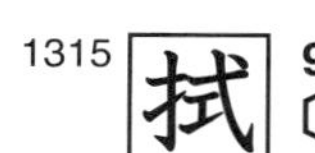 拭 9画〔扌〕

一 十 扌 扌 扌 扌 扌 拭 拭

ショク
ふーく
ぬぐーう

wipe | 拭 | 씻을 식 | mengelap | THỨC, chùi

払拭(ふっしょく)する * to wipe away, to sweep off, to eradicate | 肃清, 消除 | 불식하다 | menghilangkan, menghapus | lau chùi, quét ra khỏi, diệt trừ

拭(ふ)く to wipe, to dry | 擦, 抹 | 닦다, 훔치다 | mengelap | chùi, phủi

手拭(てぬぐ)い a (hand) towel | 布手巾 | 수건 | kain lap tangan | khăn ướt, khăn lau tay

1316  晶 12画〔日〕

丨 冂 日 日 日 日 日 日 日 晶 晶 晶

ショウ

brilliant | 晶 | 맑을 정 | terang | TINH, kết tinh

結晶(けっしょう) a crystal, crystallization | 结晶 | 결정, 결실 | kristal, pengkristalan | kết tinh

液晶(えきしょう) * liquid crystal | 液晶 | 액정 | kristal cair | tinh thể lỏng

1317 **拍** 8画〔扌〕

一 十 扌 扌' 扌' 拍 拍 拍

beat | 拍 | 칠 박 | gerakan irama, denyut | PHÁCH, đánh nhịp

ハク

拍手（はくしゅ） applause, clapping | 拍手 | 박수 | tepuk tangan | vỗ tay

～拍（はく） * ... beat(s), the basic time unit of music | …节拍 | …박, …박자 | ... denyut, satuan dasar irama musik | ... nhịp

拍車（はくしゃ）をかける * to spur, to accelerate | 加速, 促进, 推动 | 박차를 가하다 | memacu, melajukan | thúc đẩy, xúc tiến

＊「～拍」は前に来る数字によって読み方が異なる。 例：1拍（いっぱく）／2拍（にはく）／3拍（さんぱく）

1318 **弾** 12画〔弓〕

フ コ 弓 弓' 弓'' 弓'' 弓'' 弾 弾 弾 弾 弾

flip | 弹 | 탄알 탄 | melambung | ĐÀN, ĐẠN, đánh đàn

ダン

爆弾（ばくだん） a bomb | 炸弹 | 폭탄 | bom | bom đạn

弾力性（だんりょくせい） elasticity | 弹性 | 탄력성 | elastisitas | tính đàn hồi

弾圧（だんあつ）する * to oppress, to suppress | 弹压 | 탄압하다 | menekan, menindas | đàn áp

ひ-く

弾（ひ）く to play | 弹 | (악기를) 치다, 타다, 연주하다 | membunyikan, memetik | chơi đàn, gảy đàn

はず-む

弾（はず）む to bounce, to bound | 跳, 弹, 高涨, 起劲 | (탄력있는 것이) 튀다, (기분이) 들뜨다 | melambung, memantul | nảy, bật lại

たま

弾（たま） a bullet, a shoot | 子弹, 弹丸 | 탄알 | peluru, tembakan | viên đạn, cú bắn

1319 **巾** 3画〔巾〕

丨 冂 巾

cloth | 巾 | 수건 건 | kain | CÂN, vải

キン

雑巾（ぞうきん） a dustcloth | 抹布 | 걸레 | kain pel | giẻ lau

布巾（ふきん） a dish towel, a dishcloth | 抹布, 擦碗布 | 행주 | lap piring, kain lap | khăn lau, vải lau

頭巾（ずきん） * a hood | 头巾 | 두건 | tutup kepala | mũ trùm đầu

1320 **絞** 12画〔糸〕

ㄑ 幺 幺 糸 糸 糸 糸' 糸亠 紋 紋 絞 絞

wring | 绞 | 목맬 교 | memeras | GIẢO, vắt

しぼ-る

絞（しぼ）る to wring, to squeeze | 拧, 榨, 挤 | (물기가 빠지게) 짜다, 쥐어짜다 | memeras, memerah | vắt

絞（しぼ）り込（こ）む * to narrow down | 缩小 | 좁히다, 좁혀가다 | mempersempit | vắt, chắt lọc

1321 **栓** 10画〔木〕

一 十 才 木 木' 木^ 栓 栓 栓 栓

stopper | 栓 | 마개 전 | sumbat, tutup | XUYÊN, van khoá

セン

栓（せん） a stopper, a cork, a tap | 瓶盖, 塞子, 开关, 总闸 | 마개, (수도등의) 개폐장치 | sumbat, tutup | cái nút chai, nút bấn, nút chặn nước

栓抜（せんぬ）き * a bottle opener, a corkscrew | 起子 | 마개뽑이, 병따개 | pembuka botol | đồ khui

1322 **箸** 15画〔⺮〕

ノ ト ト' ト/ ⺮ ⺮ ⺮ 笙 笙 笋 箸 箸 箸 箸 箸 ［箸］

chopsticks | 箸, 著 | 젓가락 저 | sumpit | TRỨ, đôi đũa

はし

箸（はし） chopsticks | 筷子 | 젓가락 | sumpit | đôi đũa

1323 **椅** 12画〔木〕

一 十 才 木 木' 木' 木 柞 柞 椅 椅 椅

flacourtia | 椅 | 의자 의 | kursi | KỶ, Ỷ, cái ghế

イ

椅子（いす） a chair | 椅子 | 의자 | kursi | cái ghế

車椅子（くるまいす） * a wheelchair | 轮椅 | 휠체어 | kursi roda | xe lăn

1324 **鍋** 17画〔金〕

ノ 𠆢 𠆢 全 牟 牟 余 金 釒 釦 鈤 鈤 鈤 鍋 鍋 鍋 鍋

pot | 锅 | 노구솥 과 | panci, kuali | OA, cái nồi

なべ

鍋（なべ） a pot, a pan | 锅 | 냄비 | panci | cái nồi

鍋料理（なべりょうり） * food cooked in a pot at table | 火锅 | 냄비요리 | masakan nabe | món lẩu

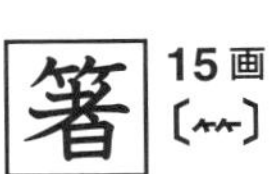

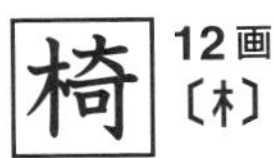

1325 釜 10画 〔金〕

iron pot | 釜 | 가마 부 | kuali, periuk | PHỦ, nồi sắt

かま

釜(かま) an iron pot | 锅 | 가마 | periuk, pemanggang | ấm đun bằng kim loại

1326 炊 8画 〔火〕

cook | 炊 | 불 땔 취 | masak | XUY, nấu nướng

スイ

炊事(すいじ) cooking | 炊事, 伙食 | 취사 | masak | việc bếp núc, nấu cơm

炊飯器(すいはんき) * a rice cooker | 电饭锅 | 취반기 | rice cooker | nồi cơm điện

た-く

炊く(たく) to cook, to boil | 煮(饭) | 밥을 짓다 | menanak | nấu nướng

1327  13画 〔灬〕 [煎]

roast | 煎 | 달일 전 | sangrai | TIÊN, TIỄN, nướng

い-る

煎る(いる) to roast, to parch | 煎 | 볶다, 지지다 | sangrai | quay, rang

1328  12画 〔灬〕

boil | 煮 | 삶을 자 | rebus | CHỬ, luộc, kho

に-える

煮える(にえる) to be boiled, to be cooked | 煮, 煮熟 | 삶아지다, 익다 | sudah masak, matang | ninh, hầm

に-る

煮る(にる) to boil, to cook | 煮, 炖, 熬 | 삶다, 끓이다, 조리다 | mengungkep, memasak | ninh, hầm

煮詰まる(につまる) * to boil down, to get close to a conclusion | 煮干 | 졸아들다, 달다 | menjadi matang, mendekati kesimpulan | đun sôi cạn, gần đạt đến kết luận

1329  13画 〔艹〕

lid | 盖 | 덮을 개 | tutup | CÁI, cái nắp

ふた

蓋(ふた) a lid, a cap, a cover | 盖, 盖子 | 뚜껑, 덮개 | tutup | nắp vung, cái nắp, cái đậy

1330  11画 〔斉〕

purify | 斋 | 재계할 재 | mensucikan | TRAI, tẩy rửa

サイ

書斎(しょさい) a study, a library | 书房, 书斋 | 서재 | kamar belajar, ruang kerja | thư phòng, phòng đọc sách

1331  8画 〔八〕

standard, book | 典 | 법 전 | standar, buku | ĐIỂN, điển hình, quyển sách

テン

辞典(じてん) a dictionary | 辞典 | 사전 | kamus | tự điển

百科事典(ひゃっかじてん) an encyclopedia | 百科全书 | 백과사전 | ensiklopedia | bách khoa toàn thư

古典(こてん) a classic | 古典 | 고전 | klasik | cổ điển

原典(げんてん) the original text | 原著, 原书 | 원전 | buku asli | bản gốc, nguyên bản

1332  11画 〔虫〕

firefly | 萤, 荧 | 개똥벌레 형 | kunang-kunang | HUỲNH, con đom đóm

ケイ

蛍光灯(けいこうとう) a fluorescent light | 日光灯 | 형광등 | lampu fluoresensi | đèn huỳnh quang

ほたる

蛍(ほたる) * a firefly | 萤火虫 | 개똥벌레, 반디 | kunang-kunang | đom đóm

1333 **芯** 7画〔艹〕 **シン**

一 十 艹 艹 芯 芯 芯

core | 芯 | 골풀 심 | inti | TÂM, cái tâm

芯(しん) a core, a wick, a lead | 芯 | 심, 심지 | inti | lõi, tâm

1334 **鍵** 17画〔金〕 **ケン** **かぎ**

ノ 𠆢 亼 亼 今 伞 余 金 釒 釕 釕 鈩 鍵 鍵 鍵 鍵 鍵

key | 键 | 열쇠 건, 자물쇠 건 | kunci | KIỆN, chìa khoá

鍵盤(けんばん) * a keyboard | 键盘 | 건반 | papan tuts, keyboard | bàn phím

鍵(かぎ) a key, a lock | 钥匙, 锁 | 열쇠, 자물쇠 | kunci | khóa, chìa khóa

1335 **頓** 13画〔頁〕 **トン**

一 匚 屯 屯 屯 屯 屯 屯 頓 頓 頓 頓 頓

prostrate | 顿 | 조아릴 돈 | melemahkan | ĐỐN, phủ phục

整頓(せいとん)する * to put ... in order | 整顿 | 정돈하다 | menata, mengatur | sắp xếp

無頓着(むとんちゃく)な * indifferent, careless | 不介意, 不关心, 不在乎 | 무관심한, 대범한 | tidak menghiraukan, acuh tak acuh | đểnh đoảng, bất cẩn

1336 **朱** 6画〔木〕 **シュ**

ノ 𠂉 二 牛 朱 朱

vermilion | 朱 | 붉을 주 | merah terang | CHU, CHÂU, mực đỏ đóng dấu

朱肉(しゅにく) * a vermilion inkpad | 朱色印泥 | 주육, 인주 | tinta cap warna merah | mực dùng để đóng dấu

1337 **鉛** 13画〔金〕 **エン** **なまり**

ノ 𠆢 亼 亼 今 伞 余 金 釒 釓 鈆 鉛 鉛

lead | 铅 | 납 연 | timah | DUYÊN, chì

鉛筆(えんぴつ) a pencil | 铅笔 | 연필 | pensil | bút chì

鉛(なまり) lead | 铅 | (화학) 납 | timah | chì

1338 **坪** 8画〔土〕 **つぼ**

一 十 土 圹 圹 圹 坪 坪

tsubo, unit of land measurement | 坪 | 들 평 | tsubo, satuan pengukuran tanah | BÌNH, đơn vị đo diện tích

～坪(つぼ) *《1坪＝3.3㎡》 ... *tsubo* | …坪 | …평 | tsubo | tsubo (1 tsubo = 3.3 ㎡)

1339 **膳** 16画〔月〕 **ゼン**

丿 刀 月 月 月 月 月 月 胖 胖 胖 胖 膳 膳 膳 膳

meal | 膳 | 선물 선, 반찬 선 | makanan sajian | THIỆN, bữa ăn

膳(ぜん) a meal set on a tray, tray with legs | 饭桌 | 상, 밥상 | nampan berisi set hidangan, meja makan | món ăn được xếp trong khay, khay có chân

～膳(ぜん) * a pair of (chopsticks), a bowl of (rice) | …碗(饭), …双(筷子) | (밥)…공기, (젓가락)…벌 | sepasang (sumpit), semangkuk (nasi) | đôi (đơn vị đếm đũa), món (đơn vị đếm món ăn)

1340 **脚** 11画〔月〕 **キャク**

丿 刀 月 月 肝 肚 肚 肤 肤 脚 脚

leg | 脚 | 다리 각 | kaki | CƯỚC, chân

脚本(きゃくほん) a script, a scenario | 剧本 | 각본 | naskah, skenario | kịch bản

脚色(きゃくしょく)する to adapt | 改写(改编)成戏剧或电影 | 각색하다 | menyadur | viết kịch bản

失脚(しっきゃく)する to lose one's position | 下台, 丧失立足地 | 실각하다 | jatuh dari posisinya | ngã, mất chức

～脚(きゃく) *《counter for a chair》 | …把(椅子) | (다리가 달린 도구를 세는 말)…개 | satuan bilangan untuk kurs | chiếc (đơn vị đếm ghế)

11課 練習

答え➡別冊 P.6

問題1 例のように書きなさい。

例：わたしは大学へ行きます。
私　だいがく　いきます

① なまりは金属の一種です。

② あそこで光っているのは蛍です。

③ 鉛筆の芯がおれる。

④ 印鑑を持ってきました。朱肉をお借りできますか。

⑤ 料理がさめないように鍋に蓋をしておきます。

⑥ 電気製品のおかげで、炊事もせんたくもそうじも楽になりました。

⑦ 傘を持たずに出かけたら雨にふられるし、鍵はなくすし、昨日はひどい一日でした。

⑧ これは雪の結晶をデザインしたセーターです。

⑨ 壁にへびの絵が掛けてある。

⑩ 彼の書斎には百科事典やせんもんの本がずらっとならび、きれいに整頓されている。

⑪「椅」という漢字は、木の名前を表します。その木で造ったものに寄りかかることから椅子の意味も持つようになりました。

⑫ 花壇を作るひようを捻出する。

問題2 □のなかから数えるときに使う単位を選びなさい。

例：学生が3（人）います。

① 水を1（　　）ください。

② 椅子が2（　　）足りません。

③ 箸は何（　　）要りますか。

④ 1（　　）は畳2枚分の広さだ。

⑤ この曲は1（　　）目を強く弾いてください。

拍	杯	脚	膳	坪	膳

問題3 送りがなが必要な場合はそれに注意して、下線部の言葉を漢字で書きなさい。

① 汗をふく。

② ご飯をたく。

③ ボールがはずむ。

④ タオルをしぼる。

⑤ 野菜をにる。

⑥ ギターをひく。

12課 日常語彙Ⅱ

生活漢字をクロスワードで覚える

なんと書いてありますか

パズルを完成させましょう。上から下、左から右に読みます。
縦は漢字の読みを、横は下線部の言葉を、ひらがなで書きます。

答え➡別冊 P.6

（例）
縦：刃物
横：橋

横→ 縦↓

は	し
も	
の	

				a み	①	く	い			②		③	
b	④	い			わ					c め	ん	る	
	た				と				⑤				
				d と		⑥ あ		か	い				
									ぞ		⑦		
									e	⑧	ら		
			⑨							ょ			
			f が		⑩		g	⑪ い	ほ				
			す		ち			っ		だ			
								し		ん			
	⑫					⑬		ょ					
h	じ		⑭		i	う	も						⑮ ほ
	る		ず					び		⑯ j	ん	ぽ	
	k	⑰	る			く		ん					び

縦

① 鶏
② 亀
③ 塗る
④ 豚
⑤ 海賊
⑥ 泡
⑦ 虎
⑧ 冗談
⑨ 剥がす
⑩ 愚痴
⑪ 一升瓶
⑫ 矢印
⑬ 遊牧
⑭ 譲る
⑮ 褒美
⑯ 鈴
⑰ 蚊

横

a 美しい⇔ 醜い
b 鋭い⇔ 鈍い
c 麺類：うどんやそば
d 取り扱い注意

e 鯨

f 玩具：おもちゃのこと
g 裁縫：布を縫うこと
h 虹

i 羊毛：ひつじの毛
j 寸法：サイズのこと
k 褒める⇔叱る

1341 **縦** 16画〔糸〕

ジュウ
たて

vertical | 纵 | 세로 종 | vertikal | TUNG, dọc

操縦（そうじゅう）する to operate, to handle, to fly, to pilot | 操纵 | 조종하다 | mengoperasikan, mengemudikan, menerbangkan | điều khiển, điều hành, lái (máy bay)

縦（たて） length, height | 纵, 竖 | 세로, 수직 방향 | panjangnya | chiều dọc, chiều dài

縦（たて）の vertical | 竖的 | 세로의, 수직 방향의 | vertikal | thẳng đứng

1342 **刃** 3画〔刀〕

は

blade | 刃 | 칼날 인 | pisau | NHẬN, gươm

刃（は） a blade, an edge | 刃, 刀刃 | (칼붙이 등의)날 | pedang | lưỡi gươm

刃物（はもの） * a cutting tool, a knife, cutlery | 刀剑, 刃具 | 날붙이, 칼 | benda tajam, alat memotong, pisau | dao kéo

1343 **鶏** 19画〔鳥〕

にわとり

chicken | 鸡 | 닭 계 | ayam | KÊ, con gà

鶏（にわとり） * a chicken | 鸡 | 닭 | ayam | con gà

1344 **亀** 11画〔亀〕

キ
かめ

turtle | 龟 | 거북 귀 | kura-kura | QUY, con rùa

亀裂（きれつ） * a crack, a fissure | 裂缝, 龟裂 | 균열 | keretakan | vết rạn nứt

亀（かめ） * a turtle | 龟, 乌龟 | 거북 | kura-kura | con rùa

1345 **塗** 13画〔土〕

ト
ぬ-る

paint | 涂 | 칠할 도 | cat | ĐỒ, sơn

塗装（とそう）する * to paint, to coat with paint | 涂饰, 涂抹 | 도장하다, 칠을 하다 | mengecat | sơn, vẽ, phủ bằng lớp sơn

塗（ぬ）る to paint, to spread on, to coat | 涂(颜料), 擦, 抹 | 칠하다, 바르다 | mengecat, mengoles | sơn, phủ lên

1346  11画〔豕〕

ぶた

pig | 豚 | 돼지 돈 | babi | ĐỒN, ĐỘN, con heo (lợn)

豚（ぶた） * a pig | 猪 | 돼지 | babi | con heo

豚肉（ぶたにく） pork | 猪肉 | 돼지고기 | daging babi | thịt heo

1347 **賊** 13画〔貝〕

ゾク

burglar | 贼 | 도둑 적 | perampok | TẶC, cướp

海賊（かいぞく） * a pirate | 海贼 | 해적 | bajak laut, perompak | cướp biển

1348 **泡** 8画〔氵〕

ホウ
あわ

bubble | 泡 | 거품 포 | gelembung | PHAO, BÀO, bọt nước

気泡（きほう） * bubbles | 气泡 | 기포, 거품 | gelembung udara | bọt khí

泡（あわ） a bubble, foam | 泡, 沫 | 거품 | gelembung, busa | bọt

1349 **虎** 8画〔虍〕
丶 ⺊ 广 广 卢 卢 虎 虎
tiger | 虎 | 범 호 | harimau | HỔ, con hổ
とら
虎(とら) a tiger | 虎, 老虎 | 범, 호랑이 | harimau | con hổ

1350 **冗** 4画〔冖〕
丶 冖 冗 冗
useless | 冗 | 쓸데없을 용 | tidak berguna | NHŨNG, vô dụng
ジョウ
冗談(じょうだん) a joke | 玩笑, 笑话 | 농담 | candaan | đùa giỡn
冗長(じょうちょう)な * prolix, diffuse, verbose | 冗长的 | 장황한, 용장한 | bertele-tele | rườm rà, dư thừa

1351 **剥** 10画〔刂〕
ㄴ ㅋ 彑 宁 宁 宁 孚 录 剥 剥 [剝]
tear off | 剥 | 벗길 박 | lepas | BÁC, bóc vỏ
は-がす
は-ぐ
剥(は)がす to tear off, to peel | 剥下, 揭下 | 벗기다, 떼다 | merobek, mencopot | xé, bóc
剥(は)ぐ to tear off, to peel | 剥下, 揭下, 扒下 | 벗기다 | mengupas, mengelupaskan | xé, bóc ra

1352 **愚** 13画〔心〕
丨 冂 日 日 月 目 禺 禺 禺 禺 愚 愚 愚
foolish | 愚 | 어리석을 우 | tolol, bodoh | NGU, ngu đần
グ
おろ-か
愚痴(ぐち) a grumble, a complaint | 牢骚, 抱怨, 埋怨 | 푸념 | keluhan | càm ràm, phàn nàn
愚(おろ)かな foolish, stupid | 愚蠢的, 糊涂的 | 미련한, 어리석은 | bodoh, tolol | khờ dại, ngu

1353 **痴** 13画〔疒〕
丶 亠 广 广 疒 疒 疒 疟 疟 疾 痴 痴 痴
stupid | 痴 | 어리석을 치 | bodoh | SI, ngu dốt
チ
愚痴(ぐち) a grumble, a complaint | 牢骚, 抱怨, 埋怨 | 푸념 | keluhan | càm ràm, phàn nàn

1354 **升** 4画〔十〕
丿 亻 千 升
sho, unit of liquid measurement | 升 | 되 승 | sho, satuan pengukuran cairan | THĂNG, chai, đơn vị thể tích
ショウ
一升瓶(いっしょうびん) * a 1-*sho* (=1.8 liters) bottle | 一千八百毫升的瓶子 | 1.8리터가 들어있는 병 | botol 1 sho (1,8 liter) | bình 1.8 lít

1355 **矢** 5画〔矢〕
丿 𠂉 𠂉 午 矢
arrow | 矢 | 화살 시 | anak panah | THỈ, mũi tên
や
矢(や) an arrow | 箭 | 화살 | anak panah | mũi tên
矢印(やじるし) an arrow (mark) | 箭形符号 | 화살표 | tanda panah | mũi tên

1356 **牧** 8画〔牜〕
丿 𠂉 牛 牛 牜 牜 牧 牧
raise | 牧 | 칠 목 | memelihara | MỤC, nuôi trồng
ボク
牧場(ぼくじょう) a stock farm | 牧场 | 목장 | padang peternakan | nông trại
牧畜(ぼくちく) livestock farming, cattle breeding | 畜牧, 牧畜 | 목축 | peternakan | chăm nuôi gia súc gia cầm
遊牧(ゆうぼく) nomadism | 游牧 | 유목 | pengembaraan | du mục
牧師(ぼくし) a pastor, a minister | 牧师 | 목사 | pastur | mục sư

1357 譲 20画 〔言〕

丶 亠 亖 亖 言 言 言 言' 訁 訁 訁 訁 訁 訁 譲 譲 譲 譲 譲 譲

hand over | 让 | 사양할 양 | menyerahkan | NHƯỢNG, nhượng bộ

ジョウ
譲歩(じょうほ)する to concede, to compromise | 让步 | 양보하다 | mengalah, mundur | nhượng bộ, nhường
謙譲語(けんじょうご) * humble language | 谦让语 | 겸양어, 겸사말 | bahasa merendah | khiêm nhường ngữ

ゆず-る
譲(ゆず)る to hand over, to transfer, to give | 让给, 转让, 让 | 물려주다, 양도하다 | menyerahkan, memberikan | nhường, bàn giao, cho

1358 褒 15画 〔衣〕

丶 亠 亠 亡 亡 产 产 存 存 存 褒 褒 褒 褒 褒

praise | 褒 | 기릴 포 | memuji | BAO, khen

ホウ
褒美(ほうび) a reward, a prize | 奖赏, 奖品, 奖励 | 상, 상품 | balas jasa, hadiah | phần thưởng

ほ-める
褒(ほ)める to praise | 赞扬, 称赞, 夸 | 칭찬하다 | memuji | khen ngợi

1359  13画 〔金〕

丿 人 𠆢 今 令 令 金 金 金' 鈐 鈐 鈴 鈴

bell | 铃 | 방울 령(영) | bel | LINH, cái chuông

すず
鈴(すず) a bell | 铃, 铃铛 | 방울 | bel | cái chuông

1360  10画 〔虫〕

丨 口 口 中 虫 虫 虫' 虻 蚊 蚊

mosquito | 蚊 | 모기 문 | nyamuk | VĂN, con muỗi

か
蚊(か) a mosquito | 蚊子 | 모기 | nyamuk | con muỗi

1361  17画 〔酉〕

一 厂 万 万 丙 两 酉 酉' 酉' 酌 酌 酌 酿 酿 醜 醜 醜

ugly | 丑 | 추할 추 | buruk | XÚ, xấu xí

みにく-い
醜(みにく)い ugly, bad-looking | 难看, 丑陋, 丑恶 | 추하다, 보기 흉하다 | jelek, buruk rupa | xấu xí, khó coi

1362  15画 〔金〕

丿 人 𠆢 今 今 今 余 金 金 金' 金' 鋭 鋭 鋭 鋭

sharp | 锐 | 날카로울 예 | tajam | NHUỆ, DUỆ, sắc bén

するど-い
鋭(するど)い sharp | 尖, 锋利, 尖锐, 尖利 | 날카롭다, 예리하다, 예민하다 | tajam | sắc nhọn

1363  12画 〔金〕

丿 人 𠆢 今 今 今 余 金 金 金 鈍 鈍

dull | 钝 | 둔할 둔 | tumpul | ĐỘN, cụt ngủn

にぶ-い
鈍(にぶ)い dull | 钝, 迟钝 | 무디다, 둔하다 | tumpul | cùn

1364  16画 〔麦〕

一 十 キ 主 夫 麦 麦 麦 麦 麺 麺 麺 麺 麺 麺 麺

noodles | 面, 麺 | 밀가루 면 | mi | MIẾN, mỳ

メン
麺(めん) * noodles | 面, 面条 | 밀가루, 면, 국수 | mi | mỳ
麺類(めんるい) * noodles, pastas | 面条类 | 면류, 국수류 | beragam jenis mi | mỳ

1365 **扱** 6画 〔扌〕
一 十 扌 扌 扔 扱
handle | 扱 | 거둘 급 | menangani | TRÁP, cư xử, đối đãi
あつか-う
扱う（あつかう） to handle, to operate, to treat, to manage | 待, 待遇, 对待, 处理 | 다루다, 취급하다 | menangani, mengoperasikan, memperlakukan, mengurus | điều khiển, đối phó, giải quyết, đối đãi
取り扱う（とりあつかう） to handle, to treat | 待, 对待, 待遇, 处理, 操作, 使用 | 다루다, 취급하다 | menangani, memperlakukan | thao tác, xử lý
扱い（あつかい） use, operation, handling, treatment | 使用, 操作, 待, 待遇, 处理 | 다룸, 취급, 대접, 대우 | pemakaian, penanganan, perlakuan | thao tác, cư xử, đối xử
取り扱い（とりあつかい） handling, treatment | 对待, 接待, 使用, 操作, 处理 | 취급, 접대, 대우 | penanganan, perlakuan | đối đãi, thao tác, xử lý

1366 **鯨** 19画 〔魚〕
ノ ク ク 各 角 角 角 鱼 鱼 鱼 鱼 鱼' 魚' 魚' 魚' 鯨 鯨 鯨 鯨
whale | 鲸 | 고래 경 | paus | KÌNH, cá voi
ゲイ
捕鯨（ほげい） whaling | 捕鲸 | 포경, 고래잡이 | penangkapan paus | nghề săn cá voi
くじら
鯨（くじら）* a whale | 鲸鱼 | 고래 | paus | cá voi

1367 **玩** 8画 〔王〕
一 T F 王 王' 王' 玩 玩
cherish | 玩 | 희롱할 완 | bersenang-senang | NGOẠN, yêu mến
ガン
玩具（がんぐ） a toy | 玩具 | 장난감, 완구 | mainan | đồ chơi

1368 **縫** 16画 〔糸〕
く 幺 幺 糸 糸 糸 糸' 糸' 糸' 糸' 糸' 糸' 縫 縫 縫 縫
sew | 缝 | 꿰맬 봉 | menjahit | PHÙNG, may mặc
ホウ
裁縫（さいほう） sewing, needlework | 缝纫, 针线活儿 | 재봉 | jahit-menjahit | việc may vá, thêu thùa
ぬ-う
縫う（ぬう） to sew | 缝, 缝纫 | 바느질하다, 꿰매다, 깁다 | menjahit | khâu vá

1369 **虹** 9画 〔虫〕
丨 ロ ロ 中 虫 虫 虫' 虹 虹
rainbow | 虹 | 무지개 홍 | pelangi | HỒNG, cầu vồng
にじ
虹（にじ） a rainbow | 彩虹 | 무지개 | pelangi | cầu vồng

1370 **羊** 6画 〔羊〕
丶 丷 丷 兰 兰 羊
sheep | 羊 | 양 양 | domba | DƯƠNG, con cừu
ヨウ
羊毛（ようもう） wool | 羊毛 | 양모, 양털 | wol | lông cừu
ひつじ
羊（ひつじ）* a sheep | 羊 | 양 | domba | con cừu

1371 **寸** 3画 〔寸〕
一 寸 寸
sun, unit of length | 寸 | 마디 촌 | ukuran | THỐN, đơn vị đo chiều dài
スン
寸法（すんぽう） the measure, a size | 尺寸, 尺码, 大小 | 치수, 척도, 길이 | pengukuran, ukuran | kích thước, số đo
寸評（すんぴょう）* a brief review, a brief comment | 寸評 | 촌평, 단평, 짤막한 비평 | komentar singkat | bài phê bình vắn
寸断する（すんだんする）* to cut ... into pieces | 寸断, 粉碎 | 촌단하다 | mengoyak-ngoyak | xé (cắt) thành từng mảnh

1372 **叱** 5画 〔口〕
丨 ロ ロ ロ' 叱
scold | 叱 | 꾸짖을 질 | memarahi | SẤT, la mắng
シツ
叱責する（しっせきする）* to scold, to reprimand | 斥责, 申斥 | 질책하다 | memarahi, menegur | trách móc, khiển trách
しか-る
叱る（しかる） to scold | 责备, 申斥, 斥责 | 꾸짖다, 나무라다 | memarahi, mengomeli | la mắng

問題１　例のように書きなさい。

例：わたしは大学へ行きます。
　　私　　だいがく　いきます

① 彼はだれに対しても公平で、だれかを特別あつかいするということがない。

② 捕鯨の問題について議論する。

③ お年寄りや体の不自由な方に席をおゆずりください。

④ 私はご飯もパンも麺類も大好きです。

⑤ 母は祖母に、私は母に裁縫を習いました。

⑥ 縦45センチ、よこ35センチの証明書用の写真をとる。

⑦ 戦争がいかにおろかな行為であるかを知ってほしいと彼女は語った。

⑧ あのぼくじょうにはうしやうまやひつじ、ぶたやにわとりもいます。

⑨ 夫はがんぐの企画、開発に従事しています。

⑩ 交渉（こうしょう）をまとめるためには多少の譲歩が必要だ。

⑪ 財産をめぐって、みにくいあらそいが起こった。

⑫ そんなじょうだんを言ってはいけないとしかられた。

問題２　｛　　｝の正しいほうに○をつけなさい。

① ぞうきん｛布巾　雑巾｝をぬう｛縫う　縦う｝。

② ねこ｛描　猫｝の首に、すず｛鈴　鐘｝をつける。

③ 飛行機を操縦｛そうじゅう　しょうじゅう｝する。

④ 壁｛かび　かべ｝にペンキをぬる｛煎る　塗る｝。

⑤ 石けんをこすって、あわ｛泡　抱｝をつくる。

⑥ 絵本でうさぎとかめ｛鼻　亀｝の話を読む。

⑦ 貼ってあったポスターを剝がす｛こがす　はがす｝。

⑧ とら｛虚　虎｝の爪（つめ）はするどい｛鋭い　鈍い｝。

⑨ ゆみ｛弓　及｝とや｛失　矢｝、かたな｛刀　刃｝で戦う。

⑩ 雨が上がると美しいにじ｛江　虹｝が現れた。

⑪ ここはか｛蛇　蚊｝が多い。

⑫ 愚痴｛ぐち　ぐうち｝をこぼす。

13課 旅行

関西を旅する

なんと書いてありますか

①

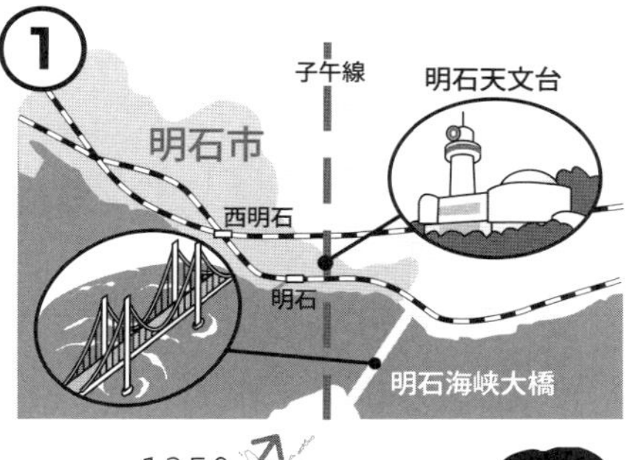

僕が行ってみたいところは、
兵庫県の明石(あかし)市です。
日本標準時の基準となっている
東経 135 度の「子午線」が通る町と聞き、
興味を持ちました。
瀬戸内海に沿って町が開けており、
沿岸漁業が盛んです。また世界一長い吊(つ)り橋、
明石海峡大橋があります。
釣りや潮干狩りも楽しめます。
明石の郷土料理には……

十二支と方位

緯度と経度

グリニッジ（イギリス）
西経
東経
経度
緯度
北緯
南緯
60° 45° 30° 15° 0° 15° 30°
0° 30° 60° 90° 120° 150°

②

私が行ってみたいのは最古の道といわれている奈良の山の辺の道です。
山の辺の道には日本最古の神社とされる大神(おおみわ)神社があります。山岳信仰の神社で、三輪明神(みょうじん)とも呼ばれています。

山岳信仰

山に対して畏敬の念を持ち、神の住むところ、または山そのものを神として信仰の対象とすること。

山の辺の道

奈良盆地の東の山裾を縫うように南北に、三輪から奈良へ通じる古道(こどう)（距離約 26km）で、万葉の歌碑がいくつも点在する。

山の辺(べ)の道
新薬師寺
天理駅
石上(いそのかみ)神宮
三輪山(みわやま)
大神神社
桜井駅

①
僕
興味
沿って
沿岸
盛んな
海峡
釣り
潮干狩り
郷土

緯度

②
山岳
信仰する
畏敬する
盆地
山裾
距離
歌碑

1373 僕 14画〔亻〕

ノ イ イ' イ" イ" イ" 伴 伴 伴 僕 僕 僕 僕 僕

servant, I | 仆 | 종 복 | pelayan, saya (pria) | BỘC, tôi, người giúp việc

ボク
- 僕（ぼく） I | 我(男性用语) | 나, 내(남성용어) | aku | tôi, tớ

1374  興 16画〔臼〕

ノ ｲ ｲ ｲ 貝 fl fl fl 佣 佣 佣 佣 佣 興 興 興

rise | 兴 | 일 흥 | berkembang | HƯNG, hưng thịnh

キョウ
- 興味（きょうみ） interest | 兴趣 | 흥미 | minat | hứng thú
- 余興（よきょう） entertainment | 余兴 | 여흥 | acara hiburan | giải trí
- 興じる（きょうじる） to have fun | 感觉有趣(愉快), 以…自娱(取乐) | 흥겨워하다, 즐기다 | asyik ... | hào hứng

コウ
- 新興（しんこう）(の) rising, burgeoning | 新兴(的) | 신흥 | baru, baru muncul | tăng trưởng, chồi non
- 振興（しんこう）する to promote | 振兴 | 진흥하다 | mempromosikan, mengembangluaskan | xúc tiến, phục hưng
- 復興（ふっこう）する to revive, to reconstruct | 复兴 | 복흥하다 | pulih, membangun kembali | phục hồi, phục hưng
- 興奮（こうふん）する to be excited | 兴奋 | 흥분하다 | bergairah, bergejolak hati | hưng phấn, phấn khích

1375 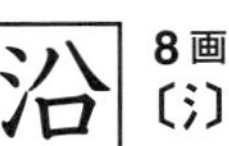 沿 8画〔氵〕

丶 丶 氵 氵 沪 沿 沿 沿

along | 沿 | 물 따라갈 연, 따를 연 | sepanjang | DUYÊN, men theo, dựa vào

エン
- 沿岸（えんがん）(の) along the shore, coastal | 沿岸(的) | 연안(의) | sepanjang pantai, tepi pantai | bờ biển, bãi biển
- 沿線（えんせん）(の) along a railway line | 沿线(的) | 연선(의) | sepanjang rel | dọc tuyến đường

そ-う
- (～に)沿（そ）って along | 沿着 | (…을)따라 | menyusur, sepanjang | dọc theo, căn cứ theo
- ～沿（ぞ）い along ... | 沿, 顺 | …을 따라서 | sepanjang, mengikuti | dọc theo

1376 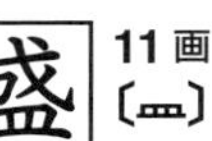 盛 11画〔皿〕

丿 厂 万 成 成 成 成 盛 盛 盛 盛

prosperous | 盛 | 성할 성 | makmur | THỊNH, thịnh vượng

セイ
- 全盛（ぜんせい） the height of prosperity | 全盛 | 전승 | puncak kejayaan | phồn thịnh
- 盛大（せいだい）な grand, magnificent | 盛大的 | 성대한 | meriah, besar-besaran | hùng vĩ

ジョウ
- 繁盛（はんじょう）する to prosper, to thrive, to flourish | 兴隆, 兴旺 | 번성하다, 번창하다 | makmur, laris, maju | phồn vinh, thịnh vượng

さか-ん
- 盛（さか）んな prosperous, vigorous | 繁盛的, 盛行的 | 왕성한, 열렬한 | makmur, marak | phồn thịnh

さか-る
- 盛（さか）り height, peak, prime | 最盛时期, 全盛状态 | 한창때 | puncak | hưng thịnh, đạt đỉnh cao

も-る
- 目盛（めも）り scale, graduation | (计器上的)度数, 刻度 | (자・저울 등의) 눈금 | skala, ukuran | vạch chia
- 盛（も）り上（あ）がる to swell, to rise, to get exciting | 鼓, 隆起, (气氛)热烈, 高涨起来 | 부풀어 오르다, 불거져 나오다, 고조되다, 드높아지다 | meriah, menjadi ramai, hidup | vui nhộn, náo nhiệt

1377  峡 9画〔山〕

丨 山 山 山' 山' 山" 屾 峡 峡

gorge | 峡 | 골짜기 협 | jurang | HẠP, thung lũng, eo đất

キョウ
- 海峡（かいきょう） straits, narrows, a channel | 海峡 | 해협 | selat | eo biển

1378 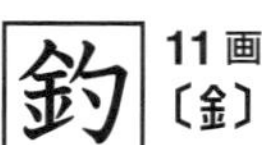 釣 11画〔金〕

ノ 人 亼 亼 全 牟 余 金 釒 釣 釣

fish | 钓 | 낚을 조, 낚시 조 | memancing | ĐIẾU, câu cá

つ-る
- 釣（つ）り fishing | 钓鱼 | 낚시 | mancing | câu cá
- お釣（つ）り change | 找的钱, 找的零钱 | 거스름돈 | kembalian | tiền thừa trả lại
- 釣（つ）る to fish | 钓(鱼) | 낚다 | memancing | câu cá
- 釣（つ）り合（あ）う to balance | 调和, 相称, 般配 | 어울리다 | berimbang | cân đối

1379  潮 15画〔氵〕

丶 丶 氵 氵 氵 氵 氵 氵 氵 淖 淖 潮 潮 潮 潮

tide | 潮 | 밀물 조, 조수 조 | air pasang | TRIỀU, TRÀO, thuỷ triều

チョウ
- 干潮（かんちょう）* low tide | 退潮, 低潮 | 간조, 썰물 | air surut | thủy triều rút
- 満潮（まんちょう）* high tide, high water | 满潮 | 만조 | air pasang | thủy triều lên cao, nước lên
- 風潮（ふうちょう）* a tendency, a trend | 潮流, 时势, 风气 | 풍조 | tendensi, kecenderungan | phong trào, trào lưu

しお
- 潮（しお） tide | 潮, 潮水 | 조수, 밀물, 바닷물 | pasang surut | thủy triều

1380 **狩** 9画〔犭〕

シュ
か-り

hunt | 狩 | 사냥할 수 | berburu | THÚ, săn

狩猟(しゅりょう) * hunting | 狩猎, 打猎 | 수렵, 사냥 | perburuan | săn bắn

狩り(かり) hunting | 打猎 | 사냥, 수렵 | perburuan | săn bắt

潮干狩り(しおひがり) * shellfish gathering | 赶海, 拾潮 | 조개잡이 | berburu kerang | thu thập vỏ sò

1381  11画〔阝〕

キョウ

country | 乡 | 시골 향 | negeri | HƯƠNG, quê hương

故郷(こきょう) a hometown | 故乡 | 고향 | kampung halaman | quê hương

郷土(きょうど) one's hometown | 乡土 | 향토 | kampung halaman, tempat asal | quê hương

郷愁(きょうしゅう) homesickness, nostalgia | 乡愁 | 향수, 고향을 그리는 마음 | kerinduan pada kampung halaman | nhớ nhà

1382  16画〔糸〕

イ

woof | 纬 | 씨 위 | benang pakan | VĨ, đường ngang

緯度(いど) latitude | 纬度 | 위도 | lintang | vĩ độ

経緯(けいい) details, particulars | 经过, 原委 | 곡절, 내막, 경위 | bujur dan lintang, asal mula | chi tiết, quá trình

1383  8画〔山〕

ガク
たけ

high mountain | 岳 | 큰 산 악 | gunung tinggi | NHẠC, núi cao

山岳(さんがく) a mountain | 山岳 | 산악 | gunung | vùng núi

～岳(たけ/だけ) * Mt. ... | …岳, …山 | …산(높은 산[봉우리]에 붙이는 말) | Gunung ... | núi ...

1384 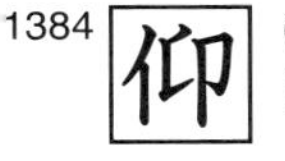 6画〔亻〕

コウ
あお-ぐ

look up | 仰 | 우러를 앙 | melihat ke atas | NGƯỠNG, nhìn lên

信仰する(しんこう) to believe in | 信仰 | 신앙하다 | percaya, memeluk agama | tin tưởng

仰ぐ(あお) to look up | 仰, 瞻 | 우러러보다, 쳐다보다 | menengadah | nhìn, thỉnh giáo

1385  9画〔田〕

イ

awe | 畏 | 두려워할 외 | terpesona, kagum | ÚY, kính nể

畏敬する(いけい) * to revere | 敬畏, 畏敬 | 외경하다, 경외하다 | mengagumi, menyegani | tôn kính, kính trọng

1386  9画〔皿〕

ボン

tray | 盆 | 동이 분 | nampan | BỒN, cái khay

盆(ぼん) a tray, the *Bon* Festival | 盘, 托盘, 盂兰盆会 | 쟁반, 「盂蘭盆」의 준말 | nampan, perayaan Bon | cái khay, lễ hội Obon

盆地(ぼんち) a basin | 盆地 | 분지 | daerah lembah | thung lũng

1387  13画〔衤〕

すそ

hem | 裾 | 옷자락 거 | ujung celana/rok | CƯ, CỨ, vạt áo

裾(すそ) a hem, the train | 下摆, 裤脚, 山麓, 山脚 | 옷자락, 기슭 | ujung celana/rok | vạt áo

山裾(やますそ) * the foot of a mountain | 山麓, 山脚 | 산기슭 | kaki gunung | chân núi

1388 **距** 12画 〔𧾷〕 キョ

distance | 距 | 상거할 거 | jarak | CỰ, khoảng cách

距離(きょり) distance | 距离 | 거리 | jarak | khoảng cách

1389 **碑** 14画 〔石〕 ヒ

monument | 碑 | 비석 비 | monumen | BI, bia đá

碑(ひ) a monument | 石碑 | 비석 | monumen | lăng mộ

歌碑(かひ) * a monument inscribed with one's poem | 刻上和歌的碑 | 和歌를 새긴 비석 | monumen bertuliskan puisi | bia khắc bài thơ

1390  **艦** 21画 〔舟〕 カン

warship | 舰 | 큰 배 함 | kapal perang | HẠM, tàu chiến

軍艦(ぐんかん) a warship | 军舰 | 군함 | kapal perang | tàu chiến

1391  **至** 6画 〔至〕 シ / いた-る

arrive, at most | 至 | 이를 지 | tiba, puncak | CHÍ, đến, đến mức

至急(しきゅう)(の) urgent, pressing | 火速(的), 赶快(的) | 지급(한) | mendesak | khẩn cấp

夏至(げし) * the summer solstice | 夏至 | 하지 | hari dengan waktu siang terpanjang | Hạ chí

冬至(とうじ) * the winter solstice | 冬至 | 동지 | hari dengan waktu siang terpendek | Đông chí

至(いた)る to arrive at, to reach, to come to | 至, 到, 达, 及 | 이르다, 당도하다, 미치다 | sampai, mencapai | đạt tới, đến nơi

1392  **慢** 14画 〔忄〕 マン

lazy, neglect | 慢 | 거만할 만 | malas, mengabaikan | MẠN, lười nhác, bỏ bê

慢性(まんせい)(の) chronic | 慢性(的) | 만성(의) | kronis | mãn tính

怠慢(たいまん)な negligent, lazy | 懈怠的, 怠慢的 | 태만한 | malas, lalai | lười biếng

我慢(がまん)する to have patience, to endure | 忍耐, 容忍, 自制 | 참다, 견디다 | bersabar, menahan | chịu đựng

自慢(じまん)する to be proud of, to boast | 自夸, 夸耀, 炫耀 | 자만하다 | membanggakan | tự hào

1393  **舶** 11画 〔舟〕 ハク

vessel | 舶 | 배 박 | kapal | BẠC, tàu thuỷ

船舶(せんぱく) a vessel, a ship | 船舶 | 선박 | kapal | tàu thủy

1394 **撤** 15画 〔扌〕 テツ

remove | 撤 | 거둘 철 | mundur | TRIỆT, di chuyển

撤退(てったい)する * to withdraw, to evacuate | 撤退 | 철퇴하다 | mundur, ditarik kembali | rút lui, rút khỏi

撤去(てっきょ)する * to remove | 撤退 | 철거하다 | membongkar, membersihkan | loại bỏ

撤廃(てっぱい)する * to abolish | 取消, 撤废 | 철폐하다 | menghapus, mencabut | loại bỏ

1395  **岬** 8画 〔山〕 みさき

promontory | 岬 | 곶 갑 | tanjung | GIÁP, mũi đất

岬(みさき) a cape, a promontory | 岬, 海角 | 갑, 곶 | tanjung | mũi đất

1396  9画 〔山〕

丨 山 山 山' 山⺊ 山⺊ 峠 峠 峠

mountain pass | 卡（日本汉字） | 고개 상 | lintasan pegunungan | ĐÈO, đèo

とうげ

峠（とうげ） a mountain pass | 山巅, 岭, 顶点 | 고개, 고비 | lintasan pegunungan | đèo

1397  10画 〔山〕

丨 山 山 山' 山⺈ 山⺈ 峰 峰 峰 峰

peak | 峰 | 봉우리 봉 | puncak | PHONG, ngọn núi

みね

峰（みね） a peak | 峰, 山峰 | 산봉우리 | puncak | chóp, đỉnh

1398 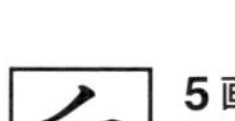 5画 〔一〕

丿 亻 仁 斤 丘

hill | 丘 | 언덕 구 | bukit | KHÂU, KHƯU, đồi

キュウ

丘陵（きゅうりょう） a hill | 丘陵 | 구릉, 언덕 | bukit | đồi núi

おか

丘（おか） a hill | 山冈, 小山, 丘陵 | 언덕, 구릉 | bukit | ngọn đồi

1399 陵 11画 〔阝〕

フ 了 阝 阝 阝 阝 阝 陆 陸 陵 陵

hill | 陵 | 언덕 릉(능) | makam kaisar | LĂNG, cái gò

リョウ

丘陵（きゅうりょう） a hill | 丘陵 | 구릉, 언덕 | bukit | đồi núi

1400 渓 11画 〔氵〕

丶 冫 氵 氵 氵 氵 氵 氵 淫 渓 渓

ravine | 溪 | 시내 계 | jurang | KHÊ, khe núi

ケイ

渓谷（けいこく） * a ravine | 溪谷 | 계곡 | lembah | khe núi, thung lũng

1401 郡 10画 〔阝〕

フ ヨ ヨ 尹 尹 君 君 君' 郡 郡

district | 郡 | 고을 군 | distrik | QUẬN, quận

グン

～郡（ぐん） ... District | …郡 | …군 | distrik | quận

1402 伏 6画 〔亻〕

丿 亻 仁 仕 伏 伏

prostrate | 伏 | 엎드릴 복 | membungkuk | PHỤC, che lại

フク

起伏（きふく） ups and downs | 起伏 | 기복 | turun naiknya | nhấp nhô

1403 汽 7画 〔氵〕

丶 冫 氵 氵 汇 汽 汽

steam | 汽 | 물 끓는 김 기 | uap | KHÍ, hơi nước

キ

汽車（きしゃ） a (steam) train | 列车, 火车 | 기차 | kereta uap | tàu hỏa

汽船（きせん） a steamship | 汽船 | 기선 | kapal uap | tàu hơi nước

1404 帆 6画 〔巾〕

丨 冂 巾 巾 帆 帆

sail | 帆 | 돛 범 | layar | PHÀM, cánh buồm

ハン

帆船（はんせん） * a sailing ship | 帆船 | 범선, 돛단배 | kapal layar | thuyền buồm

問題1　次の説明を読んで、下線部①～⑮の読みをひらがなで書きなさい。

明石(あかし)海峡大橋(おおはし)
(3,911m)

明石①海峡大橋は1998年に完成した本州と②淡路島をつなぐ世界最長の吊(つ)り橋です。明石海峡に橋をかけるという構想は第二次世界大戦前からありましたが、技術的・軍事的（大型の③軍艦が通れなくなる）な問題から、着工に④至ったのは1986年のことでした。橋の完成により、交通の便がよくなっただけでなく、淡路島の⑤慢性的な水不足の解消にも役立ちました。橋の内部に水道管を通し、本州から水が供給できるようになったためです。

しかし、一方で海運業者にとっては⑥船舶による航路が⑦撤退に追い込まれるなどの悪影響をもたらしました。

ところで、恋人⑧岬というと伊豆(いず)が有名ですが、神戸(こうべ)にもあって、そこから見る明石海峡大橋もきれいです。

奈良の自然を楽しむ

「小辺路(こへち)」は和歌山県の霊場(れいじょう)、高野山と熊野を結ぶ古道で、世界遺産の一つです。最高地点である伯母子峠を含め、紀伊山地西部の1,000m級の峠を3つ越えるなど他の参道に比べて⑮起伏が激しいことが特徴です。

問題2　{　　} の正しいほうに○をつけなさい。

① きしゃ {気車　汽車} の写真を撮る。

② 放置自転車※をてっきょ {撤去　徹去} する。※放置自転車：a bicycle abandoned [left] by its owner

③ ぼく {僕　撲} は鈴木といいます。

④ ちょうきょり {長拒離　長距離} を運転する。

⑤ 温泉と料理がじまん {自慢　自漫} の宿です。

⑥ 事件のけいい {経偉　経緯} を話す。

⑦ はんせん {帆船　艦船} は風の力を利用して走る。

問題3　送りがなが必要な場合はそれに注意して、下線部の言葉を漢字で書きなさい。

① おぼんにこきょうへ帰る。　② 空をあおぐ。　③ 川にそって歩く。

④ しきゅう、れんらくする。　⑤ 百円のおつりです。　⑥ パーティーがもりあがる。

14課 人間の体

体を漢字で表す

なんと書いてありますか

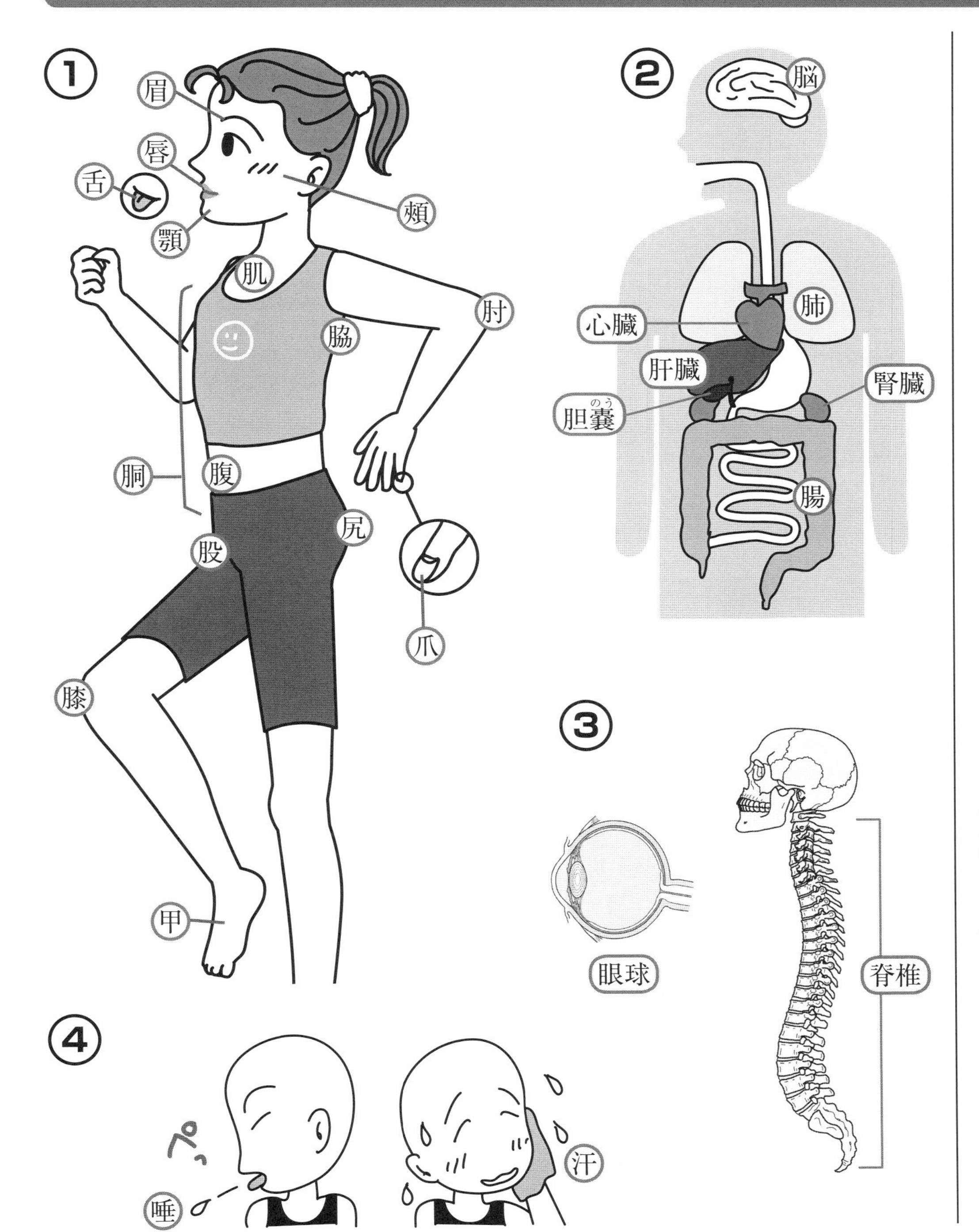

①
眉
唇
頬
舌
顎
肌
肘
脇
胴
腹
尻
股
爪
膝
甲

②
脳
肺
心臓
肝臓
腎臓
胆嚢
腸

③
眼球
脊椎

④
唾

1405  9画 〔目〕

まゆ

eyebrow | 眉 | 눈썹 미 | alis | MI, lông mày

眉(まゆ) an eyebrow | 眉, 眉毛 | 눈썹 | alis | lông mày

1406 唇 10画 〔口〕

くちびる

lip | 唇 | 입술 순 | bibir | THẦN, đôi môi

唇(くちびる) a lip | 嘴唇, 唇 | 입술 | bibir | môi

1407 頬 16画 〔頁〕 [頰]

ほお／ほほ

cheek | 颊 | 빰 협 | pipi | GIÁP, gò má

頬(ほお／ほほ) a cheek | 颊, 脸蛋儿 | 빰, 볼 | pipi | má

1408  6画 〔舌〕

した

tongue | 舌 | 혀 설 | lidah | THIỆT, cái lưỡi

舌(した) a tongue | 舌头, 舌 | 혀 | lidah | lưỡi

1409  18画 〔頁〕

あご

jaw | 颚 | 턱 악 | dagu | NGẠC, cái cằm

顎(あご) a jaw, a chin | 颌, 腭 | 턱 | dagu | cái cằm

1410  6画 〔月〕

はだ

skin 肌 살 기 | kulit | CƠ, làn da

肌(はだ) skin | 皮肤, 肌肤 | 피부, 살갗, 살결 | kulit | da

肌着(はだぎ) underwear | 汗衫, 内衣 | 내의, 내복, 속옷 | baju dalam | quần áo lót

1411  7画 〔月〕

ひじ

elbow | 肘 | 팔꿈치 주 | siku | TRỬU, cù chỏ, khuỷu tay

肘(ひじ) an elbow | 肘, 胳膊肘子 | 팔꿈치 | siku | khuỷu tay

1412  10画 〔月〕

わき

side | 胁 | 겨드랑이 협 | ketiak, samping | HIẾP, nách

脇(わき) the side, one's armpit | 腋下, 旁边 | 겨드랑이, 곁, 옆 | samping, ketiak | nách

1413 胴 10画 〔月〕

ドウ

trunk | 胴 | 몸통 동 | torso | ĐỖNG, thân thể

胴(どう) the trunk, the body | 躯干, 身腰 | 동, 몸통 | torso | cơ thể

1414 **腹** 13画〔月〕

丿 刀 月 月 月' 月' 肝 肝 脂 脂 脂 脂 腹 腹

belly | 腹 | 배 복 | perut | PHÚC, PHỤC, bụng

フク

空腹(くうふく)(の) hungry | 空腹, 空肚子 | 공복 | perut kosong, lapar | đói bụng

中腹(ちゅうふく) a hillside, a mountainside | 山腰 | 중복, 산중턱 | lereng gunung, perut bukit | lưng chừng núi

はら

腹(はら) the belly, the stomach | 腹, 肚子 | 배 | perut | bụng

腹立(はらだ)ち anger | 生气 | 화냄, 성냄 | amarah | bực mình

1415 **尻** 5画〔尸〕

一 コ 尸 尸 尻

hips | 尻 | 꽁무니 고 | pantat | KHÀO, mông

しり

尻(しり) the hips, the buttocks | 屁股 | 궁둥이, 엉덩이 | pantat, bokong | mông

1416 **股** 8画〔月〕

丿 刀 月 月 月' 肌 股 股

crotch | 股 | 넓적다리 고 | kelangkang | CỔ, háng

また

股(また) the crotch, the thigh | 胯, 胯下 | 다리 가랑이 | kelangkang | đùi, bắp đùi, háng

1417 **爪** 4画〔爪〕

一 厂 爪 爪

nail | 爪 | 손톱 조 | kuku | TRẢO, móng tay

つめ

爪(つめ) a nail | 指甲, 趾甲 | 손톱, 발톱 | kuku | móng tay

1418 **膝** 15画〔月〕

丿 刀 月 月 月一 月十 月大 月木 胩 膝 膝 膝 膝 膝 膝

knee | 膝 | 무릎 슬 | lutut | TẤT, đầu gối

ひざ

膝(ひざ) a knee | 膝 | 무릎 | lutut | đầu gối

1419 **甲** 5画〔田〕

丨 冂 日 日 甲

shell | 甲 | 갑옷 갑 | tempurung, punggung | GIÁP, vỏ sò

コウ

手(て)の甲(こう) the back of the hand | 手背 | 손등 | punggung tangan | mu bàn tay

足(あし)の甲(こう) the instep | 脚背, 脚面 | 발등 | punggung kaki | mu bàn chân

1420 **脳** 11画〔月〕

丿 刀 月 月 月' 月' 月'' 月⺍ 脳 脳 脳

brain | 脑 | 머리 뇌 | otak | NÃO, não

ノウ

脳(のう) the brain | 脑 | 뇌 | otak | não

頭脳(ずのう) brains | 头脑 | 두뇌 | otak, akal | não bộ

首脳(しゅのう) a head, a leader | 首脑 | 수뇌 | kepala, pemimpim | đầu não, người lãnh đạo

大脳(だいのう) * the cerebrum | 大脑 | 대뇌 | otak besar | đại não

1421 肺 9画 〔月〕 ハイ

lung | 肺 | 허파 폐 | paru-paru | PHẾ, phổi

肺（はい） the lungs | 肺 | 폐, 허파 | paru-paru | phổi

1422 臓 19画 〔月〕 ゾウ

internal organ | 脏 | 오장 장 | organ dalam | TẠNG, nội tạng

心臓（しんぞう） the heart | 心脏 | 심장 | jantung | tim

臓器（ぞうき） * internal organs | 内脏器官 | 장기, 내장 기관 | organ-organ dalam | nội tạng

臓器移植（ぞうきいしょく） * an organ transplant | 器官移植, 脏器移植 | 장기 이식 | transplantasi organ dalam | việc cấy ghép nội tạng

1423 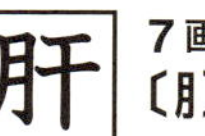 肝 7画 〔月〕 カン

liver | 肝 | 간 간 | hati | CAN, gan

肝臓（かんぞう） * the liver | 肝脏 | 간장 | hati | gan

肝心な（かんじんな）／肝腎な（かんじんな） important, essential | 重要的, 关键的 | 중요한, 소중한, 요긴한 | penting, esensial | thiết yếu, quan trọng

1424  腎 13画 〔月〕 ジン

kidney | 肾 | 콩팥 신 | ginjal | THẬN, thận

腎臓（じんぞう） * the kidneys | 肾脏 | 신장 | ginjal | thận

1425  胆 9画 〔月〕 タン

gallbladder | 胆 | 쓸개 담 | kantong empedu | ĐẢM, túi mật

胆嚢（たんのう） * the gallbladder | 胆囊 | 담낭 | kantong empedu | túi mật

大胆な（だいたんな） bold, daring | 大胆的 | 대담한 | berani | bạo dạn, gan lì

1426  腸 13画 〔月〕 チョウ

intestines | 肠 | 창자 장 | usus | TRƯỜNG, TRÀNG, ruột

腸（ちょう） the intestines | 肠, 肠子 | 장, 창자 | usus | ruột

1427  眼 11画 〔目〕 ガン

eye | 眼 | 눈 안 | mata | NHÃN, mắt

眼科（がんか） ophthalmology | 眼科 | 안과 | bagian penyakit mata | khoa mắt

眼球（がんきゅう） an eyeball | 眼球 | 안구, 눈알 | bola mata | nhãn cầu

近眼（きんがん） nearsightedness | 近视 | 근시 | miopia, rabun jauh | cận thị

眼鏡（めがね） glasses | 眼镜 | 안경 | kaca mata | mắt kiếng

1428  脊 10画 〔月〕 セキ

backbone | 脊 | 등마루 척 | tulang belakang | TÍCH, cột sống

脊髄（せきずい） * the spinal cord | 脊髓 | 척수 | sumsum tulang belakang | dây cột sống, tủy sống

1429 **椎** 12画 〔木〕
ツイ
hammer | 椎 | 등골 추 | palu | TRUY, cái búa
脊椎（せきつい） * the backbone | 脊椎 | 척추 | tulang belakang | xương sống

1430 **唾** 11画 〔口〕
つば
saliva | 唾 | 침 타 | liur | THÓA, nước miếng
唾（つば） saliva | 唾沫, 口水 | 침, 타액 | liur, ludah | nước bọt

1431 **腺** 13画 〔月〕
セン
gland | 腺（日本汉字） | 샘 선 | kelenjar | TUYẾN, tuyến (trong cơ thể)
リンパ腺（せん） * a lymph gland | 淋巴腺 | 임파선 | kelenjar limpa | tuyến bạch huyết
甲状腺（こうじょうせん） * a thyroid gland | 甲状腺 | 갑상선 | kelenjar gondok | tuyến giáp

1432 **髄** 19画 〔骨〕
ズイ
marrow | 髓 | 골수 수 | sumsum | TỦY, tuỷ
骨髄（こつずい） * the marrow | 骨髓 | 골수 | sumsum tulang | tủy sống

1433 **脂** 10画 〔月〕
シ
fat | 脂 | 기름 지 | lemak | CHI, mỡ, chất béo
脂肪（しぼう） fat, grease | 脂肪 | 지방 | lemak | mỡ
樹脂（じゅし） * resin | 树脂 | 수지 | damar | nhựa cây
あぶら
脂（あぶら） fat, grease | 脂肪, 油脂 | 기름, 지방 | lemak | mỡ

1434 **肪** 8画 〔月〕
ボウ
fat | 肪 | 기름 방 | lemak | PHƯƠNG, mỡ, chất béo
脂肪（しぼう） fat, grease | 脂肪 | 지방 | lemak | mỡ

1435 **筋** 12画 〔⺮〕
キン
sinew | 筋 | 힘줄 근 | otot | CÂN, cơ bắp
筋肉（きんにく） a muscle | 肌肉, 筋肉 | 근육 | otot | cơ bắp, bắp thịt
筋力（きんりょく） * muscular strength | 肌肉力量, 膂力 | 근력 | tenaga otot | sức mạnh thể chất
すじ
筋（すじ） sinew, a line, a plot | 筋, 血管 | 힘줄, 근육 | garis, urat, alur cerita | gân
大筋（おおすじ） the outline | 梗概, 主要内容 | 대강의 줄거리, 경개 | garis besar | ý chính

答え➡別冊 P.7

問題1 例のように書きなさい。

例：わたしは大学へ行きます。
（私　だいがく　いきます）

① 脇の下にはリンパせんが多く集まっています。

② では、写真を撮ります。顎を少し引いて下さい。

③ 骨髄移植(a marrow transplant) 手術を受ける。

④ 新しい眼鏡を買いました。

⑤ 今晩とまるホテルは山の中腹にあります。

⑥ 膝を保護するためにサポーターを巻く。

⑦ このクリームははだが乾燥するのをふせぎます。

⑧ つめが伸びてきた。

⑨ ズボンの股の下の長さを測る。

⑩ ご飯を食べていたら、したをかんでしまった。

⑪ 会議に出席する各国の首脳が次々と空港に到着した。

⑫ はいで呼吸する魚がいますか。

⑬ すっぱいものを頭に思い浮かべると唾が出てきます。

⑭ この体重計はしぼうや筋肉の量も量れます。

⑮ これは胃やちょうの働きを整える薬です。

⑯ コーチは選手にだいたんな指示を出した。

⑰ 蛇は胴が長い。

⑱ おはらだちはよくわかりますが、少しおちついてください。

⑲「しりが重い」というのは、なかなか行動しないことをいいます。

⑳ 面接の順番を待っている間、しんぞうがドキドキした。

問題2 ｛　｝の正しいほうに○をつけなさい。

① 手のこう ｛甲　申｝

② まゆ ｛肩　眉｝

③ せきつい ｛背推　脊椎｝

④ なやむ ｛悩む　脳む｝

⑤ かしこい ｛腎い　賢い｝

⑥ あせ ｛汗　肝｝

⑦ 頬 ｛ほう　ほお｝

⑧ 肘 ｛こし　ひじ｝

⑨ 唇 ｛くちびる　くちぶる｝

⑩ 筋 ｛すじ　せじ｝

15課 医療

病院へ行く

なんと書いてありますか

①

診療科のご案内

循環器内科	眼科	整形外科
消化器内科	皮膚科	小児科
神経内科	耳鼻咽喉科	産科
・・・	放射線治療科	婦人科
脳神経外科	呼吸器内科	泌尿器科
麻酔科	内分泌・代謝内科	精神・神経科
・・・	呼吸器外科	歯科

①
循環器
麻酔
皮膚
咽喉
内分泌
泌尿器

②

②
腫れる
腫瘍
抗生物質
鎮痛剤
処方箋
治癒する

1436 **循** 12画 〔彳〕

ジュン

ノ ㇁ 彳 彳 彳 彳 彳 彳 彳 循 循 循

circulate | 循 | 돌 순 | sirkulasi | TUẦN, tuần hoàn

循環(じゅんかん)する to circulate | 循环 | 순환하다 | bersirkulasi, beredar | tuần hoàn

循環器(じゅんかんき) * a circulatory organ | 循环器 | 순환기 | organ sirkulasi darah | cơ quan tuần hoàn

悪循環(あくじゅんかん) * a vicious circle | 恶性循环 | 악순환 | lingkaran setan | vòng luẩn quẩn

1437 **酔** 11画 〔酉〕

スイ
よ-う

一 丆 万 丙 丙 西 酉 酉 酔 酔 酔

get drunk | 醉 | 취할 취 | mabuk | TÚY, say

麻酔(ますい) an anesthesia | 麻醉 | 마취 | anestesi | thuốc mê

酔(よ)う to get drunk | 醉, 喝醉 | 취하다 | mabuk | say xin

酔(よ)っ払(ぱら)い a drunken person | 醉汉 | 술주정꾼 | orang mabuk | người say

陶酔(とうすい)する * to be intoxicated with | 陶醉 | 도취하다 | mabuk kepayang | say sưa

1438 **膚** 15画 〔月〕

フ

丶 ㇀ 𠂇 广 声 虍 虍 虍 虍 虍 虍 虍 膚 膚 膚

skin | 肤 | 살갗 부 | kulit | PHU, da

皮膚(ひふ) the skin | 皮肤 | 피부 | kulit | da

1439 **咽** 9画 〔口〕

イン

丨 ㄇ 口 叩 叩 呐 呐 咽 咽

throat | 咽 | 목구멍 인 | kerongkongan | NHIẾT, YẾN, YẾT, cổ họng

耳鼻咽喉科(じびいんこうか) * otolaryngology, ENT | 耳鼻咽喉科 | 이비인후과 | bagian penyakit THT | khoa tai mũi họng

1440 **喉** 12画 〔口〕

コウ
のど

丨 ㄇ 口 叩 叩 叩 叩 吖 吖 喉 喉 喉

throat | 喉 | 목구멍 후 | kerongkongan, tenggorokan | HẦU, cổ họng

耳鼻咽喉科(じびいんこうか) * otolaryngology, ENT | 耳鼻咽喉科 | 이비인후과 | bagian penyakit THT | khoa tai mũi họng

喉(のど) the throat | 咽喉, 嗓子 | 목구멍, 목 | tenggorokan | cổ họng

1441 **泌** 8画 〔氵〕

ヒツ
ヒ

丶 丶 氵 氵 汃 泌 泌 泌

secrete | 泌 | 스밀 비 | mengeluarkan | TIẾT, BÍ, bài tiết

内分泌(ないぶんぴつ) * internal secretion | 内分泌 | 내분비 | endokrin | nội tiết

泌尿器(ひにょうき) * the urinary organs | 泌尿器 | 비뇨기 | sistem urine | cơ quan tiết niệu

分泌(ぶんぴつ)する * to secrete | 分泌 | 분비하다 | mengeluarkan | giáu giém

分泌(ぶんぴ)する * to secrete | 分泌 | 분비하다 | mengeluarkan | giáu giém

※「分泌する」には「ぶんぴつする」「ぶんぴする」の２つの読み方がある。

1442 **尿** 7画 〔尸〕

ニョウ

㇕ コ 尸 尸 尿 尿 尿

urine | 尿 | 오줌 뇨 | urine | NIỆU, nước tiểu

尿(にょう) urine | 尿, 小便 | 오줌, 소변 | urine | nước tiểu

1443 **腫** 13画 〔月〕

シュ
は-れる

丿 刀 月 月 肝 肝 肝 肝 肝 肝 腫 腫 腫

swell | 肿 | 종기 종 | pembengkakan | THŨNG, sưng lên

腫瘍(しゅよう) * a tumor | 肿瘤, 肿疡 | 종양 | tumor | ung bướu, khối u

腫(は)れる to swell | 肿, 肿胀 | 붓다 | membengkak | sưng lên

1444 瘍 14画 〔疒〕
ヨウ

丶 亠 广 广 疒 疒 疔 疸 疸 瘍 瘍 瘍 瘍 瘍

swell | 疡 | 헐 양 | bisul | DƯƠNG, u lên

腫瘍（しゅよう） * a tumor | 肿瘤, 肿疡 | 종양 | tumor | ung bướu

1445 抗 7画 〔扌〕
コウ

一 十 才 扌 扩 扩 抗

resist | 抗 | 겨룰 항 | melawan | KHÁNG, đối kháng, chống lại

抗生物質（こうせいぶっしつ） * an antibiotic | 抗生素 | 항생물질 | antibiotik | chất kháng sinh

抵抗（ていこう）する to resist | 抵抗 | 저항하다 | melawan | kháng cự, chống lại

反抗（はんこう）する to resist, to oppose, to defy | 反抗 | 반항하다 | melawan, menentang, membangkang | phản kháng, kháng cự

抗議（こうぎ）する to protest | 抗议 | 항의하다 | memprotes | phản đối

1446 鎮 18画 〔金〕
チン

ノ 人 𠆢 今 全 全 余 金 金 釒 釒 鈩 鈩 鎮 鎮 鎮 鎮 鎮

quell | 镇 | 진압할 진 | mengatasi | TRẤN, dập tắt, đàn áp

鎮痛剤（ちんつうざい） * a painkiller | 镇痛剂 | 진통제 | obat penghilang rasa sakit | thuốc giảm đau

1447 箋 14画 〔⺮〕
セン

ノ ㇒ ⺮ ⺮ ⺮ ⺮ 笺 笺 笺 笺 箋 箋 箋 箋

tag | 笺 | 기록할 전 | label | TIÊN, nhãn

便箋（びんせん） letter paper | 信笺, 信纸 | 편지지 | kertas surat | giấy viết thư

処方箋（しょほうせん） * a prescription | 处方, 药方 | 처방전, 약방문 | resep obat | đơn thuốc

1448 癒 18画 〔疒〕
ユ
い-やす

丶 亠 广 广 疒 疒 疒 疒 疒 痄 瘉 瘉 瘉 瘉 瘉 癒 癒 癒

cure | 愈 | 병 나을 유 | pengobatan | DŨ, hồi phục

治癒（ちゆ）する * to heal, to cure | 治愈, 治好 | 치유하다 | menyembuhkan, mengobati | điều trị, chữa trị

癒（い）やす * to heal, to cure | 治疗, 医治 | (병・허기・번민・고통 등을) 낫게 하다, 치료하다, 가시게 하다 | melipur, mengobati | làm dịu, chữa

癒（い）やし * healing, therapy | 康复, 痊愈 | 낫게 함, 치유, 힐링 | pelipur, pengobat | chữa trị, liệu pháp

1449 症 10画 〔疒〕
ショウ

丶 亠 广 广 疒 疒 疔 疔 症 症

illness | 症 | 증세 증 | penyakit | CHỨNG, triệu chứng

症状（しょうじょう） a symptom | 症状 | 증상 | gejala | triệu chứng

対症療法（たいしょうりょうほう） * symptomatic treatment | 对症疗法 | 대증 요법 | terapi simptomatik | liệu pháp trị liệu đặc hiệu

アルコール依存症（いぞんしょう） alcoholism, alcohol dependency | 酒精依赖症 | 알코올 의존증 | ketergantungan pada alkohol | chứng nghiện rượu

1450 痢 12画 〔疒〕
リ

丶 亠 广 广 疒 疒 疒 疔 疔 疖 痢 痢

diarrhea | 痢 | 이질 리(이) | diare | LỴ, tiêu chảy

下痢（げり） diarrhea | 腹泻, 拉肚子 | 설사 | diare | tiêu chảy

1451 **吐** 6画〔口〕

丨 ㄇ 口 口一 叶 吐

vomit | 吐 | 토할 토 | muntah | THỔ, ói

ト

吐血(とけつ)する * to vomit blood | 吐血 | 토혈하다, 피를 토하다 | muntah darah | nôn ra máu

吐露(とろ)する * to express, to speak one's mind | 吐露 | 토로하다 | mencurahkan | bày tỏ, nói ra

は-く

吐(は)く to vomit, to spit, to exhale | 吐出, 呕吐 | 토하다 | memuntahkan, mengeluarkan | ói mửa

吐(は)き気(け) nausea | 恶心, 吐意 | 구역질, 토기 | rasa mual | buồn ói

1452 **睡** 13画〔目〕

丨 ㄇ 日 月 目 盯 盵 睉 睡 睡 睡 睡 睡

sleep | 睡 | 졸음 수 | tidur | THỤY, ngủ

スイ

睡眠(すいみん) sleep | 睡眠 | 수면 | tidur | việc ngủ

1453 **糖** 16画〔米〕

丶 丷 丷 半 米 米 米' 粁 粁 粇 粇 粇 糖 糖 糖 糖

sugar | 糖 | 엿 당, 엿 탕 | gula | ĐƯỜNG, đường

トウ

砂糖(さとう) sugar | 砂糖 | 설탕 | gula | đường

糖尿病(とうにょうびょう) * diabetes | 糖尿病 | 당뇨병 | diabetes | bệnh tiểu đường

1454 **梗** 11画〔木〕

一 十 才 木 木一 杠 栢 梗 梗 梗 梗

close | 梗 | 줄기 경, 막힐 경 | dekat | NGẠNH, đóng lại

コウ

脳梗塞(のうこうそく) * cerebral infarction | 脑梗塞 | 뇌경색 | infark otak, stroke | đột quỵ

1455 **塞** 13画〔土〕

丶 丷 宀 宀 宀 寉 寉 寉 寉 寒 塞 塞 塞

close | 塞 | 변방 새, 막힐 색 | menutup | TẮC, TÁI, che lại

ソク

心筋梗塞(しんきんこうそく) * myocardial infarction | 心肌梗塞 | 심근 경색 | infark miokardial | nhồi máu cơ tim

ふさ-がる

塞(ふさ)がる to be closed, to be blocked | 关, 堵, 塞 | 막히다, 메다, 닫히다 | tertutup, tersumbat | tắc nghẽn

ふさ-ぐ

塞(ふさ)ぐ to close, to block | 堵, 塞 | 막다, 닫다, 가리다 | menutup, menyumbat | bế tắc

1456 **潰** 15画〔氵〕

丶 丶 氵 氵 沪 沪 沖 泩 浐 渚 潰 潰 潰 潰 潰

crush | 溃 | 무너질 궤 | menghancurkan | HỘI, dập nát

カイ

潰瘍(かいよう) * an ulcer | 溃疡 | 궤양 | tukak, borok | chỗ loét

つぶ-す

潰(つぶ)す to crush | 弄碎, 捣碎 | 찌그러뜨리다, 부수다 | menghancurkan | nghiền, làm bẹp

1457 **妊** 7画〔女〕

ㄑ 女 女 女' 奷 妊 妊

pregnant | 妊 | 아이 밸 임 | hamil | NHÂM, có bầu

ニン

妊娠(にんしん)する to get pregnant | 妊娠, 怀孕 | 임신하다 | hamil | có thai

1458 **娠** 10画〔女〕

ㄑ 女 女 女一 女厂 女厂 娠 娠 娠 娠

pregnant | 娠 | 아이 밸 신 | hamil | THẦN, có bầu

シン

妊娠(にんしん)する to get pregnant | 妊娠, 怀孕 | 임신하다 | hamil | có thai

1459 **視** 11画〔見〕

` ラ ネ ネ ネ 初 祁 祁 祖 視 視

watch | 视 | 볼 시 | melihat | THỊ, xem

シ

視力（しりょく）* eyesight | 视力 | 시력 | daya penglihatan | thị lực

視覚（しかく） sight | 视觉 | 시각 | indra penglihatan | thị giác

視野（しや） a field of vision | 视野 | 시야 | pandangan | tầm ngắm, tầm mắt

重視（じゅうし）する to regard ... as important | 重视 | 중시하다 | mementingkan | coi trọng

無視（むし）する to ignore, to disregard | 无视 | 무시하다 | mengabaikan | lờ đi, không thèm để ý

監視（かんし）する to watch | 监视 | 감시하다 | mengawasi | quan sát

近視（きんし） nearsightedness | 近视 | 근시 | miopia, rabun jauh | cận thị

視点（してん） a viewpoint | 视点 | 시점 | sudut pandang | quan điểm

1460  29画〔鬯〕

depression | 郁 | 답답할 울 | depresi | UẤT, u uất

ウツ

鬱病（うつびょう）* depression, major depressive disorder | 忧郁症 | 울병, 우울병 | depresi, gangguan perasaan | bệnh trầm cảm, rối loạn trầm cảm

憂鬱（ゆううつ）な depressed | 忧郁的, 阴沉沉的 | 우울한 | merasa depresi | u sầu

1461 **渇** 11画〔氵〕

` ` 氵 氵 汀 汀 沪 沪 渇 渇 渇

thirsty | 渴 | 목마를 갈 | haus | KHÁT, khát nước

かわ-く

渇（かわ）く to get thirsty | 渴, 干渴 | 목이 마르다 | haus | khát nước

1462 **剰** 11画〔刂〕

一 二 三 千 乖 乖 乗 乗 乗 剰 剰

surplus | 剩 | 남을 잉 | surplus | THẶNG, thừa quá

ジョウ

過剰（かじょう）な surplus, excessive | 过剩的 | 과잉 | surplus, berkelebihan | vượt quá, dư thừa

1463 **偏** 11画〔亻〕

ノ イ 亻 仁 仨 伊 伊 伊 偏 偏 偏

uneven | 偏 | 치우칠 편 | condong | THIÊN, lệch qua

ヘン

かたよ-る

偏見（へんけん） prejudice | 偏见 | 편견 | prasangka | thành kiến

偏（かたよ）る be partial, to go too far to one side | 偏于一方, 偏颇 | 기울다, 치우치다 | condong | nghiêng về, lệch

1464 **胎** 9画〔月〕

丿 刀 月 月 肸 肸 胎 胎 胎

fetus | 胎 | 아이 밸 태 | janin | THAI, thai nhi

タイ

胎児（たいじ）* an embryo, a fetus | 胎儿 | 태아 | janin | bào thai

1465 **矯** 17画〔矢〕

ノ 𠂉 𠂉 午 矢 矢 矢 矢 矢 矢 矯 矯 矯 矯 矯 矯 矯

reform | 矫 | 바로잡을 교 | memperbaiki | KIỂU, sửa chữa

キョウ

矯正（きょうせい）する * to reform, to correct | 矫正 | 교정하다 | memperbaiki | sửa chữa, chỉnh thẳng

問題1 次の説明を読んで、下線部①～⑫の読みをひらがなで書きなさい。

問診票

・どんな①症状がありますか （②下痢と③吐き気）
・いつからですか （ ）から
・食欲がありますか □はい ☑いいえ
・④睡眠時間はどのぐらいですか （ ）時間
・今までにかかった病気がありますか
☑はい
□⑤糖尿病 □⑥心臓病 □⑦腎臓病 □⑧肝臓病 □血液⑨疾患 □高血圧症
□リウマチ □ぜんそく ☑アレルギー疾患 □⑩脳梗塞 □その他（⑪胃潰瘍）
□いいえ
・（女性の方）いま⑫妊娠していますか □はい（ 週） ☑いいえ

問題2 例のように書きなさい。

例：わたしは大学へ行きます。（わたし→私、大学→だいがく、行きます→いきます）

① 眼科に行くとまず視力検査を受けます。
② 亀は皮膚と肺の両方で呼吸する。
③ 鬱病かもしれないと思ったら、何科を受診すればいいですか。
④ この薬を飲むと喉がかわくという人が多い。
⑤ 水に溶けるビタミンは過剰に摂取しても尿と一緒に出て行きます。
⑥ えいようが偏らないように食生活に注意しましょう。
⑦ この処方箋を薬局に出して、薬をもらってください。
⑧ エコー（ultrasonography）で胎児の状態を見る。
⑨ 歯並びを矯正する。
⑩ 乗り物酔いにきく薬をください。

16課 冠婚葬祭

結婚式・葬式などに出席する

なんと書いてありますか

① 結婚式には祝儀袋(しゅうぎぶくろ)（図1）、葬式には不祝儀袋（図2）にお金を入れて持っていきます。どちらも「一度きり」という意味で「結びきり」の水引のものを使います。出産や入学など何度あっても良いお祝いには「蝶(ちょう)結び」（図3）のものを使います。

結婚式の招待状をもらったら、返信はがきの「ご」「芳」を二重線で消して住所と名前を書きます（図4）。そして宛名の「行」を消して「様」と書きます（図5）。

図1

寿

鈴木太郎

水引

図2

御霊前

宮田一郎

図3

図4

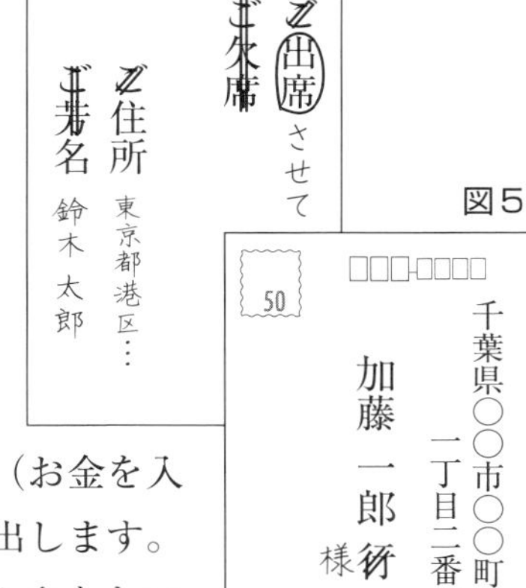

結婚披露宴や葬式の受付で記帳する際にお祝い（お金を入れた祝儀袋）や香典（お金を入れた不祝儀袋）を出します。

服装に注意しましょう。特に、葬式には喪服にふさわしい黒などの服で行きましょう。

②

新郎新婦の入場です

花婿

花嫁

③ 葬式で弔辞を述べる

○様のご逝去に際し、
謹んで哀悼の意を表(ひょう)します。
故人のご冥福を心より
お祈り申し上げます。※

※ご冥福をお祈り申し上げます。
I pray his/her soul rest in peace.

冠婚葬祭

①
宛名
寿
芳名
～丁目
結婚披露宴
喪服

②
新郎
花婿
花嫁

③
弔辞
逝去
謹んで
哀悼する
冥福

1466 冠 9画 〔冖〕

丶 冖 冖 ⺍ 冖 冠 冠 冠 冠

crown | 冠 | 갓 관 | mahkota | QUAN, QUÁN, vương miện

カン
かんむり

冠婚葬祭 (かんこんそうさい) * coming-of-age, marriage, burial, and other ceremonial occasions | 红白事 | 관혼상제 | upacara peringatan penting yaitu perkawinan, kematian, dsb | lễ trưởng thành, kết hôn, lễ tang và những dịp trang trọng khác

冠 (かんむり) a crown | 冠, 冠冕 | 관 | mahkota | vương miện

1467 葬 12画 〔艹〕

一 十 艹 艹 芦 苈 苈 苑 莚 葬 葬 葬

bury | 葬 | 장사 지낼 장 | mengubur | TÁNG, an táng

ソウ
ほうむ-る

葬式 (そうしき) a funeral | 葬礼, 殡仪 | 장례식 | upacara kematian | tang lễ

埋葬する (まいそう) * to bury | 埋葬 | 매장하다 | memakamkan | chôn cất

葬る (ほうむ) to bury | 埋葬, 葬送 | 묻다, 매장하다 | memakamkan, menguburkan | chôn cất

1468 宛 8画 〔宀〕

丶 丷 宀 宀 宂 宂 宛 宛

wiggle | 宛 | 완연할 완 | alamat | UYỂN, lắc lư

あ-てる

宛てる (あ) to address | 寄给, 发给 | 보내다, 띄우다 | mengalamatkan | gửi đến

宛名 (あてな) an addressee, an address | 收件人姓名(住址) | 수신인 이름(주소) | alamat | tên và địa chỉ người nhận

1469 寿 7画 〔土〕

一 二 三 丰 寿 寿 寿

longevity | 寿 | 목숨 수 | umur panjang | THỌ, trường thọ

ジュ
ことぶき

寿命 (じゅみょう) the human life span | 寿命 | 수명 | batas umur | tuổi thọ

寿 (ことぶき) * celebration | 庆贺, 祝词 | 축하, 축사 | ucapan selamat | chúc mừng, sống thọ

1470 芳 7画 〔艹〕

一 十 艹 艹 芏 芳 芳

fragrant | 芳 | 꽃다울 방 | bau wangi | PHƯƠNG, hương thơm

ホウ

芳名 (ほうめい) * your (honored) name | 芳名 | 방명 | nama harum | danh tiếng tốt

1471 丁 2画 〔一〕

一 丁

forth, town | 丁 | 네번째, 마을 | blok | ĐINH, về phía, khu phố

チョウ
テイ

包丁 (ほうちょう) a kitchen knife | 菜刀 | 부엌칼, 식칼 | pisau | con dao

~丁目 (ちょうめ) ... *chome* | …丁目 | …가 | ... chome | khu phố

丁寧な (ていねい) polite | 很有礼貌的, 恭恭敬敬的 | 정중한, 공손한 | sopan | lịch sự

1472 披 8画 〔扌〕

一 十 扌 扌 扩 护 披 披

open | 披 | 헤칠 피 | buka | PHI, chiêu đãi

ヒ

披露する (ひろう) to announce, to introduce | 公布, 发表 | 피로하다 | mempertunjukkan, mengenalkan | tuyên bố, giới thiệu, công bố

1473 露 21画 〔雨〕

一 厂 戸 币 币 雨 雨 雨 雫 雫 雫 雫 雫 雫 雫 霞 霞 露 露 露 露

dew | 露 | 이슬 로(노) | embun | LỘ, giọt sương

ロ
ロウ
つゆ

露骨な (ろこつ) unconcealed, open, indecent | 露骨的 | 노골적인 | terang-terangan, terbuka | thẳng thắn

暴露する (ばくろ) to expose, to disclose | 暴露 | 폭로하다 | mengekspos, membongkar | vạch trần, phơi bày

披露する (ひろう) to announce, to introduce | 公布, 发表 | 피로하다 | mempertunjukkan, mengenalkan | tuyên bố, giới thiệu, công bố

露 (つゆ) dew | 露水 | 이슬 | embun | sương mù

1474  10画〔宀〕

エン

banquet | 宴 | 잔치 연 | perjamuan | YẾN, tiệc

宴会（えんかい） a banquet | 宴会 | 연회 | jamuan makan, pesta | tiệc tùng

結婚披露宴（けっこんひろうえん） * a wedding reception | 喜筵 | 결혼피로연 | resepsi pernikahan | tiệc cưới

1475 喪 12画〔口〕

ソウ
も

mourning | 丧 | 잃을 상 | berkabung | TANG, TÁNG, lễ tang

喪失（そうしつ）する to lose | 丧失 | 상실하다 | kehilangan | thiệt hại

喪（も） mourning | 居丧, 服丧 | 상 | berkabung | tang tóc

喪服（もふく） mourning clothes | 丧服 | 상복 | pakaian berkabung | áo tang

喪中（もちゅう） * in mourning | 服丧期间 | 상중, 복중 | sedang berkabung | đang có tang

1476 郎 9画〔阝〕

ロウ

man | 郎 | 사내 랑(낭) | pria | LANG, người con trai

新郎（しんろう） * a bridegroom | 新郎 | 신랑 | mempelai pria | tân lang, chú rể

太郎（たろう） *《人名》*Taro* | 太郎 | 타로 | Taro | Taro (tên người)

一郎（いちろう） *《人名》*Ichiro* | 一郎 | 이치로 | Ichiro | Ichiro (tên người)

1477 婿 12画〔女〕

むこ

bridegroom | 婿 | 사위 서 | menantu pria | TẾ, chú rể

婿（むこ） a bridegroom, a son-in-law | 女婿 | 사위 | mempelai pria, menantu pria | con rể

花婿（はなむこ） * a bridegroom | 新郎 | 신랑 | mempelai pria | chú rể

1478  13画〔女〕

カ
よめ

bride | 嫁 | 시집갈 가 | menantu wanita | GIÁ, cô dâu

転嫁（てんか）する * to shift, to transfer | 转嫁 | 전가하다 | mengalihkan, menggeser | quy cho, đổ cho

嫁（よめ） a bride, a daughter-in-law | 儿媳妇, 妻 | 며느리, 색시감 | mempelai wanita, menantu wanita | cô dâu, con dâu

花嫁（はなよめ） a bride | 新娘 | 신부 | mempelai wanita | cô dâu

1479  4画〔弓〕

チョウ

condole | 吊 | 조상할 조 | belasungkawa | ĐIẾU, ĐÍCH, chia buồn

弔辞（ちょうじ） * a message of condolence | 吊辞, 悼词 | 조사 | ucapan belasungkawa | điếu văn

1480 逝 10画〔辶〕

セイ

pass away | 逝 | 갈 서 | meninggal dunia | THỆ, qua đời

逝去（せいきょ）する * to pass away, to die | 逝世, 去世 | 서거하다 | berpulang, wafat | qua đời, từ trần

1481  17画〔言〕

つつし-む

respectful | 谨 | 삼갈 근 | dengan hormat | CẨN, thành kính

謹（つつし）んで respectfully, humbly | 谨, 敬 | 삼가, 정중하게 | dengan hormat | kính cẩn, thành kính

1482 **哀** 9画 〔口〕

丶 亠 亠 亡 古 户 产 产 哀 哀

sorrow, pity | 哀 | 슬플 애 | kesedihan | AI, u buồn, tiếc thương

アイ

あわ-れ

哀悼（あいとう）する * to mourn | 哀悼 | 애도하다 | berbela sungkawa | thương tiếc

哀（あわ）れな pitiful, sorrowful | 悲哀的, 可怜的 | 가련한, 불쌍한, 비참한 | memilukan, menyedihkan | bi ai, buồn thảm

1483 **悼** 11画 〔忄〕

丶 丷 忄 忄 忄 忄 忄 忄 悼 悼 悼

mourn | 悼 | 슬퍼할 도 | sedih | ĐIỆU, truy điệu

トウ

いた-む

哀悼（あいとう）する * to mourn | 哀悼 | 애도하다 | berbela sungkawa | thương tiếc

悼（いた）む * to mourn, to grieve | 哀悼, 悼 | 슬퍼하다, 애도하다 | meratapi, berduka cita | chia buồn, thương tiếc

1484  10画 〔冖〕

丶 冖 冖 冖 冖 冐 冐 冥 冥 冥

dark | 冥 | 어두울 명 | gelap | MINH, tối tăm

メイ

冥福（めいふく） * happiness in the other world | 冥福 | 명복 | diterima di sisi-Nya | siêu thoát

1485  11画 〔口〕

一 ㇇ ㇇ 户 户 户 户 所 敀 啓 啓

open | 启 | 열 계 | membuka | KHẢI, mở mang

ケイ

拝啓（はいけい） Dear Sir/Madame《opening word of a letter》|《书信开头用语》敬启者 | 편지 머리에 쓰는 말 | Yth Bpk/Ibu | kính gửi (lời mở đầu thư)

啓蒙（けいもう）する * to enlighten, to educate | 启蒙 | 계몽하다 | mencerahkan, memberi penyuluhan | khai hóa, giáo dục

1486  14画 〔宀〕

丶 丷 宀 宀 宀 宀 宀 宀 宀 宀 宀 寍 寍 寧

courteous | 宁 | 편안할 녕(영) | sopan | NINH, lịch sự

ネイ

丁寧（ていねい）な polite | 很有礼貌的, 恭恭敬敬的 | 정중한, 공손한 | sopan | lịch sự

1487  13画 〔言〕

丶 亠 亠 言 言 言 言 訁 訂 訪 試 誠 誠

sincerity | 诚 | 정성 성 | kejujuran | THÀNH, thành ý

セイ

まこと

誠実（せいじつ）な sincere | 诚实的 | 성실한 | jujur | thật thà

誠（まこと）に truly, very | 真的, 实在的 | 참으로, 정말로, 실로 | benar-benar, sungguh-sungguh | thực sự, thành thật

1488  7画 〔氵〕

丶 丶 氵 氵 氵 沙 沙

sand | 沙 | 모래 사 | pasir | SA, SÁ, cát

サ

ご無沙汰（ぶさた） one's long silence | 久不访问, 久不问候 | 격조, 무소식 | sudah lama tidak bersua | đã lâu không liên lạc

1489  7画 〔氵〕

丶 丶 氵 氵 汁 汰 汰

wash | 汰 | 일 태 | memilah | THÁI, THẢI, tẩy rửa

タ

淘汰（とうた）する * to select, to reduce, to screen | 淘汰 | 도태하다 | menyeleksi, menyaring, memilah | chọn lọc, giảm trừ, lọc ra

1490 **陰** 11画〔阝〕

イン
かげ

shade | 阴 | 응달 음 | bayangan | ÂM, bóng râm

陰気(いんき)な gloomy | 忧郁的, 不开朗的 | 음침한, 침울한 | muram | âm đạm, u uất

陰(かげ) shade | 日阴, 背后, 暗地 | 그늘, 뒤 | bayangan | tối tăm, u ám, cái bóng　日陰(ひかげ) shade | 背阴处 | 응달, 음지, 그늘 | tempat teduh | bóng râm

お陰(かげ)で thanks to ... | 托…的福, 幸亏 | 덕분에 | berkat ... | nhờ vào ...

1491 **賜** 15画〔貝〕

たまわ-る

be granted | 赐 | 줄 사 | diberi | TỨ, tặng, biếu

賜(たまわ)る to be granted | 蒙受赏赐, 赐予 | ('받다'의 겸사말)주시다, 내리시다 | diberi | ban thưởng

1492 **悔** 9画〔忄〕

カイ
くや-しい
く-やむ

repent | 悔 | 뉘우칠 회 | menyesali | HỐI, hối hận

後悔(こうかい)する to repent, to regret | 后悔 | 후회하다 | menyesal, menyesali | hối hận, hối tiếc

悔(くや)しい regrettable, mortifying | 令人懊悔, 遗憾 | 분하다, 억울하다, 후회스럽다 | mendongkol, gondok | đáng tiếc, ân hận

悔(く)やむ to repent, to regret | 懊悔, 后悔, 吊丧, 哀悼 | 후회하다, 애석하게(원통하게) 여기다, 조상하다, 애도하다 | menyesalkan, menyayangkan | hối hận, tiếc nuối

お悔(く)やみ * condolence | 吊丧, 吊唁 | 문상, 조상(하는 말) | ungkapan turut berduka | chia buồn, phân ưu

1493 **忌** 7画〔心〕

キ

mourning | 忌 | 꺼릴 기 | perkabungan | KỴ, phiền muộn

一周忌(いっしゅうき) * the first anniversary of one's death | 一周年忌辰 | 일주기 | peringatan setahun meninggalnya | giỗ đầu

1494 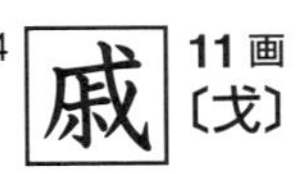 11画〔戈〕

セキ

relative | 戚 | 친척 척 | sanak saudara | THÍCH, thân thích

親戚(しんせき) a relative | 亲戚 | 친척 | sanak saudara | thân thuộc, họ hàng

1495  15画〔心〕

ケイ

congratulate | 庆 | 경사 경 | menyelamati | KHÁNH, chúc mừng

慶弔休暇(けいちょうきゅうか) * special leave of congratulation or condolence | 婚假和丧事假, 婚丧假 | 경조휴가 | cuti khusus untuk perayaan ataupun berkabung | Nghỉ khi nhà có chuyện vui hay chuyện buồn

1496  7画〔士〕

イチ

one | 壹 | 한 일 | satu | NHẤT, một

壱(いち) one | 壹 | 일 | satu | một

1497 **弐** 6画〔貝〕

ニ

two | 贰 | 두 이 | dua | NHỊ, hai

弐(に) two | 贰 | 이 | dua | hai

問題１　次の説明を読んで、①～⑨の読みをひらがなで書きなさい。

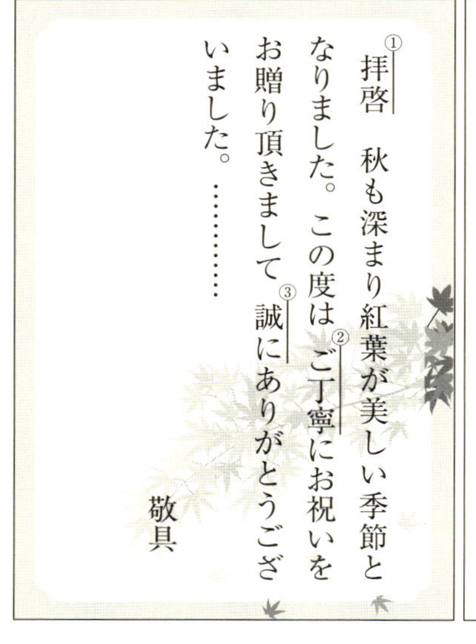
①拝啓　秋も深まり紅葉が美しい季節となりました。この度は②ご丁寧にお祝いをお贈り頂きまして③誠にありがとうございました。………

敬具

前略　大変④ご無沙汰しておりますが、皆様お変わりありませんか。こちらは⑤お陰さまで皆元気にしております。

実は、ご相談したいことがあってペンをとりました。……

……………………………………

⑥喪中につき年末年始のご⑦挨拶を失礼させていただきます

去る○月○日に父○○が永眠⑧致しました。本年中に⑨賜りました※ご厚情に感謝申し上げます。

※ご厚情(こうじょう)に感謝申し上げます。: I appreciate your kindnesses to us.

問題２　例のように書きなさい。

例：わたしは大学へ行きます。
　　私　だいがく　いきます

① つつしんで おくやみ申し上げます。
② 祖父の一周忌に親戚が集まった。
③ 日本人女性の平均 じゅみょうは何歳ですか。
④ 陰気な顔ばかりしていないで、もっと笑顔を見せたほうがいいですよ。
⑤ あの人が本当に誠実かどうかは疑問だ。
⑥ 彼は仕事のしっぱいが続き、すっかり自信を喪失している。
⑦ 子どもが生まれたとき、我が社の慶弔休暇の規定では２日休暇がとれる。

覚えておこう

悪用を目的とした法的な書類の金額の書き換えを防ぐために、次のような漢字を書く場合がある。

一＝壱	十＝拾
二＝弐	百＝佰
三＝参	千＝阡
五＝伍	万＝萬
	円＝圓

No.＊＊＊＊

領　収　書

××年 12月 9日

株式会社サトウ御中

金　壱万弐千円

但し：プリンター代として

税抜金額　　　円
消費税　　　円

株式会社タカマキ
東京都○○区○○
tel.03-1234-5678
（印：株式会社タカマキ之印）

まとめ問題・2

答え➡別冊 P.7～8

例のように書きなさい。

例：わたしは大学へ行きます。
私　だいがく　いきます

1 背後に何かが忍び寄ってきた。まるで怪物のように見えたが、あれは何だったのだろう。

2 私は花が好きだが、殊に さくらの花が好きだ。

3 ほしゅてきな考えを払拭するのには時間がかかる。

4 包丁の刃をとぐには、どうしたらいいですか。

5 秤(はかり)の目盛りをよく見てください。ちょうどつりあっていますね。

6 この検査で脊髄を傷つけるようなことはありません。しんぱいしないでください。

7 友達にむしされて、憂鬱な気分になった。

8 おまえのひみつを暴露するぞと言われて、怖かった。

9 やりたくないことでも、もんくを言わず、忍耐強(づよ)く、取り組もう。

10 会社で理不尽な あつかいをうけて、辞職しようかと思っている。

11 けがのため、歩けなくなり、車椅子での生活を強いられた。

12 地震のゆれため、壁にたてに亀裂ができた。

13 日曜日につりに行くのですが、干潮と満潮の時刻を教えてもらえませんか。

14 私は足の甲が高いので、この靴は足にあわない。

15 この差別の原因は偏見にあると抗議した。

16 げんりょうが値上がりした分を価格に転嫁する。

17 原稿(げんこう)用紙に書くとき、句読点を書く位置に気を付けましょう。

18 遺族はそのかなしみに耐えるしかなかった。

19 彼は周りの人が自分をどのように評価しているかには無頓着だ。

20 あにはこうじょうで塗装の仕事をしている。

まとめ問題・2

21 日本では夏至は６月22日頃、冬至は12月22日頃です。

22 私は、従来の樹脂とは違ったものをつくろうとして、研究にはげんでいる。

23 我が国のけいざいは、物価が下がり、景気が悪化するという悪循環になっている。

24 あの俳優は滑稽なやくを演じるのがじょうずだ。

25 郷里が集中豪雨に見舞われた(to be hit)。

26 10人の候補者を２人にしぼりこんだ。

27 北海道では牧畜がさかんだ。おいしい牛乳が飲める。

28 どうして離婚することになったのか、そのけいいを話した。

29 大筋では合意したものの、一番肝心なところはきまっていないらしいよ。

30 おやが死んだときにどのぐらい休めるかなど慶弔休暇については、会社の規定を見てかくにんしてください。

31 海外の友人に日本の伝統が感じられるような亀の絵が描(えが)かれた便箋でおれいの手紙を書いた。

32 顧客のニーズのへんかについていけない企業は淘汰されていく。

33 伝染(でんせん)病を撲滅するためには、長い期間がひつようだ。

34 跡継ぎが死んだという知らせを聞いて、皆、動揺した。

35 スープを少し煮詰めてから、ほかの材料をくわえます。

36 社長にきびしく叱責されて以来、彼は仕事に対する意欲をうしなってしまったようだ。

37 丘の上にある、今にもたおれそうな建物がやっと撤去されることになった。

38 以前に比べ、日本でも臓器移植が盛んになったように思うけれど、実際はどのぐらい手術がおこなわれているのだろうか。

17課 自然と災害

自然災害や環境問題を考える

なんと書いてありますか

①

○○市ハザードマップ　もしも△△川が氾濫したら……

想定される最大水深
0.5m 未満
0.5m ～ 1m
◎避難場所

◎公民館
●市役所
◎高杉高校
緑野駅
◎城山公園
◎平田神宮
縮尺　1：20,000
0　500　1,000m

洪水時に堤防が決壊(けっかい)した※場合には氾濫した水の勢いで家屋が破壊されたり流されたりする可能性があります。市からの情報に注意して、早めに避難しましょう。

**早めの避難が
あなたの命を救います。**

※決壊(けっかい)する：切れて崩(くず)れること

②

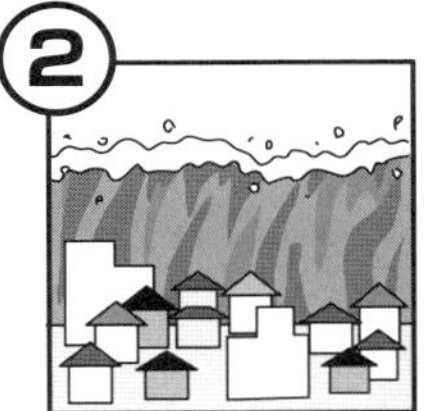

津波が襲う

火山の噴火

竜巻(たつまき)
a tornado

雷

雪崩(なだれ)

③

伐採などによる森林破壊が進むと、地球温暖化が促進されます。また、森林の減少は野生動物の隠れる場所や食べ物の確保を困難にしたり、大気の汚れが人体にも影響を及ぼします。木の根で支えられていた地盤がゆるむと、洪水も起こりやすくなります。このように、森林は生物に重要な役割を果たしていることがわかります。

漁業に携わる人々が植樹運動を粘り強く続けているという記事を読んだことがあります。北海道では、1988 年から全国に先駆けて、豊かな森をつくる活動が一斉に始まったそうです。

なぜ漁業関係者が森をつくる活動をするのでしょうか。

雨が降ると、その雨は森の樹木や葉、土壌(どじょう)に蓄(たくわ)えられ、そこで栄養をもらって川から海へと流れます。魚の餌(えさ)となるプランクトンや海藻を育てる養分が含まれているため、魚介類が豊かに育ちます。つまり、魚にとって森は命の源になるということのようです。

①
氾濫する
洪水
堤防
縮尺

②
津波
襲う
噴火する
雷

③
伐採する
隠れる
影響
植樹する
粘り強い
先駆けて
一斉に
樹木
海藻

1498 **氾** 5画 〔氵〕

、 ゛ 氵 氵 氾

overflow | 泛 | 넘칠 범 | meluap | PHIẾM, tràn ngập

ハン

氾濫（はんらん）する to overflow, to flood | 泛滥 | 범람하다 | meluap, membanjir | tràn lan, ngập lụt

1499 **濫** 18画 〔氵〕

overflow | 滥 | 넘칠 람(남) | meluap | LẠM, đầy tràn

ラン

氾濫（はんらん）する to overflow, to flood | 泛滥 | 범람하다 | meluap, membanjir | tràn lan, ngập lụt

1500 **洪** 9画 〔氵〕

flood | 洪 | 넓을 홍 | banjir | HỒNG, ngập lụt

コウ

洪水（こうずい） a flood | 洪水 | 홍수 | banjir | ngập, lụt

1501 **堤** 12画 〔土〕

bank | 堤 | 둑 제 | tanggul | ĐỀ, bờ đê

テイ

堤防（ていぼう） an embankment | 堤防, 堤坝 | 제방, 둑 | tanggul | bờ đê

1502 **縮** 17画 〔糸〕

shrink | 缩 | 줄일 축 | menciut | SÚC, co ngắn, rút ngắn

シュク

軍縮（ぐんしゅく）* disarmament | 裁军 | 군축 | pengurangan persenjataan | giải trừ quân bị

短縮（たんしゅく）する to shorten | 短缩 | 단축하다 | menyingkat | rút ngắn lại

縮小（しゅくしょう）する to reduce | 缩小 | 축소하다 | mengecilkan, mengurangi | giảm thiểu, thu nhỏ

圧縮（あっしゅく）する to compress | 压缩 | 압축하다 | mengompres, menekan | ép lại

恐縮（きょうしゅく）する to feel much obliged, to be sorry, to feel embarrassed | 过意不去, 不好意思, 恐慌 | 죄송하다, 황송하다 | merasa tidak enak, merasa bersyukur | cảm thấy ngần ngại, đắn đo

ちぢ-む

縮（ちぢ）む to shrink | 缩, 缩小 | 줄다, 작아지다, 줄어들다 | menciut | co rút lại

ちぢ-れる

縮（ちぢ）れる to be frizzled | 卷曲 | 주름이 지다 | mengeriting | rối, bện lại

ちぢ-める

縮（ちぢ）める to shorten | 缩, 缩短 | 줄이다, 단축시키다 | menciutkan, mempersingkat | làm ngắn lại, dồn lại

1503  4画 〔尸〕

フ コ 尸 尺

shaku, unit of measure | 尺 | 자 척 | shaku, satuan ukuran | XÍCH, đơn vị đo

シャク

縮尺（しゅくしゃく）* a reduced scale | 缩尺 | 축척 | skala | giảm tỉ lệ

1504 **津** 9画 〔氵〕

harbor | 津 | 나루 진 | pelabuhan | TÂN, bến cảng

つ

津波（つなみ） a *tsunami*, a tidal wave | 海啸 | 해일, 해소, 츠나미(쓰나미) | tsunami | tsunami, sóng thần

1505 **襲** 22画 〔衣〕

attack | 袭 | 엄습할 습 | menyerang | TẬP, tấn công

シュウ

襲撃（しゅうげき）する to raid, to attack | 袭击 | 습격하다 | menyerbu, menyerang | tấn công, công kích

おそ-う

襲（おそ）う to attack | 袭击, 侵袭 | 습격하다, 덮치다 | menyerang | tấn công

1506 **噴** 15画 〔口〕

spout | 喷 | 뿜을 분 | menyembur | PHÚN, phun trào

フン

噴水（ふんすい） a fountain | 喷水 | 분수 | air mancur | đài phun nước

噴火（ふんか）する to erupt | 喷火 | 분화하다 | bererupsi, meletus | phun lửa

噴出（ふんしゅつ）する to spout, to gush | 喷出 | 분출하다 | menyemburkan | phun trào, trào ra

1507 **雷** 13画〔雨〕

一 𠃍 𠃌 币 币 币 雨 雨 雫 雫 雷 雷 雷

thunder | 雷 | 우레 뢰(뇌) | petir | LÔI, sấm chớp

ライ

雷雨（らいう）* a thunderstorm | 雷雨 | 뇌우 | hujan dan petir | mưa có sấm chớp

地雷（じらい）* a (land) mine | 地雷 | 지뢰 | ranjau darat | bom mìn

かみなり

雷（かみなり） thunder | 雷 | 천둥, 우레 | petir | sấm chớp

1508 **伐** 6画〔亻〕

ノ イ 仁 代 伐 伐

cut | 伐 | 칠 벌 | memotong | PHẠT, cắt

バツ

伐採する（ばっさいする）* to cut down, to fell | 采伐, 砍伐 | 벌채하다 | menebang | đốn cây, chặt cây

1509 **隠** 14画〔阝〕

ㇷ 了 阝 阝 阝 阝 阝 阝 陰 陰 隠 隠 隠 隠

hide | 隐 | 숨길 은, 숨을 은 | bersembunyi | ẨN, trốn núp

イン

隠居する（いんきょする） to retire (from active life) | 隐居 | 은거하다 | pensiun dari tugas | về ở ẩn

かく-れる

隠れる（かくれる） to hide, to disappear | 隐藏, 躲藏 | 숨다 | bersembunyi | trốn, biến mất

かく-す

隠す（かくす） to hide, to keep ... secret | 掩盖, 掩饰 | 감추다, 숨기다 | menyembunyikan, merahasiakan | giấu, giữ bí mật

1510 **響** 20画〔音〕

（筆順省略）

sound | 响 | 울릴 향 | gema | HƯỞNG, âm hưởng

キョウ

反響（はんきょう） an echo, response | 回响, 反响 | 반향, 메아리 | gema, reaksi | tiếng vang, phản ứng

影響する（えいきょうする） to influence, to have an effect | 影响 | 영향주다 | mempengaruhi | ảnh hưởng, gây ra ảnh hưởng

ひび-く

響く（ひびく） to sound, to echo | 响, 发出回响 | 울리다, 되울리다, 반향하다 | bergema, bergaung | âm vang, vang dội

響き（ひびき） a sound, an echo | 响声, 回声, 回响 | 울림, 반응, 영향, 여운 | gema, bunyi | tiếng vang, âm vang

1511 **樹** 16画〔木〕

一 十 オ 木 朩 村 村 村 柿 柿 桔 桔 桔 桔 樹 樹

tree | 树 | 나무 수 | pohon | THỤ, cây cối

ジュ

樹木（じゅもく） a tree | 树木 | 수목 | pohon | cây cối

針葉樹（しんようじゅ）* a coniferous tree | 针叶树 | 침엽수 | pohon berdaun jarum | cây lá kim

広葉樹（こうようじゅ）* a broadleaf tree | 阔叶树 | 광엽수, 활엽수 | pohon berdaun lebar | cây lá rộng, cây tán lớn

樹立する（じゅりつする） to establish, to found | 树立 | 수립하다 | membentuk, mendirikan | thiết lập, thành lập

植樹する（しょくじゅする）* to plant a tree | 植树, 种树 | 식수하다 | menanam pohon | trồng cây

1512 **粘** 11画〔米〕

丶 丷 ㄓ 半 米 米 米 料 粘 粘 粘

sticky | 粘 | 붙을 점 | lengket | NIÊM, dính

ネン

粘性（ねんせい）* viscosity | 粘性 | 점성, 끈끈한 성질 | kerekatan | tính dẻo

ねば-る

粘る（ねばる） to stick | 发粘, 坚持, 顽强到底 | 잘 달라붙다, 끈덕지게 견디며 버티다 | lengket, berusaha gigih | dán

粘り（ねばり） stickiness | 粘, 粘性 | 찰기, 끈기 | sifat lengket, keuletan | độ dính, dẻo, năn nỉ

粘り強い（ねばりづよい）* persevering, tenacious, tough | 不屈不挠, 坚忍不拔, 顽强, 又耐性 | 끈기있다, 끈질기다, 끈덕지다 | ulet | kiên trì, bền bỉ, dẻo dai

1513 **駆** 14画〔馬〕

丨 ㄏ 𠂆 𠂆 𠂆 馬 馬 馬 馬 馬 馬 駆 駆 駆

gallop | 驱 | 몰 구 | berlari | KHU, chạy gấp tới

ク

駆使する（くしする）* to make good use of, to have a good command of | 运用, 操纵自如 | 구사하다 | menguasai betul | tận dụng triệt để

駆除する（くじょする）* to exterminate, to get rid of | 驱除, 消灭 | 구제하다 | membasmi | tiêu diệt, tránh

か-ける

駆け足（かけあし） a run, a gallop | 跑步, 急急忙忙的 | 뛰어감, 구보 | lari, kilat | chạy, phi nước đại

駆ける（かける） to run, to gallop | 跑, 快跑 | 달리다, 뛰어가다 | berlari | chạy, chạy nước đại

先駆けて（さきがけて）* to be the first (to do) | 领先, 率先, 比…早一步 | 앞장서 | memelopori | tiên phong

1514 **斉** 8画 〔斉〕

丶 亠 ナ 文 产 斉 斉 斉

uniform | 齐 | 가지런할 제 | serupa | TỀ, đồng đều

セイ

一斉（いっせい）に all together, all at once | 一齐, 同时 | 일제히 | berbarengan, serentak | cùng nhau, đồng thời

1515 **藻** 19画 〔艹〕

algae | 藻 | 마름 조 | tumbuhan air | TẢO, tảo

ソウ

海藻（かいそう）* marine algae, seaweed | 海藻 | 해조 | tumbuhan laut, rumput laut | tảo biển, rong biển

1516 **貴** 12画 〔貝〕

noble | 贵 | 귀할 귀 | bernilai | QUÝ, cao quý

キ

貴族（きぞく） the nobility | 贵族 | 귀족 | bangsawan | quý tộc

貴重（きちょう）な valuable, precious | 贵重的 | 귀중한 | berharga | quý báu, có giá trị

とうと-い

貴（とうと）い noble, valuable, precious | 宝贵, 高贵, 尊贵 | 귀중하다, 소중하다, 고귀하다 | mulia, luhur | cao quý, có giá trị, quý báu

1517 **懐** 16画 〔忄〕

bosom | 怀 | 품을 회 | hati sanubari | HOÀI, ngực

カイ

懐中電灯（かいちゅうでんとう）* a flashlight | 手电筒 | 회중전등 | lampu senter | đèn pin

なつ-かしい

懐（なつ）かしい dear, good old | 怀念, 眷恋 | 그립다 | membuat kangen, rindu masa lalu | nhớ, nhiều kỷ niệm

なつ-く

懐（なつ）く to take to (a person), to become attached | 接近, 喜欢 | 친숙해져서 따르다 | lekat, nurut | thân thiết với ai, đeo bám

1518 **崖** 11画 〔山〕

cliff | 崖 | 언덕 애 | tebing | NHAI, vách núi

がけ

崖（がけ） a cliff, a precipice | 悬崖, 绝壁 | 벼랑, 낭떠러지 | tebing | vách đá, núi đá

1519 **模** 14画 〔木〕

pattern | 模 | 본뜰 모, 모호할 모 | motif | MÔ, mô hình

モ

模様（もよう） a pattern, a design, an appearance | 花纹, 图样, 情况, 情景 | 무늬, 도안, 상황, 형편, 기미 | motif, desain, penampilan | mẫu, thiết kế, kiểu dáng

模型（もけい） a model | 模型 | 모형 | model | mẫu

模索（もさく）する to grope | 摸索 | 모색하다 | meraba-raba | tìm kiếm

模倣（もほう）する to imitate | 模仿, 效仿 | 모방하다 | meniru | bắt chước

ボ

規模（きぼ） a scale, a scope | 规模 | 규모 | skala, ukuran | quy mô

1520 **垂** 8画 〔土〕

一 二 三 乒 乖 垂 垂 垂

hang | 垂 | 드리울 수 | terjulai | THÙY, treo

スイ

垂直（すいちょく）(の) vertical, perpendicular | 垂直(的) | 수직 | vertikal | thẳng đứng, vuông góc

た-れる

垂（た）れる to hang | 下垂 | 드리우다 | terjulai | treo lủng lẳng

1521  15画〔⺮〕

ハン

model | 范 | 법 범 | model | PHẠM, quy phạm

範囲（はんい） range, scope, a sphere | 范围 | 범위 | batas, ruang lingkup | phạm vi, khuôn khổ, hình cầu

規範（きはん） a model, a standard | 规范 | 규범 | kaidah, standar | quy phạm, quy chuẩn

模範（もはん） a model, an example | 模范 | 모범 | teladan, contoh | quy phạm, ví dụ

1522 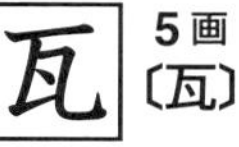 5画〔瓦〕

かわら

tile | 瓦 | 기와 와 | genting | NGÕA, ngói

瓦（かわら） a (roof) tile | 瓦 | 기와 | genting | ngói (mái nhà)

1523  19画〔雨〕

きり

fog | 雾 | 안개 무 | kabut | VỤ, sương mù

霧（きり） fog, mist | 雾 | 안개 | kabut | sương mù

1524  8画〔火〕

ほのお

flame | 炎 | 불꽃 염 | bara api | VIÊM, ngọn lửa

炎（ほのお） flames | 火焰, 火苗 | 불길, 화염 | nyala api | ngọn lửa

1525  8画〔木〕

スウ

pivot | 枢 | 지도리 추 | poros | XU, KHU, cái then, chốt

中枢（ちゅうすう） the center | 中枢, 中心 | 중추 | pusat | trung tâm

1526  12画〔囗〕

ケン

sphere | 圈 | 우리 권 | lingkungan | QUYỂN, vùng, phạm vi

～圏（けん） ... zone, ... bloc | …圈, …范围 | …권 | zona ..., kawasan ... | vùng ..., khối ...

首都圏（しゅとけん） the metropolitan area | 首都圈, 东京及周围区域 | 수도권 | daerah metropolitan | khu vực trung tâm

1527  13画〔氵〕

たき

waterfall | 泷 | 비올 롱 | air terjun | LANG, thác

滝（たき） a waterfall | 瀑布 | 폭포 | air terjun | thác nước

1528  12画〔山〕

あらし

storm | 岚 | 남기 람(남) | badai | LAM, bão

嵐（あらし） a storm | 暴风雨, 风暴 | 폭풍, 폭풍우 | badai | bão

1529  18画〔目〕

シュン

moment | 瞬 | 눈 깜짝일 순 | saat | THUẤN, khoảnh khắc

瞬間（しゅんかん） a moment, an instant | 瞬间 | 순간 | saat, detik | khoảnh khắc, nhanh chóng

一瞬（いっしゅん） a moment, an instant | 一瞬, 一刹那 | 일순, 일순간 | sesaat, sekejap mata | một thoáng (chớp mắt), nhanh

問題1　次の説明を読んで、下線部①～⑩の読みをひらがなで書きなさい。

防災対策

これだけは用意を！

(1) 飲料水
(2) 食料 2 ～ 3 日分
(3) ①貴重品類（現金、②預金通帳、③印鑑など）
(4) ④懐中電灯、ローソク、マッチ
(5) トランジスターラジオ、電池
(6) 下着、衣類、タオル、ビニール、ふろしき、ひも、手袋、ちり紙
(7) ヘルメットなど
(8) 応急医薬品
(9) 筆記用具
(10) 乳幼児のいる家庭では、母子手帳、ミルク、オムツなど
(11) 運動靴

⑤日頃の備え

(1) ⑥避難場所や避難経路を確認しておく。
(2) ⑦崖くずれが起きそうな場所を確認しておく。
(3) 消火器や消火用の水を備えておく。
(4) 家具等が倒れないようにしておく。
(5) 非常持ち出し品を準備しておく。

災害用伝言ダイヤル

局番なし 171

⑧大規模な火災や地震などが発生した際に、⑨親戚や友人などの安否（あんぴ）確認に利用できます。事前の⑩契約は不要です。171 に電話して声を録音します。

問題2　下線部の読みをひらがなで書きなさい。

① この地震による津波の心配はありません。

② 火山からマグマが噴出することを「噴火」という。気象庁では火口から固形物が水平または垂直距離で 100 ～ 300 メートルの範囲を超えるもの、としている。

③ 台風で屋根の瓦が飛ばされた。

④ 濃い霧のため見通しが悪くなっております。ご注意ください。

⑤ 山火事で、強風のために炎の竜巻（たつまき）が発生した。

⑥ 国の中枢機能が集中している東京の防災対策に取り組む。

⑦ 首都圏を襲った豪雨はまさに滝のような雨だった。

⑧ 発達した低気圧の影響で師走（しわす）の日本列島に嵐が吹き荒（あ）れた。宮崎市では最大瞬間風速 25.2 メートルを観測した。

問題3　送りがなが必要な場合はそれに注意して、下線部の言葉を漢字で書きなさい。

① セーターがちぢむ。

② かみなりの音がひびく。

③ なつかしい曲が聞こえてきた。

④ 木の陰にかくれる。

18課 事件

いろいろな事件のニュースを読む

なんと書いてありますか

①

② 高齢者を狙った「振り込め詐欺」「架空請求詐欺」多発

③ 南米で誘拐の邦人男性解放 監禁・拘束4ヶ月

④ A大学野球部 不祥事で活動自粛

⑤ 小1女児虐待 母親と義理の父親が殴る蹴るの暴行

⑥ 窃盗容疑で男2人逮捕

⑦ 宅配装い強盗 女性を縛り50万円奪う

⑧ 職員を収賄※で逮捕 派遣会社に便宜を図る

※収賄：賄賂をもらうこと⇔贈賄：賄賂を贈ること

①
殉職する

②
狙う
詐欺
架空

③
誘拐する
邦人
監禁する
拘束する

④
不祥事
自粛する

⑤
虐待する
殴る
蹴る

⑥
窃盗
逮捕する

⑦
縛る
奪う

⑧
収賄
便宜
賄賂

1530 **殉** 10画 〔歹〕

ジュン

一 厂 歹 歹 歹 歹 殉 殉 殉 殉

follow | 殉 | 따라 죽을 순 | ikut | TUẪN, hy sinh

殉職(じゅんしょく)する * to die at one's post | 殉职 | 순직하다 | gugur saat tugas | hy sinh

1531 **狙** 8画 〔犭〕

ねら-う

ノ 犭 犭 犭 犭 狙 狙 狙

aim | 狙 | 엿볼 저 | mengincar | THƯ, nhắm đến

狙(ねら)う to aim | 瞄准, 寻找 … 的机会 | 겨누다, 노리다 | mengincar | nhắm đến

狙(ねら)い an aim | 目的, 意图 | 목표, 목적 | incaran | tầm nhắm, mục đích

1532 **詐** 12画 〔言〕

サ

、 亠 亠 亠 言 言 言 言 訁 許 詐 詐

cheat | 诈 | 속일 사 | curang, berbohong | TRÁ, dối trá

詐欺(さぎ) fraud | 欺诈, 诈骗 | 사기 | penipuan | lừa đảo

1533 **欺** 12画 〔欠〕

ギ

あざむ-く

一 十 廾 廾 甘 甘 其 其 其 欺 欺 欺

deceive | 欺 | 속일 기 | menipu | KHI, lừa dối

詐欺(さぎ) fraud | 欺诈, 诈骗 | 사기 | penipuan | lừa đảo

欺(あざむ)く to deceive, to cheat | 欺, 骗 | 속이다, 기만하다 | menipu | lừa gạt, lừa đảo

1534 **架** 9画 〔木〕

カ

フ カ か 加 加 加 架 架 架

build across | 架 | 시렁 가 | membangun jembatan | GIÁ, bắc qua, treo qua

架空(かくう)(の) fictitious | 虚构(的), 空想(的) | 가공(의) | khayal, fiksi | hư cấu

担架(たんか) a stretcher | 担架 | 담가 | tandu | băng ca cứu thương

1535 **拐** 8画 〔扌〕

カイ

一 十 扌 扌 扣 扣 拐 拐

kidnap | 拐 | 후릴 괴 | culik | QUẢI, bắt cóc

誘拐(ゆうかい)する * to kidnap | 拐骗, 诱拐 | 유괴하다 | menculik | bắt cóc

1536 **邦** 7画 〔阝〕

ホウ

一 二 三 丰 邦 邦 邦

state, Japan | 邦 | 나라 방 | negara, Jepang | BANG, bang, Nhật Bản

連邦(れんぽう) a federation | 联邦 | 연방 | federasi | liên bang

邦画(ほうが) * a Japanese movie | 日本影片 | 일본영화 | film Jepang | phim Nhật

邦人(ほうじん) * a Japanese | (侨居国外的)日本人, 日侨 | 해외주재일본인, 방인 | orang Jepang | người Nhật

本邦(ほんぽう) * this country, our country | 我国, 本国 | 우리 나라 | negara ini, negara kita | đất nước này, đất nước chúng ta

1537 **監** 15画 〔皿〕

カン

丨 厂 厂 戶 臣 臣 臣 臣 臣 臣 臣 監 監 監 監

oversee | 监 | 볼 감 | mengawas | GIÁM, giám sát

監視(かんし)する to keep watch | 监视 | 감시하다 | mengawasi | quan sát

監禁(かんきん)する * to confine, to imprison | 监禁 | 감금하다 | menyekap, mengurung | giam hãm, cầm tù

1538 **拘** 8画 〔扌〕

コウ

一 十 扌 扌 扚 扚 拘 拘

capture | 拘 | 잡을 구 | menangkap | CÂU, CÚ, can dự, liên quan

拘束(こうそく)する to restrict | 拘束 | 구속하다 | mengikat | hạn chế, giới hạn

1539 **祥** 10画 〔ネ〕

` ラ ネ ネ ネ' ネ'' ネ'' 祥 祥 祥

lucky sign | 祥 | 상서 상 | tanda keberuntungan | TƯỜNG, điềm tốt

ショウ

不祥事（ふしょうじ）* a scandal, a disgraceful affair | 丑闻, 丑事 | 불상사 | skandal | scandal, điều đáng xấu hổ

1540 **粛** 11画 〔聿〕

フ ヲ ヨ 肀 肀 肀 肀 肀 粛 粛 粛

tighten | 肃 | 엄숙할 숙 | sungguh-sungguh | TÚC, nghiêm túc

シュク

自粛する（じしゅくする）* to restrain oneself, to exercise self-control | 自己克制, 自慎 | 자숙하다 | menahan diri | kìm nén, chế ngự

1541 **虐** 9画 〔虍〕

' ト 广 广 卢 卢 虐 虐 虐

cruel | 虐 | 모질 학 | kejam | NGƯỢC, ngược đãi

ギャク

虐待する（ぎゃくたいする）* to abuse | 虐待 | 학대하다 | menganiaya | ngược đãi

1542 **殴** 8画 〔殳〕

一 フ ヌ 区 区 区' 殴 殴

beat | 殴 | 때릴 구 | memukul | ẨU, đánh

なぐ-る

殴る（なぐる） to beat, to hit, to strike | 殴打, 打 | 때리다, 치다 | memukul | đánh đập, tấn công

1543 **蹴** 19画 〔⻊〕

' 口 口 早 早 𧾷 𧾷 𧾷' 𧾷' 𧾷' 蹴 蹴 蹴 蹴 蹴 蹴 蹴 蹴 蹴

kick | 蹴 | 찰 축 | menendang | XÚC, đá

け-る

蹴る（ける） to kick | 踢 | (발로) 차다 | menendang | đá

1544 **窃** 9画 〔穴〕

' ' 宀 宀 穴 穴 窃 窃 窃

steal | 窃 | 훔칠 절 | mencuri | THIẾT, trộm cắp

セツ

窃盗（せっとう）* theft | 盗窃, 偷盗 | 절도 | pencurian | trộm đồ

1545 **逮** 11画 〔⻌〕

フ ヲ ヨ 肀 肀 肀 隶 隶 隶 逮 逮

catch | 逮 | 잡을 체 | menangkap | ĐÃI, bắt giữ

タイ

逮捕する（たいほする） to arrest | 逮捕 | 체포하다 | menahan | bắt giam

1546 **縛** 16画 〔糸〕

く 幺 幺 糸 糸 糸 糹 糹 縛 縛 縛 縛 縛 縛 縛 縛

bind | 缚 | 얽을 박 | mengikat | PHƯỢC, PHỌC, trói buộc

バク

しば-る

束縛する（そくばくする） to restrain, to restrict | 束缚 | 속박하다 | mengikat, membatasi | hạn chế, giới hạn

縛る（しばる） to bind, to tie | 绑, 捆 | 묶다, 붙들어 매다 | mengikat | buộc, trói

縛り付ける（しばりつける）* to bind, to tie | 绑住, 捆结实, 束缚 | 붙들어 매다, 동여 매다 | mengikat erat-erat | trói lại, siết lại

1547 奪 14画 〔大〕

一 ナ 大 大 衣 衣 衣 夲 夲 奞 奞 奪 奪 奪

rob | 夺 | 빼앗을 탈 | merampas | ĐOẠT, chiếm đoạt

ダツ
略奪する(りゃくだつする) to plunder, to loot | 掠夺, 抢夺 | 약탈하다 | merampok, menjarah | cướp bóc, cưỡng đoạt

うば-う
奪う(うばう) to rob | 夺, 剥夺 | 빼앗다 | merampas | trộm

1548 賄 13画 〔貝〕

丨 冂 冃 冃 目 貝 貝 貝 貝 賄 賄 賄 賄

bribe | 贿 | 재물 회, 뇌물 회 | membiayai | HỐI, hối lộ

ワイ
贈賄(ぞうわい) * bribery | 行贿 | 증회 | penyogokan, penyuapan | hối lộ
収賄(しゅうわい) * acceptance of a bribe | 受贿 | 수회, 수뢰 | penerimaan uang sogok | nhận hối lộ

まかな-う
賄う(まかなう) to pay, to provide board | 提供, 筹措, 维持 | 대주다, 공급하다, 조달하다 | membiayai | trả hối lộ, hối lộ

1549 宜 8画 〔宀〕

丶 丷 宀 宀 宜 宜 宜 宜

right | 宜 | 마땅 의 | benar | NGHI, đúng

ギ
適宜(てきぎ) suitably, appropriately | 适宜, 适当 | 적의, 적당 | selayaknya, sepantasnya | thích hợp, phù hợp
便宜(べんぎ) convenience, facilities | 方便 | 편의 | kemudahan, fasilitas | sự thuận lợi, thuận tiện

1550 賂 13画 〔貝〕

丨 冂 冃 冃 目 貝 貝 貝 貝 貝 賂 賂 賂

bribe | 赂 | 뇌물 뇌 | uang sogok | LỘ, hối lộ

ロ
賄賂(わいろ) * a bribe | 贿赂 | 뇌물 | uang sogok | hối lộ

1551 怨 9画 〔心〕

ノ ク 夕 夘 夗 夗 怨 怨 怨

grudge | 怨 | 원망할 원 | rasa dendam | OÁN, oán hận

エン
怨恨(えんこん) * a grudge | 怨恨 | 원한 | rasa dendam | hận thù

1552 恨 9画 〔忄〕

丶 丷 忄 忄 忄 忄 恨 恨 恨

grudge | 恨 | 한 한 | mendendam | HẬN, oán hận

コン
怨恨(えんこん) * a grudge | 怨恨 | 원한 | rasa dendam | hận thù

うら-む
恨む(うらむ) to have a grudge | 怨, 恨 | 원망하다, 분하게 여기다 | mendendam | hận thù
恨み(うらみ) a grudge | 恨, 怨 | 원망, 원한 | dendam | mối hận

1553 踏 15画 〔⻊〕

丨 ㄇ 口 ㅁ 早 足 足 跀 跀 跙 跴 踏 踏 踏 踏

step | 踏 | 밟을 답 | langkah | ĐẠP, bước chân

ふ-む
踏切(ふみきり) a railway crossing | 道口 | 건널목 | perlintasan kereta api | nơi đường ray xe đi qua
踏む(ふむ) to step, to tread | 踏, 踩 | 밟다 | menginjak, menapak | giẫm, đạp
踏み込む(ふみこむ) to step into | 踩进去, 陷入, 跨进 | 발을 들여놓다, 빠지다, 깊이 파고들다 | memasuki | bước vào, đi vào

ふ-まえる
踏まえる(ふまえる) to be based on | 踏, 踩, 立足于…, 根据 | 밟아 누르다, 힘차게 밟다, 근거로 하다, 입각하다 | berdasarkan pada | dựa vào

1554 砕 9画 〔石〕

一 ア 不 石 石 石 矿 砕 砕

crush | 碎 | 부술 쇄 | menghancurkan | TOÁI, mài

くだ-ける
砕ける(くだける) to be crushed, to be broken | 破碎, 碰碎 | 부서지다, 깨지다 | remuk, hancur | vỡ vụn, bể

くだ-く
砕く(くだく) to crush, to break | 打碎, 弄碎 | 부수다, 깨뜨리다 | menghancurkan, memecahkan | nghiền, làm vỡ

1555 惨 11画〔忄〕

丶 丷 忄 忄 忄 忄 忄 悖 悖 惨 惨

miserable | 惨 | 참혹할 참 | menyedihkan | THẢM, thảm thiết

サン
悲惨(ひさん)な miserable | 悲惨的 | 비참한 | menyedihkan | thảm khốc

みじ-め
惨(みじ)めな miserable | 悲惨的, 凄惨的 | 비참한, 참담한 | menyedihkan | thảm khốc

1556 

丶 亠 广 广 庐 庐 庐 庐 麻 麻 麻 麻 麻 麻 麻 麿 麿 魔 魔 魔 魔

demon | 魔 | 마귀 마 | setan | MA, ma quỷ

マ
悪魔(あくま) the Devil, Satan | 恶魔 | 악마 | setan | Ác Quỷ, Ác Ma

通り魔(とおりま) * a pervert who attacks people as he passes them on the street | 街头恶魔 | 길거리 악마, 묻지마 살인 | penjahat yang menyerang orang yang kebetulan lewat | Ác Ma tấn công người gặp trên đường

邪魔(じゃま)な obstructive | 令人感到碍事的, 讨人嫌的 | 방해되는, 거치적거리는 | mengganggu | vướng víu

1557 

ノ イ 亻 亻 亻 亻 俺 俺 俺 俺

I | 俺 | 나 암 | aku | YÊM, tôi, tao

おれ
俺(おれ) I, me | 俺, 咱, 我 | 나, 내 | aku | tôi, tao, mình

1558 

一 十 扌 扌 扩 扩 拉 拉

take away | 拉 | 끌 랍(납) | menculik | LẠP, mang đi

ラ
拉致(らち)する * to take away, to abduct | 绑架 | 납치하다 | membawa, menculik | bắt cóc, lấy đi

1559 

フ 力 力 劦 劦 劦 劦 脅 脅 脅

threaten | 胁 | 위협할 협 | mengancam | HIẾP, uy hiếp, đe doạ

キョウ
脅迫(きょうはく)する to threaten | 胁迫, 威胁 | 협박하다 | mengancam | đe dọa

おびや-かす
脅(おびや)かす to threaten | 威胁, 吓唬 | 위협하다, 위태롭게 하다, 을룽대다 | mengancam | đe dọa

おど-す
脅(おど)す to threaten | 威胁, 胁迫, 恐吓 | 협박하다, 위협하다 | mengancam, menakut-nakuti | đe dọa

おど-かす
脅(おど)かす to threaten | 威胁, 胁迫, 恐吓 | 위협하다, 협박하다 | mengancam | đe dọa

1560 

丿 亻 白 白 白 白 迫 迫

press, approach | 迫 | 핍박할 박 | menekan, mendekati | BÁCH, thúc ép, đến gần

ハク
迫力(はくりょく) * power, punch | 动人的力量, 感染力, 扣人心弦 | 박력 | tekanan | áp lực, nắm đấm

強迫観念(きょうはくかんねん) * an obsession | 强迫观念, 摆脱不了的念头 | 강박 관념 | perasaan terancam | nỗi ám ảnh

迫害(はくがい)する to persecute | 迫害 | 박해하다 | menganiaya | cưỡng bức

圧迫(あっぱく)する to press, to oppress | 压迫 | 압박하다 | menekan, menindas | gây áp lực, tiếp cận

せま-る
迫(せま)る to press, to approach | 强迫, 迫近 | 다가오다, 강요하다 | menekan, mendekati | gây áp lực, tiếp cận

1561 

丶 亠 广 广 疒 疒 疒 疒 疸 痕 痕

trace | 痕 | 흔적 흔 | bekas | NGÂN, dấu vết

コン
血痕(けっこん) * a bloodstain | 血痕 | 혈흔, 핏자국 | bekas darah | vết máu

答え➡別冊 P.8～9

問題1 次の新聞の見出しを読んで、下線部①～⑦の読みをひらがなで書きなさい。

❶怨恨か、金品（きんぴん）❷奪われず十数❸箇所に深い❹刺し傷

ＪＲ⑤踏切 置き石か 線路に石の⑥砕けた⑦跡

問題2 下線部の読みをひらがなで書きなさい。

① 悲惨な通り魔事件が発生した。

② 高齢者に電話をかけ、「俺だよ、俺」と息子の振りをしてお金をだまし取る詐欺が多発した。

③ その少年は10歳のとき犯罪組織に拉致され、脅迫されて次々と殺人を犯した。

④ 警察は被害者に恨みをもつ者の犯行とみている。

⑤ 現場に残された血痕のDNA鑑定が進められている。

⑥ 束縛されるのをきらって、彼は家庭を持たなかった。

⑦ 出演者が不祥事を起こしたため、イベントは中止になった。

⑧ 邦人とは日本人、邦画とは日本映画のことです。

⑨ そこに荷物を置くと通行の邪魔になります。

⑩ 彼は賄賂をもらって便宜を図った罪で逮捕された。

問題3 送りがなが必要な場合はそれに注意して、下線部の言葉を漢字で書きなさい。

① 締め切りがせまる。

② 金をおどし取る。

③ みじめな気持ちになる。

④ 事実をふまえる。

⑤ アルバイト代で生活費をまかなう。

⑥ 的をねらう。

⑦ 荷物をひもでしばる。

⑧ 敵（てき）をあざむく。

⑨ ボールをける。

⑩ 顔をなぐる。

19課 事故・裁判

インターネットでニュースを読む

なんと書いてありますか

ニュース

- ◯駅、相次ぐホーム転落事故に柵やホームドアの整備を検討
  (◯◯通信) 22 時 03 分配信
  記事全文

- 救助ヘリ墜落　隊員３名犠牲に　遭難の登山者は無事救出（◯新聞）21:43
- 裁判員裁判で初の死刑判決（△新聞）19:55
- A社欠陥車訴訟で　遺族が控訴（◯新聞）17:32
- ダイビング中の女性溺れ　意識不明重体（×通信）16:13
- 扉に腕を挟まれた女性 70 m引きずられ　軽傷（◯新聞）15:46
- △△電鉄運転士　過密スケジュールで居眠り運転（×通信）14:43

- 自転車が列車に衝突　遮断機のない踏切で繰り返される事故（△新聞）20:04

この写真の記事へ

最終更新 :12 月 14 日（火）21 時 43 分　◯×新聞

柵
墜落する
隊員
犠牲
裁判員
死刑
欠陥
訴訟
控訴する
溺れる
扉
過密な

衝突する
遮断機
繰り返す

1562 柵 9画 〔木〕
一 十 才 木 札 杊 柵 柵 柵

fence | 栅 | 울타리 책 | pagar | SÁCH, hàng rào

サク

柵（さく） a fence | 栅栏 | 울짱 | pagar | hàng rào

1563

墜 15画 〔土〕

⁷ ㇋ 阝 阝' 阝'' 阝䒑 阝䒑 阝豕 阝豕 隊 隊 隊 隊 墜 墜

fall | 坠 | 떨어질 추 | jatuh | TRỤY, rơi

ツイ

墜落（ついらく）する to fall, to crash | 坠落, 掉下 | 추락하다 | jatuh | rơi, rớt (máy bay)

1564

隊 12画 〔阝〕

⁷ ㇋ 阝 阝' 阝'' 阝䒑 阝䒑 阝豕 阝豕 隊 隊 隊

party | 队 | 무리 대 | rombongan | ĐỘI, quân đội

タイ

隊（たい） a party | 队, 队伍, 集团 | 대, 부대, 집단 | rombongan, regu | nhóm, đội

隊員（たいいん） a member of a party | 队员 | 대원 | anggota regu | đội viên

兵隊（へいたい） a soldier | 士兵, 军队 | 병대, 군대 | tentara | binh sĩ

軍隊（ぐんたい） an army | 军队 | 군대 | angkatan bersenjata | quân đội

1565 犠 17画 〔牜〕
丿 ⺧ 牛 牜 牜' 牜'' 牜䒑 牜䒑 牜羊 牜羊 牜羊 牜羊 牜羊 牜羊 犠 犠 犠

sacrifice | 牺 | 희생 희 | korban | HY, hy sinh

ギ

犠牲（ぎせい） a sacrifice | 牺牲 | 희생 | hy sinh | pengorbanan | hy sinh

1566 牲 9画 〔牜〕
丿 ⺧ 牛 牜 牜' 牜𠂉 牪 牲 牲

sacrifice | 牲 | 희생 생 | korban | SINH, hy sinh

セイ

犠牲（ぎせい） a sacrifice | 牺牲 | 희생 | pengorbanan | hy sinh

1567 裁 12画 〔衣〕
一 十 土 土 圭 丰 𢦏 表 表 栽 裁 裁

cut, judge | 裁 | 옷 마를 재 | mengadili | TÀI, đốn, phán xử

サイ

裁判（さいばん） a trial | 裁判 | 재판 | pengadilan | tòa án

裁判員（さいばんいん） a lay judge | 裁判员 | 재판원 | anggota sidang dari kalangan awam | thẩm phán

裁縫（さいほう） sewing, needlework | 裁缝 | 재봉 | jahit-menjahit | may vá, thêu thùa

制裁（せいさい） sanctions, punishment | 制裁 | 제재 | sanksi, hukuman | chế tài, cấm vận

体裁（ていさい） appearance, decency, format | 样子, 外表, 体面, 体统 | 외관, 겉모양, 체면 | rupa, gaya | dáng bộ, diện mạo, định dạng

さば-く

裁（さば）く to judge | 裁判, 审判 | 심판하다, 재판하다 | mengadili | phân xử, phán đoán

1568 刑 6画 〔刂〕
一 二 于 开 刑 刑

penalty | 刑 | 형벌 형 | hukuman | HÌNH, hình phạt

ケイ

刑（けい） a penalty, a sentence, punishment | 刑法 | 형, 형벌 | hukuman | hình phạt, phạt, kết án

刑事（けいじ） a (police) detective | 刑事, 刑警 | 형사 | kasus pidana, detektif | hình sự

刑罰（けいばつ） a penalty, punishment | 刑罚 | 형벌 | hukuman | hình phạt

死刑（しけい） capital punishment, the death penalty | 死刑 | 사형 | hukuman mati | án tử hình

1569 陥 10画 〔阝〕
⁷ ㇋ 阝 阝' 阝⺈ 阝⺈ 阝⺈ 陥 陥 陥

fall into | 陷 | 빠질 함 | jatuh ke | HÃM, rơi vào

カン

欠陥（けっかん） a defect | 缺陷, 缺点 | 결함 | kekurangan, cacat | khuyết điểm

おちい-る

陥（おちい）る * to fall into | 陷入, 掉进 | 빠지다 | jatuh (dalam) | rơi vào

1570 **訴** 12画〔言〕

丶 亠 亖 亖 言 言 言 訂 訢 訢 訴 訴

appeal, sue | 诉 | 호소할 소 | menuntut | TỐ, thể hiện, kiện tụng

ソ
訴訟（そしょう） a suit | 诉讼 | 소송 | gugatan | khởi tố

うった-える
訴える（うったえる） to appeal, to sue | 诉讼, 控告 | 소송하다, 고소하다 | menuntut, menggugat | kiện cáo, kiện tụng

1571 **訟** 11画〔言〕

丶 亠 亖 亖 言 言 言 訁 訟 訟 訟

sue | 讼 | 송사할 송 | mendakwa | TỤNG, kiện tụng

ショウ
訴訟（そしょう） a suit | 诉讼 | 소송 | gugatan | khởi tố

1572 **控** 11画〔扌〕

一 十 扌 扌 扩 扩 控 控 控 控 控

drop back | 控 | 당길 공 | mengurangi | KHOANG, KHỐNG, giữ lại

コウ
控除する（こうじょ） to subtract, to deduct | 扣除 | 공제하다 | mengurangi | khấu trừ, loại trừ
控訴する（こうそ）* to appeal (to a higher court) 控诉 공소하다, 항소하다 | mengajukan banding, naik banding | kiện lên cao

ひか-える
控える（ひかえる） to wait, to write down, to keep from | 记下, 记录 | (잊지 않도록) 적어 놓다, 기록하다 | menunggu, mencatat, membatasi | chờ đợi, viết lại, tránh khỏi
控え室（ひかえしつ） a waiting room | 等候室 | 대기실 | ruang tunggu | phòng chờ

1573 **溺** 13画〔氵〕 ［溺］

丶 丶 氵 氵 氵 汅 汅 汅 溺 溺 溺 溺 溺

drown | 溺 | 빠질 닉(익) | tenggelam | NIỆU, NỊCH, chết đuối

おぼ-れる
溺れる（おぼれる） to drown | 溺水, 沉溺 | 빠지다 | kelelap, tergenang | chết đuối

1574 **扉** 12画〔戸〕

一 ㇇ ヨ 戸 戸 戸 戸 戸 扉 扉 扉 扉

door | 扉 | 사립문 비 | pintu | PHI, cánh cửa

とびら
扉（とびら） a door | 门 | 문짝 | pintu | cánh cửa

1575 **密** 11画〔宀〕

丶 丶 宀 宀 宓 宓 宓 宓 密 密 密

close, secret | 密 | 빽빽할 밀 | dekat, rahasia | MẬT, MẶT, mật thiết, bí mật

ミツ
秘密（ひみつ） a secret | 秘密 | 비밀 | rahasia | bí mật
密度（みつど） density | 密度 | 밀도 | kepadatan | mật độ
過密な（かみつ） overcrowded | 过密的 | 과밀한 | padat | quá đông
厳密な（げんみつ） strict, rigid | 严密的 | 엄밀한 | cermat, seksama | nghiêm ngặt, cứng rắn
密接な（みっせつ） close | 密切的 | 밀접한 | dekat | mật thiết
精密な（せいみつ） precise, minute, accurate | 精密的, 精细的 | 정밀한 | cermat, teliti, akurat | tinh xảo, tinh vi, chính xác
密集する（みっしゅう） to crowd, to swarm | 密集 | 밀집하다 | berimpitan, berdempetan | tập trung, tập hợp lại

1576 **衝** 15画〔彳亍〕

ノ ク 彳 彳 彳 彳 徉 徉 徉 徸 徸 衝 衝 衝 衝

collide | 冲 | 찌를 충 | tabrak | XUNG, xung đột

ショウ
衝撃（しょうげき） an impact, a shock | 冲击 | 충격 | impak, guncangan | ấn tượng, cú sốc
衝動（しょうどう）* impulse | 冲动 | 충동 | dorongan hati, impuls | kích động
衝突する（しょうとつ） to collide with, to crash | 冲突 | 충돌하다 | bertabrakan | xung đột, ẩu đả

1577 **遮** 14画〔辶〕

丶 亠 广 广 庐 庐 庐 庐 庶 庶 庶 `庶 遮 遮

block | 遮 | 가릴 차 | memblok | GIÁ, chắn lại

シャ
遮断する（しゃだん）* to block, to interrupt | 遮断 | 차단하다 | menutup, menghalangi | chắn lại, cắt ngang
遮断機（しゃだんき）* a crossing gate | 截路机 | 차단기 | palang perlintasan kereta | cửa che chắn, rào lại

さえぎ-る
遮る（さえぎる） to interrupt, to block, to obstruct | 遮, 遮挡 | 차단하다, 가로막다, 가리우다 | menghalangi, menutup | chen ngang, chắn ngang, cản trở

1578 **繰** 19画〔糸〕

reel | 缲 | 고치 켤 조 | gulung | TÀO, TAO, quấn vào

く-る
繰(く)り返(かえ)す to repeat | 反复, 重复 | 되풀이하다, 반복하다 | mengulang-ulang | lặp đi lặp lại

1579 **免** 8画〔儿〕

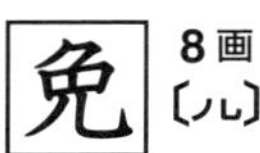

exempt | 免 | 면할 면 | menghindar | MIỄN, miễn

メン
免許(めんきょ) a licence, permit | 许可证, 执照 | 면허 | surat izin, lisensi | bằng lái, cho phép
免税(めんぜい) tax exemption | 免税 | 면세 | pembebasan bea (pajak) | miễn thuế
免除(めんじょ)する to exempt | 免除 | 면제 | membebaskan | loại ra, trừ ra

まぬか-れる／まぬが-れる
免(まぬが)れる to escape, to avoid | 免, 避免, 摆脱 | 면하다, 피하다, 벗어나다 | terhindar, dibebaskan, menghindari | trốn khỏi, tránh
＊常用漢字表では伝統的な読みである「まぬかれる」を採用しているが、一般的には、「まぬがれる」が使われる。

1580 **渋** 11画〔氵〕

astringent | 涩 | 떫을 삽 | sederhana | SÁP, chặt chẽ

ジュウ
渋滞(じゅうたい) a traffic jam | 堵塞, 堵车, 不通畅 | 삽체, 정체, 밀림 | kemacetan lalu lintas | kẹt xe

しぶ-い
渋(しぶ)い astringent | 涩 | 떫다 | rasa sepat, sederhana | săn lại, chắc lại

1581 **執** 11画〔土〕

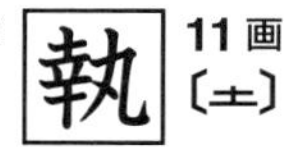

hold | 执 | 잡을 집 | memegang | CHẤP, điều hành

シツ
執筆(しっぴつ)する to write | 执笔 | 집필하다 | menulis | viết
執行(しっこう)する ＊ to execute | 执行 | 집행하다 | melaksanakan, mengeksekusi | chấp hành, thực hiện

シュウ
執着(しゅうちゃく)する to be attached to | 贪恋, 执著 | 집착하다 | lengket, tidak bisa lepas | dính kèm

1582 **猶** 12画〔犭〕

postpone | 犹 | 오히려 유 | tunda | DO, DỨU, hoãn

ユウ
執行猶予(しっこうゆうよ) ＊ probation | 缓期执行, 缓刑 | 집행유예 | percobaan | chế độ tù treo
猶予(ゆうよ)する ＊ to postpone, to hesitate, to delay | 延期, 缓期 | 유예하다 | menunda, memberi waktu | do dự, lưỡng lự, trì hoãn

1583 **囚** 5画〔口〕

imprison | 囚 | 가둘 수 | memenjarakan | TÙ, tù

シュウ
囚人(しゅうじん) ＊ a prisoner, a convict | 犯人, 囚犯 | 수인, 죄수 | tahanan, narapidana | tù nhân
死刑囚(しけいしゅう)＊ a criminal condemned to death | 死刑罪犯, 死囚 | 사형수 | terpidana mati | tù nhân tử hình

1584 **搬** 13画〔扌〕

carry | 搬 | 옮길 반 | membawa | BÀN, BAN, vận chuyển

ハン
運搬(うんぱん)する to carry, to transport | 搬运, 运输 | 운반하다 | mengangkut | vận chuyển

1585 **妨** 7画〔女〕

disturb | 妨 | 방해할 방 | menghalangi | PHƯƠNG, PHƯỚNG, làm cản trở

ボウ
妨害(ぼうがい)する to block, to disturb, to interrupt | 妨害 | 방해하다 | menganggu, menginterupsi | cản trở, quấy rối, làm gián đoạn

さまた-げる
妨(さまた)げる to disturb, to prevent | 妨碍, 阻碍 | 방해하다, 지장을 주다 | menganggu, menghalang | làm cản trở, quấy rối

1586 **廷** 7画〔廴〕

ノ 二 千 壬 任 廷 廷

court | 廷 | 조정 정 | pengadilan | ĐÌNH, toà án

テイ

法廷（ほうてい） a law court | 法庭 | 법정 | persidangan | Tòa Án

開廷（かいてい）する * to hold the court | 开庭 | 개정하다 | membuka sidang | mở phiên tòa

閉廷（へいてい）する * to dismiss the court, to adjourn the court | 退庭 | 폐정하다 | menutup sidang | hoãn xử, hoãn phiên tòa

1587 **傍** 12画〔亻〕

ノ イ イ' 亻亠 亻六 亻六 亻立 亻产 亻咅 亻旁 傍 傍

side | 傍 | 곁 방 | samping | BÀN, bên cạnh

ボウ

傍聴（ぼうちょう）する * to observe (a hearing), to attend | 旁听 | 방청하다 | mendengarkan, menghadiri | tham dự, dự thính

かたわ-ら

傍（かたわ）ら the side | 旁边 | 곁, 옆 | sisi, samping | bên cạnh

1588 **陪** 11画〔阝〕

7 3 阝 阝' 阝亠 阝六 阝立 阝立 陪 陪 陪

accompany | 陪 | 모실 배 | menemani | BỒI, cùng với

バイ

陪審員（ばいしんいん） * the jury | 陪审员 | 배심원 | juri | Bồi thẩm đoàn

1589 **憩** 16画〔心〕

ノ 二 千 千 舌 舌 舌' 舌' 舌白 舌白 舌白 舌自 甜 憩 憩 憩

rest | 憩 | 쉴 게 | istirahat | KHẾ, nghỉ ngơi

ケイ

休憩（きゅうけい）する to rest, to take a break | 休息 | 휴식하다 | istirahat, rihat | nghỉ giải lao, nghỉ ngơi

1590 **憶** 16画〔忄〕

' ' 忄 忄' 忄亠 忄亠 忄立 忄立 忄音 忄音 忄音 忄音 憶 憶 憶 憶

remember | 忆 | 생각할 억 | ingat | ỨC, hồi ức

オク

記憶（きおく）する to memorize | 记, 记忆 | 기억하다 | mengingat | nhớ

1591 **怠** 9画〔心〕

ム ム 厶 台 台 台 怠 怠 怠

neglect | 怠 | 게으를 태 | lalai | ĐÃI, lười

タイ

怠惰（たいだ）な * lazy, idle | 懒惰的, 怠惰的 | 나태한, 게으른 | malas | lười lĩnh, cẩu thả

怠慢（たいまん）な negligent | 怠惰的 | 태만한 | malas, lalai | cẩu thả

おこた-る

怠（おこた）る to neglect | 懒惰, 怠慢 | 게을리하다 | melalaikan | thờ ơ

なま-ける

怠（なま）ける to be lazy, to neglect | 懒惰, 怠惰 | 게으름 피우다 | malas, melalaikan | lười lĩnh, thờ ơ

1592 **隔** 13画〔阝〕

7 3 阝 阝一 阝丆 阝под 阝戸 阝鬲 隔 隔 隔 隔 隔

separate | 隔 | 사이 뜰 격 | terpisah, berjarak | CÁCH, phân cách

カク

間隔（かんかく） * an interval, space | 间隔 | 간격 | interval, jarak | khoảng cách, cự ly

隔週（かくしゅう）（の） every other week | 每隔一周, 隔周 | 격주 | selang seminggu | cách hai tuần

へだ-たる

隔（へだ）たる to be distant, to be apart | 相隔 | 떨어지다 | terpisah, jauh | chia đôi, chia cách

へだ-てる

隔（へだ）てる to separate | 隔开, 间隔 | 사이에 두다 | berjarak, berselang | phân chia

問題1 次のニュースの見出しを読んで、下線部①～⑫の読みをひらがなで書きなさい。

- 乗用車 ①無免許運転で ②児童の列に③突っ込む
- ④渋滞の首都高※で⑤追突事故 ※首都高：首都高速道路
- 運転手に⑥懲役２年⑦執行猶予３年
- 元⑧死刑囚 ⑨死刑制度廃止を⑩訴える
- ⑪運搬業者 積荷（つみに）落下で 交通⑫妨害

問題2 下線部の漢字の読みを書きなさい。

① 精密検査を受ける。

② 開く扉にご注意ください。

③ 雷に驚（おどろ）いた牛が柵を壊（こわ）して逃げ出した。

④ 法廷で裁判を傍聴する。

⑤ 米国では陪審員制度を採用している。

⑥ 裁判員制度による裁判は連日開廷される。

⑦ 休憩なしで12時間運転した、衝突したときの記憶はないと運転手は話している。

⑧ 工事責任者は安全確認を怠ったことを認めている。

⑨ このテレビ番組は隔週で放送されている。

問題3 送りがなが必要な場合はそれに注意して、下線部の言葉を漢字で書きなさい。

① その部屋はカーテンでへだてられていた。

② 海でおぼれる。

③ 電話番号をひかえる。

④ 法で人をさばく。

⑤ 人間不信におちいる。

⑥ くりかえし練習する。

⑦ 光をさえぎる。

⑧ 死刑をまぬがれる。

⑨ 睡眠をさまたげる。

⑩ このお茶はしぶい。

20課 政治・経済

政治・経済などに関するニュースを読む

なんと書いてありますか

①

○○首相
××法務大臣を罷免
法相 懇親会で問題発言—更迭へ
法相更迭前夜、首相公邸で議論紛糾2時間

首相？ 法相？ 罷免？ 更迭？

衆議院 解散 総選挙へ
首相 辞任を表明—内閣総辞職へ

○○党代表選で
両陣営早くも火花
……A氏もB氏も取材を拒否し、報道陣の質問には答えなかった。……

OPEC（石油輸出国機構）加盟国閣僚、原油増産に消極的な姿勢

○○アミューズメントパーク
累積赤字100億円 経営破綻

覚えておきたい政治・経済用語

首相と法相

首相は総理大臣、法相は法務大臣のことです。

罷免と更迭

罷免は、国務大臣や裁判官、大使などを強制的に辞めさせることで、一般の公務員の場合は「免職」と言います。更迭はある役職にある人を別の人に入れ替えることで、社長や監督（かんとく）などにも使います。

首相公邸と首相官邸

公邸は住まい、官邸は仕事場です。

総辞職と解散総選挙

総辞職の場合、政権にある党はそのままですが、衆議院が解散され総選挙となった場合は政権交代もあります。

陣営と報道陣

「陣」は集まりのことです。陣営は戦争のとき軍隊が集まっている本部のことで、選挙のときの事務所にも使います。報道陣というのは取材に集まった記者たちのことです。

閣僚と官僚

閣僚は内閣を構成する大臣のことで、官僚は国家公務員で大臣ではありません。

累積と蓄積（ちくせき）

お金や知識、経験などは「蓄積」、赤字や債務、借金は「累積」を使います。

②

……遺憾だ（＝遺憾に思う）	＊遺憾である：残念である
事実を真摯に受け止め……	＊真摯に：真剣に
暫定政権　暫定措置　暫定予算	＊暫定：仮の
無所属 無派閥	＊無所属：党に所属しない ＊無派閥：派閥に所属しない
インフレ（＝インフレーション） ⇔デフレ（＝デフレーション）	＊インフレ：貨幣価値が下がること ⇔デフレ：貨幣価値が上がること

①
罷免する
懇親会
更迭する
公邸
紛糾する
衆議院
選挙
内閣
陣営
拒否する
報道陣
加盟国
閣僚
累積する
破綻する

②
遺憾な
真摯な
暫定
派閥
貨幣

1593 罷 15画 〔罒〕 ヒ

dismiss | 罢 | 마칠 파 | membebaskan | BÃI, chấm dứt

罷免(ひめん)する * to dismiss | 罢免 | 파면하다 | memecat | cắt chức

1594  懇 17画 〔心〕 コン

cordial | 恳 | 간절할 간 | ramah tamah | KHẨN, thân mật

懇親会(こんしんかい) * a social gathering | 联欢会, 联谊会 | 간친회, 친목회 | acara ramah tamah | họp mặt thân mật

懇談会(こんだんかい) * a social gathering, a round table conference | 座谈会 | 간담회 | pertemuan ramah tamah | họp mặt thân mật, hội nghị bàn tròn

1595  迭 8画 〔辶〕 テツ

change | 迭 | 번갈아들 질 | berganti | ĐIỆT, thay đổi

更迭(こうてつ)する * to change, to reshuffle | 更迭, 更换, 调动 | 경질하다, 교체하다 | mengganti | thay đổi, cải tổ

1596  邸 8画 〔阝〕 テイ

mansion | 邸 | 집 저 | rumah besar | ĐỂ, dinh thự

邸宅(ていたく) a residence, a mansion | 宅第, 公馆 | 저택 | kediaman resmi, rumah besar | nhà ở, căn hộ

公邸(こうてい) * an official residence | 官邸, 公馆 | 공저, 관저 | rumah dinas | nhà công (thuộc sở hữu nhà nước)

官邸(かんてい) * an official residence | 官邸 | 관저 | rumah dinas | nhà ở cho quan chức

1597 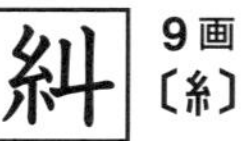 糾 9画 〔糸〕 キュウ

inquire | 纠 | 얽힐 규 | menanyai | CỦ, điều tra

紛糾(ふんきゅう)する * to become complicated, to fall into confusion | 纠纷 | 분규가 나다, 뒤얽히다 | menjadi ruwet, menjadi kusut | trở nên phức tạp, rắc rối

糾弾(きゅうだん)する * to denounce, to impeach | 弹劾, 谴责, 声讨 | 규탄하다 | mengutuk | công kích, chỉ trích

1598  衆 12画 〔血〕 シュウ

multitude | 众 | 무리 중 | sejumlah besar | CHÚNG, quần chúng

観衆(かんしゅう) an audience, viewers | 观众 | 관중 | audiensi, pengunjung | khán giả, người xem

群衆(ぐんしゅう) a crowd | 群众 | 군중 | massa, kerumunan orang | quần chúng, đám đông

大衆(たいしゅう) the public, the masses | 大众 | 대중 | publik, massa | công chúng, đám đông

公衆(こうしゅう) the public | 公众 | 공중 | publik, umum | công cộng

衆議院(しゅうぎいん) the House of Representatives | 众议院 | 중의원, 일본국회의 하원 | Majelis Rendah | Hạ Viện

公衆電話(こうしゅうでんわ) a public telephone | 共用电话 | 공중전화 | telepon umum | điện thoại công cộng

1599  挙 10画 〔手〕 キョ

raise, all | 举 | 들 거 | menaikkan, semua | CỬ, đưa ra, tất cả

選挙(せんきょ) an election | 选举 | 선거 | pemilihan | tuyển cử

一挙(いっきょ)に at a stroke, at once | 一举 | 일거에, 단번에 | sekaligus | đồng loạt, một lượt

1600  閣 14画 〔門〕 カク

tower, cabinet | 阁 | 집 각 | menara, kabinet | CÁC, tháp, Nội Các

内閣(ないかく) a cabinet | 内阁 | 내각 | kabinet | Nội Các

内閣総理大臣(ないかくそうりだいじん) the Prime Minister (of Japan) | 内阁总理大臣, 首相 | 내각총리대신, 수상 | Perdana Menteri (Jepang) | Thủ Tướng Chính phủ (Nhật Bản)

1601 陣 10画 〔阝〕 **ジン**

camp | 阵 | 진칠 진 | kamp | TRẬN, doanh trại

- 陣（じん） a camp, a position | 阵势, 阵地, 战斗, 战役, 阵容 | 진, 진을 치다, 진지, 진영, 전투, 전쟁 | kamp, markas | đội quân, vị trí
- 陣営（じんえい） * a camp | 阵营 | 진영 | blok | doanh trại
- 報道陣（ほうどうじん） * a group of reporters, the press | 报道人员, 报道阵容 | 보도진 | para wartawan, pers | nhóm ký giả, nhà báo

1602 拒 8画 〔扌〕 **キョ**

refuse | 拒 | 막을 거 | menolak | CỰ, từ chối

- 拒否する（きょひ） to reject, to refuse, to deny | 拒绝, 否决 | 거부하다 | menolak | từ chối, phủ nhận, phủ định
- 拒絶する（きょぜつ） to refuse, to turn down, to reject, to deny | 拒绝 | 거절하다 | menolak, menampik | từ chối, bác bỏ, từ bỏ, phủ nhận

1603  盟 13画 〔皿〕 **メイ**

oath | 盟 | 맹세 맹 | sumpah | MINH, lời cam kết

- 同盟（どうめい） an alliance, a union | 同盟 | 동맹 | aliensi | đồng minh, liên minh
- 連盟（れんめい） a league, a federation, a union | 联盟 | 연맹 | liga, federasi, persatuan | liên minh, liên bang
- 加盟国（かめいこく） * a member nation, a signatory | 加盟国 | 가맹국 | negara anggota | thành viên tham gia, thành viên gia nhập

1604  僚 14画 〔亻〕 **リョウ**

colleague | 僚 | 동료 료(요) | kolega | LIÊU, đồng nghiệp

- 同僚（どうりょう） a colleague | 同僚, 同事 | 동료 | kolega, teman sekantor | đồng nghiệp
- 官僚（かんりょう） a bureaucrat, a government official | 官僚 | 관료 | kaum birokrat | quan chức chính phủ
- 閣僚（かくりょう） * a cabinet member | 阁僚, 阁员 | 각료 | anggota kabinet | thành viên nội các

1605 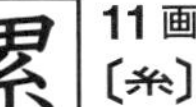 累 11画 〔糸〕 **ルイ**

cumulate | 累 | 여러 루(누), 자주 루(누) | menumpuk | LŨY, tích luỹ

- 累積する（るいせき） * to accumulate | 累积 | 누적하다 | berakumulasi | luỹ tích
- 累積赤字（るいせきあかじ） * an accumulated deficit | 累积赤字 | 누적적자 | kerugian akumulatif | thâm hụt luỹ tích

1606  綻 14画 〔糸〕 **タン** **ほころ-びる**

come apart | 绽 | 터질 탄 | ambruk | TRÁN, bung ra

- 破綻する（はたん） * to fail, to become bankrupt, to be broken up | 破裂, 失败 | 파탄하다 | jatuh, bangkrut, gulung tikar | thất bại, thua lỗ, phá sản
- 綻びる（ほころ） to come apart | 开绽, 绽线, 张开 | (솔기 등이) 풀리다, (실밥이) 타지다 | terlepas (jahitan), melunak | tuột ra, bung ra

1607  憾 16画 〔忄〕 **カン**

regret | 憾 | 섭섭할 감 | menyesal | HÀM, hối tiếc

- 遺憾な（いかん） * regrettable, deplorable | 遗憾的 | 유감한 | disesalkan, sayang | đáng tiếc, thất vọng

1608  摯 15画 〔手〕 **シ**

at most | 挚 | 잡을 지 | menggenggam | CHÍ, cho đến cùng

- 真摯な（しんし） * sincere, earnest, serious | 真挚的 | 진지한 | serius, sungguh-sungguh | chân thành, thành thật, nghiêm túc

1609 **暫** 15画 〔日〕
ザン
short while | 暂 | 잠깐 잠 | tidak lama | TẠM, tạm thời
暫定的な(ざんていてきな) * provisional, temporary, tentative | 暂定的 | 잠정적인 | sementara, tentatif | tạm thời, giả sử, tức thời

1610 **閥** 14画 〔門〕
バツ
faction | 阀 | 문벌 벌 | golongan | PHIỆT, phe đảng
派閥(はばつ) * a faction, a clique, a sect | 派系 | 파벌 | faksi | đảng phái, nhóm, phe phái
財閥(ざいばつ) * *zaibatsu*, a financial combine | 财阀 | 재벌 | zaibatsu, kaum bisnis besar | tài phiệt, nhóm tài chính

1611 **幣** 15画 〔巾〕
ヘイ
currency | 币 | 화폐 폐 | valuta | TỆ, tiền tệ
紙幣(しへい) paper money | 纸币 | 지폐 | uang kertas | tiền giấy
貨幣(かへい) money, a coin | 货币 | 화폐 | uang, koin | tiền tệ, tiền xu

1612 **是** 9画 〔日〕
ゼ
right | 是 | 이 시, 옳을 시 | benar | THỊ, đúng
是非(ぜひ) right and/or wrong, by all means | 是非, 正确与错误, 对与不对, 务必, 一定, 必须 | 시비, 옳고 그름, 아무쪼록, 제발, 꼭 | baik buruk, walau bagaimanapun juga | đúng hay sai, nhất định là
是正する(ぜせいする) to correct | 订正, 更正 | 시정하다 | memperbaiki | sửa sai

1613 **衡** 16画 〔彳 亍〕
コウ
balance | 衡 | 저울대 형 | keseimbangan | HOÀNH, HÀNH, cân bằng
均衡(きんこう) balance | 均衡 | 균형 | keseimbangan | cân bằng, thăng bằng, đồng đều

1614 **措** 11画 〔扌〕
ソ
dispose | 措 | 둘 조 | mengatur | THỐ, bỏ
措置(そち) a measure, a step | 措施 | 조치 | tindakan, langkah | phương pháp, các bước

1615 **摩** 15画 〔手〕
マ
rub | 摩 | 문지를 마 | gosokan | MA, mài
摩擦(まさつ) rubbing, friction | 摩擦 | 마찰 | pergeseran, perselisihan | ma sát, cọ xát

1616 **擦** 17画 〔扌〕
サツ
rub | 擦 | 문지를 찰 | menggesek, menggosok | SÁT, mài
摩擦(まさつ) rubbing, friction | 摩擦 | 마찰 | pergeseran, perselisihan | ma sát, cọ xát

す-れる
擦れる(すれる) to rub | 摩擦, 久经世故, 变得油滑 | 마주 스치다, 스쳐서 닳다, (사람이) 닳고 닳다 | tergeser | cọ xát, cho tiếp xúc
擦れ違う(すれちがう) to pass each other | 交错, 错过去 | 스치듯 지나가다, 엇갈리다 | berselisih jalan, berpapasan | đi ngang qua nhau nhưng không biết
擦れ違い(すれちがい) passing each other | 交错, 错过去, 差开 | 스치듯 지나감, 엇갈림 | selisih jalan | việc đi ngang nhau mà không biết

す-る
擦る(する) to rub | 擦, 划 | 문지르다, 비비다, 긋다 | menggosok-gosok | cọ xát

1617 **皇** 9画 〔白〕

emperor | 皇 | 임금 황 | kaisar | HOÀNG, Hoàng Đế

コウ
- 皇居(こうきょ) the Imperial Palace | 皇宫, 皇居 | 황거, 황궁 | istana kaisar | Hoàng Cung
- 皇太子(こうたいし) * the Crown Prince | 皇太子 | 황태자 | putra mahkota | Hoàng Thái Tử

オウ
- 天皇(てんのう) the Emperor of Japan | 天皇 | 천황 | Kaisar Jepang | Thiên Hoàng Nhật Bản

1618 **后** 6画 〔口〕

empress | 后 | 임금 후, 왕후 | istri kaisar | HẬU, Hoàng Hậu

コウ
- 皇后(こうごう) * the Empress (of Japan) | 皇后 | 황후 | Permaisuri (Jepang) | Hoàng Hậu

1619 **陛** 10画 〔阝〕

stairs | 陛 | 대궐 섬돌 폐 | tangga (ke singgasana) | BỆ, thềm nhà vua

ヘイ
- 陛下(へいか) * His [Her] Majesty | 陛下 | 폐하 | Yang Mulia | Cách xưng hô cho Hoàng Tộc

1620 **勲** 15画 〔力〕

merit | 勋 | 공 훈 | kebaikan | HUÂN, giá trị

クン
- 勲章(くんしょう) * a decoration, an order | 勋章 | 훈장 | bintang jasa | huân chương, bằng khen
- 文化勲章(ぶんかくんしょう) * the Order of Culture | 文化勋章 | 문화훈장 | bintang jasa di bidang budaya | Bằng khen cho cống hiến trong linh vực văn hoá

1621 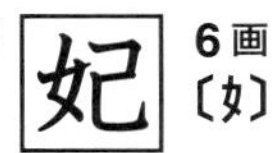 **妃** 6画 〔女〕

princess | 妃 | 왕비 비 | putri | PHI, quý phi

ヒ
- 皇太子妃(こうたいしひ) * the Crown Princess | 皇太子妃 | 황태자비 | istri putra mahkota | Công Nương (vợ Hoàng Thái Tử)
- 王妃(おうひ) * a queen, an empress | 王妃 | 왕비 | ratu, permaisuri | Hoàng Hậu, Vợ Vua

1622 **荘** 9画 〔艹〕

villa | 庄 | 별장 장 | vila | TRANG, biệt thự

ソウ
- 別荘(べっそう) a cottage, a villa | 别墅 | 별장 | vila | biệt thự, vi-la

1623 **賓** 15画 〔貝〕

guest | 宾 | 손 빈 | tamu | TÂN, khách

ヒン
- 迎賓館(げいひんかん) * a guest house, the State Guesthouse | 迎宾馆 | 영빈관 | wisma tamu negara | Nhà Khách, Nhà tiếp khách
- 来賓(らいひん) * a guest | 来宾 | 내빈 | tamu undangan | Khách

1624 **衷** 9画 〔衣〕

inside | 衷 | 속마음 충 | di dalam | TRUNG, mặt sau

チュウ
- 折衷(せっちゅう) a compromise | 折衷, 合璧 | 절충 | paduan, kombinasi | thỏa hiệp, dàn xếp

練習

答え➡別冊 P.9

問題1　(　　) に入る言葉を[ ]の中から選んで書きなさい。また下線部①～④の読みをひらがなで書きなさい。

[訂正・①是正・修正]

(1) 先ほどお伝えしたニュースの中で間違いがありましたので、(　　　) してお詫(わ)びいたします。

(2) 法案を (　　　) する。

(3) 貿易②不均衡を (　　　) する。

[処置・③措置]

(4) 救急車で応急 (　　　) をする。

(5) A 国がB 国に対し、緊急輸入制限 (　　　) をとったことで貿易④摩擦が生じている。

問題2　次の文を読んで、下線部①～⑮の読みをひらがなで書きなさい。

(1) ①天皇 ②皇后 両③陛下は今年の文化④勲章の受章者を⑤皇居に招き茶会を⑥催されました。⑦皇太子、同(どう)⑧妃両殿下(でんか)も出席されました。

(2) 京都にある桂離宮(かつらりきゅう)は江戸初期に造られた天皇家の⑨別荘です。庭園や建物が当時のままの⑩姿で残されています。

(3) 日本で⑪唯一の本格的な洋風⑫宮殿である⑬迎賓館赤坂離宮(あかさかりきゅう)※は和洋⑭折衷の内部⑮装飾が見事である。

※離宮(a detached palace, Imperial Villa)

問題3　送りがなが必要な場合はそれに注意して、下線部の言葉を漢字で書きなさい。

① この小説はたいしゅう向けだ。

② 臓器移植をした患者にきょぜつ反応が現れた。

③ 今、すれちがった人は会社のどうりょうに似ている。

④ 兄は世界のしへいや硬貨、切手などを集めるのが好きです。

⑤ べっそうでパーティーをします。ぜひ、遊びに来てください。

21課 国際・スポーツ

国際・スポーツに関するニュースを読む

なんと書いてありますか

① **核専門家チーム A国の原子炉を視察**

「核を平和利用する権利はすべての国にある」とB国首相はA国を擁護。

② **止まらない飢餓人口の増加**

08～09年の食糧危機・金融危機によりさらに深刻に

③

フィギュアスケート　女子

安田選手、完璧な滑りで大会２連覇

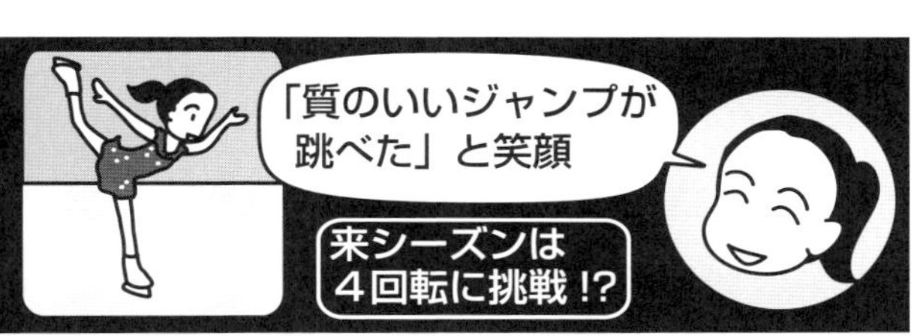

「質のいいジャンプが跳べた」と笑顔
来シーズンは４回転に挑戦!?

④ 柔道 日本選手権 **浅井、無念の棄権** 現役引退を示唆

⑤

女子カヌー 村本選手　五輪に期待

村本選手は国際大会で銅メダルを獲得（かくとく）。県は特別表彰することを決定した。

⑥

亜熱帯で雹（ひょう）

屋根が穴だらけに

オーストラリア ブリスベン

降った雹　タバコ

⑦

高校ラグビー 東北学園高校 決勝進出に歓声

鍛えられた鋭いタックルで守りぬく

相手チームも健闘　劣らぬ闘志

ムトゥ監督、赴任１年目で大きな成果

⑧

男子卓球　個人 坂元が２連覇

青森県中学新人大会

---

①
原子炉
擁護する

②
飢餓
食糧

③
完璧な
跳ぶ
挑戦する

④
棄権する
示唆する

⑤
銅メダル
表彰する

⑥
亜熱帯
穴

⑦
歓声
鍛える
健闘する
劣る
闘志
監督
赴任する

⑧
卓球

1625 **炉** 8画〔火〕

ロ

丶 丷 火 火 炉 炉 炉 炉

furnace | 炉 | 화로 로 | tungku perapian | LÒ, lò

原子炉（げんしろ）* a nuclear reactor | 原子反应堆 | 원자로 | reaktor nuklir | lò hạt nhân

1626 **擁** 16画〔扌〕

ヨウ

一 十 扌 扌 扩 扩 扩 护 护 掮 掮 掮 擁 擁 擁 擁

embrace | 拥 | 길 옹 | rangkulan | ỦNG, ôm

擁護（ようご）する * to protect, to support | 拥护, 维护 | 옹호하다 | melindungi | bảo vệ, hỗ trợ

1627 **糧** 18画〔米〕

リョウ

丶 丷 亠 半 米 米 米 粐 粐 粐 粐 粐 糧 糧 糧 糧 糧 糧

provisions | 粮 | 양식 량(양) | perbekalan | LƯƠNG, lương thực

食糧（しょくりょう） provisions, food | 粮食, 食粮 | 식량 | bahan pangan | thực phẩm, đồ ăn

1628  10画〔食〕

キ

う-える

丿 人 亽 今 今 今 食 食 飢 飢

starve | 饥 | 주릴 기 | kelaparan | CƠ, đói ăn

飢饉（ききん） famine | 饥荒, 饥馑 | 기근 | bencana kelaparan, paceklik | nạn đói

飢（う）える to starve | 饥饿 | 주리다, 굶주리다 | kelaparan | khổ vì đói

飢（う）え死（じ）に * death from starvation | 饿死 | 아사, 굶어 죽음 | mati kelaparan | chết vì đói

1629  15画〔食〕

ガ

丿 人 亽 今 今 今 食 食 食 飠 餁 餁 餓 餓 餓

starve | 饿 | 주릴 아 | kelaparan | NGẠ, đói ăn

飢餓（きが）* starvation, hunger | 饥饿 | 기아 | kelaparan | thiếu ăn, đói

餓死（がし）する * to starve to death | 饿死 | 굶어 죽다, 아사하다 | mati kelaparan | chết đói

1630  18画〔玉〕

ヘキ

フ コ 尸 尸 吊 吊 启 启 启 启 启 辟 辟 辟 壁 璧 璧 璧

gem | 璧 | 구슬 벽 | bulatan | BÍCH, ngọc bích

完璧（かんぺき）な perfect | 完美的, 完善的, 十全十美的 | 완벽한 | sempurna | tuyệt vời

1631  13画〔⻊〕

は-ねる

と-ぶ

丨 口 口 早 早 足 足 趴 趴 趴 跳 跳 跳

jump | 跳 | 뛸 도 | lompat | KHIÊU, nhảy lên

跳（は）ねる to jump, to bound | 跳, 跳跃, 溅, 飞溅 | 뛰다, 튀다 | meloncat | nhảy lên, nẩy lên

跳（と）ぶ to jump | 跳 | 뛰다 | melompat | nhảy

1632  9画〔扌〕

チョウ

いど-む

一 十 扌 扌 扌 扌 挑 挑 挑

challenge | 挑 | 돋울 도 | tantangan | THIÊU, THAO, thử thách

挑戦（ちょうせん）する to challenge | 挑战 | 도전하다 | mencoba tantangan | thử thách

挑（いど）む to challenge | 挑战 | 도전하다 | mencoba tantangan, menjajal | thử thách

1633 **棄** 13画 〔木〕

キ

丶 亠 𠫓 𠫓 𠫓 𠫓 𠫓 𠫓 𠫓 𠫓 𠫓 𠫓 棄

throw away | 弃 | 버릴 기 | membuang | KHI, vất đi

廃棄(はいき)する to dispose, to scrap | 废弃 | 폐기하다 | membuang | vứt bỏ, bỏ đi

破棄(はき)する to cancel, to annul | 废弃, 撕毁 | 파기하다 | membatalkan, memutus | huỷ bỏ, vô hiệu hoá

放棄(ほうき)する to give up, to abandon | 放弃 | 포기하다 | membuang, meninggalkan | bỏ đi, bỏ mặc

棄権(きけん)する to abstain, to renounce, to default | 弃权 | 기권하다 | abstain, membuang haknya | vứt bỏ quyền lợi, bỏ đi, vắng mặt

1634 **唆** 10画 〔口〕

サ

丨 口 口 口 口 口 口 口 口 唆

tempt | 唆 | 부추길 사 | menggoda | TOA, xúi giục

示唆(しさ)する * to suggest | 暗示, 启发 | 시사하다 | mengisyaratkan | đưa ra

1635 **銅** 14画 〔金〕

ドウ

ノ 𠆢 亼 今 全 全 金 金 釒 釦 釦 銅 銅 銅

copper | 铜 | 구리 동 | tembaga | ĐỒNG, đồng

銅(どう) copper | 铜 | 동 | tembaga | đồng (kim loại)

銅(どう)メダル * a bronze medal | 铜牌 | 동메달 | medali perunggu | huy chương đồng

1636 **彰** 14画 〔彡〕

ショウ

丶 亠 亠 立 立 产 音 音 音 章 章 章 彰 彰

make well known | 彰 | 드러날 창 | terang, jelas | CHƯƠNG, làm rực rỡ

表彰台(ひょうしょうだい) * a winners' platform, a victory stand | 领奖台 | 표창대 | podium penyerahan medali/trofi | bục danh dự (cho người chiến thắng), bục vinh quang

表彰(ひょうしょう)する * to commend | 表扬, 表彰 | 표창하다 | memberi penghargaan/medali | biểu dương

1637 **亜** 7画 〔二〕

ア

一 ㄏ 亓 亓 帀 帀 亜

sub, next | 亚 | 버금 아 | sub, datang sesudahnya | Á, nhóm phụ, kế tiếp

亜(あ)〜 sub ... | 亚… | 아… | sub… | cận..., gần...

亜熱帯(あねったい) the subtropical zone | 亚热带 | 아열대 | daerah subtropik | Vùng cận nhiệt đới

1638 **穴** 5画 〔穴〕

あな

丶 丷 宀 宂 穴

hole | 穴 | 굴 혈 | lubang | HUYỆT, cái lỗ

穴(あな) a hole | 孔, 眼, 洞, 坑 | 구멍, 굴 | lubang | cái lỗ

1639 **歓** 15画 〔欠〕

カン

ノ 𠂉 𠂉 午 午 午 午 午 午 午 隺 隺 雚 歓 歓

joy | 欢 | 기뻐할 환 | kegembiraan | HOAN, mừng vui

歓声(かんせい) a cheer, a shout of joy | 欢声 | 환성 | sorakan kegembiraan | tiếng reo hò, tiếng cổ vũ

歓迎(かんげい)する to welcome | 欢迎 | 환영하다 | menyambut | hoan nghênh, đón tiếp

1640 **鍛** 17画 〔金〕

きた-える

ノ 𠆢 亼 今 全 全 金 金 釒 釒 釒 鈩 鈩 鈩 鍛 鍛 鍛

forge | 锻 | 불릴 단 | melatih | ĐOÀN, ĐOẢN, luyện tập

鍛(きた)える to train, to drill, to discipline | 锻, 锻炼 | 단련하다, 훈련하다 | melatih, menggembleng | luyện tập, rèn luyện

1641 **闘** 18画 〔門〕

fight | 头 | 싸울 투 | bertarung | ĐẤU, chiến đấu

トウ

戦闘（せんとう） a battle | 战斗 | 전투 | pertempuran | chiến đấu

闘志（とうし） * fight | 斗志, 斗争精神 | 투지 | semangat juang | tinh thần chiến đấu

奮闘する（ふんとうする） to make strenuous efforts, to fight hard | 奋斗 | 분투하다 | berjuang keras | chiến đấu hết sức

健闘する（けんとうする） * to put up a good fight | 奋斗, 勇敢斗争 | 건투하다 | berjuang, berusaha keras | chiến đấu lành mạnh

1642 **劣** 6画 〔力〕

inferior | 劣 | 못할 렬(열) | inferior | LIỆT, suy tàn

レツ

優劣（ゆうれつ） * superiority or inferiority | 优劣 | 우열 | keunggulan dan kelemahan | ưu việt và thấp kém

劣等感（れっとうかん） * an inferiority complex | 自卑感 | 열등감 | perasaan rendah diri | mặc cảm tự ti

劣化する（れっかする） * to deteriorate | 恶化, 退化, 变坏 | 열화하다 | memburuk | hư hỏng

おと-る

劣る（おとる） to be inferior to | 劣, 次, 不如 | 뒤떨어지다, 뒤지다, (딴것만) 못하다 | bermutu rendah, jelek dibanding yang lain | tồi tệ đi

1643 **督** 13画 〔目〕

supervise | 督 | 감독할 독 | mengawasi | ĐỐC, giám sát

トク

監督（かんとく） supervision, a supervisor, a director, a manager | 监督, 领队, 导演 | 감독 | supervisor, produser, manajer | việc giám sát, người giám sát, giám đốc, quản lý

1644 **赴** 9画 〔走〕

proceed | 赴 | 갈 부 | pergi | PHÓ, theo đuổi

フ

赴任する（ふにんする） to proceed to a new post | 赴任, 上任 | 부임하다 | menuju tempat tugas baru | nhận vị trí mới, làm việc ở vị trí mới

おもむ-く

赴く（おもむく） to proceed to | 赴, 前往, 去 | 향하다, 떠나다, 가다 | pergi | đi đến, tiến đến

1645  8画 〔十〕

table | 桌 | 높을 탁 | meja | TRÁC, cái bàn

タク

電卓（でんたく） a pocket calculator | 计算器 | 전자식 탁상 계산기 | kalkulator | máy tính bỏ túi

食卓（しょくたく） a dining table | 饭桌, 餐桌 | 식탁 | meja makan | bàn ăn

卓球（たっきゅう） * table tennis, ping-pong | 乒乓球 | 탁구 | tenis meja | bóng bàn

1646 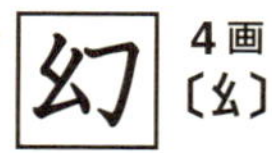 4画 〔幺〕

phantom | 幻 | 헛보일 환 | bayangan mata | ẢO, ảo giác

ゲン

幻覚（げんかく） * an illusion, a hallucination | 幻觉 | 환각 | ilusi, halusinasi | ảo tưởng, ảo giác

幻滅（げんめつ） * disillusionment | 幻灭 | 환멸 | putus harapan | vỡ mộng

幻想的な（げんそうてきな） * fantastic | 梦幻般的, 奇幻的 | 환상적인 | bersifat fantasi | mang tính viễn tưởng

まぼろし

幻（まぼろし） * a phantom, an illusion | 幻, 幻想, 虚幻, 虚构 | 환상, 덧없는 것 | bayangan mata, ilusi | viễn tưởng, ảo giác

1647  14画 〔糸〕

rope | 纲 | 벼리 강 | tali | CƯƠNG, sợi dây

つな

綱（つな） a rope | 绳索, 粗绳 | 밧줄, 로프 | tali | sợi dây

命綱（いのちづな） * a lifeline | 救生索 | 구명삭, 생명선 | tali panjat | dây cứu sinh

横綱（よこづな） *yokozuna*, a grand champion *sumo* wrestler | 横纲 | 요코즈나 | yokozuna, pesumo peringkat teratas | yokozuna, đấu sĩ sumo vô địch

1648 **塁** 12 画 〔土〕

ルイ

丨 冂 罒 田 田 田 田 田 田 畾 畾 塁

rampart | 垒 | 진 루 | bidai (baseball) | LŨY, thành luỹ

塁（るい）* a base | 垒（棒球）| 누, 베이스 | bidai (baseball), base | căn cứ

盗塁（とうるい）する * to steal a base | 偷垒（棒球）| 도루하다 | mencuri base | cướp căn cứ (trong bóng chày)

1649 **輝** 15 画 〔車〕

かがや-く

丨 丨 ⺌ ⺌ 光 光 光 光 炉 炉 焊 焊 煇 煇 輝

shine | 辉 | 빛날 휘 | bersinar | HUY, chói sáng

輝（かがや）く to shine, to twinkle, to glitter, to sparkle | 放光, 辉耀, 闪耀 | 빛나다, 반짝이다 | bersinar, berkilauan | toả sáng, lấp lánh, rực rỡ, lộng lẫy

1650  15 画 〔飠〕

もち

丿 𠆢 𠆢 今 今 今 今 食 食 食 飠 飠 飠 餅 餅 [餅]

rice cake | 饼 | 떡 병 | mochi | BÍNH, bánh gạo

餅（もち） rice cake | 年糕, 黏糕 | 떡, 찰떡 | mochi, bola ketan | bánh gạo

1651 **睦** 13 画 〔目〕

ボク

丨 冂 冃 月 目 目 目 目 目 目 睦 睦 睦

friendly | 睦 | 화목할 목 | dengan akrab | MỤC, thân mật

親睦（しんぼく）* friendship | 和睦 | 친목 | silaturahmi, keakraban | tình thân hữu

1652 **嬢** 16 画 〔女〕

ジョウ

く 女 女 女 女 女 女 女 女 女 嬢 嬢 嬢 嬢 嬢 嬢

young lady | 嬢 | 계집애 양 | anak perempuan | NƯƠNG, cô nương

お嬢（じょう）さん a young lady, your daughter | 令爱, (您的)女儿, 千金, 小姐, 姑娘 | 따님, 아가씨 | gadis muda | cô gái, con gái

～嬢（じょう） Miss ... | …小姐, …姑娘 | …양 | Nona… | quý cô

1653 **旗** 14 画 〔方〕

キ

はた

丶 亠 方 方 方 方 方 旃 旃 旃 旗 旗 旗 旗

flag | 旗 | 기 기 | bendera | KỲ, cờ

国旗（こっき）* the national flag | 国旗 | 국기 | bendera negara | quốc kỳ

旗（はた） a flag | 旗, 旗帜 | 기, 깃발 | bendera | lá cờ

1654 **癖** 18 画 〔疒〕

くせ

丶 一 广 广 疒 疒 疒 疒 疒 疒 疒 疒 疒 癖 癖 癖 癖 癖

habit | 癖 | 버릇 벽 | kebiasaan | PHÍCH, thói quen

癖（くせ） a habit | 癖性, 习惯, 毛病 | 버릇, 습관 | kebiasaan | thói quen

1655 **遂** 12 画 〔辶〕

スイ

と-げる

丶 丷 䒑 䒑 㒸 㒸 㒸 㒸 㒸 遂 遂 遂

accomplish | 遂 | 드디어 수 | mencapai | TOẠI, hoàn thành

未遂（みすい）(の)* attempted | 未遂 | 미수 | percobaan | lên kế hoạch nhưng chưa hoàn thành

遂行（すいこう）する * to accomplish | 完成, 执行 | 수행하다 | melaksanakan | đạt được

遂（と）げる to accomplish | 完成, 达到 | 이루다, 달성하다, 성취하다 | melaksanakan, mencapai | đạt được

やり遂（と）げる to accomplish, to carry out | 做完, 完成 | 끝까지 해내다, 완수하다 | berhasil menyelesaikan, mencapai | đạt được, thực hiện

成（な）し遂（と）げる * to carry out, to accomplish | 完成 | 성취하다, 해내다, 이룩하다 | berhasil menyelesaikan, mencapai | thực hiện, đạt được

問題1　次の見出しや記事を読んで、下線部①～⑫の読みをひらがなで書きなさい。

①絶滅の②危機にある③幻の鳥を④保護

⑤横綱 初場所で6⑥連覇を⑦狙う

○○内野手※ 初の⑧盗塁王に⑨輝く　※内野手：an infielder

プロ野球
パンサーズ　⑩餅つき大会でファンと交流

選手とコーチ、⑪監督も参加してファンと⑫親睦を深めた。

問題2　下線部の漢字の読みを書きなさい。

① 野球場などでアナウンスをする女性を「ウグイス嬢」と呼びます。

② 表彰台に立った選手たちは、国歌が流れるなかで国旗を見つめた。

③ あの選手はインタビューを受けるとき、髪の毛を触る 癖がある。

④ 彼は与えられた 任務を、無事、遂行した。

問題3　送りがなが必要な場合はそれに注意して、下線部の言葉を漢字で書きなさい。

① 取材のため現地におもむく。

② 日頃から体をきたえる。

③ 川の水面を魚がはねる。

④ 今回の作品は前作よりおとる。

⑤ 難しい技にいどむ。

⑥ 靴下にあなが開く。

⑦ はたを振って応援する。

⑧ 親の愛情にうえているように見える。

問題4　｛　｝の正しいほうに○をつけなさい。

① 選挙をきけん｛危険　棄権｝する。

② 人権をようご｛擁護　養護｝する。

③ どう｛胴　銅｝メダルを獲得する。

④ かんせい｛完成　歓声｝が上がる。

⑤ 空をとぶ｛飛ぶ　跳ぶ｝。

⑥ 我がチームのけんとう｛健闘　検討｝を祈る。

22課 社会・産業

社会・産業に関するニュースを読む

なんと書いてありますか

①「さくらフェリー」最後の航海
離島と本土を往復して20年
周辺地域の交通網も変化

今年春に開通したさくら大橋の影響で、利用客を陸の交通に奪われ、経営が悪化。長年島の人々に親しまれた2隻のフェリーは海外への売却が決まっている。

②「卒業後3年間　新卒扱いに」
—就活早期化の弊害打開案
充実した学生生活と余裕のある就職活動を

③ NPO法人 生活困窮者のために墓を建立

④ 6割の小中学校で給食費未納者
滞納原因は保護者の規範意識の欠如と経済的理由が半々

⑤ どこの誰？
毎年交番に届く匿名のお年玉
「交通事故で困っている人に使って」
メモと1万数千円の硬貨
30年以上も続いている。

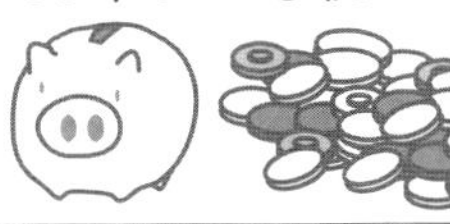

⑥ 安全・安心な除菌液が人気
インフルエンザや感染性胃腸炎などが猛威を振るうなか、A社の製造する「体にやさしい」除菌液が大人気。従来食品工場や酪農家、医療施設などで使われていたが、家庭用に手軽に使えるタイプも発売され、問い合わせが殺到している。

⑦ 伊勢（いせ）で真珠の入札始まる
猛暑の影響で真珠の出来が心配されたが、アコヤ貝は順調に生育。直径5～10ミリの一級品が出品された。

⑧ 紳士肌着売り場で腹巻が大売れ
冷え性対策
デザインも色もおしゃれに

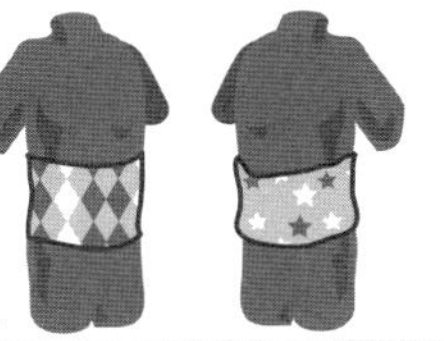

⑨ 貝塚めぐりで郷土史を学ぶ
貝塚を通して縄文時代の人々の暮らしを学ぶというイベントが24日、大島町で開催された。

①
往復する
交通網
～隻

②
弊害
充実した
余裕

③
困窮
墓

④
欠如する

⑤
誰
匿名

⑥
除菌する
猛威
酪農

⑦
真珠
猛暑
直径

⑧
紳士

⑨
貝塚

1656 往 8画 〔彳〕

オウ

go | 往 | 갈 왕 | pergi | VÃNG, đi

往復(おうふく)する to make a round trip | 往返, 来回 | 왕복하다 | pulang pergi | đi khứ hồi

往診(おうしん)する to visit a patient | 出诊 | 왕진하다 | mengunjungi pasien | thăm bệnh nhân

1657 

モウ

あみ

net | 网 | 그물 망 | jaring | VÕNG, cái lưới

～網(もう) ... network | …网 | …망 | jaringan ... | mạng lưới

網(あみ) a net | 网, 铁丝网, 罗网 | 그물 | jaring | cái vợt

1658 

セキ

one of a pair | 只 | 외짝 척 | pasangan | CHÍCH, một cái của một cặp

～隻(せき) ... ship(s)《counter for ships》| …只, …艘 | …척 | ... kapal (satuan bilangan untuk kapal) | ... chiếc (số đếm của tàu lớn)

1659 

ヘイ

break | 敝 | 폐단 폐, 해질 폐 | kerusakan | TỆ, vỡ

弊害(へいがい) * an evil, an abuse | 弊病, 恶劣影响 | 폐해 | pengaruh buruk, penyakit | tội ác, ngược đãi

1660 

ジュウ

fill | 充 | 채울 충 | mengisi | SUNG, làm đầy

拡充(かくじゅう)する to expand, to enlarge | 扩充 | 확충하다 | mengembangkan, meluaskan | phát triển, mở rộng

補充(ほじゅう)する to supplement, to replenish | 补充 | 보충하다 | menyuplai, melengkapi | bổ sung, đong đầy

充実(じゅうじつ)した full, complete | 充实, 丰富 | 충실하다 | penuh manfaat, memuaskan | đầy đủ, hoàn thiện

1661 

ユウ

ample | 裕 | 넉넉할 유 | melimpah | DỤ, giàu có

余裕(よゆう) a surplus, a margin, room | 富余, 充裕 | 여유 | kelebihan, kelonggaran, ruang | dư giả, có khoảng trống

1662 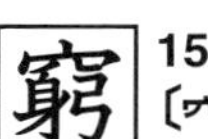

キュウ

extreme | 穷 | 다할 궁, 궁할 궁 | ekstrem | CÙNG, cực kỳ

窮乏(きゅうぼう) destitution, poverty | 贫穷, 贫困 | 궁핍하다 | kemelaratan, kemiskinan | nghèo túng, nghèo đói

困窮(こんきゅう) * destitution, poverty | 穷困, 贫困, 为难, 有困难 | 곤궁 | kesengsaraan, kemiskinan | khốn túng, cơ cực, nghèo khổ

窮屈(きゅうくつ)な tight, cramp, formal | 窄小的, 瘦小的, 不舒畅的, 感觉受拘束 | 거북한, 갑갑한 | ketidakbebasan, kesempitan | chật chội, bó buộc, trang trọng

1663 

ボ

はか

grave | 墓 | 무덤 묘 | kuburan | MỘ, mộ

墓地(ぼち) a graveyard, a cemetery | 墓地 | 묘지 | tanah kuburan, pemakaman | nghĩa trang, nghĩa địa, bãi tha ma

墓(はか) a grave | 墓, 坟墓 | 묘, 무덤 | kuburan | ngôi mộ

1664 **如** 6画〔女〕

ジョ

く 女 女 如 如 如

as | 如 | 같을 여 | seperti | NHƯ, nếu như

欠如（けつじょ）する to lack | 缺乏, 缺少 | 결여하다 | kekurangan | thiếu

突如（とつじょ） suddenly, unexpectedly | 突然 | 갑자기, 별안간, 돌연 | tiba-tiba, tak terduga | đột nhiên, đột ngột

1665 **誰** 15画〔言〕

だれ

丶 亠 亠 亠 言 言 言 訁 訃 訃 計 誹 誹 誰 誰

who | 谁 | 누구 수 | siapa | THÙY, ai

誰（だれ） who | 谁 | 누구 | siapa | ai?

1666  **匿** 10画〔匚〕

トク

一 二 千 千 于 乎 乎 若 若 匿

hide | 匿 | 숨길 닉(익) | sembunyi | NẶC, che giấu

匿名（とくめい）(の)* anonymous | 匿名 | 익명 | anonim | giấu tên

1667 **菌** 11画〔艹〕

キン

一 十 艹 艹 芦 芦 芦 苪 菌 菌 菌

bacteria | 菌 | 버섯 균 | bakteri | KHUẨN, vi khuẩn

菌（きん） bacteria | 细菌, 真菌 | 균 | bakteri | vi khuẩn

細菌（さいきん） bacteria, a germ, a microbe | 细菌 | 세균 | bakteri, kuman | vi khuẩn, vi trùng

ばい菌（きん） bacteria, a germ | 细菌 | 미균, 세균 | bakteri, kuman | vi trùng, vi khuẩn

殺菌（さっきん）する * to sterilize | 杀菌 | 살균하다 | mensterilkan | sát trùng

除菌（じょきん）する * to eliminate bacteria | 除菌 | 제균하다, 세균을 제거하다 | menghilangkan bakteri | loại trừ vi khuẩn

1668  **猛** 11画〔犭〕

モウ

ノ 犭 犭 犭 犭 犭 犭 猛 猛 猛 猛

fierce | 猛 | 사나울 맹 | dahsyat | MÃNH, dữ dội

猛烈（もうれつ）な violent, fierce, vehement | 猛烈的 | 맹열한 | dahsyat, hebat | dữ dội, khốc liệt, mãnh liệt

猛暑（もうしょ） * fierce heat | 炎热, 酷热 | 맹서, 혹서 | panas yang menyengat | nóng kinh khủng

1669 **威** 9画〔女〕

イ

丿 厂 厂 厂 反 反 威 威 威

force | 威 | 위엄 위 | kekuatan | UY, OAI, uy hiếp

威力（いりょく） power | 威力 | 위력 | pengaruh | uy lực

権威（けんい） authority | 权威 | 권위 | otoritas | quyền uy

猛威（もうい） * fury, rage | 猛烈的威势, 来势凶猛 | 맹위 | keganasan, kedahsyatan | mãnh liệt, nổi cơn thịnh nộ

威張（いば）る to put on airs, to boast | 自以为了不起, 自吹自擂, 逞威风 | 뽐내다, 으스대다, 빼기다 | menyombongkan, sombong | làm ra vẻ, phô trương

1670 **酪** 13画〔酉〕

ラク

一 厂 下 丙 丙 两 酉 酉 酌 酌 酪 酪 酪

whey | 酪 | 쇠젖 락(낙) | air dadih | LẠC, bơ sữa

酪農（らくのう） dairy farming | 奶酪畜牧业 | 낙농 | ternak perah | sản xuất bơ sữa

1671  **珠** 10画〔王〕

シュ

一 丁 干 王 王 王 珄 珄 珠 珠

pearl | 珠 | 구슬 주 | mutiara | CHÂU, trân châu

真珠（しんじゅ） a pearl | 珍珠, 真珠 | 진주 | mutiara | trân châu

1672 **径** 8画 〔彳〕
ケイ
ノ ク 彳 彳 彳 径 径 径
path | 径 | 지름길 경 | jalan | KHINH, đường bộ
半径（はんけい） a radius | 半径 | 반경 | jari-jari, radius | bán kính
直径（ちょっけい） a diameter | 直径 | 직경 | diameter | đường kính

1673 **紳** 11画 〔糸〕
シン
く 幺 幺 糸 糸 糸 糸 紳 紳 紳 紳
gentry | 绅 | 띠 신 | pria baik-baik | THÂN, tầng lớp quý tộc
紳士（しんし） a gentleman | 绅士 | 신사 | laki-laki terhormat, jentelmen | đàn ông
紳士的な（しんしてきな） gentlemanly | 绅士似的, 像个绅士 | 신사적인 | secara jentelmen | lịch lãm

1674 **塚** 12画 〔土〕
つか
一 十 土 圹 圹 圹 圹 坧 塚 塚 塚 塚
mound | 冢 | 무덤 총 | gundukan | TRỦNG, đống đất
塚（つか）* a mound, a hillock | 冢, 坟墓 | 총, 무덤 | gundukan | u, gò (đất)
貝塚（かいづか）* a kitchen midden, a shell heap | 贝冢 | 패총, 조개무지 | tumpukan kerang | đống rác bếp, đống vỏ sò

1675 **卸** 9画 〔卩〕
おろ-す
おろし
ノ ㇒ 仁 午 午 缶 缶 卸 卸
take off | 卸 | 풀 사 | menjual borongan | TÁ, bán sỉ
卸す（おろす） to sell wholesale | 批发 | 도매하다 | menjual grosir | bán buôn, bán sỉ
卸売り（おろしうり）* wholesale | 批发 | 도매 | penjualan grosir | bán sỉ

1676 **銭** 14画 〔金〕
セン
ぜに
ノ 人 ㅅ 今 今 全 余 金 金 金 釒 銭 銭 銭
money | 钱 | 돈 전 | uang | TIỀN, tiền bạc
金銭（きんせん） money, cash | 钱, 金钱 | 금전 | uang | tiền bạc, tiền mặt
小銭（こぜに） small change, a coin | 零钱, 零用钱 | 잔돈 | uang receh, koin | tiền nhỏ, tiền xu

1677 **僧** 13画 〔亻〕
ソウ
ノ イ 亻 亻 亻 伶 伶 伶 俾 僧 僧 僧 僧
(Buddhist) priest | 僧 | 중 승 | pendeta (Budha) | TĂNG, Tăng lữ
僧（そう） a (Buddhist) priest, a (Buddhist) monk | 僧, 僧侣 | 중, 승려 | pendeta (Buddha), biarawan (Buddha) | tăng, lữ (trong Phật Giáo)

1678 **庶** 11画 〔广〕
ショ
丶 一 广 广 庐 庐 庐 庐 庶 庶 庶
various | 庶 | 여러 서 | semua | THỨ, thường dân
庶民（しょみん） the common people | 平民, 庶民 | 서민 | rakyat biasa | bình dân
庶務（しょむ） general affairs | 庶务, 总务 | 서무 | tata usaha | tổng vụ

1679 **娯** 10画 〔女〕
ゴ
く 女 女 女 如 如 娯 娯 娯 娯
enjoyment | 娱 | 즐거워할 오 | kesenangan | NGU, hưởng thụ
娯楽（ごらく） amusement, entertainment | 娱乐 | 오락 | hiburan, rekreasi | giải trí, vui chơi

1680 **併** 8画 〔亻〕
ヘイ
あわ-せる
ノ イ 亻 亻 亻 併 併 併
unite | 并 | 아우를 병 | menyatukan | TÍNH, hợp nhất
合併する（がっぺいする） to combine, to unite, to merger | 合并 | 합병하다 | bergabung, bersatu, merger | kết hợp, tổng hợp, hợp nhất
併用する（へいようする）* to use (two things) at the same time | 并用 | 병용하다 | mempergunakan (dua benda) bersamaan | dùng hai (hay nhiều thứ) cùng một lúc
併せる（あわせる）* to combine, to join | 合并, 加在一起, 配合, 调合 | 합치다, 어우르다 | menggabungkan | kết hợp, hợp nhất

1681 班 10 画 〔王〕

一 丅 千 王 王 玎 玏 班 班 班

group | 班 | 나눌 반 | grup | BAN, nhóm

ハン

班（はん） a group, a squad | 班 | 반 | kelompok, regu | nhóm, ban

1682 扶 7 画 〔扌〕

一 十 才 扌 扌 抙 扶

support | 扶 | 도울 부 | bantuan | PHÙ, hỗ trợ

フ

扶養（ふよう）する to support, to maintain | 扶养, 赡养 | 부양하다 | menafkahi, menjadikan tanggungan | hỗ trợ, duy trì

1683  7 画 〔氵〕

丶 冫 氵 氵 汀 沢 沢

marsh | 泽 | 못 택 | rawa | TRẠCH, đầm lầy

タク

光沢（こうたく） gloss, shine, luster, sheen | 光泽 | 광택 | permukaan yang mengkilap | trơn, bóng, sáng, ngời sáng

1684  12 画 〔手〕

丨 丨丨 丨丨丨 ⺌ 尚 尚 尚 尚 堂 堂 堂 掌

palm | 掌 | 손바닥 장 | telapak tangan | CHƯỞNG, bàn tay

ショウ

車掌（しゃしょう） a conductor | 乘务员 | 차장 | kernet | người điều khiển, tài xế (lái tàu)

1685  6 画 〔日〕

丿 勹 勺 旬 旬 旬

ten-day period | 旬 | 열흘 순 | jangka waktu 10 hari | TUẦN, 10 ngày

ジュン

上旬（じょうじゅん） the first ten days of a month | 上旬 | 상순 | 10 hari pertama dalam sebulan | mười ngày đầu trong tháng

初旬（しょじゅん） the first ten days of a month, the beginning of a month | 初旬 | 초순 | 10 hari pertama dalam sebulan, awal bulan | mười ngày đầu trong tháng, đầu tháng

中旬（ちゅうじゅん） the middle ten days of a month | 中旬 | 중순 | 10 hari di tengah bulan | trung tuần, mười ngày giữa trong tháng

下旬（げじゅん） the last ten days of a month | 下旬 | 하순 | 10 hari terakhir dalam sebulan | mười ngày cuối trong tháng

シュン

旬（しゅん） * the best season | 应时, 旺季 | 철, 제철 | musimnya | đang trong mùa

1686 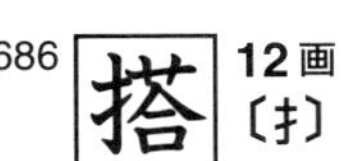 12 画 〔扌〕

一 十 才 扌 扌 扌 扌 扌 拨 拨 搭 搭

get on | 搭 | 탈 탑 | naik | ĐÁP, đi (xe, máy bay)

トウ

搭乗（とうじょう）する * to board | 搭乘 | 탑승하다 | naik ke pesawat | lên (tàu, máy bay)

搭載（とうさい）する * to load | 装, 装载 | 탑재하다 | memuat | chất lên

1687  15 画 〔氵〕

丶 冫 氵 氵 氵 氵 氵 氵 氵 氵 沣 沣 潜 潜 潜

dive | 潜 | 잠길 잠 | menyelam | TIỀM, lặn

セン

潜水（せんすい）する to dive, to submerge | 潜水 | 잠수하다 | menyelam | lặn xuống nước, chìm xuống nước

潜在（せんざい）する * to be latent, to be dormant | 潜在 | 잠재하다 | laten, tersembunyi | tiềm tàng, tiềm ẩn

もぐ-る

潜（もぐ）る to dive, to submerge | 潜水, 潜入, 躲进 | 잠수하다, 기어들다, 숨다 | menyelam | lặn, chìm

ひそ-む

潜（ひそ）む * to be in hiding, to lurk | 隐藏, 潜藏, 潜伏下来 | 숨다, 잠복하다, 잠재하다 | bersembunyi | ẩn chứa, tiềm tàng

練習

答え➡別冊 P.10

問題1　下線部の読みをひらがなで書きなさい。

① 父は輸入業者から仕入れた商品を小売店（こうりてん）に卸す仕事をしています。

② 自動販売機で飲み物を買う場合、小銭が必要です。

③ 浅草（あさくさ）の浅草寺（せんそう）は７世紀に勝海（しょうかい）という僧によって整備された。

④ 江戸時代の庶民の娯楽について書かれた研究書が出版された。

⑤ Ａ社とＢ社が合併して、世界最大の鉄鋼メーカーが誕生した。

⑥ 学生を６つの班に分けて、討論を行った。

⑦ 私は両親と妻を扶養している。

⑧ 光沢が出るまで、革の靴を磨く。

⑨ 車掌は安全を確認した上でドアを閉めた。

⑩ Ｃ社は、来月上旬に最新のエンジンを搭載した車を発売する。

⑪ プールで潜水の練習をした。

問題2　送りがなが必要な場合はそれに注意して、下線部の言葉を漢字で書きなさい。

① 夏がしゅんのこの魚はあなにもぐっているためアナゴと呼ばれる。

② この古墳は一体だれのはかなのだろう。

③ 大型の船、１せきの値段はいくらぐらいですか。

④ クレジットカードでばかり買い物をしているときんせん感覚が鈍くなりそうだ。

⑤ 忙しいけれど、じゅうじつした毎日を送っています。

問題3　｛　｝の正しいほうに○をつけなさい。

① しんじゅ｛真珠　真殊｝の指輪

② 昆虫を捕るあみ｛綱　網｝

③ 情報化社会のへいがい｛幣害　弊害｝

④ はんけい｛半径　半経｝３センチの円

⑤ テレビのごらく｛誤楽　娯楽｝番組

⑥ 国際線のとうじょう｛塔乗　搭乗｝ゲート

23課 芸術

文芸・美術・音楽に関する記事を読む

なんと書いてありますか

① 幻の絹糸、澄んだ音色を

輝く糸を生み出すという「幻の蚕」の絹糸を弦に使った箏(そう)の演奏会が開かれた。

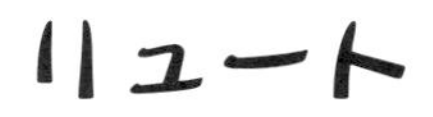

リュート

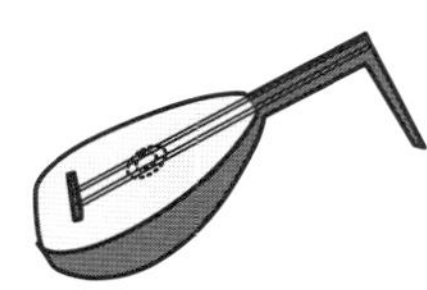

中世ヨーロッパで使用された弦楽器。多くは木製で、部分的に硬質の木材や象牙などが使用されている。

中央部にロゼッタ（ローズ）と呼ばれる幾何学模様の透(す)かし彫(ほ)り (an open-work) が施され、見た目にも美しい楽器である。

現代水墨画コンクール 大賞決まる

第18回現代水墨画コンクールで、松田武信さん（仙台市）の「松林」が大賞を受賞した。自然の松林を忠実かつ大胆に描写し、禅やわび※の精神を感じさせる閑静で奥深い表現が高い評価を受けた。

※わび：austere refinemen

『魂の歌』
津田裕子著
宝船社

世界各地に伝えられている歌には歴史的事実を反映した叙事詩が数多く存在する。それらに魅せられた著者の魂の記録とも言うべき小説。

②

訃報

歌舞伎の市川富十郎さん死去（93）

せりふ、踊り、艶やかな女形も豪快な役も巧みにこなした人間国宝。

……

狂言師
茂上万之丞
（1921－2009）

新しい日本の芸能について模索し、ジャンルを超えて柔軟に取り組み、テレビドラマでも活躍。能楽界の保守派から「芸が荒れる」と批判されても屈せず、自分の信念を貫いた。狂言を親しみやすいものにして普及に貢献。

※このページに登場する人名・作品名はすべて架空であり、実在の人物・作品とは一切関係ありません。

①
絹糸
澄む
蚕
弦
演奏会

水墨画
松林
忠実な
描写する
禅
閑静な

象牙
幾何学

叙事詩
魅せられる
魂

②
訃報
艶やかな
巧みな

狂言
荒れる
屈する
貫く
貢献

1688 **絹** 13画〔糸〕

silk | 绢 | 비단 견 | sutra | QUYÊN, tơ lụa

きぬ
絹(きぬ) silk | 丝绸, 绸子 | 비단, 명주 | sutra | tơ lụa
絹糸(きぬいと) * silk thread | 丝线 | 견사, 명주실 | benang sutra | sợi tơ lụa

1689 **澄** 15画〔氵〕

clear | 澄 | 맑을 징 | jelas, transparan | TRỪNG, trong sáng

す-む
澄(す)む to clear | 清澈 | 맑다 | jelas | trong rõ

す-ます
澄(す)ます to look serious, to listen carefully | 全神贯注(地倾听), 一本正经, 若无其事 | 새침을 떼다, 귀를 기울이다 | mempertajam (pendengaran), bermuka sejuk | trông nghiêm trọng, nghe kỹ

1690 **蚕** 10画〔虫〕

silkworm | 蚕蚕 | 누에 잠 | ulat sutera | TẰM, con tằm

かいこ
蚕(かいこ) * a silkworm | 蚕, 桑蚕 | 누에 | ulat sutra | con tằm

1691 **弦** 8画〔弓〕

string | 弦 | 시위 현 | senar | HUYỀN, dây đàn

ゲン
弦(げん) * a string, a (bow) string | 弓弦, 弦 | 현 | senar | dây đàn, dây cung
弦楽器(げんがっき) * a stringed instrument | 弦乐器 | 현악기 | alat musik bersenar | đàn dây

1692 **奏** 9画〔大〕

play | 奏 | 아뢸 주 | memainkan (alat musik) | TẤU, diễn

ソウ
吹奏楽(すいそうがく) * wind-instrument music | 吹奏乐 | 취주악 | musik tiup | nhạc khí thổi
演奏(えんそう)する to play, to perform | 演奏 | 연주하다 | memainkan, mementaskan | diễn xuất, trình diễn

かな-でる
奏(かな)でる * to play | 奏, 演奏 | 악기를 타다, 연주하다 | memainkan | diễn tấu

1693 **墨** 14画〔土〕

India ink | 墨 | 먹 묵 | tinta China | MẶC, mực Tàu

ボク
水墨画(すいぼくが) * a drawing in India ink | 水墨画 | 수묵화 | lukisan tinta cair | tranh vẽ bằng mực nước

すみ
墨(すみ) India ink, Chinese ink | 墨 | 먹 | tinta India, tinta China | mực tàu

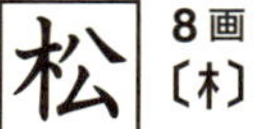

1694 **松** 8画〔木〕

pine tree | 松 | 소나무 송 | pohon pinus | TÙNG, cây Tùng

まつ
松(まつ) a pine tree | 松, 松树 | 소나무 | pohon pinus | cây tùng
松林(まつばやし) * a pine wood | 松林 | 송림, 솔밭 | hutan pinus | rừng tùng

1695 **忠** 8画〔心〕

loyalty | 忠 | 충성 충 | kesetiaan | TRUNG, trung thành

チュウ
忠実(ちゅうじつ)な faithful, loyal to | 忠实的 | 충실한 | setia, loyal | trung thành, trung tín
忠告(ちゅうこく)する to advise, to counsel, to give warning | 忠告 | 충고하다 | menasihati, memberi peringatan | khuyến cáo, cảnh báo

1696 **描** 11画 〔扌〕

一 丨 扌 扌 扌 扌 扌 措 描 描 描

draw | 描 | 그릴 묘 | menggambar | MIÊU, vẽ

ビョウ
描写（びょうしゃ）する to depict, to describe | 描写 | 묘사하다 | menggambarkan | miêu tả, bày tỏ

えが-く
描（えが）く to draw, to paint, to depict | 画, 描绘 | 그리다 | melukiskan | vẽ, hoạ

か-く
描（か）く to draw, to paint, to depict | 描绘 | 그리다 | menggambar, melukis | vẽ, hoạ, phác thảo

1697 **禅** 13画 〔ネ〕

丶 ㇇ ネ ネ ネ ネ ネ ネ 祈 祈 禅 禅 禅

Zen Buddhism | 禅 | 고요할 선 | Budha Zen | THIỀN, THIỆN, Thiền

ゼン
禅（ぜん） *Zen* Buddhism | 禅 | 선 | Budha Zen | Thiền

1698 **閑** 12画 〔門〕

丨 𠃍 ㇆ 𠃌 門 門 門 門 門 閑 閑 閑

tranquil | 闲 | 한가할 한 | tenang | NHÀN, thanh bình

カン
閑静（かんせい）な * quiet | 清静, 幽静 | 한정한 | tenang | thanh tịnh
休閑地（きゅうかんち） * fallow land | 休闲地 | 휴한지 | tanah terlantar | vùng đất hoang

1699 **牙** 4画 〔牙〕

一 ㇗ 𠂎 牙　［牙］

tusk | 牙 | 어금니 아 | gading | NHA, ngà (voi)

ゲ
象牙（ぞうげ） * an elephant tusk | 象牙 | 상아 | gading gajah | ngà voi

1700 **幾** 12画 〔幺〕

𠃋 幺 幺 幺 幺 幺 丝 丝 丝 幾 幾 幾

how many/much | 几 | 몇 기 | berapa | KỶ, KY, bao nhiêu

キ
幾何学（きかがく） * geometry | 几何学 | 기하학 | geometri | toán hình học

いく
幾多（いくた）の many | 许多, 几多 | 수많은, 허다한 | banyak | nhiều
幾分（いくぶん） somewhat | 几分, 一些 | 얼마간, 조금, 다소 | sebagian, agak | bằng cách nào

1701 **叙** 9画 〔又〕

丿 人 亼 亼 令 弁 余 叙 叙

describe | 叙 | 서술할 서 | mendeskripsikan | TỰ, miêu tả

ジョ
叙述（じょじゅつ）する * to describe, to depict, to narrate | 叙述 | 서술하다 | mendeskripsikan, mengutarakan | miêu tả, mô tả, thuật lại
叙事詩（じょじし） * an epic (poem) | 叙事诗 | 서사시 | epik, epos | Thiên sứ thi

1702 **詩** 13画 〔言〕

丶 二 三 三 言 言 言 言 計 計 詳 詩 詩

poem | 诗 | 시 시 | puisi | THI, thơ văn

シ
詩（し） a poem | 诗, 诗歌 | 시 | puisi | thơ
詩人（しじん） a poet | 诗人 | 시인 | penyair | thi nhân

1703 **魅** 15画 〔鬼〕

丿 亻 白 白 由 由 鬼 鬼 鬼 鬼 鬼 魅 魅 魅 魅

charm | 魅 | 매혹할 매 | menarik | MỴ, sức hút

ミ
魅力（みりょく） charm | 魅力 | 매력 | daya tarik | sức hấp dẫn
魅（み）せられる * to be charmed | 入魔, 着迷 | 매혹되다 | tertarik | hấp dẫn

1704 **魂** 14画 〔鬼〕

一 二 云 云 云 云 动 动 动 动 魂 魂 魂 魂

soul | 魂 | 넋 혼 | jiwa | HỒN, linh hồn

たましい
魂（たましい） a soul | 魂, 灵魂 | 넋, 혼, 영혼 | jiwa | linh hồn

1705 **訃** 9画 〔言〕

` 一 二 三 言 言 言 訁 訃

announce | 讣 | 부고 부 | obituari | PHÓ, cáo phó

フ

訃報(ふほう) * the news of one's death | 讣告, 讣闻 | 부고 | berita duka | cáo phó

1706  19画 〔色〕

丨 冂 巾 曲 曲 曲 曲 曹 豊 豊 豊 豊 豊 豊 豊 豔 豔 豔 艶

gloss | 艳 | 고울 염 | kilau | DIỄM, bóng bẩy

つや

艶(つや) gloss, shine, luster | 光泽, 润泽 | 윤, 광택 | kilau, kilap | nhẵn, bóng, lên nước

艶(つや)やかな * shiny, lustrous, beautiful | 有光泽, 光润, 光洁可爱 | 윤기나는, 반들반들한 | berkilau, klimis | bóng láng, nhẵn nhụi, đẹp

1707 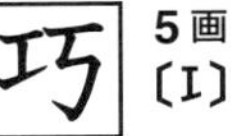 5画 〔工〕

一 丅 工 工 巧

skill | 巧 | 공교할 교 | terampil | XẢO, tinh xảo

コウ

巧妙(こうみょう)な skillful, ingenious, clever | 巧妙的 | 교묘한 | terampil, pandai, halus | khéo léo, tài tinh, mưu trí

精巧(せいこう)な elaborate, exquisite | 精巧的 | 정교한 | halus dan terampil | tinh xảo, tế nhị, tinh tế

たく-み

巧(たく)みな skillful, clever | 巧妙的, 精巧的 | 능란한, 능숙한, 교묘한 | terampil, pandai | khéo léo, tài tinh

1708 **狂** 7画 〔犭〕

ノ 犭 犭 犭 犴 狂 狂

crazy | 狂 | 미칠 광 | gila | CUỒNG, điên cuồng

キョウ

狂言(きょうげん) * *Kyogen* play, *Noh* farce | 狂言(日本的一种古典滑稽剧) | 교겐(일본의 전통예능의 한가지) | Kyogen | Kyogen, kịch Noh

熱狂的(ねっきょうてき)な * enthusiastic, wild, fanatical | 狂热的 | 열광적인 | antusias, bergairah | nhiệt tình, cuồng nhiệt, say mê

くる-う

狂(くる)う to go mad, to get out of order | 发疯, 沉溺于, 失常, 有毛病, 不准确 | 미치다, 정확치 않다, 어긋나다, 틀어지다, 빗나가다 | menjadi gila/kacau | điên khùng, đảo lộn

1709  9画 〔艹〕

一 十 艹 艹 芒 芒 芦 芹 荒

rough | 荒 | 거칠 황 | kasar | HOANG, hoang dã

コウ

荒廃(こうはい)する to go to ruin | 荒废 | 황폐하다 | menjadi rusak | hư hỏng

あら-い

荒(あら)い violent, rough | 粗暴 | 거칠다 | kasar | dữ dội, mãnh liệt

荒(あら)っぽい rough, violent | 粗暴, 粗糙 | 거칠다, 난폭하다 | kasar | mãnh liệt, bạo lực

あ-れる

荒(あ)れる to be rough, to be stormy, to go to ruin | 荒芜, 变粗糙 | 거칠어지다 | mengamuk, menjadi kasar, menjadi buruk | mãnh liệt, dữ dội, gây ra hư hỏng

あ-らす

荒(あ)らす to devastate, to damage | 使荒芜, 偷窃 | 망치다, 털다 | merusak | huỷ hoại, làm hỏng

1710  8画 〔尸〕

一 コ 尸 尸 屃 屃 屈 屈

bend | 屈 | 굽힐 굴 | menekuk | KHUẤT, QUẬT, uốn cong

クツ

理屈(りくつ) reason, logic, theory | 理论, 道理, 借口 | 이치, 논리, 핑계 | alasan, logika, teori | lý do, lý thuyết, lý luận

退屈(たいくつ)な tedious, boring | 无聊的 | 지루한, 따분한, 심심한 | bosan, jenuh | chán, tẻ nhạt

屈折(くっせつ)する to be refracted | 弯曲, 曲折, 屈折 | 굴절하다 | membengkok | khúc xạ, chiều ngược lại

屈(くっ)する * to yield | 屈, 气馁, 屈服 | 굴하다, 굴복하다, 굽히다 | tunduk, menyerah | chịu khuất phục

1711  11画 〔貝〕

ㄴ 口 四 毌 毌 毌 冐 冐 貫 貫 貫

penetrate | 贯 | 꿸 관 | menembus | QUÁN, thâm nhập

カン

貫禄(かんろく) * great presence | 尊严, 威严, 派头 | 관록 | kewibawaan | nhân phẩm

つらぬ-く

貫(つらぬ)く to pierce, to penetrate | 贯穿, 贯彻 | 꿰뚫다, 관철하다 | menembus | đâm thủng, thâm nhập

1712 **貢** 10画〔貝〕
一 丅 工 干 㐅 弄 青 杳 貢 貢
tribute | 贡 | 바칠 공 | upeti | CỐNG, cống hiến
コウ
貢献（こうけん）する to contribute | 贡献 | 공헌하다 | memberi sumbangan | cống hiến

1713 **柳** 9画〔木〕
一 十 才 木 木' 杧 杩 柳 柳
willow tree | 柳 | 버들 류(유) | pohon willow | LIỄU, cây Liễu
リュウ
やなぎ
川柳（せんりゅう） * a *senryu*, a humorous or ironical seventeen-syllable poem | 川柳 | 센류 | senryu, puisi kocak bersuku kata | thơ Senryu, thơ 17 chữ hài hước và châm biếm
柳（やなぎ） * a willow tree | 柳, 柳树 | 버들, 버드나무 | pohon willow | cây liễu

1714 **随** 12画〔阝〕
7 3 阝 阝' 阝⺈ 阡 阾 陏 陏 陏 随 随
follow | 随 | 따를 수 | ikut | TÙY, đi theo
ズイ
随筆（ずいひつ） an essay | 随笔 | 수필 | esai | tuỳ bút
随時（ずいじ） * at any time | 随时 | 수시 | setiap waktu | bất cứ lúc nào
随分（ずいぶん） extremely, considerably | 非常, 颇, 相当 | 몹시, 꽤, 상당히 | cukup … | rất, đáng kể
随所（ずいしょ）に * everywhere | 到处, 随处 | 도처에, 곳곳에, 어디서나 | di mana-mana | mọi nơi

1715 **戯** 15画〔戈〕
' ⺊ 广 广 卢 卢 虍 虍 虚 虚 虚 虚 戱 戯 戯
play | 戏 | 놀 희 | bermain | HÍ, diễn
ギ
たわむ-れる
戯曲（ぎきょく） a play, a drama | 戏曲 | 희곡 | sandiwara, drama | vở kịch, vở diễn
遊戯（ゆうぎ） * play, a game | 游戏 | 유희 | pertunjukan, permainan | vở diễn, game show
戯（たわむ）れる * to play | 嬉戏, 戏谑 | 장난치다, 놀다 | bermain | biểu diễn

1716 **喩** 12画〔口〕
丨 口 口 口' 叭 吆 吟 哈 哈 喻 喻 喩
admonish | 喻 | 깨우칠 유 | melukiskan | DỤ, ẩn dụ
ユ
比喩（ひゆ） * a simile, a metaphor | 比喻 | 비유 | simile, metafora | tỷ dụ, châm biếm

1717 **擬** 17画〔扌〕
一 丨 扌 扌 扌' 扌 扌 扌 扌 扌 扌 扌 扌 擬 擬 擬 擬
imitate | 拟 | 비길 의 | meniru | NGHĨ, bắt chước
ギ
模擬（もぎ）(の) * sham, mock | 模拟 | 모의 | tiruan, percobaan | mô phỏng
擬声語（ぎせいご） * an onomatopoeic word | 拟声词 | 의성어 | onomatope | từ tượng thanh
擬態語（ぎたいご） * a mimetic word | 拟态词 | 의태어 | mimesis | từ tượng hình
擬人化（ぎじんか）する * to personify | 拟人化 | 의인화하다 | mempersonifikasikan | nhân cách hoá

1718 **韻** 19画〔音〕
' 亠 亠 ☆ 立 辛 音 音 音 音 音' 音' 韵 韵 韵 韻 韻 韻 韻
rhyme | 韵 | 운 운 | sajak | VẪN, VẬN, âm vận
イン
韻（いん） * rhyme | 韵 | 운 | sajak | vần
余韻（よいん） * a lingering sound, reverberations | 余味, 余韵 | 여운 | kesan yang membekas | âm vang, vang dội

1719 **譜** 19画〔言〕
丶 亠 亠 亖 言 言 言 言 言' 言'' 訁 訁 訁 訁 譜 譜 譜 譜 譜
record | 谱 | 족보 보 | nada | PHỔ, việc ghi chép
フ
楽譜（がくふ） a score, (a sheet of) music | 乐谱 | 악보 | not | nốt nhạc

1720 **偵** 11画〔亻〕
丿 亻 亻' 亻⺊ 伫 佔 佔 侦 偵 偵 偵
spy | 侦 | 염탐할 정 | mata-mata | TRINH, gián điệp
テイ
探偵（たんてい） * a detective | 侦探 | 탐정 | detektif | thám tử

23課 練習

問題1 下線部の読みをひらがなで書きなさい。

① 川柳は俳句と同じ 17 字の短い詩で、人生や世の中のできごとを滑稽に描写するものです。

②『枕草子』は平安時代に書かれた随筆です。

③ シェイクスピアは四大悲劇などたくさんの戯曲を書きました。

④ 比喩とは、例えば、「月のように丸い」のように、類似したものを借りて表現することです。

⑤「うさぎとかめ」の話ではうさぎとかめが人間のように行動します。このように動物などを人間のように扱うことを擬人化といいます。

⑥ 詩において同一(どういつ)または似た音を、ある位置に繰り返し用いることを韻を踏むといいます。

⑦ これは吹奏楽のために書かれた曲の楽譜です。

⑧ イギリスで有名な探偵といえば、シャーロック・ホームズです。

問題2 送りがなが必要な場合はそれに注意して、下線部の言葉を漢字で書きなさい。

① 時計がくるう。

② 野生動物が畑をあらす。

③ きぬの着物を縫う。

④ かいこを育てる。

⑤ 言葉たくみに勧める。

⑥ 意志をつらぬく。

⑦ 自分の将来を頭に思いえがく。

⑧ 耳をすます。

問題3 { } の正しいほうに○をつけなさい。

① 部屋のすみ {隅 墨}

② もぎ {模凝 模擬} 試験

③ せいこう {成功 精巧} な機械

④ たいくつ {退屈 退堀} な話

⑤ かんせい {感性 閑静} な住宅街(がい)

⑥ ぜん {膳 禅} の精神

⑦ きかがく {幾何学 機科学} 模様

⑧ 突然のふほう {訃報 計報}

24課 農業

農業・園芸に関する解説を読む

なんと書いてありますか

①

植物が育つ時に必要なのは、空気（二酸化炭素）、水、日光と無機の栄養素（窒素、リン酸、カリなど）です。光合成によって炭水化物を作り、水に溶けている無機の栄養素を根を通して地中から吸収して成長します。（中略）栄養素を農地では、肥料という形で与えます。たとえば江戸時代には、堆肥（落ち葉、作物の不用部分など）、厩肥（家畜の糞）、屎尿※、干し鰯（鰯を乾かしたもの）などを肥料として与えました。現在でも有機肥料だけで農作物を育てている農家があります（有機農業）。有機物はミミズ、オケラ、ダンゴムシ、ゴキブリなどの土壌動物や、微生物の働きによって分解され、無機物となって植物に取り込まれます。

（中略）有機肥料で育って健康な作物は異常気象に耐える力も大きいのです。土壌微生物が発酵を続けているから、地温が高く保たれ、これが遅霜の被害を防ぎます。隙間（注）が多く、保水量が大きいので、干害にも強い。実際、八八年の冷害、九三年の凶作でも、有機栽培農家の被害は少なかったと報じられています。

（出典：中村とし枝「科学と社会　みどり・つち・ひと—環境問題を考える」『婦人通信』一九九五年七月号）

（注）有機物はクッションになって土の中に隙間をつくり、土をやわらかくする。この隙間には、水や空気が入る。

※屎尿（しにょう）：human waste

② 植物の栽培と収穫

①
- 二酸化炭素
- 栄養素
- 窒素
- 肥料
- 堆肥
- 家畜
- 土壌
- 微生物
- 発酵
- 遅霜
- 隙間
- 凶作
- 栽培する

②
- 収穫する
- 豆
- 芽
- 発芽
- 双葉
- 苗
- 稲刈り
- 穂
- 脱穀する
- 芋
- 掘る
- 柿
- 熟す

1721 **酸** 14画〔酉〕

一 丆 万 丙 两 西 酉 酉' 酉'' 酉ᐩ 酢 酸 酸 酸

acid, oxygen | 酸 | 실 산 | masam, oksigen | TOAN, axit, oxy

サン

酸性（さんせい） acidity | 酸性 | 산성 | keasaman | tính acid, tính chua

酸素（さんそ） oxygen | 氧, 氧气 | 산소 | oksigen | oxy

乳酸（にゅうさん） * lactic acid | 乳酸 | 유산 | laktosa | acid latic

炭酸飲料（たんさんいんりょう） * a carbonated drink | 碳酸饮料 | 탄산음료 | minuman bersoda | nước có ga

二酸化炭素（にさんかたんそ） * carbon dioxide | 二氧化碳 | 이산화탄소 | karbondioksida | khí cacbonic

酸化する（さんかする） to be oxidized | 酸化 | 산화하다 | mengasam | oxy hoá

1722 **素** 10画〔糸〕

一 十 キ 丰 圭 妻 妻 素 素 素

element | 素 | 본디 소 | elemen | TỐ, nguyên tố

ソ

元素（げんそ） an element, a chemical element | 元素 | 원소 | elemen | nguyên tố, nguyên tố hoá học

要素（ようそ） an element, a factor | 要素 | 요소 | faktor | nguyên tố, nhân tố

栄養素（えいようそ） * a nutrient | 营养素 | 영양소 | nutrisi | dinh dưỡng

質素な（しっそな） simple, frugal | 朴素的, 简朴的 | 질소한, 검소한 | sederhana | đơn giản, thanh đạm

ス

素直な（すなおな） obedient, docile, gentle | 老实(天真)的, 纯朴的 | 순진한, 솔직한 | manut, menurut, patuh | chân thực, thành thực, thật thà

◯◯

素人（しろうと） an amateur | 外行, 业余(爱好者) | 소인, 아마추어 | amatir | dân không chuyên

1723 **窒** 11画〔穴〕

' '' 宀 宀 㝉 穴 空 空 窒 窒 窒

block | 窒 | 막힐 질 | menutup | TRẤT, bị tắc

チツ

窒素（ちっそ） * nitrogen | 氮 | 질소 | nitrogen | khí ni-tơ

窒息する（ちっそくする） to suffocate, to choke | 窒息 | 질식하다 | lemas kekurangan oksigen | chết ngạt, ngộp thở

1724 **肥** 8画〔月〕

丿 刀 月 月 月' 肝 肝 肥

grow fat | 肥 | 살찔 비 | menjadi gemuk | PHI, béo phì

ヒ

肥料（ひりょう） manure, fertilizer | 肥料 | 비료 | pupuk | phân bón

1725 **堆** 11画〔土〕

一 十 土 圹 圹 圹 圹 圻 埣 堆 堆

accumulate | 堆 | 쌓을 퇴 | akumulasi | ĐÔI, chồng chất

タイ

堆肥（たいひ） * compost | 堆肥 | 퇴비 | kompos | phân trộn

堆積する（たいせきする） * to accumulate | 堆积 | 퇴적하다 | berakumulasi | tích luỹ

1726 **畜** 10画〔田〕

' 一 亠 玄 玄 玄 斉 斎 畜 畜

livestock | 畜 | 짐승 축 | ternak | SÚC, gia súc

チク

家畜（かちく） livestock | 家畜 | 가축 | binatang ternak | gia súc

畜産（ちくさん） stock raising, stockbreeding | 畜牧 | 축산 | peternakan | chăn nuôi gia súc

牧畜（ぼくちく） livestock farming, cattle breeding | 畜牧, 牧畜 | 목축 | peternakan | nuôi gia súc

1727 **壌** 16画〔土〕

一 十 土 圹 圹 圹 圹 圹 垆 垆 垆 垆 垆 壌 壌 壌

soil | 壌 | 부드러운 흙 양 | tanah | NHƯỠNG, thổ nhưỡng

ジョウ

土壌（どじょう） soil | 土壤 | 토양 | tanah | đất

1728 **微** 13画〔彳〕

ノ 彡 彳 彳' 彳' 彳' 彳' 彳' 徉 徉 徉 微 微

slight | 微 | 작을 미 | kecil | VI, siêu nhỏ

ビ

微生物（びせいぶつ） * a microorganism | 微生物 | 미생물 | mikroorganisme | vi sinh vật

微笑（びしょう） a smile | 微笑 | 미소 | senyuman | cười mỉm

微量（の）（びりょう） a small amount of ... | 微量(的) | 미량(의) | jumlah yang sangat kecil | lượng nhỏ

微妙な（びみょうな） subtle, delicate | 微妙的 | 미묘한 | halus, sensitif | tinh tế, khó thấy, tinh vi

1729 **酵** 14画 〔酉〕 **コウ**

一 丆 万 币 两 西 酉 酉 酉 酉 酵 酵 酵 酵

ferment | 酵 | 삭힐 효 | fermentasi | DIẾU, GIẾU, lên men

酵素（こうそ） * a ferment, an enzyme | 酵素, 酶 | 효소 | enzim | lên men, enzyme

発酵する（はっこう） * to ferment | 发酵 | 발효하다 | berfermentasi | cho lên men

1730 **霜** 17画 〔雨〕 **しも**

一 ㇀ 戸 币 币 币 雨 雨 雨 雫 雫 霏 霜 霜 霜 霜 霜

frost | 霜 | 서리 상 | embun beku | SƯƠNG, sương mù

霜（しも） frost | 霜 | 서리 | embun beku | sương giá

遅霜（おそじも） * a late frost | 晚霜 | 늦서리 | embun beku yang turun di awal musim semi | sương khuya

1731 **隙** 13画 〔阝〕 **すき**

㇇ ㇋ 阝 阝 阝 阝 阝 阝 阝 隙 隙 隙 隙

opening | 隙 | 틈 극 | celah, kesempatan | KHÍCH, khe hở

隙間（すきま） an opening, an aperture | 缝, 缝隙 | 틈새, 짬, 겨를 | celah | kẽ hở, lỗ hổng

1732 **凶** 4画 〔凵〕 **キョウ**

ノ メ 凶 凶

misfortune | 凶 | 흉할 흉 | kemalangan | HUNG, không may

凶作（きょうさく） a bad crop (harvest) | 歉收 | 흉작, 흉년 | gagal panen | mất mùa (vụ mùa)

1733 **栽** 10画 〔木〕 **サイ**

一 十 土 㘴 圭 圭 未 栽 栽 栽

plant | 栽 | 심을 재 | penanaman | TẢI, TÀI, trồng trọt

栽培する（さいばい） to grow, to cultivate | 栽培 | 재배하다 | menanam, membudidayakan | canh tác, gieo trồng

1734 **培** 11画 〔土〕 **バイ**

一 十 土 圵 圵 圵 圵 垃 培 培 培

cultivate | 培 | 북돋울 배 | menggarap | BỒI, vun trồng

培養する（ばいよう） * to cultivate, to culture | 培养 | 배양하다 | membiakkan, memelihara | canh tác, mở mang

1735 **穫** 18画 〔禾〕 **カク**

ノ 二 千 千 禾 禾 禾 禾 禾 禾 禾 禾 秆 秆 秆 穫 穫 穫

harvest | 获 | 거둘 확 | panen | HOẠCH, thu hoạch

収穫する（しゅうかく） to harvest | 收获 | 수확하다 | memanen | thu hoạch

1736 **豆** 7画 〔豆〕 **トウ** **ズ** **まめ**

一 厂 戸 戸 豆 豆 豆

bean | 豆 | 콩 두 | kacang | ĐẬU, hạt đậu

豆腐（とうふ） * *tofu*, Japanese bean curd | 豆腐 | 두부 | tahu | đậu hũ, đậu hũ làm từ đậu nành của Nhật

納豆（なっとう） * *natto*, fermented soybeans | 纳豆 | 낫토 | natto, makanan hasil fermentasi kedelai | Natto, đậu nành lên men

大豆（だいず） * soybeans | 大豆, 黄豆 | 대두, 콩 | kedelai | đậu nành

豆（まめ） beans | 豆 | 콩 | kacang | đậu

小豆（あずき） * *azuki* beans | 小豆, 红豆 | 팥 | kacang azuki | đậu nhỏ, đậu azuki

1737 **芽** 8画 〔艹〕

一 十 艹 艹 芒 芏 芽 芽

bud | 芽 | 싹 아 | tunas | NHA, mầm

ガ

発芽（はつが）する to germinate, to sprout | 发芽 | 발아하다 | bertunas, berkecambah | nảy mầm, đâm chồi

め

芽（め） a bud | 芽 | 싹 | tunas | chồi non

1738 **双** 4画 〔又〕

フ ヌ 刃 双

pair | 双 | 둘 쌍, 쌍 쌍 | (se) pasang | SONG, một đôi

ふた

双子（ふたご） twins | 双胞胎 | 쌍둥이 | kembar | song sinh

双葉（ふたば） * a cotyledons | 子叶, 两片嫩叶 | 떡잎, 자엽 | tunas berdaun dua | lá mầm

1739 **苗** 8画 〔艹〕

一 十 艹 艹 节 芇 苗 苗

seedling | 苗 | 모 묘 | bibit | MIÊU, mầm cây

なえ

苗（なえ） a seedling, a plant | 苗, 幼苗 | 모종, 볏모 | bibit | giống con, cây giống

1740 **刈** 4画 〔刂〕

ノ メ 乂 刈

cut | 刈 | 벨 예 | memotong | NGẢI, cắt

か-る

刈（か）る to cut, to reap, to clip, to trim | 割, 剪 | 베다, 깎다 | memotong | cắt, gặt lúa, hái, vặt

稲刈（いねか）り * rice reaping | 割稻子 | 벼베기 | potong padi | gặt lúa

1741 **穂** 15画 〔禾〕

´ ニ 千 千 禾 禾 和 和 种 秱 秱 穂 穂 穂 穂

ear | 穗 | 이삭 수 | padi-padian | TUỆ, bông lúa

ほ

穂（ほ） an ear | 穗 | 이삭 | padi-padian | bông (lúa)

稲穂（いなほ） * a ear of rice | 稻穗 | 벼이삭 | bulir padi | bông lúa

1742 **脱** 11画 〔月〕

丿 刀 月 月 月' 月' 肜 肸 肸 胪 脱

take off | 脱 | 벗을 탈 | melepas | THOÁT, cởi

ダツ

脱線（だっせん）する to be derailed, to digress | 出轨 | 탈선하다 | keluar jalur rel, menyimpang | chệch đường ray, lạc đề

脱退（だったい）する to withdraw | 脱离, 退出 | 탈퇴하다 | mundur, keluar | rút ra khỏi

ぬ-ぐ

脱（ぬ）ぐ to take off | 脱 | 벗다 | melepas | cởi (quần, áo)

1743 **穀** 14画 〔禾〕

一 十 士 声 声 壱 壴 壴 壴 壴 壴 㝅 穀 穀

grain | 谷 | 곡식 곡 | biji padi-padian | CỐC, ngũ cốc

コク

穀物（こくもつ） grain | 粮食, 五谷 | 곡물, 곡식 | biji-bijian | ngũ cốc

脱穀（だっこく）する * to thresh | 脱粒, 脱谷 | 탈곡하다 | merontokkan (biji) | đập (lúa)

1744 **芋** 6画 〔艹〕

一 十 艹 艹 竺 芋

potato | 芋 | 토란 우 | ubi | DỤ, khoai tây

いも

芋（いも） * a potato, a sweet potato, a taro | 薯(类) | 감자 · 고구마 · 토란 등의 총칭 | ubi | khoai tây, khoai ngọt

1745 **掘** 11画 〔扌〕

一 丁 扌 扌 扩 扩 护 折 掘 掘 掘

dig | 掘 | 팔 굴 | menggali | QUẬT, đào

クツ

採掘（さいくつ）する to mine | 开采, 采矿 | 채굴하다 | menambang, menggali | khai thác tài nguyên

発掘（はっくつ）する to excavate | 发掘 | 발굴하다 | mengadakan penggalian | khai quật

ほ-る

掘（ほ）る to dig | 挖 | 파다, 뚫다, 캐다 | menggali | đào

1746 **柿** 9画〔木〕
かき

一 十 才 木 木' 木' 村 柿 柿

persimmon | 柿 | 감나무 시 | buah kesemek | THỊ, quả hồng

柿（かき）* a persimmon | 柿子 | 감, 감나무 | buah kesemek | trái hồng

1747 **熟** 15画〔灬〕
ジュク

' 亠 亡 亩 亩 享 享 享 孰 孰孰孰孰熟熟

ripen | 熟 | 익을 숙 | matang | THỤC, chín

熟語（じゅくご） a (Chinese) compound word | 惯用语, 成语 | 숙어 | kata gabungan Kanji | từ ghép

未熟（みじゅく）な unripe, immature, unskilled | 未成熟的, 不熟练的 | 미숙한 | belum matang | chưa chín, còn non, chưa thành thạo

成熟（せいじゅく）する to mature, to ripen | 成熟 | 성숙하다 | matang | trưởng thành, chín (trái cây)

熟（じゅく）す * to ripen, to mature | 熟, 成熟 | 익다, 무르익다 | menjadi matang | làm cho chín, làm cho trưởng thành

1748 **茎** 8画〔艹〕
くき

一 十 艹 艾 艾 芝 苳 茎

stem | 茎 | 줄기 경 | tangkai | HÀNH, cuống

茎（くき） a stem, a stalk | 茎, 秆, 梗 | 줄기, 대 | tangkai | thân cây, ống cây

1749 **繁** 16画〔糸〕
ハン

ノ ㇐ 亡 有 有 每 每' 每' 每' 敏 敏 繁 繁 繁 繁 繁

flourish | 繁 | 번성할 번 | subur | PHỒN, phồn thịnh

頻繁（ひんぱん）な frequent | 频繁的 | 빈번한 | sering | thường xuyên

繁栄（はんえい）する to prosper, to thrive, to flourish | 繁荣 | 번영하다 | makmur, maju, semarak | thịnh vượng, phồn vinh, phát triển

繁盛（はんじょう）する to prosper, to thrive, to flourish | 兴隆, 兴旺 | 번성하다 | makmur, laris, maju | làm cho thịnh vượng, phát triển, phồn vinh

1750 **殖** 12画〔歹〕
ショク
ふ-える
ふ-やす

一 厂 万 歹 歹 歹' 歹' 殖 殖 殖 殖 殖

increase | 殖 | 불릴 식 | bertambah | THỰC, tăng trưởng

生殖（せいしょく）* reproduction, procreation | 生殖 | 생식 | reproduksi, perkembangbiakan | sinh sôi, nảy nở, sản sinh

繁殖（はんしょく）する to breed, to propagate | 繁殖 | 번식하다 | berkembang biak | sinh sôi, nhân giống

増殖（ぞうしょく）する * to propagate, to increase | 增殖, 增生 | 증식하다 | berbiak | nhân giống, sinh sản

殖（ふ）える to increase, to multiply, to propagate | 增加, 增多, 繁殖 | 늘다, 번식하다, 증가하다, 불어나다 | bertambah | phát triển, nhân giống, làm gia tăng

殖（ふ）やす to increase, to multiply, to propagate | 增殖, 繁殖, 增加, 增添 | 늘리다, 불리다, 번식시키다 | menambahkan, memperbanyak | làm gia tăng, nhân rộng, nhân giống

1751 **挿** 10画〔扌〕
ソウ
さ-す

一 十 扌 扌 扌 扦 扦 挿 挿 挿

insert | 插 | 꽂을 삽 | memasukkan | THÁP, cho vào

挿入（そうにゅう）する * to insert | 插入 | 삽입하다 | memasukkan | cho vào

挿（さ）す to insert, to put in | 插 | 꽂다 | memasukkan | cho vào, bỏ vào

挿（さ）し木（き）* a cutting | 插木, 插条 | 삽목, 꺾꽂이 | setek | cành giâm

1752 **枯** 9画〔木〕
か-れる

一 十 才 木 木 杆 杆 枯 枯

wither | 枯 | 마를 고 | layu | KHÔ, khô héo

枯（か）れる to wither | 枯萎 | 마르다, 시들다 | layu | khô héo

問題1　下線部の読みをひらがなで書きなさい。

① 植物の中には葉や根、茎など体の一部分から繁殖するものがありますが、挿し木はその代表的な例です。

② 栄養が不足すると、植物は枯れてしまいます。

③ 植物が育つ際に必要なものは、二酸化炭素、水、日光、窒素などです。

④ 有機栽培では、化学肥料や農薬の使用を避けて、堆肥などを使います。

⑤ 土壌にいる微生物には有機物を分解するはたらきがあります。

⑥ 有機肥料で育った健康な作物は異常気象に耐える力が大きいです。

⑦ 納豆は大豆を発酵させて作ります。

⑧ このレポートは少し直したほうがいいですね。この文章は削除して、ここに１行挿入してください。

⑨ 店が繁盛するように神社にお参りをしました。

⑩ 秋祭りは一般に作物の収穫を祝う行事です。

⑪ 窓の隙間から冷たい風が入ってくる。

⑫ お餅が喉に詰まって窒息する。

問題2　｛　　｝の正しいほうに○をつけなさい。

① 今朝は庭一面にしも｛霜　霧｝が降りている。

② じゃがいもからめ｛根　芽｝が出た。

③ 私の故郷はぼくちく｛牧畜　牧蓄｝が盛んです。

④ 妹は明るくてすなお｛正直　素直｝です。

⑤ きょうさく｛区作　凶作｝が２年続いた。

⑥ 花が咲いて実がじゅくす｛熟す　塾す｝。

⑦ びりょう｛微量　徴量｝の毒が検出された。

問題3　送りがなが必要な場合はそれに注意して、下線部の言葉を漢字で書きなさい。

① 穴をほる。

② 帽子をぬぐ。

③ 芝をかる。

④ いもを煮る。

まとめ問題・3

答え➡別冊 P.11

例のように書きなさい。

例：わたしは大学へ行きます。
私　だいがく　いきます

1 ファイルを圧縮して、メールで送ったのですが、とどきましたか。

2 多くの人が商店をおそって、たくさんの商品を略奪した。

3 このあたりは、踏み込むことができないほど木が密集している。

4 多くの人がけいたい電話を持つようになったため、公衆電話がへってしまった。

5 監督のお嬢さんと一緒におべんとうを食べた。

6 庶務をたんとうする社員を補充するひつようがあります。

7 弦楽器の魅力はどんなところにありますか。

8 古代の町の発掘現場から、いろいろな穀物のたねがはっけんされた。

9 この山で針葉樹と広葉樹がどのように分布しているか、しらべる。

10 日本には噴火する可能性のある火山がたくさんあります。気象庁(The Meteorological Agency)は全国108の火山のかつどうを監視しています。

11 日本では病院などへの支払いや薬の購入が10万円を超えた場合、税金の控除が受けられる。

12 国際連盟(League of Nations)は、1920年に設立された。設立されたときの加盟国は42か国だった。

13 寮の食堂で新しく入った留学生の歓迎会がひらかれた。

14 旬の魚ややさいはおいしいし、栄養もたっぷりだ。

15 彼女は私の忠告にしたがって、探偵にちょうさをたのむのをやめた。

16 豆腐や納豆は大豆から作られます。日本人のしょくたくには欠かせないものです。

17 『源氏物語』には貴い身分の人物がたくさん登場する。

18 今日はきおんが高いので、適宜、休憩を取って、無理をしないでください。

まとめ問題・3

19 彼女はぐうぜん会った友だちと、柳の木の傍らで、立(た)ち話(ばなし) (stand talking) をしている。

20 第２次世界大戦 (the Second World War) 前の日本のけいざいは、三井(みつい)や三菱(みつびし)などの財閥がうごかしていたといえよう。

21 彼女はこの困難なけんきゅうを１人で成し遂げた。

22 このブラウスはわきの下が窮屈だ。桜の模様がとても素敵(すてき)なのに、サイズがあわなくて、残念だ。

23 この山のおくに荒廃した寺がある。むかしは多くの人がおとずれたらしい。

24 あの双子は、生まれたとき、未熟児(じ) (a premature baby) だったが、今はクラスの中で一番せが高い。

25 みなの前で、模範演技を披露する。

26 殺すぞと脅かされて、しかたなく金庫をあけた。

27 刑事が贈賄事件のそうさをはじめた。

28 次に、ご来賓の方から、ご挨拶がございます。

29 私は、小さいときから、せいせきが良くて、美人の姉に対して、劣等感があった。

30 嵐のために、猛烈なかぜが吹いた。屋根がとばされた家もあった。

31 日本語には、「ワンワン」「コケコッコー」のような擬声語、「ツルツル」「フラフラ」ような擬態語がたくさんある。

32 今年はいつもより寒さが厳しいのか、ひんぱんに霜が降(お)りる。

33 どうしたらこの問題がかいけつできるか、その方策を模索しているところだ。

34 言論のじゆうを圧迫するような行為はゆるされない。

35 この本を執筆したさっかが控え室に、突如、あらわれた。

36 彼は郷里に大(だい)邸宅を所有しているという噂(うわさ)だ。

25課 生物学 I

生物に関する解説を読む I

なんと書いてありますか

①

今日、森林の砂漠化や石炭、石油などの化石燃料の消費による大気中への炭酸ガス量の増大が地球の温暖化をひきおこし、極地※の氷がとけて海水面が上昇する危険性が指摘されています。さらには冷房機に欠かせないフロンガスが大気のオゾン層を破壊し、有害な紫外線量が増加して、突然変異や皮膚ガンが増えるのではないかと心配されています。地球の環境を正常に保つために生物、とくに植物の重要性が今ほど真剣に考えられている時期はないかも知れません。（中略）

昨今、マスコミを中心として、バイオテクノロジーという言葉が頻繁に使われるようになってきました。（中略）人間は古くから家畜を飼育し、作物を栽培する過程で品種改良を続けてきたわけですし、乳製品や酒、みそ、しょうゆといったものは微生物のもつ発酵や醸造といった作用をうまく利用し、より目的にあった微生物の系統を選抜してきたわけです。したがってこれらの行為に含まれる技術は、すべてバイオテクノロジーという言葉で表してもよい性質のものだといってよいでしょう。

※極地：北極や南極

（出典：三位正洋『夢の植物をつくる』裳華房）

①
砂漠
上昇する
指摘する
冷房機
破壊する
頻繁な
飼育する
醸造する

②

細胞の構造　それぞれの細胞は原形質でできていて、それは細胞膜とよばれる薄い膜によって包まれています。この膜は脂質の二重層からなり、その中にいろいろな機能をもったタンパク質が漂っています。細胞膜は単なる入れ物や仕切りではなく、養水分の選択的な透過や種々の化学反応をつかさどっています。植物細胞の場合、その外側を細胞壁とよばれる厚く堅い層が取りまいており、そのお陰で細胞は角張った形を保っていられるし、植物の体を丈夫にするのに役立っています。（中略）

さて細胞の中で最も大きな構造で、生命の維持と子孫の繁栄に重要な役割を担っているのは核です。核は細胞膜と同様の組成をもつ核膜で覆われたほぼ球形の構造体で、その生物が生きていくために必要な遺伝子の大部分を担っている染色体が中に含まれています。

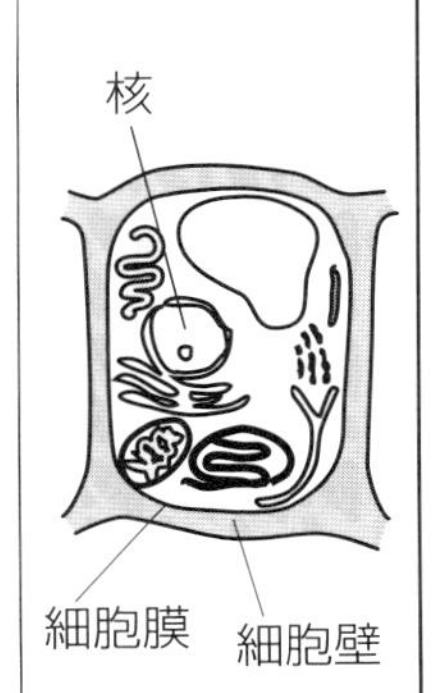

植物細胞

（出典：三位正洋『夢の植物をつくる』裳華房）

②
細胞
細胞膜
透過する
細胞壁
丈夫な
核
覆う
染色体

1753 **漢** 13画 〔氵〕

丶 丷 氵 氵 汁 汁 汁 浐 浐 浐 滢 漠 漠

desert | 漠 | 넓을 막 | padang | MẠC, sa mạc

バク

砂漠（さばく） a desert | 沙漠 | 사막 | padang pasir | sa mạc

漠然（ばくぜん）と vaguely, obscurely | 含糊的, 笼统的, 模糊的 | 막연하게 | samar, kabur | mơ hồ, không rõ

1754 **昇** 8画 〔日〕

丨 冂 日 日 戸 尹 昇 昇

go up | 升 | 오를 승 | naik | THĂNG, tăng lên

ショウ

上昇（じょうしょう）する to go up, to rise | 上升 | 상승하다 | meningkat, menanjak | tăng trưởng, gia tăng

昇進（しょうしん）する to be promoted | 升级, 晋升 | 승진하다 | naik pangkat | tăng trưởng, thăng tiến

のぼ-る

昇（のぼ）る to go up, to rise | 上升 | 오르다, 올라가다 | naik | đi lên, phát triển

1755 **摘** 14画 〔扌〕

一 十 扌 扌 扩 扩 扩 扩 捎 捎 摘 摘 摘 摘

pick | 摘 | 딸 적 | memetik | TRÍCH, hái (ngắt)

テキ

指摘（してき）する to point out | 指出, 指摘 | 지적하다 | mensinyalir, menunjukkan | chỉ trích

つ-む

摘（つ）む to pick | 摘, 采 | 따다, 뜯다 | memetik | hái, nhặt

1756 **房** 8画 〔戸〕

一 ㇇ ヨ 戸 戸 戸 房 房

room | 房 | 방 방 | ruang | PHÒNG, phòng

ボウ

冷房（れいぼう） air-conditioning | 冷气 | 냉방 | pendingin ruangan | máy lạnh

暖房（だんぼう） heating | 供暖, 暖气设备 | 난방 | penghangat ruangan | máy sưởi

文房具（ぶんぼうぐ） stationery, writing materials | 文具 | 문방구 | alat tulis | văn phòng phẩm

女房（にょうぼう） a wife | 妻子, 老婆 | 아내, 처, 마누라 | istri | vợ

1757 **壊** 16画 〔土〕

一 十 土 圹 圹 圹 垆 垆 垆 垆 垆 埵 堙 壊 壊 壊

break | 坏 | 무너질 괴 | merusak | HOẠI, hư vỡ

カイ

破壊（はかい）する to break, to destroy | 破坏 | 파괴하다 | merusak, menghancurkan | phá vỡ, phá huỷ

崩壊（ほうかい）する to collapse | 崩溃 | 붕괴하다 | runtuh, ambruk, hancur | làm sụp đổ

こわ-れる

壊（こわ）れる to break, to be broken | 坏, 破, 出故障 | 깨지다, 고장나다 | rusak | hư, hỏng

こわ-す

壊（こわ）す to break, to destroy, to damage | 毁, 弄坏 | 부수다, 깨뜨리다 | merusak | làm hư, làm hỏng, phá huỷ

1758 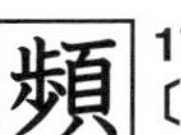 17画 〔頁〕

丨 ト 止 止 步 步 步 步 步 步 步 频 频 頻 頻 頻 頻

frequent | 频 | 자주 빈 | sering | TẦN, thường xuyên

ヒン

頻繁（ひんぱん）な frequent | 频繁的 | 빈번한 | sering | thường xuyên

頻度（ひんど）* frequency | 频度, 频率 | 빈도 | frekuensi | mức độ thường xuyên

1759 **飼** 13画 〔食〕

ノ 人 亽 今 今 今 食 食 飣 飣 飼 飼 飼

raise animals | 饲 | 기를 사 | memelihara | TỰ, nuôi (thú vật)

シ

飼料（しりょう）* feed, forage | 饲料 | 사료 | pakan ternak | thức ăn cho gia súc

飼育（しいく）する to raise animals, to breed | 饲养 | 사육하다 | memelihara binatang | nuôi gia súc, cho gia súc ăn

か-う

飼（か）う to raise animals, to have | 养, 饲养 | 기르다, 치다, 사육하다 | memelihara binatang | nuôi động vật, gia súc

1760 **醸** 20画 〔酉〕

一 丁 㓁 丙 丙 两 酉 酉 酉 酢 酢 酢 酢 酢 醉 醉 醉 醉 醸 醸

brew | 酿 | 술 빚을 양 | membuat | NHƯỜNG, ủ (rượu)

ジョウ

醸造（じょうぞう）する * to brew, to make | 酿造 | 양조하다 | menyuling, membuat | lên men rượu bia

かも-す

醸（かも）し出（だ）す * to produce (... atmosphere) | 酿成, 造成, 引起 | 자아내다, 빚어내다, 조성하다 | menimbulkan | tạo nên (bầu không khí)

1761 **胞** 9画〔月〕

ノ 月 月 月 月' 肑 肑 胸 胞

cell | 胞 | 세포 포 | sel BÀO, tế bào

ホウ

細胞（さいぼう） a cell | 细胞 | 세포 | sel | tế bào

細胞壁（さいぼうへき） * a cell wall | 细胞壁 | 세포벽 | dinding sel | màng tế bào

1762 **膜** 14画〔月〕

ノ 刀 月 月 月ー 月＋ 月艹 月艹 肝 腊 腊 膜 膜 膜

membrane | 膜 | 꺼풀 막, 막 막 | membran | MÔ, màng mô (tế bào)

マク

膜（まく） a film, a membrane | 薄膜, 薄皮 | 막 | membran, selaput | màng, lớp màng

細胞膜（さいぼうまく） * the cell membrane | 细胞膜 | 세포막 | selaput sel | màng tế bào

1763 **透** 10画〔辶〕

一 二 千 禾 禾 秀 秀 透 透 透

transparent | 透 | 사무칠 투 | transparan | THẤU, trong suốt

トウ

透明な（とうめい） transparent | 透明的 | 투명한 | transparan | trong suốt, xuyên thấu

透過する（とうか） * to penetrate, to permeate | 透过 | 투과하다 | menembus, berpenetrasi | xuyên thấu, thấm thấu

す-く

透き通る（すきとおる） to be transparent | 透明, 清澈, 清脆 | 투명하다, 희맑다 | tembus pandang | xuyên thấu

す-かす

透かす（すかす） * to look through ..., to leave a space | 留开缝隙, 留出空隙, 透过…(看), 迎着亮光看 | 틈새를 만들다, 사이를 두다, 비쳐 보다, (통해서) 보다 | menatap ke dalam ..., memberi spasi | nhìn xuyên qua, để khoảng trống

1764 **丈** 3画〔一〕

一 ナ 丈

length | 丈 | 어른 장 | panjangnya | TRƯỢNG, chiều dài

ジョウ

丈夫な（じょうぶ） healthy, strong | 健康的, 结实的 | 건강한, 튼튼한 | sehat, kuat | khoẻ mạnh, vững chắc

頑丈な（がんじょう） solid, strong | 坚固的, 结实的 | 단단한, 튼튼한 | keras, kuat | cường tráng, khoẻ mạnh

たけ

丈（たけ） height, length | 身长, 高度, 尺寸 | 길이, 기장, 키 | tingginya, panjangnya | độ cao, độ dài

1765 **核** 10画〔木〕

一 十 才 木 木' 木ᅩ 木ᅩ 杧 核 核

nucleus | 核 | 씨 핵 | nukleus | HẠCH, hạt nhân

カク

核（かく） a nucleus | 核 | 핵 | nukleus | hạt nhân

結核（けっかく） tuberculosis | 结核 | 결핵 | TBC | bệnh lao

核膜（かくまく） * the nuclear membrane | 核膜 | 핵막 | selaput nukleus | màng hạt nhân

核兵器（かくへいき） * a nuclear weapon | 核武器 | 핵병기, 핵무기 | senjata nuklir | vũ khí hạt nhân

核家族（かくかぞく） * a nuclear family | 小家庭 | 핵가족 | keluarga inti/batih | gia đình hạt nhân

1766 **覆** 18画〔襾〕

一 ㄏ 冖 而 覀 覀 覀 覀 覀 覀 覀 覀 覆 覆 覆 覆 覆 覆

overturn, cover | 覆 | 다시 복 | menumbangkan, menutupi | PHÚC, lật đổ, che phủ

フク

覆面（ふくめん） a mask | 蒙面, 面具 | 복면 | topeng | mặt nạ

おお-う

覆う（おおう） to cover | 蒙上, 盖上 | 덮다, 가리다 | menutupi | che phủ

くつがえ-す

覆す（くつがえす） to overturn | 打翻, 推翻 | 뒤엎다 | menumbangkan | lật ngược lại

1767 **染** 9画〔木〕

丶 丶 氵 氵 氿 氿 卆 染 染

dye | 染 | 물들 염 | mewarnai | NHIỄM, nhuộm

セン

汚染（おせん） pollution, contamination | 污染 | 오염 | polusi, kontaminasi | ô nhiễm

染色体（せんしょくたい） * a chromosome | 染色体 | 염색체 | kromosom | nhiễm sắc thể

伝染する（でんせん） to infect, to be infected | 传染 | 전염하다 | berjangkit, menyebar | truyền nhiễm, gây bệnh

感染する（かんせん） to infect | 感染 | 감염하다 | menular | lây lan

そ-まる

染まる（そまる） to be dyed | 染上 | 물들다 | dicelup ke warna ..., terwarnai, terpengaruh | thấm màu

そ-める

染める（そめる） to dye | 染(上)颜色 | 물들이다, 염색하다 | mewarnai | nhuộm

し-みる

染みる（しみる） to soak into | 渗, 洇 | 배다, 스며들다, 물들다 | meresap ke | thấm đẫm

1768 **沼** 8画 〔氵〕

、 丶 氵 氵 沼 沼 沼 沼 沼

marsh | 沼 | 못 소 | rawa | CHIỂU, bùn

ぬま

沼（ぬま） a marsh | 池塘, 沼泽 | 늪 | rawa | đầm lầy

1769 **浄** 9画 〔氵〕

、 丶 氵 氵 氵 浄 浄 浄 浄

clean | 净 | 깨끗할 정 | bersih | TỊNH, sạch sẽ

ジョウ

浄化（じょうか）する * to purify, to clean up | 净化 | 정화하다 | membersihkan, menjernihkan | làm sạch, rửa sạch

1770  **濁** 16画 〔氵〕

、 丶 氵 氵 氵 氵 氵 氵 氵 氵 濁 濁 濁 濁 濁 濁

get muddy | 浊 | 흐릴 탁 | keruh | TRỌC, đục

ダク

汚濁（おだく） * pollution | 污浊 | 오탁 | polusi, kontaminasi | ô nhiễm

にご-る

濁（にご）る to get muddy, to get cloudy | 浑浊, 污浊 | 흐려지다, 탁해지다 | mengeruh | làm đục, làm mờ

1771  **誉** 13画 〔言〕

丶 丶 丷 ⺍ 兴 兴 兴 誉 誉 誉 誉 誉 誉

honor | 誉 | 기릴 예 | kehormatan | DỰ, danh dự

ヨ

名誉（めいよ） honor | 名誉 | 명예 | kehormatan | danh dự

1772  **獲** 16画 〔犭〕

ノ 丿 犭 犭 犭 犭 犭 犭 犭 犭 犭 犭 犭 獲 獲 獲

catch | 获 | 얻을 획 | menangkap | HOẠCH, thu hoạch

カク

漁獲（ぎょかく） * fishery, fishing | 捕鱼, 渔获 | 어획 | penangkapan ikan | đánh cá, ngư nghiệp

獲得（かくとく）する to acquire, to get | 获得 | 획득하다 | mendapatkan | đạt được, giành được

捕獲（ほかく）する to capture | 捕获 | 포획하다 | menangkap | bắt

え-る

獲物（えもの） game, a bag, a catch | 猎物, 捕获物 | 사냥감, 어획물 | hasil tangkapan, hasil buruan | đồ săn được bắt được

1773 **激** 16画 〔氵〕

、 丶 氵 氵 氵 氵 氵 氵 氵 氵 氵 氵 氵 激 激 激

violent | 激 | 격할 격 | sengit, keras | KHÍCH, KÍCH, dữ dội

ゲキ

急激（きゅうげき）な sudden, rapid | 急剧的 | 급격한 | drastis, pesat | bất ngờ, nhanh

感激（かんげき）する to be moved | 感激 | 감격하다 | terharu | cảm kích

激増（げきぞう）する to increase suddenly | 激增, 猛增 | 급증하다 | naik tajam, melonjak tajam | tăng mạnh

刺激（しげき）する to stimulate, to irritate | 刺激 | 자극하다 | memberi rangsangan | kích thích, kích động

はげ-しい

激（はげ）しい violent, extreme, severe | 激烈, 强烈 | 심하다, 격렬하다 | sengit, keras | dữ dội, cuồng nhiệt, điên loạn

1774  **伴** 7画 〔亻〕

ノ 亻 亻 亻 亻 亻 伴

accompany | 伴 | 짝 반 | bersamaan | BẠN, bạn đồng hành

ともな-う

伴（ともな）う to accompany, to involve | 伴随, 带 | 따라가다, 동반하다, 따르다 | bersamaan | cùng với, liên quan

1775  **排** 11画 〔扌〕

一 十 扌 扌 扌 扌 扌 排 排 排 排

exclude | 排 | 밀칠 배 | mengeluarkan | BÀI, ngoại trừ

ハイ

排水（はいすい）する to drain | 排水 | 배수하다 | membuang air, drainase | thải nước

排除（はいじょ）する to exclude | 排除 | 배제하다 | menyingkirkan, menyisihkan | loại ra

排気（はいき）ガス * exhaust gas | 废气 | 배기가스 | gas buangan | khí thải

排出（はいしゅつ）する * to discharge, to exhaust, to drain | 排出, 排泄 | 배출하다 | mengeluarkan | thải ra, bỏ ra, lọc ra

1776 隣 16画 〔阝〕

㇇ ㇋ 阝 阝 阝' 阝˝ 阝ᐟ 阝 阝 阝 阝 阝 隣 隣 隣 隣

neighbor | 邻 | 이웃 린(인) | sebelah | LÂN, hàng xóm

リン
近隣(きんりん)(の)* neighboring | 邻近, 近邻 | 근린, 이웃 | tetangga | lân cận

となり
隣(となり)(の) next, neighboring | 旁边, 隔壁, 邻居 | 이웃, 옆 | sebelah, tetangga | bên cạnh, hàng xóm

1777  15画 〔糸〕

く 幺 幺 糸 糸 糸 糸 糸 糸 糸 糸 糸 緩 緩 緩

loose | 缓 | 느릴 완 | longgar | HOÃN, nới lỏng

カン
緩和(かんわ)する to ease, to relax | 缓和 | 완화하다 | meredakan, mengendurkan | dễ đi, nhẹ nhàng đi
緩慢(かんまん)な * slow, sluggish | 缓慢的 | 완만한 | lamban, lambat | chậm rãi, lờ đờ

ゆる-い
緩(ゆる)い loose, slack | 松, 缓慢, 不严 | 느슨하다 | longgar | lỏng lẻo, chậm chạp

ゆる-やか
緩(ゆる)やかな gentle, easy, mild | 缓慢的 | 완만한, 느릿한 | longgar, lunak | nhẹ nhàng, từ từ, êm dịu

ゆる-む
緩(ゆる)む to loosen | 松弛, 松懈, 缓和 | 느슨해지다, 풀리다 | mengendurkan | làm lỏng ra

1778 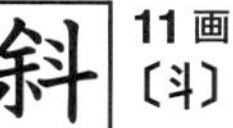 11画 〔斗〕

ノ 人 亼 亼 全 牟 余 余 余 斜 斜

diagonal | 斜 | 비낄 사 | miring | TÀ, nghiêng

シャ
傾斜(けいしゃ) an inclination | 倾斜 | 경사 | kemiringan, lereng | độ nghiêng
斜面(しゃめん) a slope | 斜面 | 사면 | lereng, sisi miring | mặt nghiêng
斜線(しゃせん) * an oblique line a slant line, a slash | 斜线 | 사선, 빗금 | garis miring | đường xiên, đường nghiêng, đường dốc

なな-め
斜(なな)め(の) diagonal | 歪(的), 斜(的) | 기울, 경사짐, 비스듬함 | miring | chéo, xéo

1779 溝 13画 〔氵〕

丶 丶 氵 氵 氵 氵 氵 氵 氵 溝 溝 溝 溝

gutter | 沟 | 도랑 구 | parit | CÂU, rãnh

みぞ
溝(みぞ) a ditch, a gutter | 沟, 槽, 水沟, 隔阂 | 도랑, 홈, 틈 | parit | hào, rãnh, mương

1780  14画 〔氵〕

丶 丶 氵 氵 氵 氵 氵 氵 氵 滴 滴 滴 滴 滴

drop | 滴 | 물방울 적 | tetes | TRÍCH, ĐÍCH, giọt nước

テキ
水滴(すいてき) a drop of water | 水滴 | 수적, 물방울 | tetes air | giọt nước
点滴(てんてき) * an intravenous infusion | 点滴 | 점적 | infus | truyền nước biển

1781  18画 〔頁〕

丨 冂 日 日 旦 早 早 显 显 显 显 显 顕 顕 顕 顕 顕 顕

obvious | 显 | 밝을 현, 나타낼 현 | jelas | HIỂN, rõ ràng

ケン
顕微鏡(けんびきょう) a microscope | 显微镜 | 현미경 | mikroskop | kính hiển vi
顕著(けんちょ)な * conspicuous, remarkable | 显著的 | 현저한 | menonjol, mencolok | rõ ràng, đáng kể

1782  19画 〔金〕

ノ 人 亼 亼 全 伞 余 金 金 金 金 金 金 鉑 鉑 鏡 鏡 鏡 鏡

mirror | 镜 | 거울 경 | kaca | KÍNH, gương

キョウ
望遠鏡(ぼうえんきょう) a telescope | 望远镜 | 망원경 | teleskop | kính viễn vọng

かがみ
鏡(かがみ) a mirror | 镜子 | 거울 | cermin, kaca | cái gương

眼鏡(めがね) glasses | 眼镜 | 안경 | kaca mata | mắt kiếng

問題1 次の説明を読んで、下線部①〜⑬の読みをひらがなで書きなさい。

「手賀①沼プロジェクト開始まで」

1995年、千葉大学園芸学部に民間ボランティア団体から「手賀沼の②浄化に対して水性野菜を用いることは可能かどうか」について相談が持ち込まれた。1971年の観測以来、連続して水質③汚濁日本一という④不名誉な記録を更新していた「手賀沼」の浄化を市民レベルで行おうというものだった。

水質が悪化する前の、昔の手賀沼にはウナギがたくさん生息していた。1974年時点でもおよそ11 t の⑤漁獲があったという記録が残っている。1960年代後半から周辺の都市化が進み、⑥急激な人口増加とそれに⑦伴う大量の生活⑧排水の流入等により、沼の汚染が急速に進んだ。沼の浄化は⑨近隣の住民だけでなく広く千葉県民が望むところだった。

このプロジェクトは一見無関係に見える「養液栽培」に関係する研究が基礎となっている。

養液栽培システム：

(1) DFT (Deep Flow Technique)：栽培ベッドに培養液を溜(た)めた状態で循環させ、培地※1を使わずに栽培する

(2) NFT (Nutrient Film Technique)：ごく⑩緩やかな ⑪傾斜を持つチャンネル（栽培用の⑫溝）に、培養液を薄く流下させて栽培する

(3) RW (Rockwool system)：RW 培地に苗を定植※2し、培養液を⑬点滴システム等で少量ずつ適期に与える方式

(4) 砂耕 (Sand Culture)・礫(れき)耕 (Gravel Culture)：使用する培地が砂や礫(れき)（小石）である栽培方式

（高垣美智子・丸尾達『手賀沼発　農業で沼の水を浄化する』千葉日報社をもとに作成）

※1 培地：微生物や動植物の組織などを培養するための液状または固形の物質。(culture medium)

※2 定植：苗をポットなどから移して、田や畑などに本式に植えること。(permanent planting)

問題2 例のように書きなさい。

例：わたしは大学へ行きます。（わたし→私　大学→だいがく　行きます→いきます）

① 顕微鏡で植物のさいぼうを見る。

② 太陽は東からのぼる。

③ 道端に咲いている野の花をつむ。

④ 判決をくつがえす。

⑤ 隣の家では大きい犬をかっている。

⑥ 夕日で空が赤くそまっている。

⑦ この検査ははげしい痛みをともなう。

⑧ 交差点をななめに横断する。

⑨ にごっていた水が次第にすきとおってきた。

⑩ 暖房器具がこわれた。

26課 生物学Ⅱ

生物に関する解説を読むⅡ

なんと書いてありますか

「生物とは？」

① 代謝、すなわち栄養物をとり込みエネルギーを蓄積し、変換し、構造内を移動させる能力をもつ。
② 遺伝の機構、すなわち複製してその性質を子孫に伝達する方法がある。
③ これらの性質をつつみこむ、膜のような構造体で区分されている。

恐竜の時代

およそ2億年前まで、地球上には始原大陸（パンゲア大陸）とよばれる大きな大陸が1つ存在していた。その頃、海ではアンモナイトが栄え、陸上ではシダ、ソテツ、イチョウなどが茂っていた。約3億年前（石炭紀）に両生類から進化した一部のものは、卵に殻をもち、肺機能が高くなったことで、生涯を通して乾燥した陸上でくらせる爬虫類(はちゅうるい)となった。

最初に繁栄した爬虫類は、単弓類(たんきゅうるい)という小型のタイプで、この一部が約2億2000万年前に哺乳類に進化したと考えられている。大陸が分裂して移動を始めた1億5000万年前頃、単弓類が衰え、代わって繁栄したのが双弓類(そうきゅうるい)である。

哺乳類の出現

単弓類から進化した小型で原始的な哺乳類は、爬虫類が繁栄した1億5000万年もの間、細々と生きのびた。恒温性の獲得と体毛の発達により、環境温度に左右されずに活動することができ、また血液成分から作られる栄養豊富な乳で子どもを育てることによって、繁殖を確実にしたことが、爬虫類と大きく異なる特徴である。

生物学と人間のかかわり

微生物の利用

人類は古来、さまざまな形で微生物を知らず知らずに利用してきた。なかでも、食品や飲料などに顕著である。パン、チーズ、ヨーグルト、漬物、みそ、しょうゆ、酢、アルコール飲料など多岐にわたる。食品以外では、藍などの染料(せんりょう)※や肥料の生産にも微生物がかかわっている。（中略）

ギリシア神話のバッカスをもち出すまでもなく、古来、酒は宗教的儀式にはつきもので、神に捧(ささ)げるものとして、また、神と人とを媒介するものとして酒があった。

（出典：森川和子 ほか『生物学 ― 地球に生きるいのちを考える』宣協社）

※染料：dye

蓄積する
恐竜
茂る
殻
生涯
哺乳類
分裂する
恒温
特徴
漬物
酢
藍
宗教
媒介する

1783 蓄 13画 〔艹〕

一 十 艹 艹 芒 芓 芠 茎 荃 蓄 蓄 蓄 蓄

save | 畜 | 모을 축 | menyimpan | SÚC, để dành

チク

蓄積(ちくせき)する to accumulate, to store up | 蓄积, 积累 | 축적하다 | berakumulasi, menumpuk | để dành, chất lên

貯蓄(ちょちく)する to save (money) | 储蓄, 积蓄 | 저축하다 | menabung | để dành (tiền)

たくわ-える

蓄(たくわ)える to save, to store | 储备, 储存, 贮备 | 모아두다, 비축하다, 저축하다 | menyimpan | để dành, dự trữ

1784 竜 10画 〔竜〕

丶 亠 亠 立 产 产 音 音 音 竜

dragon | 龙 | 용 룡 | naga | LONG, rồng

リュウ

恐竜(きょうりゅう)* a dinosaur | 恐龙 | 공룡 | dinosaurus | khủng long

たつ

竜巻(たつまき)* a tornado | 龙卷风, 大旋风 | 회오리바람, 선풍 | angin tornado | lốc xoáy

1785 茂 8画 〔艹〕

一 十 艹 芒 芦 茂 茂 茂

grow thick | 茂 | 무성할 무 | tumbuh subur | MẬU, mọc rậm rạp

しげ-る

茂(しげ)る to grow thick | 繁茂 | 우거지다, 무성해지다 | tumbuh subur, rimbun | mọc rậm rạp

1786 殻 11画 〔殳〕

一 十 士 声 声 声 壳 壳 壳 殻 殻

shell | 壳 | 껍질 각 | kulit, sekam | XÁC, vỏ sò

カク

地殻(ちかく)* the earth's crust | 地壳 | 지각 | kerak bumi | vỏ trái đất

から

殻(から) a shell, a husk | 壳 | 껍데기, 껍질 | kulit, sekam | vỏ, trấu

貝殻(かいがら) a shell | 贝壳 | 패각, 조개껍데기 | kulit kerang, cangkang | vỏ sò

1787 涯 11画 〔氵〕

丶 丶 氵 汀 汀 沪 沪 沪 涯 涯 涯

the end | 涯 | 물가 애 | ujung | NHAI, tận cùng, cả cuộc đời

ガイ

生涯(しょうがい) a life, one's lifetime | 生涯 | 생애 | sepanjang hidup, masa hidup | đời người, cuộc đời con người

1788 哺 10画 〔口〕

丨 口 口 叮 叮 叮 叮 听 哺 哺

hold in the mouth | 哺 | 먹일 포 | membawa dengan mulut | BỘ, cho bú

ホ

哺乳類(ほにゅうるい)* the mammals | 哺乳类(动物) | 포유류, 포유동물 | mamalia | động vật có vú

1789 裂 12画 〔衣〕

一 ア 歹 歹 列 列 列 列 裂 裂 裂 裂

tear | 烈 | 찢어질 렬(열) | sobek | LIỆT, xé

レツ

分裂(ぶんれつ)する to split, to break up | 分裂 | 분열하다 | berpecah belah | chia tách, vỡ ra

破裂(はれつ)する to explode, to burst | 破裂 | 파열하다 | meledak, meletus | nổ, vỡ ra

さ-ける

裂(さ)ける to tear, to split | 裂, 破裂 | 찢어지다 | sobek | rách ra, vỡ ra

さ-く

裂(さ)く to tear, to split | 撕开, 分隔开 | 찢다 | menyobek, mengoyak | xé ra, làm vụn ra

1790 恒 9画 〔忄〕

丶 丶 忄 忙 忙 恒 恒 恒 恒

constant | 恒 | 항상 항 | konstan | HẰNG, thường thường

コウ

恒温(こうおん)(の)* homoiothermal | 恒温(的) | 항온 | panas yang stabil, panas normal | đẳng nhiệt, máu nóng

1791 徴 14画〔彳〕
チョウ

ノ ク 彳 彳' 彳' 彳' 彳' 徉 徉 徨 徨 徨 徴 徴

sign, collect | 征 | 부를 징 | menunjuk, mengumpulkan | TRƯNG, đặc trưng, thu góp

特徴（とくちょう） a characteristic, a feature | 特征 | 특징 | karakteristik, ciri-ciri | đặc trưng, đặc điểm

象徴（しょうちょう） a symbol | 象征 | 상징 | simbol | biểu tượng

徴収（ちょうしゅう）する to levy, to collect | 征收 | 징수하다 | memungut, mengumpulkan | thu thuế, đánh thuế

1792 漬 14画〔氵〕
つ-ける

丶 丶 氵 氵 汁 汁 浐 浐 清 清 清 清 漬 漬

pickle | 渍 | 담글 지 | merendam | TÝ, ngâm giấm

漬（つ）ける to pickle | 腌 | 담그다, 절이다 | merendam | ngâm (dưa)

漬物（つけもの） * pickles, pickled vegetables | 咸菜, 酱菜 | 채소 절임, (일본식) 김치 | acar, asinan sayur | rau đồ chua lên men

1793  酢 12画〔酉〕
す

一 厂 厅 丙 两 西 酉 酉' 酢 酢 酢 酢

vinegar | 醋 | 신맛 나는 조미료 초 | cuka | TẠC, giấm

酢（す） vinegar | 醋 | 초, 식초 | cuka | giấm

1794 藍 18画〔艹〕
あい

一 十 艹 芦 芦 芦 芦 苎 莳 蔵 蔵 藍 藍 藍 藍 藍 藍 藍

indigo | 蓝 | 쪽 람(남) | indigo | LAM, màu xanh lam

藍（あい） * indigo | 蓝色, 蓝靛 | 쪽, 남 | indigo | cây chàm, màu chàm

1795 宗 8画〔宀〕
シュウ

丶 丷 宀 宀 宀 宇 宗 宗

mausoleum | 宗 | 마루 종 | mausoleum | TÔNG, tôn giáo

宗教（しゅうきょう） religion, faith | 宗教 | 종교 | agama | tôn giáo

～宗（しゅう） ... sect | …宗, …宗派 | …종, …종파 | sekte ... | giáo phái ...

1796  媒 12画〔女〕
バイ

く 女 女 女' 女' 妣 妣 妣 媒 媒 媒 媒

mediate | 媒 | 중매 매 | menengahi | MÔI, trung gian

媒体（ばいたい） * a medium | 媒体 | 매체 | media | trung gian, môi giới

媒介（ばいかい）する * to mediate, to act as an intermediary | 媒介, 传播 | 매개하다 | bertindak sebagai perantara | trung gian, gián tiếp

1797  蜜 14画〔虫〕
ミツ

丶 丷 宀 宀 宓 宓 宓 宓 宓 蜜 蜜 蜜 蜜 蜜

honey | 蜜 | 꿀 밀 | madu | MẬT, mật ong

蜜（みつ） honey, nectar, honeydew | 蜜, 蜂蜜 | 꿀 | madu | mật ong, mật hoa, mật ngọt

1798 **蜂** 13画 〔虫〕 はち

丶 口 口 中 虫 虫 虫' 虫ク 虫夂 虫夆 蜂

bee | 蜂 | 벌 봉 | lebah | PHONG, con ong

蜂蜜(はちみつ) honey | 蜂蜜 | 벌꿀, 봉밀 | madu | mật ong

蜜蜂(みつばち) * a honeybee | 蜜蜂 | 밀봉, 꿀벌 | lebah madu | ong mật

1799 **昆** 8画 〔日〕 コン

丨 冂 日 日 旦 昆 昆 昆

company | 昆 | 벌레 곤 | keturunan | CÔN, côn trùng

昆虫(こんちゅう) an insect | 昆虫 | 곤충 | serangga | côn trùng

1800 **匹** 4画 〔匚〕 ヒツ ひき

一 丆 兀 匹

pair | 匹 | 짝 필 | pasang | THẤT, đôi

匹敵(ひってき)する to match, to equal | 匹敌, 比得上 | 필적하다 | menyamai, mengimbangi | cùng đẳng cấp, cùng thứ hạng

～匹(ひき) 《counter for animals》 | …只, …匹, …头 | …마리 | ... ekor (satuan bilangan untuk hewan) | con (từ đếm cho động vật)

*「～匹」は前に来る数字によって読み方が異なる。 例：1匹(いっぴき)／2匹(にひき)／3匹(さんびき)

1801 **雌** 14画 〔隹〕 めす

丨 ト 卜 止 止 此 此' 此丨 此亻 此仆 此隹 雌 雌 雌

female | 雌 | 암컷 자 | betina | THƯ, giống cái

雌(めす)(の) female | 雌 | 암컷 | betina | con cái

1802 **巣** 11画 〔⺍〕 ソウ す

丶 丷 ⺍ 𭕄 当 当 当 単 単 巣

nest | 巢 | 새집 소 | sarang | SÀO, tổ (chim)

卵巣(らんそう) * an ovary | 卵巢 | 난소 | ovarium, indung telur | buồng trứng

巣(す) a nest | 巢 | 집, 둥지 | sarang | tổ chim

1803 **餌** 15画 〔飠〕 えさ

丿 𠆢 𠆢 今 今 今 今 食 食 飠 飣 飦 飦 餌 餌 ［餌］

food | 饵 | 미끼 이 | pakan, umpan | NHỊ, mồi (đồ ăn)

餌(えさ) food, feed | 饵食, 诱饵 | 미끼, 모이, 사료 | pakan, umpan | thức ăn, mồi

1804 **雄** 12画 〔隹〕 ユウ おす

一 ナ 𠫔 厷 厷 厷 厷' 厷亻 厷仆 雄 雄 雄

male | 雄 | 수컷 웅 | jantan | HÙNG, giống đực

英雄(えいゆう) a hero | 英雄 | 영웅 | pahlawan | anh hùng

雄(おす)(の) male | 雄 | 수컷 | jantan | con đực

1805 **尾** 7画 〔尸〕 ビ お

一 コ 尸 尸 尸 尾 尾

tail | 尾 | 꼬리 미 | ekor | VĨ, đuôi

交尾(こうび)する * to copulate, to mate | 交尾, 交配 | 교미하다 | bersenggama, kawin | giao cấu, giao hợp

尾(お) a tail | 尾巴 | 꼬리 | ekor | cái đuôi

1806  12画 〔扌〕

一 十 才 扌 扩 扩 护 指 挿 揈 揮 揮

wield | 挥 | 휘두를 휘 | mengayunkan | HUY, phát huy

キ

揮発性（きはつせい）* volatility | 挥发性 | 휘발성 | mudah menguap | tính phát huy
発揮（はっき）する to display, to show | 发挥 | 발휘하다 | menunjukkan | phát huy
指揮（しき）する to command, to lead, to direct | 指挥 | 발휘하다 | memimpin, mengomandoi | chỉ huy, lãnh đạo

1807  14画 〔言〕

丶 亠 亠 亠 言 言 言 訁 訁 訁 訁 誘 誘 誘

invite | 诱 | 꾈 유 | mengundang | DỤ, mời, rủ

ユウ

勧誘（かんゆう）する to invite | 劝诱 | 권유하다 | mengajak, mengundang | mời
誘導（ゆうどう）する to guide, to lead | 诱导 | 유도하다 | memandu, memimpin | chỉ dẫn, hướng dẫn
誘惑（ゆうわく）する to tempt | 诱惑 | 유혹하다 | menggoda | dụ dỗ
誘引（ゆういん）する * to entice, to attract | 引诱 | 유인하다 | mengajak | dẫn dắt, dụ dỗ

さそ-う

誘（さそ）う to invite, to ask | 邀请, 劝诱 | 권유하다, 권하다 | mengundang | mời, rủ

1808  7画 〔扌〕

一 十 才 扌 扌 扣 抑

suppress | 抑 | 누를 억 | menekan | ỨC, đè nén, kìm chế

ヨク

抑制（よくせい）する to control, to restrain | 抑制 | 억제하다 | mengontrol, menekan | chế ngự, điều chỉnh
抑圧（よくあつ）する to suppress, to oppress | 压制, 压迫 | 억압하다 | menekan, menindas | kìm nén, ngăn cản

おさ-える

抑（おさ）える * to suppress, to control | 镇压, 压制, 抑制, 控制, 忍住 | 억제하다, 막다, 진압시키다, 참다 | menekan, mengontrol | chế ngự, kìm chế

1809  15画 〔攵〕

丶 亠 亠 立 产 产 产 产 商 商 商 啇 啇 敵 敵

enemy | 敌 | 대적할 적 | musuh | ĐỊCH, thù đích

テキ

敵（てき） an enemy, a foe | 敌人 | 적 | musuh | giặc, thù địch
外敵（がいてき） * a foreign enemy | 外敌 | 외적 | musuh asing | giặc ngoại
素敵（すてき）な wonderful, nice, lovely | 漂亮的, 帅的 | 훌륭한, 멋진, 근사한 | cantik, modis, keren | tuyệt vời, xinh, dễ thương

1810  9画 〔自〕

丿 亻 白 白 自 自 自 臭 臭

bad smell | 臭, 嗅 | 냄새 취 | bau busuk | XÚ, mùi hôi

シュウ

臭気（しゅうき）* a bad smell | 臭气, 臭味 | 취기 | bau tidak enak | mùi khó chịu
悪臭（あくしゅう）* a bad smell, a stench | 恶臭, 难闻的气味 | 악취 | bau busuk | mùi hôi, mùi thối

くさ-い

臭（くさ）い to have a bad smell, to stink | 臭, 难闻 | 구리다, 역한 냄새가 나다 | bau (tidak enak) | có mùi, hôi
生臭（なまぐさ）い fishy | 腥, 血腥 | 비린내가 나다, 비릿하다 | bau amis | mùi cá sống

にお-う

臭（にお）う to stink | 发臭, 有臭味儿 | 냄새나다 | berbau | thối, hôi

1811  16画 〔大〕

一 ナ 大 大 衣 衣 衣 夻 夻 奞 奞 奞 奮 奮 奮 奮

rouse | 奋 | 떨칠 분 | membangkitkan | PHẤN, khuấy động

フン

興奮（こうふん）する to be excited | 兴奋 | 흥분하다 | bergairah, bergejolak hati | hào hứng
奮闘（ふんとう）する to struggle, to fight | 奋斗 | 분투하다 | berjuang keras, bertempur | đấu tranh, chiến đấu

1812  15画 〔手〕

一 厂 戸 戸 亘 亘 車 車 軎 軗 毄 毄 撃 撃 撃

strike | 击 | 칠 격 | menembak | KÍCH, tấn công

ゲキ

衝撃（しょうげき） a shock, an impact | 冲击 | 충격 | impak, guncangan | cú sốc, ấn tượng
打撃（だげき） a blow, a shock, batting | 打击 | 타격 | serangan, pukulan | cú đánh, cú sốc
攻撃（こうげき）する to attack, to assault | 攻击 | 공격하다 | menyerang | công kích, tấn công
反撃（はんげき）する to counterattack | 反击 | 반격하다 | menyerang balik | phản kích

う-つ

撃（う）つ to shoot | 射击, 放枪 | 쏘다, 사격하다 | menembak | bắn

答え➡別冊 P.11 ～ 12

問題1 次の説明を読んで、下線部①～⑰の読みをひらがなで書きなさい。

①蜜蜂の社会

・「②昆虫の家畜」といわれる
・群れ（コロニー）をつくって生活する

1）コロニーを構成するハチの種類とその役割

・女王バチ（③１匹）…………………… 産卵
・働きバチ（女王の娘、④雌のハチ、数万匹） ⑤巣造り・⑥餌採り・卵や幼虫の世話
・⑦雄のハチ（全体の１割に満たない）…… 女王バチとの⑧交尾

2）分業社会を調整するもの：女王バチが分泌する⑨揮発性の化学物質

・性フェロモン………… 雄を⑩誘引する
・階級⑪維持フェロモン ‥ 働きバチの⑫卵巣の発育を⑬抑制する
・集合フェロモン……… 別のコロニーをつくる際に働きバチを集める
働きバチも⑭外敵にあうと特別な物質を放出する

＊働きバチが放出する物質

・警報フェロモン……… 敵に針を刺したときに⑮臭気を発して他の個体を⑯興奮させ、⑰攻撃性を高める

（森川和子 ほか『生物学 ― 地球に生きるいのちを考える』宣協社をもとに作成）

問題2 例のように書きなさい。

例：わたしは大学へ行きます。
私　だいがく　いきます

① 日本の歴史や文化、しゅうきょうについて書かれた本を読む。

② すは穀物や果物から作られる。

③ 野菜を塩でつけて、保存食にする。

④ とがったものが入っていたので、袋がさけてしまった。

⑤ この映画は実在した人物の生涯をえがいたものです。

⑥ あそこの曲がり角は木の葉がしげって見通しが悪い。

⑦ 母は貝殻を集めて装飾品を作っています。

⑧ たつまきで家の屋根が飛ばされてしまった。

⑨ 冬眠する動物は夏の終わりから秋にかけて体に脂肪をたくわえる。

⑩ 藍という植物の葉やくきから濃い青色の染料が採れます。

⑪ 恒温動物は気温や水温に影響されず、一定の体温を保つことができます。

⑫ 蚊のなかにはウイルスを媒介するものもある。

27課 漢語の語構成

漢語の構成を考える

なんと書いてありますか

３字以上の漢字で作られている漢語の構成には次のようなものがあります。ここでは３字から５字の漢語の語構成について紹介します。辞書を引くとき、長い漢語をそのまま調べても、意味が載っていないことがあります。そのときは、語構成を考え、いくつかの語に分けて調べてみましょう。

①３字の漢語の語構成

種類	形	分類	例
❶接尾辞(suffix)がつく	□□＋■ 凝固＋**剤** 観覧＋**車**	組織・場所	遊園**地**・運動**場**・映画**館**・動物**園**・閲覧**室**・保育**所**・消防**署** 外務**省**・文化**庁**
		職業	音楽**家**・運転**手**・看護**師**・会社**員**・製造**業**
		お金	交通**費**・原稿**料**・電話**代**・入学**金**・請求**額**
		その他	空洞**化**・汎用**性**・実践**的**・矛盾**点**・語彙**力**・申請**書**・経済**学** 消費**税**・化合**物**・授業**中**
❷接頭辞(prefix)がつく	■＋□□ **不**＋親切 **高**＋品質	否定	**不**遡及・**無**理解・**非**常識・**未**完成
		形容詞	**高**性能・**低**水準・**新**製品・**多**目的・**悪**循環・**大**括弧・**急**勾配
		その他	**再**利用・**最**高級・**全**人口・**諸**制度・**各**大学
❸□＋□＋□			上中下・大中小・日米欧・市町村
❹	(□＋□)◆		陶磁**器**＝陶**器**・磁**器**　送受**信**＝送**信**・受**信**　教職**員**＝教**員**・職**員** 預貯**金**＝預**金**・貯**金**　原材**料**＝原**料**・材**料**　贈収**賄**＝贈**賄**・収**賄**
	◆(□＋□)		**輸**出入＝**輸**出・**輸**入

②４字の漢語の語構成

種類	形	例
❶２字の漢語が合わさったもの	□□＋□□	社会秩序・軌道修正・懸賞論文・時代錯誤 冒頭陳述・釈明会見・添付書類・自己紹介
❷３字の漢語に接頭辞、接尾辞がついたのもの	(□□＋■)＋■	運動**部員**
	(■＋□□)＋■	**低**価格**化**
	■＋(□□＋■)	**反**社会**的**
	■＋(■＋□□)	**前副**会長
❸□＋□＋□＋□		春夏秋冬・東西南北・都道府県・市区町村
❹	(□＋□＋□)◆	国公私立＝国立・公立・私立 市町村長＝市長・町長・村長
	◆(□＋□＋□)	全小中高＝全部の小学校・中学校・高校

③５字の漢語の語構成

種類	形	例
❶２字の漢語が２つ合わさったものに接頭辞、接尾辞がついたもの	(□□＋□□)＋■	成功報酬**制**・新卒採用**枠**・病理解剖**学**
	■＋(□□＋□□)	**新**給与制度
❷３字の漢語と２字の漢語が合わさったもの	(□□＋■)＋□□	可塑**性**物質・盲目**的**崇拝
	(■＋□□)＋□□	**新**工場建設・**準**決勝進出
	□□＋(□□＋■)	個人投資**家**・最高責任**者**
	□□＋(■＋□□)	交渉**不**成立・都市**再**開発

＊(□＋□)◆＋□□ 国公立大学、◆(□＋□＋□＋□)全都道府県というタイプもあります。
＊６字以上の漢語の語構成については、３字から５字の語構成をもとに考えてみましょう。

①
凝固剤
観覧車
閲覧室
原稿料
空洞化
汎用性
実践的
矛盾点
語彙力
不遡及
大括弧
急勾配
陶磁器

②
社会秩序
軌道修正
懸賞論文
時代錯誤
冒頭陳述
釈明会見
添付書類
自己紹介

③
成功報酬制
新卒採用枠
病理解剖学
可塑性物質
盲目的崇拝
交渉不成立

1813 **凝** 16画 〔冫〕

solidify | 凝 | 엉길 응 | mengeras, keranjingan | NGƯNG, đóng băng

ギョウ

凝固剤(ぎょうこざい) * a coagulant | 凝固剂 | 응고제 | zat pembeku | chất làm đông

凝固(ぎょうこ)する * to coagulate, to solidify | 凝固 | 응고되다 | membeku | làm đông, làm cứng lại

凝縮(ぎょうしゅく)する * to condense | 凝结 | 응축하다 | memadatkan | làm đặc lại

こ-る

凝(こ)る to get stiff, to be absorbed | 热中, 讲究, (肩膀)酸痛, 肌肉僵硬 | 열중(몰드)하다, 공들이다, 뻐근하다 | mengeras, keranjingan | kiên quyết, cứng nhắc

1814 **覧** 17画 〔見〕

look at | 览 | 볼 람 | melihat | LÃM, xem

ラン

展覧会(てんらんかい) an exhibition | 展览会 | 전람회 | pameran | triển lãm

観覧車(かんらんしゃ) a Ferris wheel | 摩天轮, 观览车 | 관람차 | kincir ria, bianglala | Vòng đu quay

要覧(ようらん) * a summary, a handbook, a manual | 要览 | 요람 | buku panduan, manual | tóm tắt, khái lược, sổ tay

ご覧(らん)になる to look at, to see | 看, 观赏 | 보시다 | melihat (bentuk hormat) | xem, nhìn

回覧(かいらん)する to circulate | 传阅 | 회람하다, 돌려보다 | mengedarkan | chuyển đi các phòng ban

1815 **閲** 15画 〔門〕

review | 阅 | 검열할 열 | review | DUYỆT, kiểm duyệt

エツ

閲覧室(えつらんしつ) a reading room | 阅览室 | 열람실 | ruang membaca pustaka | phòng đọc sách

閲覧(えつらん)する to read, to browse | 阅览 | 열람하다 | membaca, menelusuri pustaka | đọc, tìm kiếm

1816 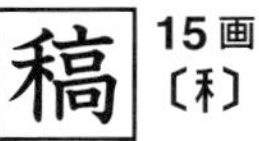 15画 〔禾〕

draft | 稿 | 원고 고 | naskah | CẢO, bản thảo

コウ

原稿(げんこう) a manuscript , a draft | 原稿 | 원고 | naskah, draft | bản thảo, bản viết tay

1817  9画 〔氵〕

cave | 洞 | 골 동 | gua | ĐỘNG, ĐỖNG, động

ドウ

空洞(くうどう) * a cave, a hollow | 空洞, 窟窿 | 공동 | bolong, lubang | hang động, thạch động

空洞化(くうどうか)する * to become hollow, to be hollowed out | 空洞化 | 공동화하다 | menjadi berlubang | trở nên rỗng, trở nên hõm vào

1818  6画 〔氵〕

broad | 泛 | 넓을 범 | luas | PHIẾM, rộng lớn

ハン

汎用(はんよう)(の) * multipurpose, general-purpose | 通用(的) | 범용 | serba guna | đa dụng, nhiều chức năng

汎用性(はんようせい) * universal use | 通用性 | 범용성 | keserbagunaan | tính toàn cầu

1819  13画 〔⻊〕

step | 践 | 밟을 천 | injak | TIỄN, bước lên

セン

実践(じっせん)する to practice | 实践 | 실천하다 | mempraktikkan | thực tiễn

実践的(じっせんてき)な practical | 实践性的 | 실천적인 | praktis | mang tính thực tiễn

1820  5画 〔矛〕

halberd | 矛 | 창 모 | senjata tombak | MÂU, cây giáo

ム

矛盾(むじゅん)する to be contradictory, to be incompatible | 矛盾 | 모순되다 | berkontradiksi, berlawanan | mâu thuẫn, không đồng nhất

1821  盾 9画〔目〕

ジュン
たて

shield | 盾 | 방패 순 | perisai | THUẪN, cái khiên đỡ

矛盾（むじゅん）する to be contradictory, to be incompatible | 矛盾 | 모순되다 | berkontradiksi, berlawanan | mâu thuẫn, không đồng nhất

盾（たて） a shield | 盾，挡箭牌 | 방패 | perisai | cái khiên, cái chắn

1822 彙 13画〔彑〕

イ

collect | 汇 | 무리 휘 | jenis yang sama | VỊ, VỰNG, tập hợp

語彙（ごい） a vocabulary | 词汇 | 어휘 | kosa kata | từ vựng

1823  遡 14画〔辶〕 [遡]

ソ
さかのぼ-る

go upstream | 溯 | 거스를 소 | mundur ke belakang | TỐ, ngược dòng

遡及（そきゅう）する * to be retroactive, to retroact | 追溯，溯及 | 소급하다 | menelusur ke belakang | có hiệu lực từ trước, xét và tính áp dụng lại từ thời điểm có hiệu lực

遡（さかのぼ）る to go upstream, to go back | 追溯，溯流而上 | 거슬러 올라가다, 되돌아가다 | mundur ke belakang | đi ngược dòng, đi ngược trở lại

1824 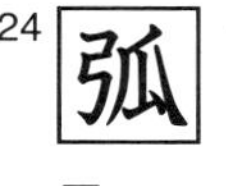 弧 9画〔弓〕

コ

arc | 弧 | 활 호 | busar | HỒ, cung

括弧（かっこ） parentheses, brackets | 括弧 | 괄호 | tanda kurung | dấu ngoặc đơn, dấu ngoặc

1825  勾 4画〔勹〕

コウ

hook | 勾 | 굽을 구 | cantelan | CÂU, cái móc

勾配（こうばい） * a slope, an incline | 斜坡，坡度 | 구배, 경사, 비탈 | tanjakan | dốc, đường dốc

急勾配（きゅうこうばい） * a steep slope | 坡度大，陡坡 | 급구배, 급경사 | tanjakan terjal | dốc đứng

1826  磁 14画〔石〕

ジ

magnetism | 磁 | 자석 자 | kemagnetan | TỪ, từ hoá

磁石（じしゃく） a magnet, a compass | 磁铁，磁针 | 자석 | magnet | nam châm, côm-pa

磁気（じき） magnetism | 磁力，磁气 | 자석 | kemagnetan | tính nam châm

磁器（じき） porcelain | 磁器 | 자기 | porselen | đồ sứ

1827  序 7画〔广〕

ジョ

order | 序 | 차례 서 | tata tertib | TỰ, trật tự

順序（じゅんじょ） order, procedure | 顺序 | 순서 | urutan, prosedur | thứ tự, quy trình

秩序（ちつじょ） order | 秩序 | 질서 | aturan, tata tertib | trật tự

1828 軌 9画〔車〕

キ

track | 轨 | 바퀴 자국 궤 | jalan | QUỸ, quỹ đạo

- 軌道（きどう） an orbit, a track | 轨道 | 궤도 | orbit, garis edar | quỹ đạo

1829 懸 20画〔心〕

ケン

hang | 悬 | 달 현 | digantung | HUYỀN, treo

- 懸賞（けんしょう） a prize competition | 悬赏, 奖赏金 | 현상 | hadiah, penghargaan | phần thưởng
- 懸賞論文（けんしょうろんぶん） a prize-competition essay | 有奖征集论文 | 현상논문 | tulisan/makalah berhadiah | luận văn đoạt giải thưởng
- 懸命な（けんめい） hard, strenuous | 拼命的, 竭尽全力的 | 열심한, 필사적인 | gigih | tích cực, hăng hái, nỗ lực
- 一生懸命(に)（いっしょうけんめい） hard, with all one's might | 拼命地, 努力地 | 열심히 | dengan gigih, mati-matian | cố gắng hết sức

1830 錯 16画〔金〕

サク

mix | 错 | 어긋날 착 | bercampur | THÁC, pha trộn

- 錯誤（さくご） a mistake | 错误 | 착오 | kekeliruan | lỗi, sai
- 時代錯誤（じだいさくご） an anachronism | 落后于时代(的想法) | 시대착오 | anakronisme, tidak sesuai zaman | lỗi thời
- 試行錯誤（しこうさくご） trial and error | 试行错误, 反复试验 | 시행착오 | coba-coba, percobaan | phương pháp thử và sai lầm
- 錯覚する（さっかく） to be under a illusion, to be deluded | 错觉, 错认为 | 착각하다 | di bawah ilusi, silap | ảo tưởng, viển tưởng

1831 冒 9画〔目〕

ボウ

cover | 冒 | 무릅쓸 모 | mengambil risiko | MẠO, che đậy

- 冒険（ぼうけん） adventure | 冒险 | 모험 | petualangan | mạo hiểm
- 冒頭（ぼうとう） the beginning, the opening | 开头, 起首 | 모두 | permulaan, pembuka | ban đầu, lúc đầu
- 冒頭陳述（ぼうとうちんじゅつ） * an opening statement | 开庭陈述, 公诉人宣读起诉书 | 모두진술 | pernyataan di muka | lời phát biểu lúc đầu

1832 陳 11画〔阝〕

チン

state | 陈 | 베풀 진, 묵을 진 | menyatakan | TRẦN, phát biểu

- 陳列する（ちんれつ） to exhibit, to display | 陈列 | 진열하다 | memajang, mendisplay | trưng bày, trình bày
- 陳述する（ちんじゅつ） * to state | 陈述 | 진술하다 | menyatakan | phát biểu

1833 釈 11画〔釆〕

シャク

untie | 释 | 해석할 석, 풀릴 석 | menjelaskan | THÍCH, hợp nhất

- 解釈する（かいしゃく） to interpret | 解释 | 해석하다 | mengartikan | giải thích
- 釈明する（しゃくめい） * to vindicate, to explain | 阐明, 解释, 辩解 | 해석하다 | menjelaskan | làm sáng tỏ, thanh minh

1834 添 11画〔氵〕

テン
そ-う
そ-える

add | 添 | 더할 첨 | menambahkan | THÊM, thêm vào

- 添付する（てんぷ） * to attach | 附上 | 첨부하다 | melampirkan | đính kèm
- 付き添う（つきそう） * to accompany | 跟随左右, 陪同 | 곁에 따르다, 옆에서 시중들다 | menemani | đi theo, bám theo
- 添える（そえる） to attach, to add | 添, 附加 | 첨부하다, 곁들이다 | melampirkan, menambahkan | thêm vào, kèm vào

1835  己 3画〔己〕 コ

フコ己

oneself | 己 | 몸 기 | diri sendiri | KỶ, tự mình

自己（じこ） self, oneself | 自己 | 자기 | diri, diri sendiri | tự, tự bản thân

利己的な（りこてき） * selfish, egoistic | 利己的, 自私自利的 | 이기적인 | egoisme | ích kỷ, vị kỷ

1836 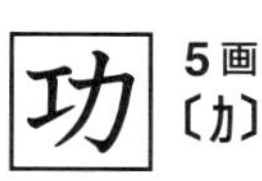 功 5画〔力〕 コウ

一 T エ 巧功

achievement | 功 | 공 공 | pencapaian | CÔNG, thành công

功績（こうせき） a meritorious deed, achievements | 功绩 | 공적 | jasa, prestasi | thành tích, thành tựu

成功報酬（せいこうほうしゅう） a contingency fee | (律师)诉讼成功报酬, (基金)绩效分成, 绩效报酬 | 성공사례금(보수) | imbalan kesuksesan | tiền thưởng đạt thành tựu

成功する（せいこう） to succeed | 成功 | 성공하다 | berhasil, sukses | thành công

1837 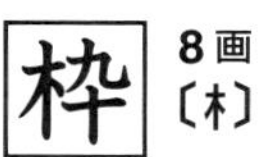 枠 8画〔木〕 わく

一 十 オ 木 朾 枠 枠 枠

frame | 桦(日本汉字) | 벚나무 화 | bingkai | KHUNG, khung

枠（わく） a framework, a frame | 框, 范围, 框框 | 테, 테두리, 범위 | kerangka, bingkai | khung, sườn, khuôn khổ

～枠（わく） * ... quota | …范围, …界限 | …범위, …한계 | batas..., kuota ... | chỉ tiêu...

採用枠（さいようわく） * an employment quota | 录用人数, 招聘人数 | 채용범위 | batas penerimaan karyawan | mức (số lượng) tuyển dụng

1838 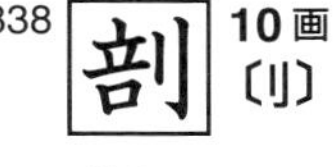 剖 10画〔刂〕 ボウ

丶 亠 亠 立 立 产 咅 咅 剖 剖

divide | 剖 | 쪼갤 부 | membagi | PHẪU, phân chia

病理解剖学（びょうりかいぼうがく） * pathological anatomy | 病理解剖学 | 병리해부학 | anatomi patologi | giải phẫu học bệnh lý

解剖する（かいぼう） to dissect | 解剖 | 해부하다 | menguraikan | giải phẫu, mổ xẻ

1839 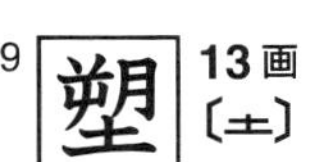 塑 13画〔土〕 ソ

丶 丷 䒑 㓁 屰 屰 朔 朔 朔 朔 塑 塑 塑

clay figure | 塑 | 흙 빚을 소 | modeling | TỐ, tượng đất

可塑性（かそせい） * plasticity | 可塑性 | 가소성 | keliatan, kekenyalan | tính dẻo

1840  盲 8画〔目〕 モウ

丶 亠 亡 亡 肓 肓 盲 盲

blind | 盲 | 소경 맹 | buta | MANH, mù

盲点（もうてん） a blind spot | 盲点, 漏洞 | 맹점 | titik buta | điểm mù

盲目的な（もうもくてき） * blind | 盲目的 | 망목적인 | membabi buta | mù quáng

1841  崇 11画〔山〕 スウ

丨 山 山 屮 屵 岢 岸 崇 崇 崇 崇

noble | 崇 | 높을 숭 | mulia | SÙNG, sùng bái

崇拝する（すうはい） to worship, to adore | 崇拜 | 숭배하다 | memuja, memuliakan | thờ kính, chiêm ngưỡng

1842 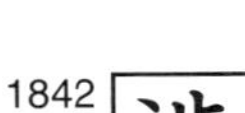 渉 11画〔氵〕 ショウ

丶 丶 氵 氵 汁 汁 沚 沚 涉 涉 渉

cross | 涉 | 건널 섭 | menyeberang | THIỆP, can thiệp

交渉する（こうしょう） to negotiate, to bargain | 交涉 | 교섭하다 | bernegosiasi, menawar | giao kèo, thương lượng

干渉する（かんしょう） to interfere, to meddle | 干涉 | 간섭하다 | mencampuri | can thiệp, dính líu

問題1　下線部の読みをひらがなで書きなさい。

① これが丸く見えるのは、目の錯覚だ。

② 病気の人に付き添う。

③ 長い時間、仕事をしたら、肩が凝った。

④ 彼女に干渉するのはやめたほうがいい。

⑤ この法律には盲点がある。

⑥ 事故現場では、懸命な救助が続けられた。

⑦ 自己を知るためにはどのようにしたらよいだろうか。

⑧ 彼女の話には矛盾している点がたくさんあった。

⑨ この解釈は間違っている。

⑩ 生物の授業で、魚を解剖した。

⑪ その資料を閲覧したいのですが、どこで申し込めばいいですか。

問題2　送りがなが必要な場合はそれに注意して、下線部の言葉を漢字で書きなさい。

① 毎日、いっしょうけんめい勉強する。

② もう、この映画をごらんになりましたか。

③ 新しい商品をちんれつする。

④ ぼうけんについて書かれた小説を読むのが好きだ。

⑤ この木の中はくうどうになっている。

⑥ 手紙をそえて、花束を送った。

⑦ この坂はこうばいが急だ。

⑧ この計画はせいこうするでしょう。

⑨ じしゃくはプラスチックを引きつけない。

⑩ このリストはじゅんじょが正しくない。

⑪ 窓のわくを新しくする。

⑫ 考えたことをじっせんしてみる。

問題3　次の漢語はどのような構成になっていますか。例のように分けなさい。

例：不／親　切　　　自　己／紹　介

① 冷　蔵　庫

② 望　遠　鏡

③ 無　収　入

④ 交　通　機　関

⑤ 化　学　調　味　料

⑥ 不　得　意　科　目

⑦ 経　済　援　助　計　画

⑧ 新　和　英　大　辞　典

28課 熟語の読み方

熟語の読み方を考える

なんと書いてありますか

「二字またはそれ以上の漢字で書かれる漢語」「二つまたはそれ以上の単語が合わさって、一つの単語として用いられるようになったもの」を熟語といいます。熟語には特殊な読み方のものもあります。

① 二字の熟語の読み方

漢字の読み方には、中国から伝来した発音で読む「音」と漢字の意味にあたる日本語の読みをあてた「訓」があります。二字熟語の読み方は、「読書」「料理」「電車」のように二字とも音読みで読むもの、「夕方」「大家」「街角」のように二字とも訓読みで読むものが原則ですが、それ以外に、「本棚」「半袖」「縁側」「額縁」「天井」「番組」のように前の字が音読み、後ろの字が訓読みのもの、「粗熱」「白菊」「手錠」「縦軸」「株式」のように前の字が訓読み、後ろの字が音読みのものがあります。前の字が音読み、後ろの字が訓読みのものを重箱読み、前の字が訓読み、後ろの字が音読みのものを湯桶読みといいます。

また、市場（シジョウ・いちば）、生物（セイブツ・なまもの）、足跡（ソクセキ・あしあと）のように、音読みと訓読みの両方があるものもあります。この場合、音読みと訓読みでは意味が異なる場合が多いです。

② 三字以上の熟語の読み方

「大企業」「高級車」のように音読みのもの、「桜並木」「小麦粉」のように訓読みのもののほかに、「味噌汁」（味噌：音読み＋汁：訓読み）、「杉花粉」（杉：訓読み＋花粉：音読み）「生中継」（生：訓読み＋中継：音読み）のように音読みと訓読みの言葉が合わさってできたため、音読みと訓読みがまざっているものがあります。「大騒動」（大きい：訓読み＋騒動：音読み）、「薄化粧」（薄い：訓読み＋化粧：音読み）のように、訓読みの接頭辞 (prefix) 的な「大」「薄」が音読みの熟語についたために、音読みと訓読みがまざっているものもあります。

四字以上の熟語にも、「床下浸水」（床下：訓読み＋浸水：音読み）、「代表取締役」（代表：音読み＋取締：訓読み＋役：音読み）のように音読みと訓読みがまざっているものがあります。読み方に注意しましょう。

③ 特殊な読み方

「今日」「大人」など、特殊な読み方をするものを初級から勉強してきました。「裸足」「風邪」「梅雨」など身近なもので、特殊な読み方をするものがたくさんあります。正確に覚えましょう。

①
街角
本棚
半袖
縁側
額縁
天井
粗熱
白菊
手錠
縦軸

②
味噌汁
杉花粉
生中継
大騒動
薄化粧
床下浸水

③
裸足
風邪
梅雨

1843 **街** 12画 〔彳〕

ノ 彡 彳 行 行 往 往 往 往 街 街 街

city street | 街 | 거리 가 | perkotaan | NHAI, đường phố

ガイ

市街(しがい) the street, a city, a town | 市街, 城镇 | 시가 | kota | thành phố, trung tâm

商店街(しょうてんがい) a shopping district | 商店街 | 상가, 상점가 | daerah pertokoan | trung tâm mua sắm

街路樹(がいろじゅ) * roadside trees | 林荫树, 街道树 | 가로수 | pohon jalan | cây ven đường

まち

街(まち) | a city, a town, a street | 城, 大街 | 거리 | kota | thành phố, thị trấn, phố xá

街角(まちかど) a street corner | 街口 | 길거리, 길목 | sudut kota | góc phố

1844 **棚** 12画 〔木〕

一 十 才 木 木 机 机 朾 栅 棚 棚 棚

shelf | 棚 | 사다리 붕 | rak | BẰNG, cái kệ

たな

棚(たな) a shelf | 搁板, 架子 | 선반, 시렁 | rak | cái kệ

本棚(ほんだな) a bookshelf | 书架 | 책장 | rak buku | kệ sách

戸棚(とだな) a closet, a cabinet | 橱, 柜 | 찬장 | lemari | tủ âm tường, cabinet

1845 **袖** 10画 〔衤〕

丶 ㇇ 礻 衤 衤 衤 衵 袖 袖 袖

sleeve | 袖 | 소매 수 | lengan baju | TỤ, tay áo

そで

袖(そで) a sleeve | 袖子 | 소매, 소맷자락 | lengan baju | tay áo

半袖(はんそで)(の) short-sleeved | 半袖 | 반소매 | lengan pendek | tay ngắn (áo)

1846  **縁** 15画 〔糸〕

𠃋 幺 幺 糸 糸 糸 紀 紀 紀 紀 紀 緑 縁 縁 縁

edge | 缘 | 인연 연 | tepi, pinggir | DUYÊN, viền, mép

エン

縁(えん) relation | 关系, 因缘 | 연, 인연 | pertalian, ikatan | duyên, mối quan hệ

縁側(えんがわ) a narrow wooden deck | 廊子, 后厦, 套廊 | 마루, 툇마루 | serambi rumah Jepang | hiên nhà

縁談(えんだん) a marriage proposal | 亲事, 婚事 | 혼담, 연담 | permohonan menikah, lamaran | lời cầu hôn

ふち

縁(ふち) an edge | 边, 缘, 框 | 가장자리, 둘레, 테두리 | tepi, pinggir | bờ, gờ, cạnh

額縁(がくぶち) * a (picture) frame | 画框 | 액자 | bingkai (foto) | khung (ảnh)

へり

縁(へり) the edge | 缘, 边, 檐 | 가, 가장자리, 언저리 | tepi, pinggir | cạnh, viền

1847 **丼** 5画 〔丶〕

一 二 ナ 井 丼

big bowl | 丼 | 우물 정 | mangkuk besar | TỈNH, tô lớn

どんぶり

丼(どんぶり) a big bowl | 大碗, 大碗盖饭 | 사발, 덮밥 | mangkuk besar | cái tô

どん

天丼(てんどん) * a bowl of rice topped with *tempura* | 天麸罗盖浇饭 | 튀김을 얹은 덮밥 | nasi dengan topping tempura | cơm với tempura

1848  **粗** 11画 〔米〕

丶 丷 丷 半 米 米 料 粗 粗 粗 粗

coarse | 粗 | 거칠 조 | kasar | THÔ, thô xơ

ソ

粗末(そまつ)な coarse, plain, poor | 粗糙的, 粗劣的 | 변변찮은, 허술한 | sederhana, seadanya | kém, tồi tàn, thô tục

粗品(そしな) * a small present | 粗东西, 微薄的礼品 | 조품, 변변치 못한 물건 | hadiah kecil | vật hèn

あら-い

粗(あら)い coarse | 粗, 粗糙 | 거칠다, 엉성하다 | kasar | kém, thô tục

粗熱(あらねつ) * the high heat of food just after cooking | 烫手的温度(大致散热) | 조열 | suhu panas tinggi segera setelah proses masak | độ nóng mới nấu

1849  **菊** 11画 〔艹〕

一 十 艹 艹 芍 芍 芍 芍 菊 菊 菊

chrysanthemum | 菊 | 국화 국 | bunga krisan | CÚC, bông Cúc

キク

菊(きく) * a chrysanthemum | 菊花 | 국화 | bunga krisan | hoa Cúc

白菊(しらぎく) * a white chrysanthemum | 白菊 | 백국, 흰 국화 | bunga krisan putih | Cúc trắng

1850  **錠** 16画 〔金〕

ノ 人 亼 今 今 全 余 金 金 金 金 鈩 鈩 鈩 錠 錠

lock | 锭 | 덩이 정 | kunci, gembok | ĐĨNH, khoá

ジョウ

手錠(てじょう) handcuffs | 手铐 | 수갑, 쇠고랑 | borgol | công tay

錠剤(じょうざい) * a pill, a tablet | 药丸, 药片 | 정제, 알약 | pil, tablet | thuốc viên, thuốc viên con nhộng

施錠(せじょう)する * to lock up | 上锁 | 자물쇠를 채우다 | mengunci | khoá

1851 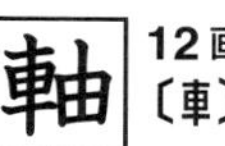 12 画 〔車〕

一 ┌ 𠂆 戸 百 亘 車 車 軋 軸 軸 軸

axle | 轴 | 굴대 축 | poros | TRỤC, trục

ジク

軸（じく） an axle, an axis | 轴 | 축, 굴대 | poros | trục, góc

縦軸（たてじく） a vertical axis, a vertical line | 纵轴 | 세로축, 종축 | poros/garis vertikal | trục tung, trục thẳng đứng

横軸（よこじく） a horizontal shaft, a horizontal axis | 横轴 | 가로축, 가로대 | poros/garis horizontal | trục hoành, trục ngang

1852 汁 5 画 〔氵〕

丶 丷 氵 氵 汁

juice | 汁 | 즙 즙 | sari buah | CHẤP, nước trái cây

ジュウ

果汁（かじゅう） * fruit juice | 果汁 | 과즙, 과일즙 | jus buah, sari buah | nước trái cây

胆汁（たんじゅう） * bile | 胆汁 | 담즙 | empedu | mật gan

しる

汁（しる） juice, soup | 汁液, 汤 | 즙, 국(물) | jus, kuah | nước trái cây, súp

味噌汁（みそしる） *miso* soup | 酱汤 | 된장국 | sup miso | súp miso

1853 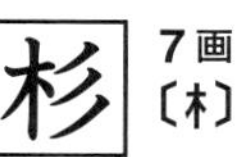 7 画 〔木〕

一 十 才 木 木 杉 杉

Japanese cedar | 杉 | 삼나무 삼 | pohon aras (cedar) Jepang | SAM, SOAN, cây thông tuyết

すぎ

杉（すぎ） a Japanese cedar, a cryptomeria | 杉树 | 삼나무, 삼목 | pohon cedar Jepang | cây tuyết tùng Nhật Bản, cây thông liễu

1854  13 画 〔糸〕

𠃋 幺 幺 糸 糸 糸 糸 糸 紣 絆 絆 継 継

succeed | 继 | 이을 계 | meneruskan | KẾ, kế tục

ケイ

中継（ちゅうけい） a relay broadcast | 转播, 中继 | 중계 | siaran sambung | truyền hình trực tiếp

生中継（なまちゅうけい） * live broadcasting | 现场直播 | 생중계 | siarang langsung | phát sóng trực tiếp

つ-ぐ

継ぐ（つぐ） to succeed | 接, 续上 | 잇다, 계승하다 | meneruskan | tiếp nhận

受け継ぐ（うけつぐ） to inherit, to succeed to | 继承, 承继 | 계승하다, 이어받다 | mewarisi, meneruskan | thừa hưởng, tiếp nhận

1855 騒 18 画 〔馬〕

丨 ┌ 𠂤 𠂤 𠂤 馬 馬 馬 馬 馬 馬 駆 駆 駆 騒 騒 騒 騒

noisy | 骚 | 떠들 소 | berisik | TAO, ồn ào

ソウ

騒動（そうどう） disturbance | 骚动, 暴乱 | 소동 | keributan, kerusuhan | náo động

騒音（そうおん） noise | 噪音 | 소음 | suara bising | tiếng ồn

騒々しい（そうぞうしい） noisy | 吵闹, 喧嚣, 不安宁 | 소란스럽다, 떠들썩하다 | berisik | ồn ào

物騒な（ぶっそうな） dangerous | 骚然不安的, 不安的 | 뒤숭숭한, 위험한 | berbahaya | nguy hiểm

さわ-ぐ

騒ぐ（さわぐ） to make noise | 吵, 吵闹 | 떠들다 | membuat ribut | làm ồn, quậy

騒ぎ（さわぎ） disturbance, noise, troubles | 吵闹, 喧哗, 骚乱 | 소동, 소란 | keributan | ồn ào, gây rối, gây phức tạp

騒がしい（さわがしい） noisy | 吵闹, 喧哗 | 소란스럽다, 시끄럽다 | berisik | ồn ào

1856 粧 12 画 〔米〕

丶 丷 䒑 半 米 米 米 粁 粁 粧 粧 粧

makeup | 妆 | 단장할 장 | dandan | TRANG, trang điểm

ショウ

化粧（けしょう） makeup | 化妆 | 화장 | dandan | trang điểm

1857  10 画 〔氵〕

丶 丷 氵 氵 氵 氵 浔 浔 浸 浸

soak | 浸 | 잠길 침 | merendam, mencelupkan | TẨM, ngâm

シン

浸水する（しんすい） * to be flooded | 浸水 | 침수하다 | tergenang air | ngập, lụt

床下浸水する（ゆかしたしんすい） * to be flooded below boards | 水漫到地板下面 | 마루밑까지 침수하다 | tergenang air di bawah lantai | nước ngấm sàn

ひた-す

浸す（ひたす） to soak | 浸, 泡 | 담그다, 잠그다 | merendam, mencelupkan | ngâm

1858 **裸** 13画 〔衤〕

丶 ラ ネ ネ ネ ネ ネ⺆ ネ冂 ネ日 ネ旦 裡 裸 裸

naked | 裸 | 벗을 라(나) | telanjang | LÕA. KHỎA, khoả thân

はだか

はだか
裸(の) naked | 裸体, 赤裸 | 알몸, 맨몸, 나체 | telanjang | trần truồng

はだし
裸足 a bare foot | 赤脚, 光脚 | 맨발 | telanjang kaki | chân trần, chân đất

1859 **邪** 8画 〔阝〕

一 ㄷ ㄷ 于 牙 牙⻏ 牙阝 邪

evil | 邪 | 간사할 사 | kejahatan | TÀ, tà ma

ジャ

むじゃき
無邪気な innocent | 天真的, 幼稚的 | 순진한, 천진난만한 | polos, naif | ngây thơ

じゃま
邪魔する to disturb, to interrupt | 妨碍, 打扰 | 방해하다, 훼방놓다 | menganggu | làm phiền, làm gián đoạn

かぜ
風邪 a cold | 感冒 | 감기 | flu | bị cảm

1860 **梅** 10画 〔木〕

一 十 才 木 术 朩 杧 梅 梅 梅

plum | 梅 | 매화 매 | buah aprikot Jepang | MAI, mơ (cây, quả)

バイ
うめ

ばいう
梅雨 *baiu*, the rainy season | 梅雨 | 매우, 장마 | musim hujan | mùa mưa, mưa ngâu

うめ
梅 an *ume*, a plum | 梅, 梅树, 梅子 | 매화나무, 매실 | buah aprikot Jepang | trái mơ, hoa mơ

うめぼ
梅干し a pickled *ume* | 咸梅, 腌的梅子 | 매실 장아찌 | asinan aprikot | trái mơ muối

つゆ
梅雨 *tsuyu*, the rainy season | 梅雨, 梅雨季节 | 매우, 장마 | tsuyu, musim hujan | mùa mưa, mưa ngâu

1861 **兼** 10画 〔丷/丷〕

丶 丷 亠 当 当 当 并 兼 兼 兼

combine | 兼 | 겸할 겸 | merangkap | KIÊM, kiêm nhiệm

ケン
か-ねる

けんぎょう
兼業 carrying on a side business | 兼业, 兼营 | 겸업 | kerja rangkap | kiêm nhiệm

けんよう
兼用 combined use | 兼用, 两用 | 겸용 | rangkap | dùng chung

か
兼ねる to combine | 兼, 兼任 | 겸하다 | merangkap | kết hợp

き が
気兼ね constraint | 顾虑, 客气, 拘束 | 스스럼, 거리낌 | rasa segan | ràng buộc

1862 **鉢** 13画 〔金〕

ノ 人 𠆢 亼 牟 牟 余 金 金一 針 鈢 鉢 鉢

bowl | 钵 | 바리때 발 | mangkuk | BÁT, cái bát

ハチ

はち
鉢 a bowl, a pot | 钵, 盆, 花盆 | 주발, 바리때, 화분 | mangkuk, pot | bồn trồng cây

はちう
鉢植え * a potted plant | 盆栽, 花盆 | 화분에 심음, 화분 | tanaman di pot | bồn trồng cây

1863 **瓶** 11画 〔瓦〕

丶 丷 䒑 兰 𢆉 并 并 瓶 瓶 瓶 瓶

bottle | 瓶 | 병 병 | botol | BÌNH, chai

ビン

かびん
花瓶 a vase | 花瓶 | 화병, 꽃병 | vas bunga | bình hoa

びん
瓶 a bottle | 瓶 | 병 | otol | cái chai

びんづめ びんづ
瓶詰(の)／瓶詰め(の) bottled | 装瓶(的), 瓶装(的) | 병조림한, 병에 담근 | kemasan botol | đóng chai

1864 **缶** 6画 〔缶〕

ノ 𠂉 𠂉 午 缶 缶

can | 缶, 罐 | 두레박 관 | kaleng | HẪU, PHỮU, lon

カン

かん
缶 a can, a canister | 罐, 桶 | 캔, 깡통 | kaleng | hộp thiếc

かんづめ
缶詰 a can | 罐头 | 통조림 | kemasan kaleng, kalengan | đồ hộp

1865 **崩** 11画〔山〕

ホウ
くず-れる
くず-す

丶 亠 屮 屵 岓 岸 岸 崩 崩 崩 崩

crumble | 崩 | 무너질 붕 | runtuh | BĂNG, sạt lở

崩壊（ほうかい）する to collapse | 崩溃 | 붕괴하다 | hancur, runtuh, ambruk | phá vỡ, phá huỷ

崩（くず）れる to crumble | 塌, 崩溃 | 무너지다, 흐트러지다 | runtuh | sụp đổ

崩（くず）す * to destroy, to pull down, to break | 拆, 拆毁, 搞乱, 使崩溃 | 무너뜨리다, 흐트러뜨리다 | meruntuhkan | phá hủy, làm sụp đổ, bị bệnh

雪崩（なだれ） an avalanche, a snowslide | 雪崩 | 눈사태 | salju longsor | lở tuyết, tuyết sạt lở

1866 **伯** 7画〔亻〕

ノ イ イ' 亻白 伯 伯 伯

senior | 伯 | 맏 백 | senior | BÁ, bác

伯父（おじ） an uncle (older than one's parent) | 伯父 | 백부 | paman (di atas orang tua), pakde | chú, bác (người lớn hơn bố mẹ)

伯母（おば） an aunt (older than one's parent) | 伯母 | 백모 | bibi (di atas orang tua), bude | bác, cô (người lớn hơn bố mẹ)

1867 **叔** 8画〔又〕

丨 卜 上 于 未 朩 叔 叔

younger brother | 叔 | 아재비 숙 | saudara muda | THÚC, chú

叔父（おじ） an uncle (younger than one's parent) | 叔父 | 숙부 | om, paklik | chú, bác (người nhỏ hơn bố mẹ)

叔母（おば） an aunt (younger than one's parent) | 叔母 | 숙모 | tante, bulik | bác, cô (người nhỏ hơn bố mẹ)

1868 **巡** 6画〔巛〕

ジュン
めぐ-る

く 巜 巛 巛 巡 巡

go round | 巡 | 돌 순 | berkeliling | TUẦN, đi lòng vòng

巡査（じゅんさ） a policeman | 巡警, 警察 | 순찰 | polisi | cảnh sát

巡（めぐ）る to go round | 循环, 围绕 | 돌다, 회전하다, 둘러싸다 | berkeliling | tuần tra, đi vòng

お巡（まわ）りさん a policeman | 警察, 巡警 | 순경, 경찰 | pak polisi | cảnh sát

1869 **玄** 5画〔玄〕

ゲン

丶 亠 ナ 玄 玄

dark | 玄 | 검을 현 | gelap | HUYỀN, màu tối

玄関（げんかん） the entrance, the front door | 门口, 正门, 大门 | 현관 | ruang di antara pintu masuk dan bagian dalam rumah | sảnh trước nhà, cửa nhà

玄人（くろうと） an expert | 专家, 行家 | 전문가 | ahli | chuyên gia

1870 **芝** 6画〔艹〕

しば

一 十 艹 艹 芝 芝

lawn | 芝 | 지초 지 | halaman rumput | CHI, bãi cỏ

芝（しば） a lawn | 草坪 | 잔디 | halaman rumput | bãi cỏ

芝生（しばふ） lawn | 草坪 | 잔디밭 | padang rumput | bãi cỏ

芝居（しばい） a play, a drama | 戏, 戏剧 | 연극 | sandiwara | vở diễn, vở kịch

1871 **桟** 10画〔木〕

サン

一 十 才 木 朾 栈 栈 桟 桟 桟

short wood | 栈 | 잔도 잔 | potongan kayu | SẠN, khúc gỗ

桟橋（さんばし） a pier | 码头 | 잔교, 부두 | dermaga | cầu tàu

1872 **紺** 11画〔糸〕

コン

く 幺 幺 糸 糸 糸 糸 紅 紺 紺 紺

dark blue | 绀 | 감색 감 | biru tua | CÁM, xanh đậm

紺（こん）（の） dark blue | 藏青, 深蓝 | 감색 | biru tua | màu xanh đậm

紺色（こんいろ） dark (navy) blue | 藏青色, 深蓝色 | 감색 | warna biru tua, biru laut | màu xanh navy, màu xanh đậm

問題１　下線部の読みをひらがなで書きなさい。

①「気兼ね」は「気を兼ねる」、「鉢植え」は「鉢に植える」、「瓶詰」「缶詰」は「瓶に詰める」「缶に詰める」からできた言葉です。

②「今晩、ちょっとお邪魔してもよろしいですか」(May I pay you a short visit this evening?)

③ このジャケットは男女兼用だ。

④ スキー場で雪崩が起きた。

⑤ 私には伯父が２人と叔母が３人いる。

⑥ お巡りさんに道をきいた。

⑦ 伯母は絵が上手で、玄人のようだ。

⑧ 叔父の家の庭の芝生はとてもきれいだ。

⑨ 地震で家が崩壊した。

⑩ この着物は袖に菊の模様があります。

⑪ 戸棚から丼を取ってください。

⑫ 商店街で何か騒ぎが起こったようだ。

⑬ この粉は粗い。

⑭ 子どもたちが無邪気に遊んでいる。

⑮ 外が騒々しいけれど何が起こったのだろうか。

問題２　送りがなが必要な場合はそれに注意して、下線部の言葉を漢字で書きなさい。

① 畳のへりを踏まないようにしてください。

② 兄は母親の才能をうけついでいる

③ さんばしに船が泊まっている。

④ げんかんは向こうです。

⑤ 雨で崖がくずれた。

⑥ 地球は太陽の周りをめぐっている。

⑦ 彼は会長と社長をかねている。

⑧ こんいろの服が欲しい。

⑨ 池のふちに立つと危ないですよ。

⑩ 小さいうめの木をはちに植えた。

⑪ そのグラフのよこじくとたてじくは何を表していますか。

⑫ 豆を水にひたした。

問題３　下線部の読みをひらがなで書きなさい。

(1)・魚を買いに①市場へ行く。
・外国為替②市場では円高ドル安の傾向が見られる。

(2)・来週、①生物の試験がある。
・②生物ですので、今日中にお召し上がりください。

29課 様子・態度

人の様子や態度を表す

なんと書いてありますか

驚かす

驚く

勘違いをする

慌てる　悠々とする

曖昧な態度

謙遜する⇔自慢する

黙る　罵る

謙虚な態度⇔横柄な態度
傲慢な態度

飽きる

悟る

慈愛に満ちた

慰める

孝行する

勇敢な⇔臆病な

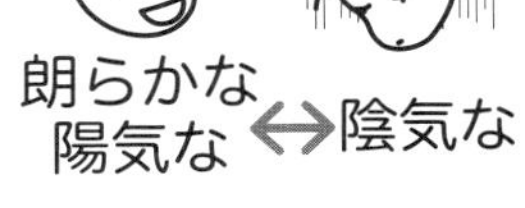

朗らかな
陽気な⇔陰気な

怠惰な生活

意志を貫く⇔妥協する

粋な

卑怯（きょう）な手を使って戦う

寛容な

食欲が旺盛な

驚かす
驚く
勘違い
慌てる
悠々と
曖昧な
謙遜する
黙る
罵る
謙虚な
横柄な
傲慢な
飽きる
悟る
慈愛
慰める
孝行する
勇敢な
臆病な
朗らかな
怠惰な
妥協する
粋な
寛容な
旺盛な
卑怯（きょう）な

1873 驚 22画 〔馬〕

surprise | 惊 | 놀랄 경 | terkejut | KINH, bất ngờ

キョウ 驚異（きょうい） wonder | 惊异, 奇事 | 경이 | keajaiban, ketakjuban | kỳ diệu

おどろ-く 驚く（おどろく） to be surprised | 吓, 惊讶 | 놀라다 | terkejut | bát ngờ　　驚き（おどろき） surprise | 惊讶, 惊异 | 놀람 | keterkejutan | bát ngờ

おどろ-かす 驚かす（おどろかす） to surprise | 惊动, 震动 | 놀라게 하다 | mengejutkan | gây bất ngờ

1874 勘 11画 〔力〕

consider, intuition | 勘 | 헤아릴 감 | mempertimbangkan, intuisi | KHÁM, xem xét, trực giác

カン 勘（かん） intuition, one's six sense | 直觉, 直感, 理解力 | 감, 직감, 눈치 | intuisi | giác quan, giác quan thứ sáu

勘定（かんじょう） counting, calculation, accounts | 计算, 算账 | 계산, 계정 | perhitungan, pembayaran | tính toán, tính tiền

勘違い（かんちがい） misunderstanding, a mistake | 错认, 误会, 误解 | 착각, 오해 | kesalahpahaman | hiểu lầm

勘弁する（かんべんする） to pardon, to forgive, to excuse | 原谅, 饶 | 용서하다 | memaafkan | tha thứ, thứ lỗi, bỏ qua

1875 慌 12画 〔忄〕

flurry | 慌 | 어리둥절할 황 | tergesa-gesa | HOẢNG, hấp tấp

あわ-てる 慌てる（あわてる） to be flurried, to be confused | 惊慌, 着慌, 急忙 | 당황하다, 허둥거리다 | tergesa-gesa, buru-buru | vội vã, lúng túng

あわ-ただしい 慌ただしい（あわただしい） busy, hurried, rushed | 慌张, 匆忙 | 황망하다, 어수선하다, 부산하다 | sibuk, tergesa-gesa | bận rộn, hối hả, gấp rút

1876  11画 〔心〕

faraway | 悠 | 멀 유 | jauh | DU, xa xôi

ユウ 悠々と（ゆうゆうと） calmly, composedly, easily | 悠悠地, 不慌不忙地 | 유유히 | tenang, sabar | điềm tĩnh, từ tốn, thư thái

1877  17画 〔日〕

dim | 暧 | 희미할 애 | suram | ÁI, mập mờ

アイ 曖昧な（あいまいな） ambiguous, unclear, vague, noncommittal | 暧昧的 | 애매한 | ambigu, rancu | mập mờ, không rõ ràng, mơ hồ

1878  9画 〔日〕

dim | 昧 | 어두울 매 | suram | MUỘI, mập mờ

マイ 曖昧な（あいまいな） ambiguous, unclear, vague, noncommittal | 暧昧的 | 애매한 | ambigu, rancu　mập mờ, không rõ ràng, mơ hồ

1879  17画 〔言〕

humble | 谦 | 겸손할 겸 | sederhana, rendah | KHIÊM, khiêm tốn

ケン 謙虚な（けんきょな） humble, modest | 谦虚的 | 겸허한 | rendah hati | khiêm tốn, từ tốn

1880  14画 〔辶〕　［遜］

humble | 逊 | 겸손할 손 | sederhana, rendah | TỐN, khiêm tốn

ソン 不遜な（ふそんな） * haughty, arrogant | 不谦逊的, 傲慢的 | 불손한 | angkuh | kiêu căng, ngạo mạn

謙遜する（けんそんする） to be humble, to be modest | 谦逊, 谦虚 | 겸손하다 | merendahkan diri | khiêm tốn, từ tốn

1881 **黙** 15画〔黒〕

丨 冂 冃 日 甲 甲 里 里 野 默 默 默 默 默 黙

silent | 默 | 말 없을 묵 | diam | MẶC, im lặng

モク

沈黙（ちんもく） silence | 沉默 | 침묵 | kebisuan, keheningan | yên lặng

だま-る

黙る（だまる） to be silent, to say nothing | 不说话, 不作声 | 입을 다물다, 말없이 있다 | diam | câm mồm, nín

1882 **罵** 15画〔罒〕

丶 冖 罒 罒 罒 罒 罒 罒 罒 罒 罵 罵 罵 罵 罵

abuse | 骂 | 꾸짖을 매 | mencaci | MẠ, lăng mạ

ののし-る

罵る（ののしる） to abuse, to call (a person) names | 骂 | 욕설을 퍼붓다, 매도하다 | mencaci, mendamprat | xúc phạm, chửi tên ai

1883 **柄** 9画〔木〕

一 十 才 木 木 朩 朾 柄 柄

handle | 柄 | 자루 병 | tangkai, corak | BINH, tay cầm

ヘイ

横柄な（おうへいな） * haughty, arrogant, overbearing, high-handed | 傲慢无礼的, 妄自尊大的 | 거만한, 건방진 | angkuh, takabur | kiêu căng, ngạo mạn, hống hách, phách lối

がら

柄（がら） a pattern | 体格, 身材 | 몸집, 체격 | corak | hoa văn

事柄（ことがら） a matter, an affair | 事情, 事态 | 사항, 일 | perihal, masalah | sự tình, sự việc

家柄（いえがら） * a social standing of a family | 门第, 家世, 名门 | 집안, 가문, 문벌 | asal-usul keluarga, keturunan | vị thế gia đình

大柄な（おおがらな） large build | 骨架大的 | 몸집이 큰, 큼직한 | bertubuh besar, bercorak besar | to con

え

柄（え） a handle, a grip | 柄, 把儿 | 자루, 손잡이 | tangkai, pegangan | cán, tay cầm

1884 **傲** 13画〔亻〕

丿 亻 亻 亻 仹 仹 仹 侍 倣 倣 傲 傲 傲

arrogant | 傲 | 거만할 오 | angkuh | NGẠO, kiêu ngạo

ゴウ

傲慢な（ごうまんな） * arrogant, overbearing, proud | 傲慢的 | 오만한, 거만한 | angkuh, sombong, tinggi hati | kiêu căng, ngạo mạn, phách lối, ra vẻ

1885 **飽** 13画〔飠〕

丿 人 𠆢 今 今 今 食 食 食 飣 飩 飽 飽

satiate | 饱 | 배부를 포 | bosan | BÃO, chán, bão hoà

ホウ

飽和する（ほうわする） to be saturated | 饱和 | 포화되다 | mengalami kejenuhan | bão hoà

あ-きる

飽きる（あきる） to get tired, to be satiated | 够, 腻烦 | 물리다, 싫증나다, 질리다 | bosan, jenuh | chán, ngán

1886 **悟** 10画〔忄〕

丶 丷 忄 忄 忙 忊 悟 悟 悟 悟

realize | 悟 | 깨달을 오 | menyadari | NGỘ, nhận ra

ゴ

覚悟する（かくごする） to be ready for, to make up one's mind | 精神准备, 决心, 觉悟 | 각오하다 | siap menghadapi | giác ngộ, nhận ra

さと-る

悟る（さとる） to realize, to be spiritually awakened | 悟, 领悟 | 깨닫다 | sadar, mendapat pencerahan | nhận ra, tỉnh ra

1887 **慈** 13画〔心〕

丶 丷 䒑 艹 兹 兹 兹 兹 兹 兹 慈 慈 慈

love | 慈 | 사랑 자 | cinta kasih | TỪ, tình yêu

ジ

慈愛（じあい） * affection, love | 慈爱 | 자애 | kasih, cinta | lòng yêu thương, lòng thương người

慈善活動（じぜんかつどう） * charities | 慈善活动 | 자선활동 | kegiatan amal | hoạt động từ thiện

慈悲深い（じひぶかい） * merciful, gracious, charitable | 大发慈悲, 深为怜悯 | 자비심이 많다, 자비롭다 | dermawan, sangat pengasih | đầy tình cảm, đầy tính nhân văn, đầy cảm xúc

1888 **慰** 15画 〔心〕

一 コ 尸 尸 尸 尸 尸 尉 尉 尉 尉 尉 慰 慰 慰

console | 慰 | 위로할 위 | menghibur | ÚY, an ủi

なぐさ-める

慰(なぐさ)める to console, to comfort | 安慰 | 위로하다, 달래다 | menghibur | an ủi, làm nguôi ngoai

1889 **孝** 7画 〔子〕

一 十 土 耂 耂 孝 孝

filial piety | 孝 | 효도 효 | kealiman anak | HIẾU, lòng hiếu thảo

コウ

孝行(こうこう)する to be dutiful to one's parents | 孝顺 | 효행하다, 효도하다 | berbakti pada orang tua | hiếu thảo

1890 **敢** 12画 〔攵〕

一 丅 エ 干 千 干 正 頁 頁 耳 敢 敢

bold | 敢 | 감히 감 | berani | CẢM, dũng cảm

カン

勇敢(ゆうかん)な brave, courageous | 勇敢的 | 용감한 | berani | dũng cảm, quả cảm

1891 **臆** 17画 〔月〕

丿 刀 月 月 月' 月' 月' 月' 月' 月' 胎 胎 脂 脂 臆 臆 臆

heart | 臆 | 가슴 억 | sifat takut | ỨC, ngực

オク

臆病(おくびょう)な cowardly, timid | 胆怯的, 怯懦的 | 소심한, 담약한 | penakut | xấu hổ, rụt rè

1892 **朗** 10画 〔月〕

' ㄋ ㄋ ㄋ 白 良 良 朗 朗 朗

cheerful | 朗 | 밝을 랑(낭) | riang | LÃNG, vui vẻ

ロウ

明朗(めいろう)な cheerful, bright, clear | 明朗的 | 명랑한 | riang, cerah | vui vẻ, hoà nhã, sáng sủa

朗読(ろうどく)する to read aloud, to recite | 朗读 | 낭독하다 | membaca dengan keras, mendeklamasikan | đọc to rõ

ほが-らか

朗(ほが)らかな cheerful, bright | 明朗的, 开朗的 | 명랑한 | riang | vui vẻ, năng động

1893 **惰** 12画 〔忄〕

' ' 忄 忄 忄 忄 忄 忄 忄 惰 惰 惰

lazy | 惰 | 게으를 타 | malas | NỌA, lười

ダ

怠惰(たいだ)な * lazy, idle | 懒惰的, 怠惰的 | 나태한, 태타한 | malas | lười linh, cẩu thả

1894 **妥** 7画 〔女〕

一 ㄧ ㄧ ㄧ 妥 妥 妥

contentment | 妥 | 온당할 타 | kepuasan hati | THỎA, thoả mãn

ダ

妥当(だとう)な proper, appropriate | 妥当的, 妥善的 | 타당한 | pantas, patut, tepat | thích hợp, phù hợp

妥協(だきょう)する to compromise | 妥协 | 타협하다 | berkompromi | thoả hiệp

妥結(だけつ)する to come to terms | 妥协 | 타결하다 | berkompromi | đạt đến thoả thuận

1895 **粋** 10画 〔米〕

丶 丷 丷 半 米 米 米 粋 粋 粋

pure | 粋 | 순수할 수 | murni | TÚY, tinh tuý

スイ

純粋(じゅんすい)な pure, genuine | 纯真, 纯碎 | 순수한 | murni, sejati | ngây thơ, trong sáng

粋(すい) the essence, the best, the highest | 精粹, 精华 | 정수 | sari, anggun | thuần tuý, cao nhất, tột đỉnh

粋(すい)を集(あつ)める to gather the best of ... | 搜集精华 | 정수를 모으다 | mengumpulkan yang terbaik | tập trung những cái thuần tuý nhất

いき

粋(いき)な smart, chic | 漂亮, 俊俏, 潇洒 | 세련된, 멋이 있는 | anggun | thanh lịch, lịch lãm

1896 **寛** 13画 〔宀〕
カン
broad-minded | 宽 | 너그러울 관 | kelonggaran hati | KHOAN, khoáng đạt
寛容（かんよう）な tolerant, generous | 宽容的, 宽恕的 | 관용스러운, 너그러운 | toleran, murah hati | khoan dung, rộng lượng

1897 **旺** 8画 〔日〕
オウ
vigorous | 旺 | 왕성할 왕 | penuh semangat | VƯỢNG, sôi nổi
旺盛（おうせい）な * vigorous | 旺盛的, 充沛的 | 왕성한 | hebat, penuh semangat | mãnh liệt, sôi nổi

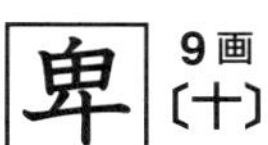

1898 **卑** 9画 〔十〕
ヒ
いや-しい
mean | 卑 | 낮을 비 | jahat | TY, ích kỷ
卑怯（ひきょう）な cowardly, unfair | 胆怯的, 卑怯的, 卑鄙的 | 비겁한 | pengecut | hèn nhát, nhát gan
卑（いや）しい mean, greedy, low, humble | 卑贱, 低贱, 卑鄙 | 천하다, 비루하다, 비열하다 | jahat, rakus, hina | ích kỷ, vị kỷ, hèn nhát

1899 **襟** 18画 〔衤〕
えり
collar | 襟 | 옷깃 금 | kerah baju | KHÂM, cổ áo
襟（えり） a collar | 领子 | 옷깃 | kerah baju | cổ áo

1900 **褐** 13画 〔衤〕
カツ
brown | 褐 | 갈색 갈 | coklat | HẠT, CÁT, màu nâu đậm
褐色（かっしょく） * brown | 褐色 | 갈색 | coklat | màu nâu

1901 **朴** 6画 〔木〕
ボク
hackberry | 朴 | 칠 복 | sederhana | PHÁC, cuốc chim
素朴（そぼく）な simple | 朴素的, 淳朴的 | 소박한 | sederhana | đơn giản

1902 **瞳** 17画 〔目〕
ひとみ
pupil | 瞳 | 눈동자 동 | biji mata | ĐỒNG, con ngươi
瞳（ひとみ） the pupil | 瞳孔, 眼珠子 | 눈동자 | biji mata | con ngươi, đồng tử

1903 **儒** 16画 〔亻〕
ジュ
Confucianism | 儒 | 선비 유 | Konfusianisme | NHO, Nho giáo
儒教（じゅきょう） * Confucianism | 儒教 | 유교 | Konfusianisme | Nho Giáo

1904 **萎** 11画 〔艹〕
イ
wither | 萎 | 시들 위 | layu | NUY, héo
萎縮（いしゅく）する * to wither, to atrophy | 萎缩 | 위축하다 | mengerut | làm khô héo, làm co quắt lại

問題1　下線部の読みをひらがなで書きなさい。

① 「襟を正す」とは、もとは乱れた服装を整えるという意味で、そこから転じて、「社員一同、襟を正して社長の話を聞いた。」のように、態度を改め、気持ちを引き締めるという意味で使われる。

② そこに住んでいる人々は褐色の肌をしており、親しみやすく素朴だった。

③ 子どもたちは我々の訪問に瞳を輝かせた。

④ 「孝行」とは儒教の教えの一つで、親を大切にすることです。

⑤ 彼は親を敬い、尽くしている。

⑥ この新しい機種は日本の技術の粋を集めて作られている。

⑦ 論文では曖昧な表現を避けるべきである。

⑧ なくしたのは黒い傘で、柄の部分に名前が彫ってあります。

⑨ 財産がたくさんある彼は、定年後も悠々と暮らしている。

⑩ 傲慢さを捨てて、謙虚になりたいものだ。

問題2　｛　　｝の正しいほうに○をつけなさい。

① 伝統を守るために、だきょう｛打協　妥協｝は許されない。

② たいだ｛怠惰　怠随｝な生活を改める。

③ うちの息子は食欲がおうせい｛大勢　旺盛｝だ。

④ いしゅく｛委宿　萎縮｝せず、伸び伸びと発言する。

⑤ おくびょう｛憶病　臆病｝な子どもが物語のゆうかん｛勇敢　有感｝な主人公に憧(あこが)れる。

⑥ その僧は誰に対してもじひ｛磁卑　慈悲｝深く、かんよう｛寛容　慣用｝だった。

問題3　送りがなが必要な場合はそれに注意して、下線部の言葉を漢字で書きなさい。

① 年の暮れはあわただしい。

② 自分の言動の愚かさをさとる。

③ この漫画は何度見てもあきない。

④ 彼はだまって私の話を聞いていた。

⑤ 彼女はいつも明るくほがらかだ。

⑥ 落ち込む友人をなぐさめる。

⑦ 突然の知らせにおどろく。

⑧ 派手ながらのシャツを着る。

⑨ かんちがいをする。

⑩ 大声で相手をののしる。

30課 心情

人の気持ちを表す

なんと書いてありますか

答え➡別冊 P.13

1 下線部と同じ意味になる言葉を線で結びましょう。

❶ 近所づきあいが面倒だ。 •　　• 寂しい
❷ 健康な人を見ると自分と違っていいなあと思う。 •　　• 煩わしい
❸ いつも一緒にいる人がいなくて心細い気持ちだ。 •　　• 羨ましい

2 文の意味として合うほうを選びましょう。

❶ 暗いニュースを聞くと、（無邪気な／憂鬱な）気分になる。
❷ 自由だが（孤独な／純粋な）一人暮らし。
❸（閑静な／愉快な）住宅街。
❹ 新緑の季節は（窮屈な／爽やかな）気分になる。
❺ 静かで（華やかな／穏やかな）春の海。
❻ 研究に対する（厳重な／貪欲な）までの執着。

3 二重線の部分の正しい漢字を選びましょう。

❶ 就職が決まらなくてあせる。（隻／焦）
❷ あの人はみんなにしたわれている。（慕／募）
❸ 芸能界にあこがれる。（憧／瞳）
❹ 体力の衰えをなげく。（勤／嘆）

4 下線部の正しい漢字を選びましょう。

❶ この曲を聞くと勇気がわく。（湧く／沸く）
❷ 不運をのろう。（祝う／呪う）
❸「罪をにくんで人をにくまず」という言葉がある。（憎んで／恨んで）
❹ 経済的な理由で進学をあきらめる。（締める／諦める）
❺ 実直で勤勉な社員をほこりに思う。（怒り／誇り）

5 下線部の正しい読み方を選びましょう。

❶ 社会の悪に対して憤る。（とどこおる／いきどおる）
❷ 散り始めた桜を見て、春の名残を惜しむ。（いとおしむ／おしむ）
❸ スポーツも勉強もできる親友に嫉妬を覚える。（しっと／しっそ）
❹ 卑怯な手を使って昇進しようとする同僚を軽蔑する。（けいそつ／けいべつ）
❺ 侮辱されて、黙っていられなくなった。（ぶじょく／げじょく）
❻ 挫折した経験のない人はもろいという。（ざこつ／ざせつ）

1905 寂 11画 〔宀〕

lonely | 寂 | 고요할 적 | kesepian | TỊCH, cô đơn

さび-しい

寂(さび)しい lonely | 寂寞, 孤寂 | 쓸쓸하다, 적적하다 | kesepian | buồn

1906 煩 13画 〔火〕

worry about | 烦 | 번거로울 번 | khawatir | PHIỀN, phiền não

わずら-う

煩(わずら)わしい troublesome, complicated | 腻烦, 麻烦, 烦琐 | 번거롭다, 귀찮다, 성가시다 | susah, merepotkan | phiền hà, phức tạp

1907 羨 13画 〔⺷〕

envious | 羡 | 부러워할 선 | iri | TIỆN, ghen tỵ

うらや-ましい

羨(うらや)ましい envious, enviable | 羡慕 | 부럽다 | iri | ngưỡng mộ, ganh tị (thích)

1908 憂 15画 〔心〕

anxious | 忧 | 근심 우 | cemas | ƯU, ưu tư

ユウ

憂鬱(ゆううつ)な gloomy, melancholy | 忧郁的, 郁闷的 | 우울한 | muram, merasa depresi | tối tăm, u ám, buồn rầu

1909 孤 9画 〔子〕

solitary | 孤 | 외로울 고 | sendirian | CÔ, cô độc

コ

孤児(こじ) an orphan | 孤儿 | 고아 | anak yatim piatu | cô nhi

孤独(こどく)な solitary, lonely | 孤独的 | 고독한 | kesepian, sepi | cô độc, cô đơn

孤立(こりつ)する to stand alone, to be in isolation | 孤立 | 고립하다 | terisolasi | cô lập, cô độc

1910  12画 〔忄〕

pleasant | 愉 | 즐거울 유 | menyenangkan | DU, thoải mái

ユ

愉快(ゆかい)な pleasant, enjoyable | 愉快的 | 유쾌한 | menyenangkan, lucu | thoải mái, vui vẻ

1911  11画 〔大〕

fresh | 爽 | 시원할 상 | menyegarkan | SẢNG, sảng khoái

さわ-やか

爽(さわ)やかな fresh, balmy, refreshing | 爽朗的, 清爽的 | 상쾌한, 산뜻한 | menyegarkan, segar | sảng khoái, sáng sủa

1912  16画 〔禾〕

mild | 稳 | 평온할 온 | tenang | ỔN, yên ổn

おだ-やか

穏(おだ)やかな calm, quiet, gentle | 平稳的, 温和的 | 온화한 | tenang, kalem | điềm tĩnh, điềm đạm, từ tốn

1913  11画 〔貝〕

greed | 贪 | 탐낼 탐 | tamak | THAM, tham lam

ドン

貪欲(どんよく)な * greedy | 贪婪的 | 탐욕스러운 | tamak, serakah | tham lam

1914 **焦** 12画〔灬〕

ノ イ イ' 忙 什 件 隹 隹 焦 焦 焦 焦

burn | 焦 | 탈 초 | hangus | TIÊU, cháy khê

ショウ 焦点（しょうてん） a focus | 焦点 | 초점 | fokus | điểm nhấn

こ-げる 焦げる（こ） to burn, to scorch | 焦, 煳 | 타다 | hangus, gosong | cháy, khê, khét

焦げ茶色（こ・ちゃいろ） dark brown | 浓茶色, 深棕色 | 자갈색, 짙은 갈색 | warna coklat tua | màu nâu đậm

こ-がす 焦がす（こ） to burn, to scorch | 弄煳, 烧糊 | 태우다 | menggosongkan | làm cháy, làm khét, làm khê

あせ-る 焦る（あせ） to be impatient, to be in a hurry | 焦躁, 急躁 | 안달하다, 조급해하다 | tidak sabaran, buru-buru | vội vã, hấp tấp

1915 **慕** 14画〔⺗〕

一 十 艹 节 苎 莒 草 莫 莫 菒 菒 慕 慕 慕

yearn | 慕 | 그릴 모 | tertarik pada | MỘ, ao ước

した-う 慕う（した） to yearn, to adore | 爱慕, 怀念, 敬仰 | 그리워하다, 흠모하다, 우러르다 | tertarik pada | khao khát, ao ước

1916 **憧** 15画〔忄〕

' ' 忄 忄' 忙 忙 忙 忙 恃 愔 愔 愔 憧 憧 憧

long for | 憧 | 동경할 동 | mendambakan | SUNG, TRÁNG, ngưỡng mộ

あこが-れる 憧れる（あこが） to long for, to yearn after | 憧憬, 向往 | 그리워하다, 동경하다 | mendambakan, mengagumi | ngưỡng mộ, thần tượng (ai)

1917 **嘆** 13画〔口〕

丨 ㄇ 口 口一 口十 口廾 口廾 呰 呰 嘩 嘩 嘆 嘆

sigh | 叹 | 탄식할 탄 | meratapi | THÁN, than vãn

タン 驚嘆する（きょうたん）* to admire, to wonder | 惊叹 | 경탄하다 | mengagumi, kagum akan | ngưỡng mộ, bất ngờ

なげ-く 嘆く（なげ） to grieve, to lament, to deplore | 悲叹, 慨叹 | 한탄하다, 개탄하다 | meratapi | than vãn, than phiền

1918 **湧** 12画〔氵〕

丶 冫 氵 氵 汀 汀 沔 浔 涌 涌 湧 湧

well up | 涌, 湧 | 끓어오를 용 | muncul | DŨNG, trào lên

わ-く 湧く（わ） to well up, to spring | 涌出, 冒出, 产生 | 솟다, 솟아나다 | muncul, menyembur | nổi lên, trồi lên

1919 **呪** 8画〔口〕

丨 ㄇ 口 口' 口ㄇ 口口 呎 呪

curse | 咒, 呪 | 빌 주 | mengutuk | CHÚ, nguyền rủa

ジュ 呪文（じゅもん）* an incantation, a spell | 咒文, 咒语 | 주문 | mantra, jampi, serapah | lời nguyền

のろ-う 呪う（のろ）* to curse | 诅咒, 咒骂 | 저주하다 | mengutuk | nguyền rủa

1920 **憎** 14画〔忄〕

' ' 忄 忄' 忄" 忄" 怡 怡 恰 愉 愉 愉 憎 憎

hate | 憎 | 미울 증 | membenci | TẮNG, ghét

にく-しみ 憎しみ（にく） hatred, enmity | 憎恶, 憎恨 | 미움, 증오 | rasa benci | thù ghét, căm ghét

にく-い 憎い（にく） hateful | 可憎, 可恶, 可恨 | 밉다, 얄밉다 | sakit hati pada, bikin sakit hati | căm thù, căm hờn

にく-らしい 憎らしい（にく） hateful | 讨厌, 可憎 | 얄밉다, 밉살스럽다 | menimbulkan rasa benci | căm thù, căm hờn

にく-む 憎む（にく） to hate, to detest | 憎恶, 憎恨 | 미워하다 | membenci | thù, ghét

1921 **諦** 16画〔言〕

make clear | 谛 | 살필 체 | menyerah | ĐẾ, ĐỂ, từ bỏ

あきら-める

諦(あきら)める to give up, to abandon, to resign | 断念头, 死心 | 단념하다, 체념하다 | menyerah, mengurungkan | từ bỏ, rút lui, thoái vị

1922 **誇** 13画〔言〕

exaggerate | 夸 | 자랑할 과 | bangga | KHOA, khoa trương

コ

ほこ-る

誇張(こちょう)する to exaggerate, to overstate | 夸张, 夸大 | 과장하다 | melebih-lebihkan, membesar-besarkan | khoa trương, thổi phồng

誇(ほこ)る to be proud of | 夸耀, 自豪 | 자랑하다, 뽐내다 | membanggakan | tự hào về...

誇(ほこ)り pride | 自豪, 骄傲 | 자랑 | kebanggaan | niềm tự hào

1923 **憤** 15画〔忄〕

indignant | 愤 | 분할 분 | marah | PHẪN, căm phẫn

フン

いきどお-る

憤慨(ふんがい)する to resent, to be indignant | 愤慨 | 분개하다 | sangat marah/kesal | phẫn nộ, bực tức

憤(いきどお)る * to be indignant, to be angry | 愤怒, 愤恨 | 노하다, 분개하다 | marah | phẫn nộ, tức giận

憤(いきどお)り * indignation, anger | 愤怒 | 분노, 화, 성 | kemarahan, amarah | sự phẫn nộ, cơn tức giận

1924 **惜** 11画〔忄〕

regrettable | 惜 | 아낄 석 | menyayangkan | TÍCH, tiếc

お-しい

お-しむ

惜(お)しい regrettable, precious, wasteful | 可惜, 遗憾 | 아깝다 | sayang | tiếc, hối tiếc

惜(お)しむ to grudge, to regret, to value | 惜, 吝惜, 惋惜, 珍惜 | 아끼다, 아쉬워하다 | menyayangkan | oán giận, tiếc nuối, coi trọng

1925 **嫉** 13画〔女〕

jealousy | 嫉 | 미워할 질 | cemburu | TẬT, ghen tị

シツ

嫉妬(しっと)する to be jealous | 嫉妒 | 질투하다 | cemburu | ghen tị

1926 **妬** 8画〔女〕

envy | 妒 | 샘낼 투 | iri | ĐỐ, đố kỵ

ト

ねた-む

嫉妬(しっと)する to be jealous | 嫉妒 | 질투하다 | cemburu | ghen tị

妬(ねた)む to envy | 眼红, 忌妒 | 질투하다, 샘하다 | iri | ganh tị

1927 **蔑** 14画〔艹〕 [蔑]

look down on | 蔑 | 업신여길 멸 | melecehkan | MIỆT, miệt thị

ベツ

軽蔑(けいべつ)する to despise, to scorn | 轻蔑, 蔑视, 看不起 | 경멸하다 | merendahkan, memandang hina | khinh thường, xem thường

1928 **侮** 8画〔亻〕

make light of | 侮 | 업신여길 모 | meremehkan | VŨ, VỤ, xem thường

ブ

侮辱(ぶじょく)する to insult, to affront | 侮辱 | 모욕하다 | menghina, menistakan | sỉ nhục, xúc phạm

1929 **辱** 10画 〔辰〕

一 厂 戸 戸 戸 辰 辰 辰 辱 辱

humiliate | 辱 | 욕될 욕 | menghina | NHỤC, sỉ nhục

ジョク

侮辱（ぶじょく）する to insult, to affront | 侮辱 | 모욕하다 | menghina, menistakan | sỉ nhục, xúc phạm

1930 **挫** 10画 〔扌〕

一 ｜ 扌 扌 扌 扌 扌 扌 挫 挫

sprain | 挫 | 꺾을 좌 | terkilir | TỎA, bong gân

ザ

挫折（ざせつ）する * to collapse, to fail | 挫折 | 좌절하다 | kegagalan, frustasi | sụp đổ, suy sụp

1931 

丨 冂 冂 冃 円 因 因 恩 恩 恩

grace | 恩 | 은혜 은 | kebaikan | ÂN, ân tình

オン

恩（おん） a favor, an obligation, a kindness | 恩, 恩惠 | 은혜 | utang budi, kebaikan | ơn nghĩa, tình nghĩa

恩恵（おんけい） benefit, grace, blessing | 恩惠, 好处 | 은혜 | kebaikan, faedah | ơn nghĩa, tình cảm

恩師（おんし） * one's respected teacher | 恩师 | 은사, 스승 | guru yang telah berjasa | ơn sư

1932 **愁** 13画 〔心〕

一 二 千 禾 禾 禾 禾 秒 秋 秋 愁 愁 愁

sad | 愁 | 근심 수 | sedih | SẦU, buồn

シュウ

郷愁（きょうしゅう） homesickness, nostalgia | 乡愁 | 향수 | kerinduan pada kampung halaman | nhớ nhà, nhớ quê hương

1933 **妄** 6画 〔女〕

丶 亠 亡 亡 妄 妄

random | 妄 | 망령될 망 | serampangan | VỌNG, VÕNG, ngẫu nhiên

モウ

妄想（もうそう） * a wild fancy, delusion | 妄想, 胡思乱想 | 망상 | khayalan yang tidak-tidak, delusi | vọng tưởng, mơ tưởng

被害妄想（ひがいもうそう） * persecutory delusions | 被迫害妄想症 | 피해망상 | pikiran seolah-olah menjadi korban | tự nghĩ mình là người bị hại

1934 **嫌** 13画 〔女〕

く 女 女 女 女 女 女 女 女 婵 嫌 嫌 嫌

dislike | 嫌 | 싫어할 혐 | tidak suka | HIỀM, ghét

ケン

嫌悪（けんお）する * to hate, to detest | 嫌恶, 厌恶, 讨厌 | 혐오하다 | membenci | thù, ghét

ゲン

自己嫌悪（じこけんお） * self-hatred | 自我嫌恶, 自我厌弃 | 자기 혐오 | perasaan benci pada diri sendiri | tự ghét bản thân

機嫌（きげん） mood, temper | 心情, 情绪 | 기분, 비위 | mood, suasana hati | tâm trạng, cảm xúc

いや

嫌（いや）な disagreeable, unpleasant | 不愿意的, 不喜欢的, 讨厌的 | 싫은 | tidak mengenakkan, buruk | ghét, khó chịu

嫌（いや）がる to dislike, to hate, to be unwilling | 嫌, 讨厌, 不愿意 | 싫어하다 | tidak suka, membenci, tidak mau | ghét, khó chịu, không vừa ý

きら-う

嫌（きら）う to dislike, to hate | 嫌恶, 厌恶, 厌烦, 讨厌 | 싫어하다 | tidak menyukai | ghét, không thích

嫌（きら）い to dislike | 嫌恶, 厌烦, 讨厌 | 싫다, 싫어하다 | tidak suka | ghét

好（す）き嫌（きら）い likes and dislikes | 喜好不喜好, 好恶 | 좋다 싫다, 좋아함과 싫어함 | suka dan tidak suka | thích và ghét (sở thích)

1935 **羞** 11画 〔羊〕

丶 丷 䒑 兰 羊 差 差 羞 羞 羞 羞

shame | 羞 | 부끄러울 수 | merasa malu | TU, xấu hổ

シュウ

羞恥心（しゅうちしん） * shame | 羞耻心 | 수치심 | rasa malu | nỗi nhục |

1936 **慨** 13画 〔忄〕

丶 丷 忄 忄 忄 忄 忄 忄 忄 忄 忄 慨 慨

lament | 慨 | 슬퍼할 개 | ratapan | KHÁI, than van

ガイ

感慨（かんがい） * deep emotion | 感慨 | 감개하다 | keharuan | cảm xúc sâu

問題1　例のように書きなさい。

例：わたしは大学へ行きます。
　　私　　だいがく　いきます

① 5月は晴れた日が多く、風が爽やかで気持ちがいい。

②「このご恩は一生忘れません。」と彼は言った。

③ 郷愁を誘うなつかしい映画の音楽がテレビから聞こえてきた。

④ あの人はストレスから被害妄想に陥っているようだ。

⑤ 何かいいことがあったのか、姉は機嫌がいい。

⑥ 人前（ひとまえ）であんなことをするなんて、羞恥心というものがないのだろうか。

⑦ 受賞にあたり、これまでの苦労を思うと感慨が深かった。

⑧ 真面目に働いている人が経済的に苦しい生活を送る社会に憤りを覚える。

⑨ 軽蔑されても仕方がないことをしてしまった。

⑩ 彼の仕事の質の高さに驚嘆してしまった。

⑪ インターネットを使って申請すると煩わしい 手続きをしなくても済みますか。

⑫ うっとうしい天気が続くと気分まで憂鬱になる。

⑬ この有名な戯曲は嫉妬のために妻を殺した王の話です。

⑭ 通勤、通学の時間が短い人が羨ましい。

⑮ うわさというのは誇張されて伝わるものだ。

問題2　｛　　｝の正しいほうに○をつけなさい。

① ざせつ｛座折　挫折｝を味わう。

② 知識を得ることにどんよく｛貧欲　貪欲｝になる。

③ 先輩をしたう｛慕う　募う｝。

④ 仲間とゆかい｛愉快　癒快｝に過ごす。

⑤ 人をぶじょく｛侮辱　悔辱｝する。

⑥ にくらしい｛僧らしい　憎らしい｝ことを言う。

問題3　送りがなに注意して、下線部の言葉を漢字で書きなさい。

① 鍋をこがす。

② おだやかに話す。

③ 家族に会えなくてさびしい。

④ 希望がわく。

⑤ 人のいやがる仕事をする。

⑥ 有名な歌手にあこがれる。

⑦ 何があってもあきらめない。

⑧ 名残をおしむ。

31課 状態

物事の状態を表す

なんと書いてありますか

答え➡別冊 P.13 ～ 14

1 適当な言葉を入れて文を完成させましょう。

❶ いずれも＿優れていて＿、甲乙つけがたい作品
❷ ＿＿＿＿色の衣装：はっきりしていて美しい色の衣装
❸ ＿＿＿＿印象：忘れられないような印象
❹ ＿＿＿＿物語：おかしな物語
❺ 見るに＿＿＿＿残酷な場面：見ていられないほど残酷な場面
❻ ＿＿＿＿つくりの椅子：壊れにくそうな椅子
❼ ＿＿＿＿デザイン：従来にないデザイン

斬新な　強烈な　奇妙な　~~優れていて~~　堪えない　鮮やかな　頑丈な

2 同義語を選びましょう。

❶ ありふれた名前：＿平凡な＿名前
❷ 上品な振る舞い：＿＿＿＿振る舞い
❸ 知的で上品な趣味：＿＿＿＿趣味
❹ 面倒な仕事：＿＿＿＿仕事
❺ 素早い対応：＿＿＿＿対応
❻ 細かく丁寧な作業：＿＿＿＿作業
❼ スケールの大きい計画：＿＿＿＿計画
❽ 疲れ果てる：＿＿＿＿
❾ 味わいのある建物：＿＿＿＿のある建物

~~平凡な~~　消耗する　高尚な　趣　壮大な　優雅な　厄介な　迅速な　緻密な

3 反対語を選びましょう。

❶ 曖昧な↔＿＿＿＿
❷ 傑作・佳作↔＿＿＿＿
❸ 冗長な↔＿＿＿＿
❹ 天国のような↔＿＿＿＿のような
❺ ＿＿＿＿正しい社会↔混乱した社会

明瞭な　駄作　簡潔な　地獄　秩序

1937 乙 1画 〔乙〕

オツ

second | 乙 | 새 을 | ke-2 | ẤT, bên thứ hai

甲乙(こうおつ) * A and B, difference, superiority and inferiority | 甲乙, 第一和第二, 优劣, 上下, 某某 | 갑을, 첫째와 둘째, 우열, 모모, 누구누구 | A dan B, perbedaan | bên A và B, sự khác biệt, bên trọng bên khinh

1938  17画 〔魚〕

セン
あざ-やか

fresh | 鲜 | 고울 선, 생선 선 | cerah, segar | TIÊN, tươi sống

新鮮(しんせん)な fresh | 新鲜的 | 신선한 | segar | tươi sống

鮮(あざ)やかな vivid, clear | 鲜明的, 鲜艳的, 巧妙的, 漂亮的 | 선명한, 멋진, 산뜻한 | jelas, terang | tươi, sống, trong lành

1939  10画 〔灬〕

レツ

violent | 烈 | 매울 렬(열) | ekstrem | LIỆT, quyết liệt

強烈(きょうれつ)な intense, severe, strong | 强烈的 | 강열한 | kuat, intensif | mạnh mẽ, dữ dội

猛烈(もうれつ)な fierce, violent | 猛烈的, 激烈的 | 맹열한 | hebat, dahsyat, seru | mạnh mẽ, dữ dộ

1940 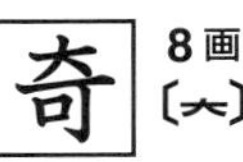 8画 〔大〕

キ

unusual | 奇 | 기특할 기 | tidak biasa | KỲ, kỳ quái

奇数(きすう) an odd number | 奇数, 单数 | 기수 | bilangan ganjil | số lẻ

新奇(しんき)な * novel, original | 新奇的 | 신기한 | baru, orisinal | mới, lạ thường, độc đáo

1941 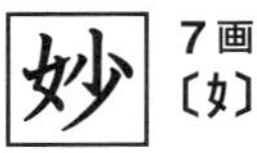 7画 〔女〕

ミョウ

exquisite | 妙 | 묘할 묘 | aneh, ganjil | DIỆU, diệu kỳ

妙(みょう)な strange, odd | 奇怪的, 奇异的 | 묘한 | aneh, ganjil | lạ, thường

奇妙(きみょう)な strange, odd | 奇妙的, 奇怪的 | 기묘한 | aneh, ganjil | lạ thường, kỳ quặc

微妙(びみょう)な subtle, delicate | 微妙的 | 미묘한 | halus, sensitif | tinh tế, không rõ

巧妙(こうみょう)な skillful, ingenious, clever | 巧妙的 | 교묘한 | terampil, pandai | khéo léo, thông minh, tài tình

1942 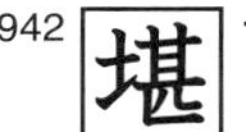 12画 〔土〕

た-える

endure | 堪 | 견딜 감 | tahan | KHAM, chịu đựng

堪(た)える to endure, to bear | 勘当, 胜任 | …할수있다, …할만하다 | tahan | chịu đựng

(～に)堪(た)えない cannot help (doing) | 不值得, 不堪 | …해 마지않다, 참을수 없다, 억제할수 없다 | tidak tahan ... | không kìm được

1943  14画 〔酉〕

コク

cruel | 酷 | 심할 혹 | kejam | KHỐC, khốc liệt

残酷(ざんこく)な cruel | 残酷的 | 잔혹한 | kejam | tàn nhẫn

冷酷(れいこく)な cold-blooded, cruel | 冷酷无情的, 铁石心肠的 | 냉혹한 | dingin, kejam | lạnh lùng, máu lạnh

過酷(かこく)な * severe, cruel | 严酷的, 残酷的 | 과혹한 | keras, kejam, bengis | độc ác, tàn nhẫn

1944  13画 〔頁〕

ガン

obstinate | 顽 | 완고할 완 | keras kepala | NGOAN, ngoan cố

頑固(がんこ)な obstinate, stubborn | 顽固的, 固执的 | 완고한 | keras kepala, kepala batu | ngoan cố, lì

頑丈(がんじょう)な solid, strong, sturdy | 坚固的, 结实的, 强健的 | 단단한, 튼튼한 | kuat, kokoh | cứng, bền, cường tráng

頑張(がんば)る to do one's best, to hold out | 拼命努力, 坚持, 加油 | 노력하다, 버티다 | berusaha sekuat tenaga, bertahan | cố gắng

1945 **斬** 11画〔斤〕

一 𠂆 冂 曰 亘 亘 車 車' 斬' 斬' 斬

cut | 斩 | 벨 참 | memotong | TRẢM, cắt

ザン
斬新(ざんしん)な * novel, original | 崭新的 | 참신한 | baru, orisinal | mới mẻ, độc đáo

1946 **凡** 3画〔几〕

丿 几 凡

common | 凡 | 무릇 범 | biasa | PHÀM, chung

ボン
平凡(へいぼん)な common, ordinary | 平凡的 | 평범한 | biasa-biasa saja | bình thường, phổ thông

1947 **雅** 13画〔隹〕

一 ㄏ 工 牙 牙 牙' 牙 牙' 牙' 雅 雅 雅 雅

elegant | 雅 | 맑을 아 | elegan | NHÃ, trang nhã

ガ
優雅(ゆうが)な * elegant | 优雅的 | 우아한 | elegan | trang nhã, phẩm giá

1948 **趣** 15画〔走〕

一 + 土 キ キ 未 走 走 赶 赶 赶 趆 趄 趣 趣

flavor | 趣 | 뜻 취 | cita rasa | THÚ, hương vị

シュ
趣味(しゅみ) hobby, taste | 趣味, 爱好, 喜好 | 취미 | hobi, selera | thú vui, sở thích

趣旨(しゅし) purpose, purport, meaning | 宗旨, 旨趣 | 취지 | tujuan, maksud | mục đích, ý nghĩa, nội dung chính

おもむき
趣(おもむき) flavor, effect | 旨趣, 意思, 风趣, 雅趣, 情趣, 韵味 | 멋, 풍취, 느낌, 분위기 | cita rasa | hương vị, tác động |

1949 **尚** 8画〔⺌/⺍〕

丨 丬 ⺌ 𫩏 尚 尚 尚 尚

respect | 尚 | 오히려 상 | menghargai | THƯỢNG, kính trọng

ショウ
高尚(こうしょう)な lofty, refined | 高尚的 | 고상한 | luhur, bernilai tinggi | cao thượng, cao quý

1950 **厄** 4画〔厂〕

一 厂 厅 厄

misfortune | 厄 | 액 액 | nasib buruk | ÁCH, không may

ヤク
厄介(やっかい)な troublesome, burdensome | 麻烦的, 难对付的 | 귀찮은, 번거로운, 성가신 | menyusahkan, membuat repot | phiền hà, phiền phức

1951 **迅** 6画〔辶〕

乙 己 孔 '孔 讯 迅

swift | 迅 | 빠를 신 | cepat | TẤN, mau lẹ

ジン
迅速(じんそく)な swift, rapid | 迅速的 | 신속한 | cepat, kilat | nhanh chóng

1952 **緻** 16画〔糸〕

𠃋 幺 幺 糸 糸 糸 糸 紅 紅 紅 紅 絳 絳 緻 緻 緻

minute | 致 | 빽빽할 치 | detil | TRÍ, tỉ mỉ

チ
緻密(ちみつ)な * close, minute | 细致的, 致密的, 周密的 | 치밀한 | seksama, teliti | tỉ mỉ, chi tiết

1953 壮 6画 〔士〕 ソウ

丨 丬 丬 丬一 壮 壮

vigorous | 壮 | 씩씩할 장 | penuh semangat | TRÁNG, hoành tráng

壮大(そうだい)な grand, magnificent | 壮大的 | 장대한 | megah | lớn lao, hoành tráng

1954 耗 10画 〔耒〕 モウ

一 = 三 丰 丰 耒 耒 耒 耗 耗

wear out | 耗 | 소모할 모 | berkurang | HÁO, tiêu hao

消耗(しょうもう)する to consume, to exhaust | 消耗 | 소모하다 | memakai habis, menguras | tiêu thụ, tiêu hao

摩耗(まもう)する * to be worn away | 磨损, 磨耗 | 마모하다 | menjadi aus | bào mòn, ăn mòn

1955 瞭 17画 〔目〕 リョウ

丨 ㄇ 丹 月 目 目一 目ナ 目大 目夾 目夾 目夾 目夾 目夾 瞭 瞭 瞭 瞭

clear | 瞭, 了 | 밝을 료(요) | jelas | LIỆU, rõ ràng

明瞭(めいりょう)な clear, distinct | 明了的, 明确的 | 명료한 | jelas | rõ ràng, mạch lạc

1956 佳 8画 〔亻〕 カ

ノ イ 亻一 什 仹 佳 佳 佳

fine | 佳 | 아름다울 가 | bagus | GIAI, tốt đẹp

佳作(かさく) * a fine work | 佳作 | 가작 | karya yang bernilai tinggi | kiệt tác |

1957 駄 14画 〔馬〕 ダ

丨 厂 Ⅱ 圧 圧 馬 馬 馬 馬 馬 馬一 馬ナ 馱 駄

load | 驮 | 실을 타 | memuat | ĐÀ, chất đầy

駄作(ださく) trash | 拙劣的作品 | 태작, 졸작 | karya yang tidak bernilai | rác rưởi

無駄遣(むだづか)い waste | 浪费, 乱花 | 낭비, 허비 | pemborosan | phí phạm

無駄(むだ)な useless, futile | 徒劳的, 无用的, 浪费的 | 헛된, 쓸데없는 | sia-sia, tidak berfaedah | vô ích, không hiệu quả

1958 潔 15画 〔氵〕 ケツ

丶 丷 氵 氵 汁 洼 浡 浡 浡 渕 潔 潔 潔 潔 潔

clean | 洁 | 깨끗할 결 | bersih | KHIẾT, sạch sẽ

清潔(せいけつ)な clean | 干净的, 清洁的 | 청결한 | bersih | sạch sẽ

不潔(ふけつ)な unclean, dirty | 不干净的, 秽亵的 | 불결한 | tidak bersih, kotor | không sạch sẽ, bẩn thỉu

簡潔(かんけつ)な concise | 简洁的 | 간결한 | singkat dan jelas | đơn giản

1959 獄 14画 〔犬〕 ゴク

ノ 犭 犭 犭 犭 犭 犭 犭 犭 犭 犭一 犭言 獄 獄

prison | 狱 | 옥 옥 | penjara | NGỤC, tù ngục

地獄(じごく) hell | 地狱 | 지옥 | neraka | địa ngục

1960 秩 10画 〔禾〕 チツ

ノ 二 千 千 禾 禾 禾 禾一 秩 秩

order | 秩 | 차례 질 | tata tertib | TRẬT, trật tự

秩序(ちつじょ) order | 秩序 | 질서 | tata tertib | trật tự

1961 謎 17画 〔言〕 なぞ

丶 亠 亠 亠 言 言 言 言 言丶 言丷 言半 訂 訂 詸 詸 謎 謎 [謎]

mystery | 谜 | 수수께끼 미 | misteri | MÊ, bí mật

謎(なぞ) a mystery, a riddle | 谜, 谜语 | 수수께끼 | misteri, teka-teki | bí mật, điều bí ẩn

1962 **惑** 12 画〔心〕

ワク

perplex | 惑 | 미혹할 혹 | bingung | HOẶC, bối rối

惑星（わくせい） a planet | 行星, 惑星 | 혹성, 행성 | planet | hành tinh

疑惑（ぎわく） doubt, suspicion | 疑惑, 疑心 | 의혹 | kecurigaan | nghi ngờ, nghi hoặc

迷惑（めいわく）な troublesome, annoying | 为难的, 麻烦的 | 성가신, 귀찮은, 폐가되는 | membuat susah | phiền hà, làm phiền

誘惑（ゆうわく）する to tempt | 诱惑 | 유혹하다 | menggoda | cám dỗ

まど-う

戸惑（とまど）う * to confuse, to be at a loss | 不知所措, 犹豫不决 | 당황하다, 망설이다 | binggung, bimbang | bối rối, lạc lối

戸惑（とまど）い confusion, puzzlement | 不知所措, 困惑 | 당황함, 망설임 | kebingungan | sự bối rối, rối bời

惑（まど）わす * to confuse, to perplex, to deceive | (使)困惑, 迷惑, 诱惑 | 헷갈리게 하다, 유혹하다, 현혹하다 | menyesatkan, membuat bimbang | làm bối rối, làm phức tạp, làm lúng túng

1963  **硫** 12 画〔石〕

リュウ

sulfur | 硫 | 유황 류(유) | belerang | LƯU, lưu huỳnh

硫酸（りゅうさん） * sulfuric acid | 硫酸 | 황산, 유산 | asam belerang | axit sunfuric

硫黄（いおう） * sulfur | 硫磺 | 유황 | belerang | lưu huỳnh

1964 **粒** 11 画〔米〕

つぶ

grain | 粒 | 낟알 립(입) | butiran | LẠP, hạt giống

粒（つぶ） a grain | 粒, 颗粒 | 낟알, 알 | butiran | hạt

1965  **渦** 12 画〔氵〕

うず

whirlpool | 涡 | 소용돌이 와 | pusaran air | OA, QUA, nước xoáy

渦（うず） a whirlpool | 旋涡 | 소용돌이 | pusaran air | xoáy nước

渦巻（うずま）き * a spiral | (旋)涡形, 螺旋形 | 소용돌이, 와상 | spiral, aliran berputar | xoắn ốc

1966  **沃** 7 画〔氵〕

ヨク

rich | 沃 | 기름질 옥 | kaya | ỐC, màu mỡ

肥沃（ひよく）な * fertile, rich | 肥沃的 | 비옥한 | subur, kaya | màu mỡ, phì nhiêu

1967  **翼** 17 画〔羽〕

つばさ

wing | 翼 | 날개 익 | sayap | DỰC, cánh (chim)

翼（つばさ） a wing | 翼, 翅膀 | 날개 | sayap | đôi cánh

1968 **塊** 13 画〔土〕

かたまり

lump | 块 | 덩어리 괴 | gumpalan | KHỐI, mảng

塊（かたまり） a lump, a mass | 块儿, 群 | 덩어리, 뭉치 | gumpalan | cục, tảng, đống

問題１ 次の説明を読んで、下線部①～⑦の読みをひらがなで書きなさい。

①謎の ②惑星 —— 金星

金星には③硫酸の④粒でできた厚い雲が広がっており、その雲が硫酸の雨を降らせると言われています。また、金星の⑤撮影に成功した画像を見ると、⑥渦巻き状の⑦模様が確認できますが、これは金星に吹いている速くて強い風によって生じると考えられています。

問題２ 下線部の読みをひらがなで書きなさい。

① 昔は、この村の土地は肥沃だったが、今は工場排水によって汚染され、農業に適さなくなってしまった。

② 京都にある平等院(びょうどういん)の鳳凰堂(ほうおうどう)は尾の長い鳥が翼を広げたような形をしている。

③ 水星、金星、火星は地球と同じ岩石の塊だが、木星や土星はガスの塊である。

④ どの作品もすばらしく、甲乙つけがたい。

⑤ この温泉は硫黄の臭いがする。

⑥ 眼の病気にならないように、コンタクトレンズは清潔に扱いましょう。

⑦ 日本人はどちらかと言えば、緻密な作業に向いているようだ。

⑧ 何百年もかけて一つの建築物を完成させるという壮大な計画を立てる。

⑨ 彼は寺にあった地獄の絵に強烈に魅せられた。

⑩ 平凡な毎日もいいが、たまにはリゾート地で優雅に過ごしたり、高級なレストランで食事をしたりしてみたい。

問題３ 送りがなが必要な場合はそれに注意して、下線部の言葉を漢字で書きなさい。

① 予期せぬできごとにとまどう。

② むだづかいをなくす。

③ あざやかな色に染まる。

④ 最後までがんばる。

⑤ おもむきのある庭を造る。

⑥ やっかいな仕事を頼まれる。

⑦ それは聞くにたえない話だった。

⑧ みょうな事件が起こった。

32課 動詞・程度副詞

動詞・程度副詞の漢字を書く

なんと書いてありますか

答え➡別冊 P.14

1 説明に合う言葉を選びましょう

① 受け入れて楽しむこと 享受する

② 念を入れて調べること ＿＿＿＿

③ 相手の要求などを受け入れること ＿＿＿＿

④ 困難に負けないで勝つこと ＿＿＿＿

⑤ 命令や誘いに対して逆らうこと ＿＿＿＿

⑥ 物をさしあげること ＿＿＿＿

⑦ よく考えてみること ＿＿＿＿

⑧ 機材などを設置すること ＿＿＿＿

⑨ 決まりを守ること ＿＿＿＿

⑩ 質問すること ＿＿＿＿

⑪ 値段がとても高くなること ＿＿＿＿

⑫ 不足すること ＿＿＿＿

⑬ 妨げ、止めること ＿＿＿＿

⑭ 真似ること ＿＿＿＿

⑮ 壊れたり悪くなったりしたところを直すこと ＿＿＿＿

⑯ 水分が十分であること、豊かになること ＿＿＿＿

阻止する	検討する	克服する	抵抗する	模倣する	尋ねる	排斥する
欠乏する	賭ける	高騰する	進呈する	修繕する	吟味する	承諾する
潤う	据え付ける	朽ちる	~~享受する~~	捉える	奔走する	遵守する

2 反対語を選びましょう

①倹約する（＝無駄遣いしないこと）⟷ ｛浪費する・契約する｝

②しぼむ・縮む ⟷ ｛膨張する・誇張する｝

3 ＿＿＿に程度を表す副詞を選びましょう

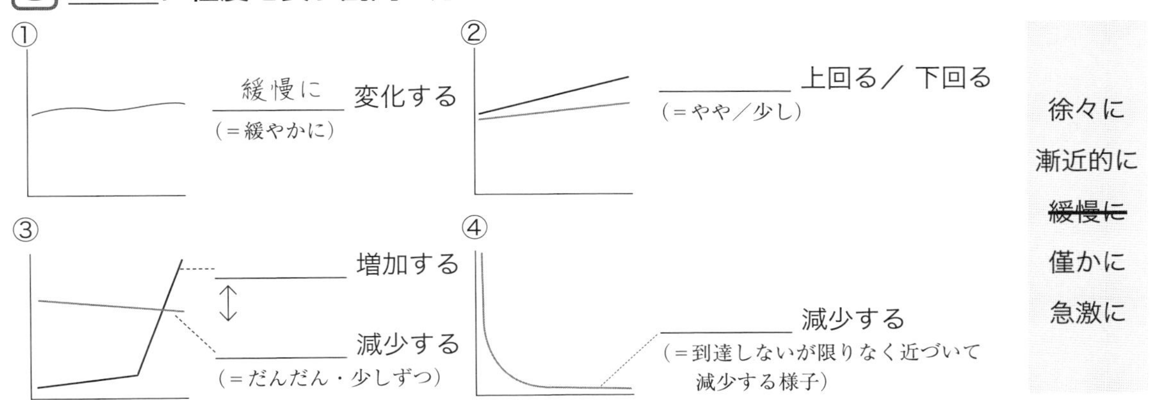

徐々に
漸近的に
~~緩慢に~~
僅かに
急激に

1969 阻 8画 〔阝〕

フ ʒ 阝 阝 阝П 阴 阻 阻

obstruct | 阻 | 막힐 조 | menghambat | TRỞ, trở ngại

ソ

阻止(そし)する to stop, to obstruct, to hinder | 阻止 | 저지하다, 막다 | menghambat, mencegah | làm cản trở, làm rào cản, dừng

はば-む

阻(はば)む to obstruct, to block | 阻止, 阻挡 | 막다, 방해하다, 저지하다 | menghambat, menahan | làm nghẽn, chặn lại

1970  10画 〔言〕

、 亠 亠 亖 言 言 言 言 討 討

attack, examine | 讨 | 칠 토 | menyerang, memeriksa | THẢO, tấn công, kiểm tra

トウ

検討(けんとう)する to examine, to consider, to discuss | 讨论, 探讨研究 | 검토하다 | mempertimbangkan, menimbang, memikirkan | xem xét, thảo luận, suy xét

討議(とうぎ)する to discuss, to debate | 讨论 | 토의하다 | mendiskusikan, memperdebatkan | bàn luận, thảo luận

討論(とうろん)する to debate, to discuss | 讨论 | 토론하다 | berdebat, bertukar pikiran | thảo luận, tranh luận

う-つ

討(う)つ to attack the enemy | 杀, 讨 | 치다, 갚다 | menyerang | tấn công quân thù

1971 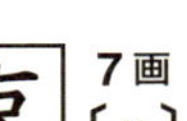 7画 〔儿〕

一 十 𠀁 古 古 声 克

overcome | 克 | 이길 극 | mengatasi | KHẮC, khắc phục

コク

克服(こくふく)する to overcome, to conquer | 克服 | 극복하다 | mengatasi | khắc phục, chinh phục

1972  8画 〔扌〕

一 十 扌 扌 扌 扌 抵 抵

reach | 抵 | 막을 저 | menjangkau | ĐỂ, chống lại

テイ

大抵(たいてい)(の) most | 大部分(的), 差不多(的) | 대부분(의), 대개(의) | kebanyakan, rata-rata | hầu hết

抵抗(ていこう)する to resist | 抵抗 | 저항하다 | melawan | đối kháng

1973  10画 〔亻〕

ノ 亻 亻 亻 仿 仿 仿 仿 倣 倣

copy | 仿 | 본뜰 방 | mencontoh | PHỎNG, phỏng theo

ホウ

模倣(もほう)する to imitate | 模仿 | 모방하다 | meniru | bắt chước, phỏng theo

なら-う

倣(なら)う to copy, to follow | 仿效, 仿照 | 따르다, 모방하다, 흉내내다 | mengkopi, mengikuti | phỏng theo, làm theo

1974  12画 〔寸〕

フ ヨ ヨ ヨ ヨ ヨ ヨ 尋 尋 尋 尋 尋

ask | 寻 | 찾을 심 | bertanya | TẦM, hỏi thăm

たず-ねる

尋(たず)ねる to ask, to inquire | 找, 寻找, 问, 询问 | 묻다, 찾다 | bertanya | hỏi thăm, hỏi

1975  5画 〔斤〕

ノ 厂 斤 斤 斥

reject | 斥 | 물리칠 척 | menolak | XÍCH, từ chối

セキ

排斥(はいせき)する * to reject, to exclude | 排斥 | 배척하다 | menyingkirkan, menyisihkan | loại bỏ, loại ra

1976  4画 〔丿〕

ノ 亻 乏 乏

scarce | 乏 | 모자랄 핍 | sedikit sekali | PHẠP, nghèo, khan hiếm

ボウ

貧乏(びんぼう)な poor | 贫困的, 贫苦的 | 가난한, 빈궁한 | miskin | nghèo

欠乏(けつぼう)する to want, to lack | 缺乏, 缺少 | 결핍하다 | kekurangan, kekeringan | thiếu thốn

とぼ-しい

乏(とぼ)しい poor, scarce, scanty | 缺乏, 不足 | 부족하다, 모자라다 | sedikit sekali | nghèo nàn, thiếu thốn

1977 **賭** 16画〔貝〕 ［賭］

丨 𠃌 ⺆ 目 目 貝 貝 貝⁻ 貝⁺ 賭 賭 賭 賭 賭 賭 賭

bet | 赌 | 내기 도 | bertaruh | ĐỔ, đánh cược

か-ける

賭(か)ける to bet | 打赌, 赌输赢, 拼(命) | 걸다, 내기하다 | bertaruh | cá cược

1978 **騰** 20画〔馬〕

丿 刀 月 月 月' 月'' 月⺍ 月⺍ 胖 胖 胖 胖 胖 胖 膝 騰 騰 騰 騰 騰

rise | 腾 | 오를 등 | bergerak naik | ĐẰNG, tăng lên

トウ

沸騰(ふっとう)する to boil | 沸腾 | 비등하다 | mendidih | sôi

高騰(こうとう)する * to rise, to jump | 腾贵, 高涨 | 고등하다, 앙등하다 | melonjak, melambung tinggi | tăng cao, nhảy vọt

1979 **呈** 7画〔口〕

丶 ㄇ 口 口 早 呈 呈

present | 呈 | 드릴 정 | menghadiahkan | TRÌNH, trình lên

テイ

進呈(しんてい)する to present | 赠送, 奉送 | 진정하다, 증정하다 | menghadiahkan | tiến hành

1980 **繕** 18画〔糸〕

く 幺 幺 糸 糸 糸 糸 糸' 糸'' 糸⺍ 紸 絆 絆 絆 絆 繕 繕 繕

mend | 缮 | 기울 선 | menambal | THIỆN, sửa

ゼン

つくろ-う

修繕(しゅうぜん)する to mend, to repair | 修理, 修缮 | 수선하다, 수리하다 | memperbaiki | sửa chữa, trùng tu

繕(つくろ)う to mend, to repair | 修理, 修补, 缝补 | 수선하다, 수리하다, 꿰매다 | menambal, memperbaiki | sửa chữa

1981 **吟** 7画〔口〕

丨 口 口 口' 吟 吟 吟

chant | 吟 | 읊을 음 | nyanyian | NGÂM, hát

ギン

吟味(ぎんみ)する to examine, to inquire | 斟酌 | 음미하다 | mengetes, memeriksa | thẩm tra, điều tra

1982 **諾** 15画〔言〕

丶 亠 亠 亠 言 言 言 言 言⁻ 言⁺ 言⺾ 訁 諾 諾 諾

consent | 诺 | 허락할 낙(락) | persetujuan | NẶC, chấp nhận

ダク

承諾(しょうだく)する to consent, to agree, to accept | 承诺 | 승낙하다 | menyetujui, menerima | xác nhận, duyệt, đồng ý

1983 **潤** 15画〔氵〕

丶 冫 氵 汀 汀 汀 汀 汀' 洲 淍 潤 潤 潤 潤 潤

moist | 润 | 불을 윤 | basah | NHUẬN, độ ẩm

ジュン

うるお-う

利潤(りじゅん) profit, gain | 利润 | 이윤 | laba, keuntungan | lợi nhuận, lời

潤(うるお)う to be moistened | 润, 湿 | 축축해지다, 습기를 띠다 | menjadi basah | có ẩm

1984 **据** 11画〔扌〕

一 十 扌 扌' 扌⁼ 护 护 捉 捉 据 据

set | 据 | 의거할 거 | memasang | CƯ, CỨ, đặt nền tảng

す-える

据(す)える to set, to fix, to install | 安设, 安放 | 설치하다 | memasang | cài đặt, làm khớp với, thiết lập

据(す)え付(つ)ける * to put ... into position, to install | 安装, 装配 | 설치하다 | memasang | lắp ráp, cài đặt

見据(みす)える * to stare fixedly, to look hard | 定睛看, 看准 | 응시하다, 확인하다 | memandang terus, memandang dan menimbang | nhìn chằm chằm, nhìn kỹ

1985 朽 6画 〔木〕

一 十 才 木 朩 朽

decay | 朽 | 썩을 후 | membusuk | HỦ, mục rữa

キュウ
老朽化(ろうきゅうか)する * to become too old (for use) | 老朽化 | 노후화하다 | menjadi tua (usang) | lão hoá

く-ちる
朽(く)ちる to decay, to rot | 腐朽, 腐烂 | 썩다, 삭다 | membusuk | bị mòn, bị phân huỷ

1986  8画 〔亠〕

丶 亠 亠 亣 亨 亨 享 享

treat | 享 | 누릴 향 | menerima | HƯỞNG, thừa hưởng

キョウ
享受(きょうじゅ)する to enjoy | 享受 | 향수하다 | menerima, menikmati, mengakui | thưởng thức

1987 捉 10画 〔扌〕

一 寸 扌 扌 扣 扣 押 押 捉 捉

catch | 捉 | 잡을 착 | menangkap | TRÓC, nắm bắt

とら-える
捉(とら)える * to catch, to get | 捉住, 抓住, 掌握 | 잡다, 파악하다, 포착하다 | menangkap, mendapatkan | tiếp thu, nắm bắt

1988  8画 〔大〕

一 ナ 大 太 本 奎 奔 奔

run | 奔 | 달릴 분 | lari | BÔN, chạy vội

ホン
奔走(ほんそう)する * to run about, to make effort to ... | 奔走, 斡旋 | 분주하다, 뛰어다니다 | berusaha sana-sani | nỗ lực, làm cho mọi việc thuận lợi

1989  15画 〔辶〕

丶 丷 䒑 产 产 𦍌 𦍌 酋 酋 酋 尊 尊 尊 導 遵

obey | 遵 | 좇을 준 | mematuhi | TUÂN, tuân thủ

ジュン
遵守(じゅんしゅ)する * to observe, to obey | 遵守 | 준수하다 | taat kepada, mematuhi | tuân thủ, tuân theo

1990  10画 〔亻〕

ノ 亻 亻 仒 仒 侌 侌 侌 倹 倹

simple | 俭 | 검소할 검 | sederhana | KIỆM, đơn giản

ケン
倹約(けんやく)する to economize, to save | 节约, 节省 | 검약하다 | berhemat, menghemat | tiết kiệm, để dành

1991  10画 〔氵〕

丶 丶 氵 氵 氵 汋 沪 浪 浪 浪

wave | 浪 | 물결 랑(낭) | ombak | LÃNG, sóng

ロウ
浪費(ろうひ)する to waste | 浪费 | 낭비하다 | menghamburkan | tiêu thụ, tiêu phí

1992  16画 〔月〕

丿 刀 月 月 月 肀 肀 肀 肀 肀 肀 肀 膨 膨 膨 膨

expand | 膨 | 불을 팽 | membengkak | BÀNH, mở rộng

ボウ
膨大(ぼうだい)な enormous, huge, vast | 庞大的 | 방대한 | sangat besar | khổng lồ, to lớn, vĩ đại

膨張(ぼうちょう)する to expand, to swell | 膨胀 | 팽창하다 | menggembung, membengkak, membesar | mở rộng, làm rộ lên

ふく-らむ
膨(ふく)らむ to expand, to swell, to bulge | 鼓起, 膨胀 | 부풀다, 불룩해지다 | membengkak, membesar | phình ra, làm to ra, mở rộng

膨(ふく)らます to expand, to swell, to bulge | 使鼓起来, 吹鼓 | 부풀게 하다, 부풀리다 | menggembungkan | phát triển, làm phình ra, làm phồng lên

ふく-れる
膨(ふく)れる to expand, to swell | 胀, 鼓出, 肿 | 부풀다, 불룩해지다, 커지다 | menggembung | mở rộng, phình lên

1993 徐 10画〔彳〕

slowly | 徐 | 천천할 서 | perlahan | TỪ, chậm

ジョ

徐行(じょこう)する to go slowly | 慢行, 徐行 | 서행하다 | bergerak pelan | đi chậm

徐々(じょじょ)に slowly, gradually | 徐徐地, 逐渐地 | 서서히 | perlahan-lahan, pelan-pelan | chầm chậm, từ từ

1994  14画〔氵〕

gradually | 渐 | 점점 점 | pelan-pelan | TIỀM, TIÊM, TIỆM, thường

ゼン

漸近線(ぜんきんせん) * an asymptote | 渐近线 | 점근선 | asimtot | đường tiệm cận

漸近的(ぜんきんてき)な * asymptotic | 递减的 | 점근적인 | secara asimtot | tiệm cận

1995 僅 13画〔亻〕 ［僅］

few, little | 仅 | 겨우 근 | sedikit | CẨN, một chút

わず-か

僅(わず)かな few, little | 一点点的, 微小的 | 약간의, 사소한 | sedikit | ít ỏi

1996 甚 9画〔甘〕

excessive | 甚 | 심할 심 | besar, menyolok | THẬM, vô cùng

はなは-だ

甚(はなは)だ excessively, very, extremely | 很, 甚, 非常 | 매우, 심히, 대단히, 몹시 | sangat, amat | rất, vô cùng

はなは-だしい

甚(はなは)だしい serious, extreme | 很, 甚, 非常 | 심하다 | besar, menyolok | nghiêm túc, rất

1997  15画〔彳〕

go through | 彻 | 통할 철 | menembus | TRIỆT, thông suốt

テツ

徹底的(てっていてき)な through, throughgoing | 彻底的 | 철저한 | cermat, sempurna | xuyên suốt, triệt để

徹夜(てつや)する to stay up all night | 彻夜, 通宵 | 철야하다, 밤새다 | berjaga, tidak tidur | thức đêm

徹(てっ)する to be through | 彻, 透彻, 彻底 | 사무치다, 철저하다, 투철하다 | menembus | triệt để

1998  21画〔⻊〕

leap | 跃 | 뛸 약 | lompatan | DƯỢC, nhảy qua

ヤク

飛躍的(ひやくてき)な * tremendous, dramatic | 飞跃的, 突飞猛进的 | 비약적인 | sangat hebat, drastis | ngoạn mục

活躍(かつやく)する to be energetic, to play an active part | 活跃 | 활약하다 | berperan aktif | hoạt động mạnh

躍起(やっき)になる * to become eager, to get excited over | 拼命, 竭力 | 기를 쓰다 | berusaha mati-matian | háo hức, hào hứng

1999  11画〔赤〕

pardon | 赦 | 용서할 사 | pemberian maaf | XÁ, ân xá

シャ

容赦(ようしゃ)する * to pardon, to forgive | 宽恕, 饶恕, 原谅 | 용서하다 | memberi ampun | ân xá, tha thứ

 14画〔肉〕

rot | 腐 | 썩을 부 | busuk | HỦ, PHỤ mục mát

フ

陳腐(ちんぷ)な * hackneyed, trite, commonplace | 陈腐的, 陈旧的 | 진부한, 케케묵은 | usang, basi | nhàm chán, cũ rích, sáo rỗng

腐敗(ふはい)する to rot, to decay, to corrupt | 腐败 | 부패하다 | membusuk | mục nát, thối rữa, làm hư hỏng

腐食(ふしょく)する * to corrode, to rust, to eat | 腐蚀, 侵蚀 | 부식하다 | rusak, berkarat | làm mục nát, làm thối rữa, ăn mòn

くさ-る

腐(くさ)る to rot, to decay | 腐烂, 腐朽, 腐蚀 | 썩다 | menjadi busuk | mục nát, hư hỏng, thối rữa

問題１　下線部の読みをひらがなで書きなさい。

① この建物は建築後50年を経ており、老朽化が甚だしい。

② 事故原因を徹底的に調査し、安全対策について討議する。

③ 大規模な設備開発により、生産性が飛躍的に向上した。

④ セール品につき、お取り替えはご容赦ください。

⑤ 社員は法律、企業倫理(corporate ethics)、社内規定等を遵守しなければならない。

⑥ 環境を守り、自然からの恩恵を享受する。

⑦ お湯が沸騰したら、麺を入れます。

⑧ 商品は残り僅かとなりました。ご購入希望の方はお急ぎください。

⑨ ある国の王妃の浪費が非難の的となっている。

⑩ その選手は強い精神力で病気を克服して優勝した。

⑪ 吟味した材料を用いて料理を作る。

⑫ 選挙に勝つため、支援者集めに奔走する。

⑬ スカートの裾が綻びていますよ。繕ってあげましょうか。

⑭ 新幹線の先頭部分は空気の抵抗を抑えるように設計されている。

問題２　｛　　｝の正しいほうに○をつけなさい。

① タイプをうつ｛討つ　打つ｝。

② 消費者の心理をとらえる｛捉える　捕らえる｝。

③ 勝負にお金をかける｛賭ける　駆ける｝。

④ 例にならって｛習って　倣って｝問題を解く。

⑤ じょこう｛徐行　叙行｝運転をする。

⑥ 人に道をたずねる｛訪ねる　尋ねる｝。

⑦ けんやく｛剣約　倹約｝を心がける。

⑧ 粗品をしんてい｛進程　進呈｝します。

問題３　送りがなが必要な場合はそれに注意して、下線部の言葉を漢字で書きなさい。

① 燃料がとぼしい。

② 風船をふくらます。

③ 行く手をはばむ。

④ 家計がうるおう。

⑤ 居間にテーブルをすえる。

⑥ 食べ物がくさる。

まとめ問題・4

答え➡別冊 P.15

例のように書きなさい。

例：わたしは大学へ行きます。
私　だいがく　いきます

1 この望遠鏡でどのぐらいとおくにある星が見えますか。

2 てきの襲撃をうけ、彼が所属するたいは一瞬のうちに全員が死んだ。

3 科学やげいじゅつなどの分野で、いだいな 功績のあった人に対して 文化勲章がさずけられる。

4 研究棟の入り口が施錠されているため、入れず、こまっています。

5 彼は家柄がいいらしいですよ。貴族の家柄という噂(うわさ)もあります。

6 彼からひどく侮辱された。私に恨みでもあるのだろうか。

7 頑固な父を説得するのは本当にたいへんだった。

8 この国では、大抵の人が貧乏な生活を送っている。

9 ソビエト連邦 (the Soviet Union) が崩壊したげんいんは何ですか。

10 水道管(かん)が、突然、破裂し、近くの店が浸水した。

11 彼の主張がこの一つの文に凝縮されているように思える。

12 「継続は力(ちから)なり」と言われるように、どんなことでもつづけることが大切だ。

13 どんなに苦労しても、最後までやりとげる 覚悟がありますか。

14 彼の叔父さんはとても紳士的な人だと聞いていたが、実際は、威張ってばかりいて、嫌な人だった。

15 あまり親しくない人に、一緒に旅行に行こうとさそわれて、戸惑った。

16 学長は多くのそつぎょう生(せい)がいろいろな分野で活躍していることを誇った。

17 私が住んでいる町では自動車の数が激増し、排気ガスによる空気の汚染が大きな問題となっている。

18 この漬物は砂糖を入れた酢で漬けたので、ちょっとあまいです。

まとめ問題・4

19 このカードは磁気がよわくなっているのか、反応がわるい。

20 果汁を絞って、あかちゃんに飲ませた。

21 あんなに利己的だった彼女が、今、熱心に慈善うんどうをしているそうだ。

22 このしゃしんは、焦点が合っていないね。撮影がうまくいかなかったのだろうか。

23 窓をあけて、新鮮な空気を入れた。

24 徹夜でレポートを書いたが、締め切りに間に合わなかった。

25 彼女のすてきなピアノの演奏のおかげで、会場には和やかな雰囲気が醸し出された。

26 きんぞくでできているこの欄干は、腐食しているので、きけんだ。

27 試行錯誤をくりかえした結果、やっと納得のいくものができた。

28 この大きな花瓶が邪魔(obstructive)ですね。どこかにかたづけてもらえませんか。

29 交渉は３時間後に妥結した。

30 彼はいつも不遜なたいどをとるので、きらわれている。

31 妹のしゅみは、幻想的な絵をあつめることです。

32 小さいときから、オーケストラを指揮するのがゆめだった。

33 果物のゆにゅう制限が緩和されたため、めずらしい果物がスーパーでも買えるようになった。

34 何をやってもうまくいかず、自己嫌悪におちいった。

35 博物館で日本の陶器のてんらんかいを見た。

36 彼女の長所は明朗で、すなおなところだ。

37 奇数の番号ふだを持っている人は２かいの教室で、偶数の番号ふだを持っている人はこちらでお待ちください。

38 彼女は、冷たくあつかわれたと憤慨していた。

音訓索引（おんくんさくいん）

カタカナ＝音読み　ひらがな＝訓読み　＊＝特別な読み
[S]＝初級漢字（第１章）　[C]＝中級漢字（第１章）　[T]＝都道府県名に使われる漢字（第１章）

よみ　漢字　ページ

あ

よみ	漢字	ページ
ア	亜	149
アイ	挨	51
アイ	哀	118
アイ	曖	198
あい	藍	181
あ-う	遭	32
あお-ぐ	扇	77
あお-ぐ	仰	99
あ-かす	明[S]	12
あか-らむ	赤[S]	12
あきら-める	諦	206
あ-きる	飽	199
アク	握	55
あ-げる	揚	49
あご	顎	104
あこが-れる	憧	205
あさ	麻	24
あざむ-く	欺	130
あざ-やか	鮮	210
あずき*	小[S]豆	12,167
あせ-る	焦	205
あたい	値[C]	16
あつか-う	扱	95
あ-てる	宛	116
あと	跡	80
あな	穴	149
あぶら	脂	107
あま-える	甘[C]	17
あみ	網	154
あや-しい	怪	77
あやつ-る	操[C]	17
あや-ぶむ	危[C]	15
あやま-ち	過[C]	14
あやま-る	謝	27
あゆ-む	歩[S]	13
あら-い	荒	162
あら-い	粗	192
あらし	嵐	127
あ-らす	荒	162
あらた-まる	改[C]	15
あ-れる	荒	162
あわ	泡	92
あわ-い	淡	63
あわ-せる	併	156
あわ-ただしい	慌	198
あわ-てる	慌	198
あわ-れ	哀	118

い

よみ	漢字	ページ
イ	維	48
イ	為	56
イ	遺	80
イ	椅	87
イ	畏	99
イ	緯	99
イ	威	155
イ	彙	187
イ	萎	201
い	井	81
いおう*	硫黄	213
いか-る	怒[C]	15
いき	粋	200
いきどお-る	憤	206
いく	幾	161
いた-す	致	51
いた-む	悼	118
いた-る	至	100
イチ	壱	119
いちじる-しい	著[C]	17
イツ	一[S]	12
いとな-む	営[C]	15
いど-む	挑	148
いな	稲	66
いなか*	田[S]舎	12,26
いね	稲	66
いばら	茨	60
いまし-める	戒	44
いも	芋	168
いや	嫌	207
いや-しい	卑	201
い-やす	癒	111
い-る	射	57
い-る	煎	88
いろど-る	彩	82
イン	姻	33
イン	咽	110
イン	陰	119
イン	隠	125
イン	韻	163

う

よみ	漢字	ページ
う-える	飢	148
う-かる	受[C]	15
うず	渦	213
ウツ	鬱	113
う-つ	撃	183
う-つ	討	216
うった-える	訴	137
うつわ	器[C]	14
うなが-す	促	54
うば-う	奪	132
う-まる	埋[C]	17
う-む	産[C]	16
うめ	梅	194
うら	浦	63
うら-む	恨	132
うらや-ましい	羨	204
うるお-う	潤	217
う-わる	植[C]	17

え

よみ	漢字	ページ
え	重[T]	18
え	江	68
え	柄	199
エイ	影	24
エイ	衛	57
えが-く	描	161
エキ	役[C]	14
エキ	疫	26
エキ	益	48
えさ	餌	182
エツ	越[C]	14
エツ	閲	186
えひめ*	愛[T]媛	18
えり	襟	201
え-る	獲	176
エン	援	38
エン	鉛	89
エン	沿	98
エン	宴	117
エン	怨	132
エン	縁	192

お

よみ	漢字	ページ
オ	悪[S]	12
お	尾	182
お-いる	老[C]	14
オウ	黄[S]	12
オウ	皇	145
オウ	往	154
オウ	旺	201
お-う	負[C]	18
おうぎ	扇	77
おおいた*	大分[T]	18
おお-う	覆	175
おおやけ	公[C]	14
おか	岡	61
おか	丘	101
おか-す	侵	25
おき	沖	62
オク	憶	139
オク	臆	200
おく-らす	遅[C]	14
おごそ-か	厳	50
おこた-る	怠	139
おさ-える	抑	183
おさ-まる	収[C]	16
おさ-まる	治[C]	18
おさ-まる	納	33
おさ-める	納	33
おじ*	叔父	195
おじ*	伯父	195
お-しい	惜	206

おｰしむ 惜 206
おす 雄 182
おそ-う 襲 124
おだ-やか 穏 204
おちい-る 陥 136
オツ 乙 210
おど-かす 脅 133
おど-す 脅 133
おとず-れる 訪[C] 18
おと-る 劣 150
おとろ-える 衰 82
おどろ-かす 驚 198
おどろ-く 驚 198
おに 鬼 76
おば* 叔母 195
おば* 伯母 195
おびや-かす 脅 133
お-びる 帯[C] 17
おぼ-れる 溺 137
おまわりさん* お巡りさん 195
おもむき 趣 211
おもむ-く 赴 150
およ-び 及 30
およ-ぶ 及 30
およ-ぼす 及 30
お-る 織 51
おれ 俺 133
おろ-か 愚 93
おろし 卸 156
おろ-す 卸 156
オン 恩 207

か

カ 何[S] 12
カ 夏[S] 12
カ 河[C] 17
カ 暇 33
カ 稼 42
カ 箇 43
カ 華 82
カ 嫁 117
カ 架 130
カ 佳 212
か 香[T] 18
か 鹿 62
か 蚊 94
ガ 賀 61
ガ 我 83
ガ 餓 148
ガ 芽 168
ガ 雅 211
カイ 戒 44
カイ 怪 77
カイ 潰 112
カイ 悔 119
カイ 懐 126
カイ 拐 130
カイ 壊 174
ガイ 該 26
ガイ 概 37
ガイ 涯 180
ガイ 街 192
ガイ 慨 207
かいこ 蚕 160
か-う 飼 174
かえり-みる 省[C] 16
かえり-みる 顧 54
かお-る 薫 49
かか-げる 掲 39
かがみ 鏡 177
かがや-く 輝 151
か-かる 掛 56
かき 垣 80
かき 柿 169
かぎ 鍵 89
カク 客[C] 16
カク 革[C] 18
カク 郭 80
カク 隔 139
カク 閣 142
カク 穫 167
カク 核 175
カク 獲 176
カク 殻 180
か-く 欠[C] 14
か-く 描 161
か-ぐ 嗅 86
ガク 岳 99
かく-す 隠 125
かく-れる 隠 125
かげ 影 24
かげ 陰 119
がけ 崖 126
か-ける 掛 56
か-ける 駆 125
か-ける 賭 217
かさ 傘 86
かざ-る 飾 43
かしら 頭[S] 13
かぜ* 風[S]邪 13,194
かせ-ぐ 稼 42
かた 形[T] 18
かた 潟 60
かた-い 堅 45
かたな 刀 25
かたまり 塊 213
かたむ-ける 傾[C] 17
かたよ-る 偏 113
かたわ-ら 傍 139
カツ 葛 42
カツ 轄 43
カツ 滑 54
カツ 括 56
カツ 褐 201
ガッ 合[S] 13
かつしか* 葛飾 43
かな 金[S] 12
かながわ* 神[T]奈川 18
かな-でる 奏 160
かね 鐘 74
か-ねる 兼 194
かぶ 株 56
かま 鎌 68
かま 釜 88
かま-える 構[C] 16
かみなり 雷 125
かめ 亀 92
かも-す 醸 174
から 殻 180
がら 柄 199
から-む 絡[C] 16
かり 仮[C] 17
か-り 狩 99
か-る 刈 168
か-れる 枯 169
かわ-く 渇 113
か-わす 交[C] 14
かわせ* 為替 56
かわら 瓦 127
カン 干[C] 15
カン 勧 32
カン 韓 42
カン 鑑 45
カン 幹 48
カン 患 56
カン 還 69
カン 艦 100
カン 肝 106
カン 冠 116
カン 監 130
カン 陥 136
カン 憾 143
カン 歓 149
カン 閑 161
カン 貫 162
カン 緩 177
カン 缶 194
カン 勘 198
カン 敢 200
カン 寛 201
ガン 願[C] 16
ガン 玩 95
ガン 眼 106
ガン 頑 210
かんむり 冠 116

き

キ 喜[C] 15
キ 企 48
キ 既 54
キ 岐 60
キ 畿 62
キ 紀 66
キ 伎 76
キ 棋 77

キ 亀 92
キ 汽 101
キ 忌 119
キ 貴 126
キ 飢 148
キ 棄 149
キ 旗 151
キ 幾 161
キ 揮 183
キ 軌 188
キ 奇 210
き 城[T] 18
ギ 偽 25
ギ 義 31
ギ 儀 51
ギ 岐 60
ギ 欺 130
ギ 宜 132
ギ 犠 136
ギ 戯 163
ギ 擬 163
キク 菊 192
き-く 聴 39
きざ-し 兆[c] 17
きず 傷 31
きず-く 築[c] 15
きた-える 鍛 149
きた-る 来[s] 12
キチ 吉 74
キツ 吉 74
きぬ 絹 160
きび-しい 厳 50
キャク 却 27
キャク 脚 89
ギャク 虐 131
キュウ 及 30
キュウ 宮 60
キュウ 嗅 86
キュウ 丘 101
キュウ 糾 142
キュウ 窮 154
キュウ 朽 218
キョ 虚 44
キョ 拠 69
キョ 距 100
キョ 挙 142
キョ 拒 143
キョウ 峡 98
キョウ 興 98
キョウ 郷 99
キョウ 矯 113
キョウ 響 125
キョウ 脅 133
キョウ 狂 162
キョウ 凶 167
キョウ 鏡 177
キョウ 驚 198
キョウ 享 218
ギョウ 凝 186
きら-う 嫌 207
きり 霧 127
きわ 際[c] 16
きわ-める 極[c] 17
キン 緊 36
キン 巾 87
キン 筋 107
キン 菌 155
ギン 吟 217

く

ク 句 74
ク 駆 125
グ 愚 93
グウ 偶 32
グウ 遇 50
グウ 宮 60
くき 茎 169
くさ-い 臭 183
くさり 鎖 69
くさ-る 腐 219
くじら 鯨 95
くず-す 崩 195
くず-れる 崩 195
くせ 癖 151
くだ-く 砕 132
くだ-ける 砕 132
くちびる 唇 104
く-ちる 朽 218
クツ 屈 162
クツ 掘 168
くつがえ-す 覆 175
くま 熊 62
くや-しい 悔 119
く-やむ 悔 119
くら 蔵[c] 14
くら 倉 68
く-る 繰 138
くる-う 狂 162
くろうと* 玄人[s] 12,195
くわ-しい 詳 27
クン 勲 145
グン 群[c] 17
グン 郡 101

け

ゲ 夏[s] 12
ゲ 牙 161
ケイ 軽[s] 12
ケイ 境[c] 16
ケイ 契 27
ケイ 携 31
ケイ 系 38
ケイ 掲 39
ケイ 稽 76
ケイ 蛍 88
ケイ 渓 101
ケイ 啓 118
ケイ 慶 119
ケイ 刑 136
ケイ 憩 139
ケイ 径 156
ケイ 継 193
ゲイ 鯨 95
ゲキ 激 176
ゲキ 撃 183
けず-る 削 37
けた 桁 36
ケツ 傑 83
ケツ 潔 212
けもの 獣 77
け-る 蹴 131
ケン 賢[c] 16
ケン 拳 25
ケン 剣 26
ケン 堅 45
ケン 献 57
ケン 憲 66
ケン 遣 66
ケン 鍵 89
ケン 圏 127
ケン 顕 177
ケン 懸 188
ケン 兼 194
ケン 謙 198
ケン 嫌 207
ケン 倹 218
ゲン 厳 50
ゲン 源 67
ゲン 幻 150
ゲン 弦 160
ゲン 玄 195
ゲン 嫌 207

こ

コ 戸[c] 14
コ 雇[c] 18
コ 顧 54
コ 拠 69
コ 鼓 76
コ 弧 187
コ 己 189
コ 孤 204
コ 誇 206
こ 児[T] 18
ゴ 護 43
ゴ 碁 77
ゴ 娯 156
ゴ 悟 199
コウ 黄[s] 12
コウ 項 36
コウ 購 38
コウ 攻 39
コウ 鋼 48
コウ 興 98
コウ 仰 99
コウ 甲 105

コウ 喉 110
コウ 抗 111
コウ 梗 112
コウ 洪 124
コウ 拘 130
コウ 控 137
コウ 衡 144
コウ 后 145
コウ 皇 145
コウ 巧 162
コウ 荒 162
コウ 貢 163
コウ 酵 167
コウ 恒 180
コウ 稿 186
コウ 勾 187
コウ 功 189
コウ 孝 200
ゴウ 豪 82
ゴウ 剛 83
ゴウ 傲 199
こ-がす 焦 205
コク 谷[c] 17
コク 穀 168
コク 酷 210
コク 克 216
ゴク 極[c] 17
ゴク 獄 212
こ-げる 焦 205
こころざし 志[c] 16
こころざ-す 志[c] 16
こころ-みる 試[s] 13
こころよ-い 快[c] 15
コツ 滑 54
こと 琴 75
こと 殊 81
ことぶき 寿 116
こま 駒 77
こよみ 暦 36
こ-りる 懲 44
こ-る 凝 186
ころ 頃 43
こわ-す 壊 174
こわ-れる 壊 174
コン 金[s] 12
コン 建[s] 13
コン 根[c] 17
コン 献 57
コン 恨 132
コン 痕 133
コン 懇 142
コン 昆 182
コン 紺 195

さ

サ 佐 63
サ 鎖 69
サ 沙 118
サ 詐 130
サ 唆 149
ザ 挫 207
サイ 切[s] 12
サイ 細[c] 14
サイ 載 30
サイ 災 32
サイ 催 51
サイ 債 56
サイ 彩 82
サイ 斎 88
サイ 裁 136
サイ 栽 167
さい 埼 60
ザイ 剤 25
さえぎ-る 遮 137
さか 阪 61
さかずき 杯[c] 15
さかのぼ-る 遡 187
さか-る 盛 98
さか-ん 盛 98
さき 崎 62
サク 削 37
サク 策 49
サク 索 49
サク 柵 136
サク 錯 188
さ-く 裂 180
さくら 桜 81
さ-ける 避 50
さ-ける 裂 180
さ-す 差[c] 14
さ-す 挿 169
さず-ける 授[c] 14
さそ-う 誘 183
さだ-まる 定[c] 14
さだ-める 定[c] 14
サツ 撮 24
サツ 拶 51
サツ 擦 144
さと-る 悟 199
さば-く 裁 136
さび-しい 寂 204
さまた-げる 妨 138
さむらい 侍 75
さる 猿 82
さわ-ぐ 騒 193
さわ-やか 爽 204
さわ-る 障 45
サン 惨 133
サン 酸 166
サン 桟 195
ザン 暫 144
ザン 斬 211

し

シ 歯[c] 17
シ 施 30
シ 氏 30
シ 旨 31
シ 士 43
シ 肢 49
シ 姿 55
シ 祉 57
シ 紫 67
シ 至 100
シ 脂 107
シ 視 113
シ 摯 143
シ 詩 161
シ 飼 174
ジ 仕[s] 12
ジ 耳[s] 13
ジ 似[c] 15
ジ 磁 187
ジ 慈 199
じ 路[c] 15
し-いる 強[s] 12
しお 潮 98
しか 鹿 62
しが* 滋賀 61
しか-る 叱 95
シキ 織 51
し-く 敷 27
ジク 軸 193
しげ-る 茂 180
しず-める 沈[c] 17
した 舌 104
した-う 慕 205
したが-う 従 42
した-しむ 親[s] 12
シチ 質[s] 13
シツ 疾 57
シツ 漆 76
シツ 叱 95
シツ 執 138
シツ 嫉 206
しの-ぶ 忍 75
しば 芝 195
しばふ* 芝生[s] 12
しば-る 縛 131
しぶ-い 渋 138
しぼ-る 絞 87
し-まる 締 39
し-みる 染 175
し-める 締 39
しも 霜 167
シャ 舎 26
シャ 謝 27
シャ 射 57
シャ 遮 137
シャ 斜 177
シャ 赦 219
ジャ 蛇 86
ジャ 邪 194
シャク 尺 124
シャク 釈 188
ジャク 若[c] 14

じゃり* 砂[c]利 17
シュ 取[s] 13
シュ 修[c] 15
シュ 守[c] 16
シュ 殊 81
シュ 朱 89
シュ 狩 99
シュ 腫 110
シュ 珠 155
シュ 趣 211
ジュ 需 55
ジュ 寿 116
ジュ 樹 125
ジュ 儒 201
ジュ 呪 205
シュウ 秋[s] 12
シュウ 酬 42
シュウ 秀 44
シュウ 就 48
シュウ 襲 124
シュウ 執 138
シュウ 囚 138
シュウ 衆 142
シュウ 宗 181
シュウ 臭 183
シュウ 愁 207
シュウ 羞 207
ジュウ 銃 25
ジュウ 従 42
ジュウ 獣 77
ジュウ 縦 92
ジュウ 渋 138
ジュウ 充 154
ジュウ 汁 193
シュク 縮 124
シュク 粛 131
ジュク 塾 57
ジュク 熟 169
シュン 春[s] 12
シュン 瞬 127
シュン 旬 157
ジュン 准 39
ジュン 循 110
ジュン 殉 130
ジュン 旬 157
ジュン 盾 187
ジュン 巡 195
ジュン 潤 217
ジュン 遵 218
ショ 庶 156
ジョ 如 155
ジョ 叙 161
ジョ 序 187
ジョ 徐 219
ショウ 笑[c] 16
ショウ 装[c] 16
ショウ 照[c] 17
ショウ 政[c] 18
ショウ 証 24
ショウ 奨 26
ショウ 詳 27
ショウ 傷 31
ショウ 償 32
ショウ 称 42
ショウ 障 45
ショウ 唱 50
ショウ 聖 66
ショウ 昭 69
ショウ 匠 77
ショウ 井 81
ショウ 晶 86
ショウ 升 93
ショウ 症 111
ショウ 祥 131
ショウ 衝 137
ショウ 訟 137
ショウ 彰 149
ショウ 掌 157
ショウ 昇 174
ショウ 渉 189
ショウ 粧 193
ショウ 焦 205
ショウ 尚 211
ジョウ 城[c] 15
ジョウ 縄 62
ジョウ 冗 93
ジョウ 譲 94
ジョウ 盛 98
ジョウ 剰 113
ジョウ 嬢 151
ジョウ 壌 166
ジョウ 醸 174
ジョウ 丈 175
ジョウ 浄 176
ジョウ 錠 192
ショク 触[c] 16
ショク 飾 43
ショク 拭 86
ショク 殖 169
ジョク 辱 207
しり 尻 105
しる 汁 193
しる-す 記[c] 14
しろうと* 素人[s] 12,166
シン 辛[c] 17
シン 審 24
シン 侵 25
シン 診 33
シン 振 44
シン 慎 49
シン 芯 89
シン 娠 112
シン 紳 156
シン 浸 193
ジン 尽 82
ジン 腎 106
ジン 陣 143
ジン 迅 211

す

ス 須 36
ス 素 166
す 酢 181
す 巣 182
ズ 豆 167
スイ 吹[c] 17
スイ 推 45
スイ 衰 82
スイ 炊 88
スイ 酔 110
スイ 睡 112
スイ 垂 126
スイ 遂 151
スイ 粋 200
ズイ 髄 107
ズイ 随 163
スウ 枢 127
スウ 崇 189
す-える 据 217
す-かす 透 175
すがた 姿 55
すき 隙 167
すぎ 杉 193
す-く 透 175
すこ-やか 健[c] 17
すじ 筋 107
すず 鈴 94
すす-める 勧 32
すす-める 薦 45
すそ 裾 99
すた-れる 廃 30
すで-に 既 54
すべ-る 滑 54
す-ます 済[c] 18
す-ます 澄 160
すみ 墨 160
すみ-やか 速[c] 14
す-む 澄 160
すもう* 相撲 74
す-る 擦 144
するど-い 鋭 94
す-れる 擦 144
スン 寸 95

せ

セ 施 30
せ 瀬 62
ゼ 是 144
セイ 声[s] 13
セイ 星[c] 17
セイ 醒 24
セイ 請 32
セイ 誓 44
セイ 聖 66
セイ 征 68
セイ 盛 98

セイ 逝 117
セイ 誠 118
セイ 斉 126
セイ 牲 136
セキ 籍 30
セキ 析 38
セキ 跡 80
セキ 脊 106
セキ 戚 119
セキ 隻 154
セキ 斥 216
セツ 摂 67
セツ 窃 131
ぜに 銭 156
せま-る 迫 133
せ-める 攻 39
セン 川[s] 12
セン 占[c] 16
セン 旋 27
セン 薦 45
セン 繊 48
セン 宣 54
セン 仙 63
セン 遷 67
セン 扇 77
セン 栓 87
セン 腺 107
セン 箋 111
セン 銭 156
セン 潜 157
セン 染 175
セン 践 186
セン 鮮 210
ゼン 膳 89
ゼン 禅 161
ゼン 繕 217
ゼン 漸 219

そ

ソ 礎 37
ソ 疎 51
ソ 訴 137
ソ 措 144
ソ 素 166
ソ 遡 187
ソ 塑 189
ソ 粗 192
ソ 阻 216
ソウ 走[s] 13
ソウ 捜[c] 17
ソウ 遭 32
ソウ 創 38
ソウ 痩 56
ソウ 倉 68
ソウ 葬 116
ソウ 喪 117
ソウ 藻 126
ソウ 荘 145
ソウ 僧 156
ソウ 奏 160
ソウ 挿 169
ソウ 巣 182
ソウ 騒 193
ソウ 壮 212
そ-う 沿 98
そ-う 添 188
ゾウ 臓 106
そ-える 添 188
ソク 側[c] 15
ソク 促 54
ソク 即 55
ソク 塞 112
ゾク 属 30
ゾク 俗 45
ゾク 賊 92
そこ-なう 損[c] 18
そで 袖 192
そな-わる 備[c] 15
そ-まる 染 175
そむ-く 背[c] 17
そ-める 染 175
そ-る 反[c] 18
ソン 遜 198

た

タ 汰 118
ダ 打[c] 18
ダ 妥 200
ダ 惰 200
ダ 駄 212
タイ 代[s] 13
タイ 態 26
タイ 滞 31
タイ 戴 76
タイ 耐 81
タイ 胎 113
タイ 逮 131
タイ 隊 136
タイ 怠 139
タイ 堆 166
ダイ 内[s] 12
た-える 耐 81
た-える 堪 210
たか 高[s] 12
たき 滝 127
タク 択 36
タク 拓 54
タク 託 57
タク 卓 150
タク 沢 157
た-く 炊 88
ダク 濁 176
ダク 諾 217
たく-み 巧 162
たくわ-える 蓄 180
たけ 岳 99
たけ 丈 175
たずさ-わる 携 31
たず-ねる 尋 216
ただ-し 但 33
ただよ-う 漂 68
た-つ 断[c] 16
たつ 竜 180
ダツ 奪 132
ダツ 脱 168
たて 縦 92
たて 盾 187
たてまつ-る 奉 69
たな 棚 192
たま 弾 87
たましい 魂 161
だま-る 黙 199
たまわ-る 賜 119
たも-つ 保[c] 15
だれ 誰 155
た-れる 垂 126
たわむ-れる 戯 163
タン 探[c] 17
タン 誕 32
タン 旦 33
タン 淡 63
タン 端 83
タン 胆 106
タン 綻 143
タン 嘆 205
ダン 壇 86
ダン 弾 87

ち

チ 稚 38
チ 致 51
チ 痴 93
チ 緻 211
ちか-う 誓 44
チク 畜 166
チク 蓄 180
ちち 乳[c] 14
ちぢ-む 縮 124
ちぢ-める 縮 124
ちぢ-れる 縮 124
チツ 窒 166
チツ 秩 212
チュウ 虫[c] 17
チュウ 抽 27
チュウ 衷 145
チュウ 忠 160
チョ 緒[c] 14
チョウ 貼 24
チョウ 聴 39
チョウ 帳 44
チョウ 懲 44
チョウ 彫 82
チョウ 潮 98
チョウ 腸 106
チョウ 丁 116
チョウ 弔 117

チョウ	挑	148
チョウ	徴	181
チン	沈[c]	17
チン	鎮	111
チン	陳	188

つ

つ	津	124
ツイ	対[c]	16
ツイ	椎	107
ツイ	墜	136
つか	塚	156
つか-う	遣	66
つか-える	仕[s]	12
つ-きる	尽	82
つ-く	就	48
つ-ぐ	接[c]	15
つ-ぐ	継	193
つ-くす	尽	82
つぐな-う	償	32
つく-る	創	38
つくろ-う	繕	217
つ-ける	漬	181
つ-げる	告[c]	16
つつ	筒[c]	16
つつし-む	謹	117
つづみ	鼓	76
つな	綱	150
つの	角[c]	15
つの-る	募[c]	15
つば	唾	107
つばさ	翼	213
つぶ	粒	213
つぶ-す	潰	112
つぼ	坪	89
つ-む	摘	174
つめ	爪	105
つや	艶	162
つゆ	露	116
つゆ*	梅雨	194
つら-なる	連[c]	15
つらぬ-く	貫	162
つら-ねる	連[c]	15
つ-る	釣	98

て

テイ	体[s]	13
テイ	提	31
テイ	締	39
テイ	訂	43
テイ	帝	69
テイ	亭	76
テイ	丁	116
テイ	堤	124
テイ	廷	139
テイ	邸	142
テイ	偵	163
テイ	抵	216
テイ	呈	217
テキ	摘	174
テキ	滴	177
テキ	敵	183
テツ	哲	37
テツ	撤	100
テツ	迭	142
テツ	徹	219
テン	典	88
テン	添	188
デン	田[s]	12
デン	殿[c]	16

と

ト	塗	92
ト	吐	112
ト	妬	206
トウ	冬[s]	12
トウ	湯[c]	15
トウ	逃[c]	17
トウ	刀	25
トウ	棟	38
トウ	統	55
トウ	唐	66
トウ	藤	67
トウ	陶	74
トウ	塔	81
トウ	糖	112
トウ	悼	118
トウ	闘	150
トウ	搭	157
トウ	豆	167
トウ	透	175
トウ	討	216
トウ	騰	217
ドウ	胴	104
ドウ	銅	149
ドウ	洞	186
とうげ	峠	101
とうと-い	尊[c]	16
とうと-い	貴	126
とうと-ぶ	尊[c]	16
トク	徳	61
トク	督	150
トク	匿	155
と-く	説[s]	13
と-ぐ	研[s]	12
と-げる	遂	151
とち	栃	60
とっとり*	鳥[T]取	18
とどこお-る	滞	31
ととの-える	整[c]	16
とな-える	唱	50
となり	隣	177
との	殿[c]	16
とびら	扉	137
と-ぶ	跳	148
とぼ-しい	乏	216
とみ	富[c]	17
と-む	富[c]	17
ともな-う	伴	176
とやま*	富[T]山	18
とら	虎	93
とら-える	捉	218
と-る	撮	24
トン	頓	89
とん	問[s]	13
ドン	貪	204
どん	丼	192
どんぶり	丼	192

な

ナ	奈	60
ナ	那	63
なえ	苗	168
なが-める	眺	81
なぐさ-める	慰	200
なぐ-る	殴	131
なげ-く	嘆	205
なこうど*	仲人[c]	18
なご-やか	和[s]	13
なごり*	名残[c]	14
なさ-け	情[c]	16
なし	梨	60
なぞ	謎	212
なだれ*	雪崩	195
ナッ	納	33
なつ-かしい	懐	126
なつ-く	懐	126
なな-め	斜	177
なべ	鍋	87
なま-ける	怠	139
なまり	鉛	89
なめ-らか	滑	54
なや-ます	悩[c]	17
なら*	奈良	61
なら-う	倣	216
な-らす	慣[c]	15
なら-びに	並[c]	14
なわ	縄	62
ナン	軟[c]	15

に

ニ	児[c]	14
ニ	弐	119
にい	新[T]	18
に-える	煮	88
にお-う	匂	86
にお-う	臭	183
にぎ-る	握	55
にく-い	憎	205
にく-しみ	憎	205
にく-む	憎	205
にく-らしい	憎	205
にご-る	濁	176
にじ	虹	95
にせ	偽	25
にな-う	担[c]	16
にぶ-い	鈍	94

ニョウ　女[s]　12
ニョウ　尿　110
に-る　煮　88
にわとり　鶏　92
ニン　忍　75
ニン　妊　112

ぬ

ぬ-う　縫　95
ぬ-かす　抜[c]　17
ぬ-ぐ　脱　168
ぬぐ-う　拭　86
ぬし　主[s]　12
ぬま　沼　176
ぬ-る　塗　92

ね

ね　音[s]　12
ネイ　寧　118
ね-かす　寝[s]　12
ねた-む　妬　206
ねば-る　粘　125
ねら-う　狙　130
ね-る　練[c]　14
ネン　燃[c]　14
ネン　捻　86
ネン　粘　125

の

ノウ　納　33
ノウ　脳　105
のが-す　逃[c]　17
のが-れる　逃[c]　17
の-せる　載　30
のぞ-む　臨　57
のど　喉　110
ののし-る　罵　199
のぼ-る　昇　174
の-る　載　30
のろ-う　呪　205

は

ハ　把　55
ハ　覇　63
ハ　派　67
は　端　83
は　刃　92
ハイ　背[c]　17
ハイ　廃　30
ハイ　輩　50
ハイ　俳　74
ハイ　肺　106
ハイ　排　176
バイ　賠　32
バイ　陪　139
バイ　培　167
バイ　媒　181
バイ　梅　194
は-える　映[s]　12
はか　墓　154
は-がす　剥　93
はかせ*　博士　39,43
はか-らう　計[s]　13
はか-る　図[s]　13
ハク　白[s]　12
ハク　薄[c]　15
ハク　博　39
ハク　拍　87
ハク　舶　100
ハク　迫　133
は-く　履　36
は-く　吐　112
は-ぐ　剥　93
バク　暴[c]　18
バク　幕　68
バク　縛　131
バク　漠　174
はげ-しい　激　176
はげ-ます　励　45
はげ-む　励　45
ば-ける　化[c]　14
はし　端　83
はし　箸　87
はじ　恥[c]　15
は-じらう　恥[c]　15
は-じる　恥[c]　15
はず-む　弾　87
はた　端　83
はた　旗　151
はだ　肌　104
はだか　裸　194
はだし*　裸足[s]　13,194
は-たす　果[c]　14
ハチ　鉢　194
はち　蜂　182
はつ　初[c]　14
バツ　抜[c]　17
バツ　罰　26
バツ　伐　125
バツ　閥　144
は-て　果[c]　14
は-てる　果[c]　14
はな　華　82
はな-す　離　33
はなは-だ　甚　219
はなは-だしい　甚　219
はな-れる　離　33
は-ねる　跳　148
はば-む　阻　216
はま　浜　63
は-やす　生[s]　12
はら　腹　105
は-る　貼　24
は-れる　腫　110
ハン　藩　69
ハン　帆　101
ハン　氾　124
ハン　範　127
ハン　搬　138
ハン　班　157
ハン　繁　169
ハン　汎　186
バン　盤　38

ひ

ヒ　疲[c]　15
ヒ　避　50
ヒ　秘　55
ヒ　碑　100
ヒ　泌　110
ヒ　披　116
ヒ　罷　142
ヒ　妃　145
ヒ　肥　166
ヒ　卑　201
ビ　鼻[c]　17
ビ　微　166
ビ　尾　182
ひか-える　控　137
ひき　匹　182
ひき-いる　率[c]　16
ひ-く　弾　87
ひざ　膝　105
ひじ　肘　104
ひそ-む　潜　157
ひた-す　浸　193
ヒツ　泌　110
ヒツ　匹　182
ひつじ　羊　95
ひとみ　瞳　201
ひね-る　捻　86
ひび-く　響　125
ひま　暇　33
ひめ　媛　62
ひめ　姫　80
ひ-やかす　冷[c]　14
ヒョウ　兵[T]　18
ヒョウ　票　45
ヒョウ　漂　68
ヒョウ　俵　75
ビョウ　描　161
ひ-る　干[c]　15
ヒン　貧[c]　18
ヒン　賓　145
ヒン　頻　174
ビン　貧[c]　18
ビン　敏　49
ビン　瓶　194

ふ

フ　浮[c]　17
フ　附　37
フ　阜　61
フ　膚　110
フ　赴　150
フ　扶　157

フ 訃 162
フ 譜 163
フ 腐 219
ブ 侮 206
ふえ 笛 75
ふ-える 殖 169
ふ-かす 更[c] 15
フク 伏 101
フク 腹 105
フク 覆 175
ふ-く 拭 86
ふく-らむ 膨 218
ふく-れる 膨 218
ふ-ける 老[c] 14
ふさ-がる 塞 112
ふさ-ぐ 塞 112
ふじ 藤 67
ふた 蓋 88
ふた 双 168
ふだ 札[c] 15
ぶた 豚 92
ふち 縁 192
フツ 沸[c] 15
フツ 払[c] 16
ブツ 仏[c] 15
ふ-まえる 踏 132
ふ-む 踏 132
ふ-やす 殖 169
ふ-る 振 44
ふ-るう 振 44
フン 粉[c] 15
フン 紛 31
フン 雰 50
フン 墳 66
フン 噴 124
フン 奮 183
フン 憤 206

へ

べ 辺[c] 17
ヘイ 病[s] 13
ヘイ 並[c] 14
ヘイ 塀 80
ヘイ 幣 144
ヘイ 陛 145
ヘイ 弊 154
ヘイ 併 156
ヘイ 柄 199
ヘキ 壁[c] 14
ヘキ 壁 148
へだ-たる 隔 139
へだ-てる 隔 139
ベツ 蔑 206
へび 蛇 86
へり 縁 192
へ-る 経[c] 15
ヘン 遍 83
ヘン 偏 113
ベン 弁 43

ほ

ホ 舗 55
ホ 哺 180
ほ 穂 168
ボ 簿 39
ボ 模 126
ボ 墓 154
ホウ 抱[c] 15
ホウ 封[c] 16
ホウ 砲 25
ホウ 奉 69
ホウ 泡 92
ホウ 褒 94
ホウ 縫 95
ホウ 芳 116
ホウ 邦 130
ホウ 胞 175
ホウ 崩 195
ホウ 飽 199
ホウ 倣 216
ボウ 忙[c] 16
ボウ 肪 107
ボウ 妨 138
ボウ 傍 139
ボウ 房 174
ボウ 冒 188
ボウ 剖 189
ボウ 乏 216
ボウ 膨 218
ほうむ-る 葬 116
ほお 頬 104
ほが-らか 朗 200
ボク 目[s] 13
ボク 撲 74
ボク 牧 93
ボク 僕 98
ボク 睦 151
ボク 墨 160
ボク 朴 201
ほこ-る 誇 206
ほころ-びる 綻 143
ほたる 蛍 88
ホツ 発[s] 12
ボツ 没 26
ほどこ-す 施 30
ほのお 炎 127
ほほ 頬 104
ほ-める 褒 94
ほり 堀 80
ほ-る 彫 82
ほ-る 掘 168
ほろ-びる 滅 68
ほろ-ぼす 滅 68
ホン 翻 42
ホン 奔 218
ボン 盆 99
ボン 凡 211

ま

マ 麻 24
マ 魔 133
マ 摩 144
ま 馬[T] 18
マイ 埋[c] 17
マイ 昧 198
ま-かす 負[c] 18
まか-す 任[c] 16
まかな-う 賄 132
まぎ-らわしい 紛 31
まぎ-れる 紛 31
マク 幕 68
マク 膜 175
まくら 枕 67
まこと 誠 118
まさ-る 勝[c] 18
まじ-える 交[c] 14
まじ-わる 交[c] 14
また 又 31
また 股 105
まち 街 192
マツ 抹 76
まつ 松 160
まと 的[c] 14
まど-う 惑 213
まぬか-れる 免 138
まぬが-れる 免 138
まぼろし 幻 150
まめ 豆 167
まゆ 眉 104
マン 漫 77
マン 慢 100

み

ミ 魅 161
みき 幹 48
みさき 岬 100
みじ-め 惨 133
みぞ 溝 177
み-たす 満[c] 16
みだ-す 乱[c] 18
みだ-れる 乱[c] 18
みちび-く 導[c] 16
ミツ 密 137
ミツ 蜜 181
みなもと 源 67
みにく-い 醜 94
みね 峰 101
みや 宮 60
ミャク 脈 54
ミョウ 妙 210
み-る 診 33

む

ム 矛 186
むこ 婿 117
むね 旨 31

むら-がる 群[c] 17
むらさき 紫 67

め
め 芽 168
メイ 鳴[c] 17
メイ 冥 118
メイ 盟 143
めがね* 眼鏡 106,177
めぐ-む 恵[c] 16
めぐ-る 巡 195
めす 雌 182
メツ 滅 68
メン 麺 94
メン 免 138

も
モ 模 126
も 喪 117
モウ 網 154
モウ 猛 155
モウ 盲 189
モウ 妄 207
モウ 耗 212
もう-ける 設[c] 15
もう-でる 詣 74
モク 黙 199
もぐ-る 潜 157
もち 餅 151
もっぱ-ら 専[c] 14
もも 桃 68
もよお-す 催 51
もより* 最寄り[c] 14
も-らす 漏 49
も-る 漏 49
も-る 盛 98
も-れる 漏 49
モン 紋 24

や
や 弥 66
や 矢 93
ヤク 訳 42
ヤク 厄 211
ヤク 躍 219
やしな-う 養 37
や-せる 痩 56
やなぎ 柳 163
や-む 病[s] 13
やよい* 弥生[s] 12
やわ-らげる 和[s] 13

ゆ
ユ 癒 111
ユ 喩 163
ユ 愉 204
ユイ 唯 83
ユウ 融 48
ユウ 幽 75
ユウ 猶 138
ユウ 裕 154
ユウ 雄 182
ユウ 誘 183
ユウ 悠 198
ユウ 憂 204
ゆえ 故[c] 15
ゆず-る 譲 94
ゆみ 弓 75
ゆ-らぐ 揺 82
ゆる-い 緩 177
ゆる-む 緩 177
ゆる-やか 緩 177
ゆ-れる 揺 82

よ
ヨ 預[c] 16
ヨ 誉 176
よ-い 良 61
ヨウ 養 37
ヨウ 揚 49
ヨウ 謡 76
ヨウ 妖 80
ヨウ 揺 82
ヨウ 羊 95
ヨウ 瘍 111
ヨウ 擁 148
よ-う 酔 110
ヨク 浴[c] 16
ヨク 抑 183
ヨク 沃 213
よ-む 詠 74
よめ 嫁 117
よわ-る 弱[s] 12

ら
ラ 拉 133
ライ 雷 125
ラク 酪 155
ラン 欄 36
ラン 濫 124
ラン 覧 186

り
リ 離 33
リ 履 36
リ 里 83
リ 痢 111
リュウ 立[s] 12
リュウ 隆 81
リュウ 柳 163
リュウ 竜 180
リュウ 硫 213
リョ 慮 50
リョウ 猟 25
リョウ 寮 27
リョウ 良 61
リョウ 陵 101
リョウ 僚 143
リョウ 糧 148
リョウ 瞭 212
リン 倫 37
リン 臨 57
リン 隣 177

る
ルイ 累 143
ルイ 塁 151

れ
レイ 励 45
レイ 霊 75
レキ 暦 36
レツ 劣 150
レツ 裂 180
レツ 烈 210

ろ
ロ 呂 83
ロ 露 116
ロ 賂 132
ロ 炉 148
ロウ 廊 81
ロウ 露 116
ロウ 郎 117
ロウ 朗 200
ロウ 浪 218

わ
わ 我 83
ワイ 賄 132
わき 脇 104
ワク 惑 213
わ-く 湧 205
わく 枠 189
わけ 訳 42
わざ 技[c] 14
わず-か 僅 219
わずら-う 煩 204
われ 我 83

部首索引

総画数　漢字　ページ

1画

一(いち)
2 丁 116
3 丈 175
5 丘 101

丶(てん)
5 井 192

丿(の)
4 乏 216

乙(おつ)
1 乙 210

2画

二(に)
4 井 81
7 亜 149

亠(なべぶた)
8 享 218
9 亭 76

人(ひと)
亻(にんべん)
𠆢(ひとやね)
5 仙 63
6 企 48
6 伎 76
6 仰 99
6 伏 101
6 伐 125
7 但 33
7 佐 63
7 伴 176
7 伯 195
8 侍 75
8 併 156
8 侮 206
8 佳 212
9 侵 25
9 俗 45
9 促 54
10 倫 37
10 倉 68
10 俳 74
10 俵 75
10 俺 133
10 倣 216
10 倹 218
11 偽 25
11 偶 32
11 偏 113
11 偵 163
12 傘 86
12 傍 139
13 傷 31
13 催 51
13 債 56
13 傑 83
13 僧 156
13 傲 199
13 僅 219
14 僕 98
14 僚 143
15 儀 51
16 儒 201
17 償 32

儿(ひとあし)
6 充 154
7 克 216
8 免 138

八・ハ(はち)
丷(はちがしら)
8 典 88
10 兼 194

冖(わかんむり)
4 冗 93
9 冠 116
10 冥 118

冫(にすい)
10 准 39
16 凝 186

几(きにょう)
3 凡 211

凵(うけばこ)
4 凶 167

刀(かたな)
刂(りっとう)
2 刀 25
3 刃 92
4 刈 168
6 刑 136
9 削 37
10 剤 25
10 剣 26
10 剛 83
10 剝 93
10 剖 189
11 剰 113
12 創 38

力(ちから)
5 功 189
6 劣 150
7 励 45
11 勘 198
13 勧 32
15 勲 145

勹(つつみがまえ)
4 匂 86
4 勾 187

十(じゅう)
4 升 93
8 卓 150
9 卑 201
12 博 39

匚(はこがまえ)
4 匹 182
6 匠 77
10 匿 155

卩(ふしづくり)
7 却 27
7 即 55
9 卸 156

厂(がんだれ)
4 厄 211

又(また)
2 又 31
3 及 30
4 双 168
8 叔 195
9 叙 161

3画

口(くち)
口(くちへん)
5 句 74
5 叱 95
6 吉 74
6 吐 112
6 后 145
7 呂 83
7 呈 217
7 吟 217
8 舎 26
8 呪 205
9 咽 110
9 哀 118
10 哲 37
10 唐 66
10 唇 104
10 唆 149
10 哺 180
11 唱 50
11 唯 83
11 唾 107
11 啓 118
12 喉 110
12 喪 117
12 喩 163
13 嗅 86
13 嘆 205
15 舗 55
15 噴 124
17 厳 50

囗(くにがまえ)
5 囚 138
12 圏 127

土(つち)
土(つちへん)
8 坪 89
8 垂 126
9 垣 80
11 埼 60
11 堀 80
11 執 138
11 堆 166
11 培 167
12 堅 45
12 塀 80
12 塔 81
12 堤 124
12 塁 151
12 塚 156
12 堪 210
13 塗 92
13 塞 112
13 墓 154
13 塑 189
13 塊 213
14 塾 57
14 墨 160
15 墳 66
15 墜 136
16 壇 86
16 壌 166
16 壊 174

士(さむらい)
3 士 43
6 壮 212
7 寿 116
7 壱 119

大(だい)
8 奈 60
8 奉 69
8 奇 210
8 奔 218
9 契 27
9 奏 160
11 爽 204
13 奨 26
14 奪 132
16 奮 183

女(おんな)
女(おんなへん)
6 妃 145
6 如 155
6 妄 207
7 妖 80
7 妊 112
7 妨 138
7 妥 200
7 妙 210
8 妬 206
9 姻 33

9 姿 55
9 威 155
10 姫 80
10 娠 112
10 娯 156
12 媛 62
12 婿 117
12 媒 181
13 嫁 117
13 嫉 206
13 嫌 207
16 嬢 151

子(こ)
子(こへん)
7 孝 200
9 孤 204

宀(うかんむり)
8 宛 116
8 宜 132
8 宗 181
9 宣 54
10 宮 60
10 宴 117
11 密 137
11 寂 204
13 寛 201
14 寧 118
15 審 24
15 寮 27

寸(すん)
3 寸 95
10 射 57
12 尋 216

小(しょう)
⺌(しょうがしら)
8 尚 211

尢(おう)
12 就 48

尸(しかばね)
4 尺 124
5 尻 105
7 尿 110
7 尾 182
8 屈 162
12 属 30
15 履 36

山(やま)
7 岐 60
8 岡 61
8 岳 99
8 岬 100
9 峡 98
9 峠 101
10 峰 101
11 崎 62
11 崖 126
11 崇 189
11 崩 195
12 嵐 127

川(かわ)
巛(まがりがわ)
6 巡 195

工(たくみ)
5 巧 162

己(おのれ)
3 己 189

巾(はば)
3 巾 87
6 帆 101
7 帳 44
9 帝 69
13 幕 68
15 幣 144

干(かん)
13 幹 48

幺(いとがしら)
4 幻 150
9 幽 75
12 幾 161

广(まだれ)
7 序 187
11 庶 156
12 廃 30
12 廊 81

廴(えんにょう)
7 廷 139

弓(ゆみ)
3 弓 75
4 弔 117
8 弥 66
8 弦 160
9 弧 187
12 弾 87

廾(にじゅうあし)
5 弁 43
15 弊 154

彐(けいがしら)
13 彙 187

彡(さんづくり)
11 彩 82
11 彫 82
14 彰 149
15 影 24

彳(ぎょうにんべん)
8 征 68
8 往 154
8 径 156
10 従 42
10 徐 219
12 循 110
13 微 166
14 徳 61
14 徴 181
15 徹 219

⺍(つかんむり)
11 巣 182

艹(くさかんむり)
6 芋 168
6 芝 195
7 芯 89
7 芳 116
8 芽 168
8 苗 168
8 茎 169
8 茂 180
9 茨 60
9 荘 145
9 荒 162
10 華 82
11 菌 155
11 菊 192
11 萎 201
12 葛 42
12 葬 116
13 蓋 88
13 蓄 180
14 蔑 206
16 薦 45
16 薫 49
18 藤 67
18 藩 69
18 藍 181
19 藻 126

辶・辶(しんにょう)
6 迅 211
8 迫 133
8 迭 142
10 逝 117
10 透 175
11 逮 131
12 遇 50
12 遍 83
12 遂 151
13 遣 66
14 遭 32
14 遮 137
14 遡 187
14 遜 198
15 遷 67
15 遺 80
15 遵 218
16 避 50
16 還 69

阝(おおざと)
→8画 阝(こざとへん)
7 那 63
7 邦 130
8 邸 142
8 邪 194
9 郎 117
10 郡 101
11 郭 80
11 郷 99

扌→4画 手
忄→4画 心
氵→4画 水
犭→4画 犬

4画

心(こころ)
忄(りっしんべん)
⺗(したごころ)
7 忍 75
7 忌 119
8 怪 77
8 忠 160
9 悔 119
9 恨 132
9 怨 132
9 怠 139
9 恒 180
10 悟 199
10 恩 207
11 患 56
11 悼 118
11 惨 133
11 悠 198
11 惜 206
12 慌 198
12 惰 200
12 愉 204
12 惑 213
13 慎 49
13 愚 93
13 慈 199
13 愁 207
13 慨 207
14 態 26
14 慢 100
14 憎 205
14 慕 205
15 慮 50
15 慶 119
15 慰 200
15 憂 204
15 憧 205
15 憤 206
16 憲 66
16 懐 126
16 憶 139
16 憩 139
16 憾 143
17 懇 142
18 懲 44
20 懸 188

戈(ほこづくり)
7 戒 44
7 我 83
11 戚 119
15 戯 163
17 戴 76

戸(と)
戸(とだれ)
8 房 174
10 扇 77
12 扉 137

手（て）
扌（てへん）
6 扱 95
7 択 36
7 把 55
7 抗 111
7 扶 157
7 抑 183
8 抽 27
8 拓 54
8 拠 69
8 抹 76
8 拍 87
8 披 116
8 拘 130
8 拐 130
8 拉 133
8 拒 143
8 抵 216
9 拶 51
9 括 56
9 拭 86
9 挑 148
10 拳 25
10 振 44
10 挨 51
10 挙 142
10 挿 169
10 挫 207
10 捉 218
11 掲 39
11 推 45
11 掛 56
11 捻 86
11 控 137
11 措 144
11 描 161
11 掘 168
11 排 176
11 据 217
12 提 31
12 援 38
12 揚 49
12 握 55
12 揺 82
12 掌 157
12 搭 157
12 揮 183
13 携 31
13 摂 67
13 搬 138
14 摘 174
15 撮 24
15 撲 74
15 撤 100
15 摯 143
15 摩 144
15 撃 183
16 擁 148
17 擦 144
17 擬 163

斗（とます）
11 斜 177

攴・攵（ぼくにょう・ぼくづくり）
7 攻 39
10 敏 49
12 敢 200
15 敷 27
15 敵 183

斤（おのづくり）
5 斤 216
11 斬 211

方・方（ほう）
9 施 30
11 旋 27
14 旗 151

无（すでのつくり）
10 既 54

日（ひ）
日（ひへん）
5 旦 33
6 旨 31
6 旬 157
8 昇 174
8 昆 182
8 旺 201
9 昭 69
9 是 144
9 昧 198
12 晶 86
13 暇 33
14 暦 36
15 暫 144
17 曖 198

月（つき）
→6画 肉・月
10 朗 200

木（き）
木（きへん）
6 朱 89
6 朴 201
6 朽 218
7 杉 193
8 析 38
8 枕 67
8 枢 127
8 松 160
8 枠 189
9 栃 60
9 架 130
9 柵 136
9 柳 163
9 柿 169
9 枯 169
9 染 175
9 柄 199
10 桁 36
10 株 56
10 桃 68
10 桜 81
10 栓 87
10 栽 167
10 核 175
10 梅 194
10 桟 195
11 梨 60
11 梗 112
12 棟 38
12 棋 77
12 椅 87
12 椎 107
12 棚 192
13 棄 149
14 概 37
14 模 126
16 樹 125
20 欄 36

欠（あくび）
12 欺 130
15 歓 149

歹（かばねへん）
10 殊 81
10 殉 130
12 殖 169

殳（るまた）
8 殴 131
11 殻 180

氏（うじ）
4 氏 30

水（みず）
氵（さんずい）
5 氾 124
5 汁 193
6 江 68
6 汎 186
7 没 26
7 沖 62
7 汽 101
7 沙 118
7 汰 118
7 沢 157
7 沃 213
8 泡 92
8 沿 98
8 泌 110
8 沼 176
9 派 67
9 洪 124
9 津 124
9 浄 176
9 洞 186
10 浦 63
10 浜 63
10 浸 193
10 浪 218
11 淡 63
11 渓 101
11 渇 113
11 渋 138
11 涯 180
11 添 188
11 渉 189
12 滋 61
12 湧 205
12 渦 213
13 滞 31
13 滑 54
13 源 67
13 滅 68
13 滝 127
13 溺 137
13 漠 174
13 溝 177
14 漏 49
14 漂 68
14 漆 76
14 漫 77
14 滴 177
14 漬 181
14 漸 219
15 潟 60
15 潮 98
15 潰 112
15 潜 157
15 澄 160
15 潔 212
15 潤 217
16 濁 176
16 激 176
18 濫 124
19 瀬 62

火（ひ）
火（ひへん）
灬（れっか・れんが）
7 災 32
8 炊 88
8 炎 127
8 炉 148
10 烈 210
12 煮 88
12 焦 205
13 煎 88
13 煩 204
14 熊 62
15 熟 169

爪（つめ）
4 爪 105
9 為 56

牙（きば）
4 牙 161

牜（うしへん）
8 牧 93
9 牲 136
17 犠 136

犬（いぬ）
犭（けものへん）
7 狂 162
8 狙 130
9 狩 99
11 猟 25
11 猛 155
12 猫 138

13 献 57
13 猿 82
14 獄 212
16 獣 77
16 獲 176

辶→3画 辶
王→5画 玉
ネ→5画 示

5画

玄（げん）
5 玄 195

玉（たま）
王（おう）
𤣩（おうへん）
8 玩 95
10 珠 155
10 班 157
12 琴 75
18 璧 148

瓦（かわら）
5 瓦 127
11 瓶 194

甘（あまい）
9 甚 219

田（た）
5 甲 105
9 畏 99
10 畜 166
15 畿 62

疋（ひきあし）
12 疎 51

疒（やまいだれ）
9 疫 26
10 疾 57
10 症 111
11 痕 133
12 痩 56
12 痢 111
13 痴 93
14 瘍 111
18 癒 111
18 癖 151

白（しろ）
9 皇 145

皿（さら）
6 尽 82
9 盆 99
10 益 48
11 盛 98
13 盟 143
15 盤 38
15 監 130

目（め）
目（めへん）
8 盲 189
9 眉 104
9 盾 187
9 冒 188
11 眺 81
11 眼 106
13 睡 112
13 督 150
13 睦 151
17 瞳 201
17 瞭 212
18 瞬 127

矛（ほこ）
5 矛 186

矢（や）
5 矢 93
17 矯 113

石（いし）
9 砕 132
10 砲 25
12 硫 213
13 碁 77
14 碑 100
14 磁 187
18 礎 37

示（しめす）
ネ（しめすへん）
8 祉 57
10 祥 131
11 票 45
13 禅 161

禾（のぎ）
禾（のぎへん）
7 秀 44
10 称 42
10 秘 55
10 秩 212
13 稚 38
14 稲 66
14 穀 168
15 稼 42
15 稽 76
15 穂 168
15 稿 186
16 穏 204
18 穫 167

穴（あな）
穴（あなあんむり）
5 穴 149
9 窃 131
11 窒 166
15 窮 154

立（たつ）
14 端 83

罒（あみがしら）
14 罰 26
15 罷 142
15 罵 199

6画

竹（たけ）
⺮（たけかんむり）
11 笛 75
12 策 49
12 筋 107
14 箇 43
14 箋 111
15 箸 87
15 範 127
19 簿 39
20 籍 30

米（こめ）
米（こめへん）
10 粋 200
11 粘 125
11 粗 192
11 粒 213
12 粧 193
16 糖 112
18 糧 148

糸（いと）
糸（いとへん）
7 系 38
9 紀 66
9 糾 142
10 紋 24
10 紛 31
10 納 33
10 索 49
10 素 166
11 累 143
11 紳 156
11 紺 195
12 統 55
12 紫 67
12 絞 87
13 絹 160
13 継 193
14 維 48
14 綻 143
14 綱 150
14 網 154
15 緊 36
15 締 39
15 縄 62
15 緩 177
15 縁 192
16 縦 92
16 縫 95
16 緯 99
16 縛 131
16 繁 169
16 緻 211
17 繊 48
17 縮 124
18 織 51
18 繕 217
19 繰 138

缶（ほとぎ）
6 缶 194

羊（ひつじ）
6 羊 95
11 羞 207
13 義 31
13 羨 204

羽（はね）
17 翼 213
18 翻 42

而（しかして）
9 耐 81

耒（すきへん）
10 耗 212

耳（みみ）
耳（みみへん）
13 聖 66
17 聴 39

聿（ふでづくり）
11 粛 131

肉（にく）
月（にくづき）
6 肌 104
7 肘 104
7 肝 106
8 肢 49
8 股 105
8 肪 107
8 肥 166
9 肺 106
9 胆 106
9 胎 113
9 胞 175
10 脈 54
10 脇 104
10 胴 104
10 脊 106
10 脂 107
10 脅 133
11 脚 89
11 脳 105
11 脱 168
13 腹 105
13 腎 106
13 腸 106
13 腺 107
13 腫 110
14 膜 175
14 腐 219
15 膝 105
15 膚 110
16 膳 89
16 膨 218
17 臆 200
19 臓 106

臣（しん）
18 臨 57

自（みずから）
9 臭 183

至（いたる）
6 至 100

10 致 **51**

臼(うす)
16 興 **98**

舌(した)
6 舌 **104**

色(いろ)
19 艶 **162**

虍(とらがしら)
8 虎 **93**
9 虐 **131**
11 虚 **44**

舟(ふね)
舟(ふねへん)
11 舶 **100**
21 艦 **100**

艮(こん)
7 良 **61**

虫(むし)
9 虹 **95**
10 蚊 **94**
10 蚕 **160**
11 蛇 **86**
11 蛍 **88**
13 蜂 **182**
14 蜜 **181**
16 融 **48**

血(ち)
12 衆 **142**

行(ぎょうがまえ)
12 街 **192**
15 衝 **137**
16 衛 **57**
16 衡 **144**

衣(ころも)
衤(ころもへん)
9 衷 **145**
10 衰 **82**
10 袖 **192**
12 裁 **136**
12 裕 **154**
12 裂 **180**
13 裾 **99**
13 裸 **194**
13 褐 **201**
15 褒 **94**
18 襟 **201**
22 襲 **124**

襾(にし・おおい)
19 覇 **63**
18 覆 **175**

7画

見(みる)
11 視 **113**
17 覧 **186**

言(ことば)
訁(ごんべん)
9 訂 **43**
9 訃 **162**
10 託 **57**
10 討 **216**
11 訳 **42**
11 訟 **137**
12 証 **24**
12 診 **33**
12 詠 **74**
12 詐 **130**
12 訴 **137**
13 該 **26**
13 詳 **27**
13 詣 **74**
13 誠 **118**
13 詩 **161**
13 誉 **176**
13 誇 **206**
14 誓 **44**
14 誘 **183**
15 誕 **32**
15 請 **32**
15 誰 **155**
15 諾 **217**
16 謡 **76**
16 諦 **206**
17 謝 **27**
17 謹 **117**
17 謙 **198**
17 謎 **212**
19 譜 **163**
20 護 **43**
20 譲 **94**

豆(まめ)
7 豆 **167**

豕(いのこ)
11 豚 **92**
14 豪 **82**

貝(かい)
貝(かいへん)
6 弐 **119**
10 貢 **163**
11 貫 **162**
11 貪 **204**
12 貼 **24**
12 賀 **61**
12 貴 **126**
13 賊 **92**
13 賄 **132**
13 賂 **132**
15 賠 **32**
15 賜 **119**
15 賓 **145**
16 賭 **217**
17 購 **38**

赤(あか)
11 赦 **219**

走(はしる)
走(そうにょう)
9 赴 **150**
15 趣 **211**

足(あし)
𧾷(あしへん)
12 距 **100**
13 跡 **80**
13 跳 **148**
13 践 **186**
15 踏 **132**
19 蹴 **131**
21 躍 **219**

車(くるま)
車(くるまへん)
9 軌 **188**
12 軸 **193**
13 載 **30**
15 輩 **50**
15 輝 **151**
17 轄 **43**

辰(たつ)
10 辱 **207**

酉(ひよみのとり)
11 酔 **110**
12 酢 **181**
13 酬 **42**
13 酪 **155**
14 酸 **166**
14 酵 **167**
14 酷 **210**
16 醒 **24**
17 醜 **94**
20 醸 **174**

里(さと)
7 里 **83**

釆(のごめ)
11 釈 **188**

麦(むぎ)
麦(ばくにょう)
16 麺 **94**

8画

金(かね)
釒(かねへん)
10 釜 **88**
11 釣 **98**
12 鈍 **94**
13 鉛 **89**
13 鈴 **94**
13 鉢 **194**
14 銃 **25**
14 銅 **149**
14 銭 **156**
15 鋭 **94**
16 鋼 **48**
16 錯 **188**
16 錠 **192**
17 鍋 **87**
17 鍵 **89**
17 鍛 **149**
18 鎌 **68**
18 鎖 **69**
18 鎮 **111**
19 鏡 **177**
20 鐘 **74**
23 鑑 **45**

門(もんがまえ)
12 閑 **161**
14 閣 **142**
14 閥 **144**
15 閲 **186**
18 闘 **150**

阜(おか)
阝(こざとへん)
7 阪 **61**
8 附 **37**
8 阜 **61**
8 阻 **216**
10 陥 **136**
10 陣 **143**
10 陛 **145**
11 陶 **74**
11 隆 **81**
11 陵 **101**
11 陰 **119**
11 陪 **139**
11 陳 **188**
12 隊 **136**
12 随 **163**
13 隔 **139**
13 隙 **167**
14 障 **45**
14 隠 **125**
16 隣 **177**

隹(ふるとり)
10 隻 **154**
12 雄 **182**
13 雅 **211**
14 雌 **182**
18 離 **33**

雨(あめ)
雨(あめかんむり)
12 雰 **50**
13 雷 **125**
14 需 **55**
15 霊 **75**
17 霜 **167**
19 霧 **127**
21 露 **116**

斉(せい)
8 斉 **126**
11 斎 **88**

飠→9画 食

9画

音(おと)
19 韻 **163**
20 響 **125**

頁（おおがい）
11 頃 43
12 須 36
12 項 36
13 頓 89
13 頑 210
16 頬 104
17 頻 174
18 顎 104
18 顕 177
21 顧 54

食（しょく）
飠・飠（しょくへん）
10 飢 148
13 飾 43
13 飼 174
13 飽 199
15 養 37
15 餓 148
15 餅 151
15 餌 182

10画

韋（なめしがわ）
18 韓 42

馬（うま）
馬（うまへん）
14 駆 125
14 駄 212
15 駒 77
18 騒 193
20 騰 217
22 驚 198

骨（ほね）
19 髄 107

鬯（においざけ）
29 鬱 113

鬼（おに）
鬼（きにょう）
10 鬼 76
14 魂 161
15 魅 161
21 魔 133

竜（りゅう）
10 竜 180

11画

魚（うお）
魚（うおへん）
17 鮮 210
19 鯨 95

鳥（とり）
19 鶏 92

鹿（しか）
11 鹿 62

麻（あさ）
11 麻 24

黒（くろ）
15 黙 199

亀（かめ）
11 亀 92

13画

鼓（つづみ）
13 鼓 76

語彙索引（ごいさくいん）

語彙（かな）　語彙（漢字）　ページ

＊＝『出題基準』に掲載されていない語彙

あ

語彙（かな）	語彙（漢字）	ページ
あ〜	（亜〜）	149
あい	（藍*）	181
あいさつ	（挨拶）	51
あいとうする	（哀悼する*）	118
あいまいな	（曖昧な）	198
あう	（遭う）	32
あおぐ	（扇ぐ）	77
あおぐ	（仰ぐ）	99
あきらめる	（諦める）	206
あきる	（飽きる）	199
あくしゅ	（握手）	55
あくしゅう	（悪臭*）	183
あくじゅんかん	（悪循環*）	110
あくま	（悪魔）	133
あげる	（揚げる）	49
あご	（顎）	104
あこがれる	（憧れる）	205
あさ	（麻）	24
あざむく	（欺く）	130
あざやかな	（鮮やかな）	210
あしあと	（足跡）	80
あしのこう	（足の甲）	105
あずき	（小豆*）	167
あせる	（焦る）	205
あつかい	（扱い）	95
あつかう	（扱う）	95
あっしゅくする	（圧縮する）	124
あっせんする	（斡旋する）	27
あづちももやまじだい	（安土桃山時代*）	68
あっぱくする	（圧迫する）	133
あてな	（宛名）	116
あてる	（宛てる）	116
あと	（跡）	80
あとつぎ	（跡継ぎ）	80
あな	（穴）	149
あねったい	（亜熱帯）	149
あぶら	（脂）	107
あみ	（網）	154
あやしい	（怪しい）	77
あやまる	（謝る）	27
あらい	（荒い）	162
あらい	（粗い）	192
あらし	（嵐）	127
あらす	（荒らす）	162
あらっぽい	（荒っぽい）	162
あらねつ	（粗熱*）	192
あるこーるいぞんしょう	（アルコール依存症）	111
あれる	（荒れる）	162
あわ	（泡）	92
あわい	（淡い*）	63
あわじしま	（淡路島*）	63
あわせる	（併せる*）	156
あわただしい	（慌ただしい）	198
あわてる	（慌てる）	198
あわれな	（哀れな）	118

い

語彙（かな）	語彙（漢字）	ページ
いいわけ	（言い訳）	42
いえがら	（家柄*）	199
いおう	（硫黄*）	213
いかんな	（遺憾な*）	143
いきどおり	（憤り*）	206
いきどおる	（憤る*）	206
いきな	（粋な）	200
いくたの	（幾多の）	161
いくぶん	（幾分）	161
いけいする	（畏敬する*）	99
いさん	（遺産*）	80
いしがき	（石垣*）	80
いじする	（維持する）	48
いしそつう	（意思疎通*）	51
いしつぶつ	（遺失物*）	80
いしゅくする	（萎縮する*）	201
いす	（椅子）	87
いせき	（遺跡）	80
いぞく	（遺族*）	80
いたくする	（委託する）	57
いたす	（致す）	51
いたむ	（悼む*）	118
いたる	（至る）	100
いち	（壱）	119
いちがいに	（一概に）	37
いちろう	（一郎*）	117
いっかつする	（一括する）	56
いっきょに	（一挙に）	142
いっしゅうき	（一周忌*）	119
いっしゅん	（一瞬）	127
いっしょうけんめい(に)	（一生懸命(に)）	188
いっしょうびん	（一升瓶*）	93
いっせいに	（一斉に）	126
いったん	（一旦）	33
いっちする	（一致する）	51
いっぺん	（一遍*）	83
いでんし	（遺伝子*）	80
いど	（井戸）	81
いど	（緯度）	99
いどむ	（挑む）	148
いなか	（田舎）	26
いなさく	（稲作*）	66
いなびかり	（稲光）	66
いなほ	（稲穂*）	66, 168
いね	（稲）	66
いねかり	（稲刈り*）	66, 168
いのちづな	（命綱*）	150
いばらきけん	（茨城県*）	60
いばる	（威張る）	155
いましめる	（戒める*）	44
いも	（芋*）	168
いやがる	（嫌がる）	207
いやし	（癒やし*）	111
いやしい	（卑しい）	201
いやす	（癒やす*）	111
いやな	（嫌な）	207
いりょく	（威力）	155
いる	（射る*）	57
いる	（煎る）	88
いろどり	（彩り*）	82
いん	（韻*）	163
いんかん	（印鑑）	45
いんきな	（陰気な）	119
いんきょする	（隠居する）	125

う

語彙（かな）	語彙（漢字）	ページ
うえじに	（飢え死に*）	148
うえる	（飢える）	148
うけつぐ	（受け継ぐ）	193
うず	（渦）	213
うずまき	（渦巻き*）	213
うつ	（撃つ）	183
うつ	（討つ）	216
うったえる	（訴える）	137
うつびょう	（鬱病*）	113
うながす	（促す）	54
うばう	（奪う）	132
うめ	（梅）	194
うめぼし	（梅干し）	194
うらみ	（恨み）	132
うらむ	（恨む）	132
うらやましい	（羨ましい）	204
うるおう	（潤う）	217
うんぱんする	（運搬する）	138

え

語彙（かな）	語彙（漢字）	ページ
え	（柄）	199
えいきょうする	（影響する）	24, 125
えいせい	（衛生）	57

えいせい（衛星）57
えいゆう（英雄）182
えいよう（栄養）37
えいようそ（栄養素*）166
えがく（描く）161
えきしょう（液晶*）86
えさ（餌）182
えつらんしつ（閲覧室）186
えつらんする（閲覧する）186
えどじだい（江戸時代*）68
えひめけん（愛媛県*）62
えもの（獲物）176
えり（襟）201
えん（縁）192
えんかい（宴会）117
えんかつな（円滑な）54
えんがわ（縁側）192
えんがん(の)（沿岸(の)）98
えんこん（怨恨*）132
えんじょする（援助する）38
えんせん(の)（沿線(の)）98
えんそうする（演奏する）160
えんだん（縁談）192
えんぴつ（鉛筆）89
えんりょする（遠慮する）50

お

お（尾）182
おうえんする（応援する）38
おうぎ（扇*）77
おうしんする（往診する）154
おうせいな（旺盛な*）201
おうひ（王妃*）145
おうふくする（往復する）154
おうへいな（横柄な*）199
おおう（覆う）175
おおがらな（大柄な）199
おおさかふ（大阪府*）61
おおすじ（大筋）107
おか（丘）101
おかげで（お陰で）119
おかす（侵す）25
おかやまけん（岡山県*）61
おき（沖）62
おきなわけん（沖縄県*）62
おくびょうな（臆病な）200
おくやみ（お悔やみ*）119
おごそかな（厳かな）50
おこたる（怠る）139
おさえる（抑える*）183
おさまる（納まる）33
おさめる（納める）33
おじ（伯父）195
おじ（叔父）195
おしい（惜しい）206
おじぎ（お辞儀）51
おしむ（惜しむ）206
おじょうさん（お嬢さん）151
おす(の)（雄(の)）182
おせん（汚染）175
おそう（襲う）124
おそじも（遅霜*）167
おだく（汚濁*）176
おだやかな（穏やかな）204
おちいる（陥る*）136
おつり（お釣り）98
おどかす（脅かす）133
おどす（脅す）133
おとる（劣る）150
おとろえる（衰える）82
おどろかす（驚かす）198
おどろき（驚き）198
おどろく（驚く）198
おに（鬼）76
おば（伯母）195
おば（叔母）195
おびやかす（脅かす）133
おぼれる（溺れる）137
おまわりさん（お巡りさん）195
おみや（お宮）60
おもむき（趣）211
おもむく（赴く）150
および（及び）30
およぶ（及ぶ）30
およぼす（及ぼす）30
おりもの（織物）51
おる（織る）51
おれ（俺）133
おろかな（愚かな）93
おろしうり（卸売り*）156
おろす（卸す）156
おん（恩）207
おんけい（恩恵）207
おんし（恩師*）207

か

か（蚊）94
かいがら（貝殻）180
がいかんする（概観する*）37
かいきょう（海峡）98
かいこ（蚕*）160
がいこくかわせ（外国為替）56
かいごする（介護する）43
かいさいする（開催する）51
かいしゃくする（解釈する）188
かいじゅう（怪獣）77
かいせきする（解析する*）38
がいせつ（概説）37
かいそう（海藻*）126
かいぞく（海賊*）92
かいたくする（開拓する）54
かいちゅうでんとう（懐中電灯*）126
かいづか（貝塚*）156
かいていする（改訂する）43
かいていする（開廷する*）139
がいてき（外敵*）183
がいとうする（該当する）26
がいねん（概念）37
かいひする（回避する*）50
かいぶつ（怪物*）77
かいぼうする（解剖する）189
かいよう（潰瘍*）112
かいらんする（回覧する）186
かいりつ（戒律*）44
がいりゃく（概略）37
かいりょうする（改良する）61
かいろう（回廊*）81
がいろじゅ（街路樹*）192
がいろん（概論）37
かう（飼う）174
かえりみる（顧みる）54
かおる（薫る*）49
かかげる（掲げる）39
かがみ（鏡）177
かがやく（輝く）151
かかる（掛かる*）56
かき（柿*）169
かぎ（鍵）89
かきね（垣根）80
かく（描く）161
かく（核）175
かぐ（嗅ぐ）86
かくう(の)（架空(の)）130
かくかぞく（核家族*）175
かくごする（覚悟する）199
がくし（学士）43
かくしゅう(の)（隔週(の)）139
かくじゅうする（拡充する）154
かくす（隠す）125
かくせいざい（覚醒剤*）24
がくせき（学籍*）30
かくとくする（獲得する）176
がくふ（楽譜）163
がくぶち（額縁*）192
かくへいき（核兵器*）175
かくまく（核膜*）175

かくりょう（閣僚*） 143
かくれる（隠れる） 125
かげ（影） 24
かげ（陰） 119
がけ（崖） 126
かけあう（掛け合う*） 56
かけあし（駆け足） 125
かけきん（掛け金*） 56
かけざん（掛け算） 56
かけじく（掛け軸*） 56
～かげつ（～箇月） 43
かける（掛ける） 56
かける（駆ける） 125
かける（賭ける） 217
かこくな（過酷な*） 210
かごしまけん（鹿児島県*） 62
かさ（傘） 86
かさい（火災） 32
かさく（佳作*） 212
かざる（飾る） 43
がしする（餓死する*） 148
かじゅう（果汁*） 193
かしょ（箇所） 43
かじょうがき（箇条書き） 43
かじょうな（過剰な） 113
かすみがうら（霞ヶ浦*） 63
かぜ（風邪） 194
かせぐ（稼ぐ） 42
かそ（過疎） 51
かそせい（可塑性*） 189
かたい（堅い） 45
かたな（刀） 25
かたまり（塊） 213
かたよる（偏る） 113
かたわら（傍ら） 139
かだん（花壇） 86
かちく（家畜） 166
かっこ（括弧） 56, 187
かつしかく（葛飾区*） 42, 43
がっしょう（合唱） 50
かっしょく（褐色*） 201
がっちする（合致する） 51
かっとう（葛藤*） 42
がっぺいする（合併する） 156
かつやくする（活躍する） 219
かとう（加藤*） 67
かどうする（稼動する*） 42
かながわけん（神奈川県*） 60
かなづかい（仮名遣い） 66
かなでる（奏でる*） 160
かね（鐘） 74
かねる（兼ねる） 194
かひ（歌碑*） 100
かびん（花瓶） 194
かびんな（過敏な*） 49
かぶ（株） 56
かぶか（株価*） 56
かぶき（歌舞伎） 76
かぶしきしじょう（株式市場） 56
かへい（貨幣） 144
かま（釜） 88
かまくらし（鎌倉市*） 68
かまくらじだい（鎌倉時代*） 68
がまんする（我慢する） 83, 100
かみつな（過密な） 137
かみなり（雷） 125
かめ（亀*） 92
かめいこく（加盟国*） 143
かもしだす（醸し出す*） 174
かようきょく（歌謡曲） 76
から（殻） 180
がら（柄） 199
かり（狩り） 99
かる（刈る） 168
かれいな（華麗な*） 82
かれる（枯れる） 169
かわく（渇く） 113
かわせ（為替） 56
かわら（瓦） 127
かん（缶） 194
かん（勘） 198
がんか（眼科） 106
かんがい（感慨*） 207
かんかく（間隔*） 139
がんきゅう（眼球） 106
かんきんする（監禁する*） 130
がんぐ（玩具） 95
かんげいする（歓迎する） 149
かんげきする（感激する） 176
かんけつな（簡潔な） 212
かんげんする（還元する） 69
かんこく（韓国*） 42
かんこくご（韓国語*） 42
かんこくする（勧告する） 32
かんごし（看護師） 43
がんこな（頑固な） 210
かんこんそうさい（冠婚葬祭*） 116
かんしする（監視する） 113, 130
かんじゃ（患者） 56
かんしゃする（感謝する） 27
かんしゅう（観衆） 142
かんじょう（勘定） 198
かんしょうする（鑑賞する） 45
かんしょうする（干渉する） 189
がんじょうな（頑丈な） 175, 210
かんじんな（肝心な／肝腎な） 106
かんせい（歓声） 149
かんせいな（閑静な*） 161
かんせんする（感染する） 175
かんぞう（肝臓*） 106
がんたん（元旦*） 33
かんちがい（勘違い） 198
かんちょう（干潮*） 98
かんづめ（缶詰） 194
かんてい（官邸*） 142
かんていする（鑑定する*） 45
かんとく（監督） 150
がんばる（頑張る） 210
かんぶ（幹部） 48
かんぺきな（完璧な） 148
かんべんする（勘弁する） 198
かんまんな（緩慢な*） 177
かんむり（冠） 116
かんゆうする（勧誘する） 32, 183
かんような（寛容な） 201
かんらんしゃ（観覧車） 186
かんりょう（官僚） 143
かんれき（還暦） 36
かんろく（貫禄*） 162
かんわする（緩和する） 177

き

きおくする（記憶する） 139
きが（飢餓*） 148
きかがく（幾何学*） 161
きかくする（企画する） 48
きかざる（着飾る） 43
きがね（気兼ね） 194
きぎょう（企業） 48
ぎきょく（戯曲） 163
ききん（飢饉） 148
きく（聴く） 39
きく（菊*） 192
きげん（起源） 67
きげん（機嫌） 207
きけんする（棄権する） 149
きげんぜん（紀元前*） 66
きこん(の)（既婚(の)） 54
きさいする（記載する） 30
ぎしき（儀式） 51
きしゃ（汽車） 101
ぎじんかする（擬人化する*） 163
きず（傷） 31
きすう（奇数） 210
きずつく（傷つく） 31
ぎせい（犠牲） 136

ぎせいご （擬声語*） 163
きせん （汽船） 101
きそ （基礎） 37
ぎぞうする （偽造する） 25
ぎぞうひん （偽造品） 25
きぞく （貴族） 126
きそん(の) （既存(の)*） 54
ぎたいご （擬態語*） 163
きたえる （鍛える） 149
きち （吉*） 74
きちょうな （貴重な） 126
きちょうめんな （几帳面な） 44
きどう （軌道） 188
きぬ （絹） 160
きぬいと （絹糸*） 160
きはつせい （揮発性*） 183
きはん （規範） 127
きばん （基盤） 38
きびしい （厳しい） 50
きふく （起伏） 101
ぎふけん （岐阜県*） 60, 61
きぼ （規模） 126
きほう （気泡*） 92
きみょうな （奇妙な） 210
ぎむ （義務） 31
〜きゃく （〜脚*） 89
きゃくしょくする （脚色する） 89
ぎゃくたいする （虐待する*） 131
きゃくほん （脚本） 89
きゅうえんする （救援する） 38
きゅうか （休暇） 33
きゅうかく （嗅覚*） 86
きゅうかんち （休閑地*） 161
きゅうくつな （窮屈な） 154
きゅうけいする （休憩する） 139
きゅうげきな （急激な） 176
きゅうこうばい （急勾配*） 187
きゅうだんする （糾弾する*） 142
きゅうでん （宮殿） 60
きゅうぼう （窮乏） 154
きゅうようする （休養する） 37
きゅうりょう （丘陵） 101
きょうい （驚異） 198
ぎょうぎ （行儀） 51
きょうぐう （境遇） 50
きょうげん （狂言*） 162
ぎょうこざい （凝固剤*） 186
ぎょうこする （凝固する*） 186
きょうさく （凶作） 167
きょうしゅう （郷愁） 99
きょうしゅう （郷愁） 207
きょうしゅくする （恐縮する） 124
ぎょうしゅくする （凝縮する*） 186
きょうじゅする （享受する） 218
きょうじる （興じる） 98
きょうせいする （矯正する*） 113
きょうだん （教壇*） 86
きょうたんする （驚嘆する*） 205
きょうど （郷土） 99
きょうはくかんねん （強迫観念*） 133
きょうはくする （脅迫する） 133
きょうみ （興味） 98
きょうよう （教養） 37
きょうり （郷里） 83
きょうりゅう （恐竜*） 180
きょうれつな （強烈な） 210
ぎょかく （漁獲*） 176
きょぎの （虚偽の*） 44
きょくたんな （極端な） 83
きょじゃくな （虚弱な*） 44
きょしょう （巨匠*） 77
きょぜつする （拒絶する） 143
きょてん （拠点*） 69
きょひする （拒否する） 143
きょり （距離） 33, 100
きらい （嫌い） 207
きらう （嫌う） 207
きり （霧） 127
きれつ （亀裂*） 92
ぎわく （疑惑） 213
きん （菌） 155
きんがん （近眼） 106
きんきちほう （近畿地方*） 62
きんきゅう （緊急） 36
きんこう （均衡） 144
きんし （近視） 113
きんせん （金銭） 156
きんぞく （金属） 30
きんちょうする （緊張する） 36
きんにく （筋肉） 107
ぎんみする （吟味する） 217
きんゆう （金融） 48
きんりょく （筋力*） 107
きんりん(の) （近隣(の)*） 177

く

く （句） 74
ぐうすう （偶数） 32
ぐうぜん(に) （偶然(に)） 32
くうどう （空洞*） 186
くうどうかする （空洞化する*） 186
ぐうはつてきな （偶発的な*） 32
くうふく(の) （空腹(の)） 105
くき （茎） 169
くさい （臭い） 183
くさり （鎖） 69
くさる （腐る） 219
くしする （駆使する*） 125
くじょする （駆除する*） 125
くじら （鯨*） 95
くずす （崩す*） 195
くずれる （崩れる） 195
くせ （癖） 151
くだく （砕く） 132
くだける （砕ける） 132
ぐち （愚痴） 93
くちびる （唇） 104
くちる （朽ちる） 218
くつがえす （覆す） 175
くっする （屈する*） 162
くっせつする （屈折する） 162
くとうてん （句読点） 74
くま （熊*） 62
くまもとけん （熊本県*） 62
くやしい （悔しい） 119
くやむ （悔やむ） 119
くりかえす （繰り返す） 138
くりょする （苦慮する*） 50
くるう （狂う） 162
くるまいす （車椅子*） 87
くろうと （玄人） 195
くわしい （詳しい） 27
〜ぐん （〜郡） 101
ぐんかん （軍艦） 100
ぐんしゅう （群衆） 142
ぐんしゅく （軍縮*） 124
くんしょう （勲章*） 145
ぐんたい （軍隊） 136

け

けい （〜系） 38
けい （刑） 136
けいい （経緯） 99
けいかいする （警戒する） 44
けいき （契機） 27
けいこ （稽古） 76
けいこうとう （蛍光灯） 88
けいこく （渓谷*） 101
けいさいする （掲載する） 30, 39
けいじ （刑事） 136
けいじする （掲示する） 39
けいじばん （掲示板*） 39
けいしゃ （傾斜） 177
けいたい （形態） 26
けいたいする （携帯する） 31
けいたいでんわ （携帯電話*） 31

けいちょうきゅうか　（慶弔休暇*）　119
けいとう　（系統）　38
けいばつ　（刑罰）　26, 136
げいひんかん　（迎賓館*）　145
けいべつする　（軽蔑する）　206
けいもうする　（啓蒙する*）　118
けいやくする　（契約する）　27
げきぞうする　（激増する）　176
げきれいする　（激励する）　45
げし　（夏至*）　100
げじゅん　（下旬）　157
けしょう　（化粧）　193
けずる　（削る）　37
けた　（桁）　36
けっかく　（結核）　175
けっかん　（欠陥）　136
けっこん　（血痕*）　133
けっこんひろうえん　（結婚披露宴*）　117
けっさく　（傑作）　83
けっしょう　（結晶）　86
けつじょする　（欠如する）　155
けつぼうする　（欠乏する）　216
けもの　（獣）　77
げり　（下痢）　111
ける　（蹴る）　131
〜けん　（〜圏）　127
げん　（弦*）　160
けんい　（権威）　155
けんえき　（検疫*）　26
けんおする　（嫌悪する*）　207
げんかく　（幻覚*）　150
げんがっき　（弦楽器*）　160
げんかん　（玄関）　195
けんぎょう　（兼業）　194
けんきょな　（謙虚な）　44, 198
げんきん　（厳禁*）　50
げんこう　（原稿）　186
けんこうしんだん　（健康診断*）　33
けんこうほけんしょう　（健康保険証*）　24
けんさくする　（検索する*）　49
けんじつな　（堅実な*）　45
げんじものがたり　（『源氏物語』*）　67
けんじゅう　（拳銃*）　25
げんじゅうな　（厳重な）　50
けんしょう　（懸賞）　188
けんじょうご　（謙譲語*）　94
けんしょうろんぶん　（懸賞論文）　188
げんしろ　（原子炉*）　148
げんせいな　（厳正な*）　50
げんそ　（元素）　166
げんそうてきな　（幻想的な*）　150
けんそんする　（謙遜する）　198
けんちょな　（顕著な*）　177
げんてん　（原典）　88
けんとうし　（遣唐使*）　66
けんとうする　（健闘する*）　150
けんとうする　（検討する）　216
けんばん　（鍵盤*）　89
けんびきょう　（顕微鏡）　177
けんぽう　（憲法）　66
げんみつな　（厳密な）　50, 137
けんめいな　（懸命な）　188
げんめつ　（幻滅*）　150
けんやくする　（倹約する）　218
けんよう　（兼用）　194

こ

ご　（碁）　77
ごい　（語彙）　187
こうい　（行為）　56
ごうう　（豪雨*）　82
こうおつ　（甲乙*）　210
こうおん(の)　（恒温(の)*）　180
こうかいする　（後悔する）　119
ごうかいな　（豪快な*）　82
ごうかな　（豪華な）　82
こうぎ　（講義）　31
こうぎする　（抗議する）　111
こうきょ　（皇居）　145
こうげきする　（攻撃する）　39, 183
こうけんする　（貢献する）　57, 163
こうごう　（皇后*）　145
こうこうする　（孝行する）　200
ごうこうぞう　（剛構造*）　83
こうしゃ　（校舎）　26
こうしゅう　（公衆）　142
こうしゅうでんわ　（公衆電話）　142
こうしょうする　（交渉する）　189
こうじょうせん　（甲状腺*）　107
こうしょうな　（高尚な）　211
こうじょする　（控除する）　137
こうずい　（洪水）　124
ごうせい　（剛性*）　83
こうせいぶっしつ　（抗生物質*）　111
こうせき　（功績）　189
こうそ　（酵素*）　167
こうそくする　（拘束する）　130
こうそする　（控訴する*）　137
こうたいし　（皇太子*）　145
こうたいしひ　（皇太子妃*）　145
こうたく　（光沢）　157
こうてい　（公邸*）　142
こうてつする　（更迭する*）　142
こうとうする　（高騰する*）　217
こうどくする　（購読する）　38
こうにゅうする　（購入する）　38
こうはい　（後輩）　50
こうばい　（購買）　38
こうばい　（勾配*）　187
こうはいする　（荒廃する）　30, 162
こうびする　（交尾する*）　182
こうふんする　（興奮する）　98, 183
ごうまんな　（傲慢な*）　199
こうみょうな　（巧妙な）　162, 210
こうもく　（項目）　36
こうようじゅ　（広葉樹*）　125
こうようする　（高揚する*）　49
こうりょする　（考慮する）　50
ごえいする　（護衛する）　43
こがす　（焦がす）　205
こきゃく　（顧客*）　54
こきょう　（故郷）　99
ごく　（語句）　74
こくせき　（国籍）　30
こくふくする　（克服する）　216
こくもつ　（穀物）　168
こげちゃいろ　（焦げ茶色）　205
こげる　（焦げる）　205
ごげん　（語源）　67
こじ　（孤児）　204
こしょう　（故障）　45
こせき　（戸籍）　30
こぜに　（小銭）　156
こちょうする　（誇張する）　206
こっき　（国旗*）　151
こっけいな　（滑稽な）　54, 76
こつずい　（骨髄*）　107
こてん　（古典）　88
こと　（琴）　75
ことがら　（事柄）　199
こどくな　（孤独な）　204
ことに　（殊に）　81
ことぶき　（寿*）　116
ごばん　（碁盤）　77
ごぶさた　（ご無沙汰）　118
こふん　（古墳*）　66
こふんじだい　（古墳時代*）　66
こま　（駒*）　77
こもん　（顧問*）　54
こよみ　（暦）　36
ごらく　（娯楽）　156
ごらんになる　（ご覧になる）　186
こりつする　（孤立する）　204
こりる　（懲りる）　44
こる　（凝る）　186
〜ごろ　（〜頃）　43

こわす（壊す）174
こわれる（壊れる）174
こん(の)（紺(の)）195
こんいろ（紺色）195
こんいん（婚姻*）33
こんきゅう（困窮*）154
こんきょ（根拠）69
こんしんかい（懇親会*）142
こんだて（献立）57
こんだんかい（懇談会*）142
こんちゅう（昆虫）182

さ

さいがい（災害）32
さいきん（細菌）155
さいくつする（採掘する）168
さいけん（債券*）56
ざいげん（財源）67
ざいせきする（在籍する*）30
さいそくする（催促する）51
さいたくする（採択する）36
さいたまけん（埼玉県*）60
さいなん（災難）32
さいばいする（栽培する）167
ざいばつ（財閥*）144
さいばん（裁判）136
さいばんいん（裁判員）136
さいほう（裁縫）95, 136
さいぼう（細胞）175
さいぼうへき（細胞壁*）175
さいぼうまく（細胞膜*）175
さいむ（債務*）56
さいようわく（採用枠*）189
さえぎる（遮る）137
さがけん（佐賀県*）61
さかのぼる（遡る）187
さかり（盛り）98
さかんな（盛んな）98
さぎ（詐欺）130
さきがけて（先駆けて*）125
さく（策）49
さく（柵）136
さく（裂く）180
さくいん（索引）49
さくげんする（削減する）37
さくご（錯誤）188
さくじょする（削除する）37
さくら（桜）81
さける（避ける）50
さける（裂ける）180
さこく（鎖国*）69
さしき（挿し木*）169
さしょう（査証*）24
さす（挿す）169
ざせつする（挫折する*）207
さそう（誘う）183
さつえいする（撮影する）24
さっかくする（錯覚する）188
さっきんする（殺菌する*）155
さど（佐渡*）63
さとう（佐藤*）67
さとう（砂糖）112
さとる（悟る）199
さばく（裁く）136
さばく（砂漠）174
さびしい（寂しい）204
さまたげる（妨げる）138
さむらい（侍）75
さる（猿）82
さわがしい（騒がしい）193
さわぎ（騒ぎ）193
さわぐ（騒ぐ）193
さわやかな（爽やかな）204
さわる（障る）45
さんがく（山岳）99
さんかする（酸化する）166
ざんこくな（残酷な）210
ざんしんな（斬新な*）211
さんせい（酸性）166
さんそ（酸素）166
ざんていてきな（暫定的な*）144
さんばし（桟橋）195
さんみゃく（山脈）54

し

し（詩）161
～し（～氏）30
じあい（慈愛*）199
しいくする（飼育する）174
じえいする（自衛する）57
しえんする（支援する*）38
しお（潮）98
しおひがり（潮干狩り*）99
しか（鹿*）62
じが（自我）83
しがい（市街）192
しがいせん（紫外線*）67
しかく（視覚）113
しがけん（滋賀県*）61
しかる（叱る）95
じき（磁気）187
じき（磁器）187
しききん（敷金*）27
しきさい（色彩）82
しきする（指揮する）183
しきち（敷地）27
しきゅう(の)（至急(の)）100
しく（敷く）27
じく（軸）193
しけい（死刑）136
しけいしゅう（死刑囚*）138
しげきする（刺激する）176
しげる（茂る）180
しげん（資源）67
じこ（自己）189
じこう（事項）36
しこうさくご（試行錯誤）188
しこうする（施行する*）30
しこうする（施工する*）30
じごく（地獄）212
じこけんお（自己嫌悪*）207
しさする（示唆する*）149
じしゃく（磁石）187
じしゅくする（自粛する*）131
ししょう（師匠*）77
しじん（詩人）161
しずおかけん（静岡県*）61
しせい（姿勢）55
しせき（史跡*）80
しせつ（施設）30
じぜんかつどう（慈善活動*）199
した（舌）104
じだいさくご（時代錯誤）188
したう（慕う）205
したがう（従う）42
しちょうしゃ（視聴者*）39
しっかん（疾患*）57
しっき（漆器*）76
しっきゃくする（失脚する）89
しっこうする（執行する*）138
しっこうゆうよ（執行猶予*）138
じっしする（実施する）30
しっせきする（叱責する*）95
じっせんする（実践する）186
じっせんてきな（実践的な）186
しっそな（質素な）166
しっとする（嫉妬する）206
しっぴつする（執筆する）138
しっぺい（疾病*）57
してきする（指摘する）174
してん（視点）113
じてん（辞典）88
しのびよる（忍び寄る*）75
しば（芝）195
しばい（芝居）195
しばふ（芝生）195

読み	語	ページ
しばりつける	（縛り付ける*）	131
しばる	（縛る）	131
じばん	（地盤）	38
じびいんこうか	（耳鼻咽喉科*）	110
じひぶかい	（慈悲深い*）	199
しぶい	（渋い）	138
しへい	（紙幣）	144
しぼう	（脂肪）	107
しぼりこむ	（絞り込む*）	87
しぼる	（絞る）	87
じまんする	（自慢する）	100
しみる	（染みる）	175
しめい	（氏名）	30
しめきり	（締め切り）	39
しめきる	（締め切る）	39
しも	（霜）	167
しもん	（指紋*）	24
しや	（視野）	113
じゃぐち	（蛇口）	86
しゃくめいする	（釈明する*）	188
しゃざいする	（謝罪する）	27
しゃしょう	（車掌）	157
しゃせん	（斜線*）	177
しゃだんき	（遮断機*）	137
しゃだんする	（遮断する*）	137
じゃまする	（邪魔する）	194
じゃまな	（邪魔な）	133
しゃめん	（斜面）	177
しゃれい	（謝礼*）	27
～しゅう	（～宗）	181
じゅう	（銃）	25
しゅうえき	（収益）	48
しゅうかくする	（収穫する）	167
しゅうき	（臭気*）	183
しゅうぎいん	（衆議院）	142
しゅうきょう	（宗教）	181
しゅうぎょう	（就業）	48
じゅうぎょういん	（従業員）	42
しゅうげきする	（襲撃する）	124
しゅうし	（修士）	43
じゅうしする	（重視する）	113
じゅうじする	（従事する）	42
じゅうじつした	（充実した）	154
しゅうしょくする	（修飾する）	43
しゅうしょくする	（就職する）	48
しゅうじん	（囚人*）	138
しゅうぜんする	（修繕する）	217
じゅうたい	（渋滞）	31, 138
しゅうちしん	（羞恥心*）	207
しゅうちゃくする	（執着する）	138
しゅうにんする	（就任する）	48
じゅうほうるい	（銃砲類）	25
じゅうらい(の)	（従来(の)）	42
しゅうろうする	（就労する*）	48
しゅうわい	（収賄*）	132
じゅきょう	（儒教*）	201
じゅく	（塾）	57
しゅくがかい	（祝賀会）	61
じゅくご	（熟語）	169
しゅくしゃ	（宿舎*）	26
しゅくしゃく	（縮尺*）	124
しゅくしょうする	（縮小する）	124
じゅくす	（熟す*）	169
しゅさいする	（主催する）	51
しゅし	（趣旨）	31, 211
じゅし	（樹脂*）	107
じゅしんする	（受診する*）	33
しゅとけん	（首都圏）	127
しゅにく	（朱肉*）	89
しゅのう	（首脳）	105
しゅみ	（趣味）	211
じゅみょう	（寿命）	116
じゅもく	（樹木）	125
じゅもん	（呪文*）	205
しゅよう	（腫瘍*）	110, 111
じゅよう	（需要）	55
じゅりつする	（樹立する）	125
しゅりょう	（狩猟*）	25, 99
しゅん	（旬*）	157
しゅんかん	（瞬間）	127
じゅんかんき	（循環器*）	110
じゅんかんする	（循環する）	110
じゅんきょうじゅ	（准教授*）	39
じゅんさ	（巡査）	195
じゅんしゅする	（遵守する*）	218
じゅんじょ	（順序）	187
じゅんしょくする	（殉職する*）	130
じゅんすいな	（純粋な）	200
～じょう	（～嬢）	151
しょうがい	（傷害*）	31
しょうがい	（障害）	45
しょうがい	（生涯）	180
じょうかく	（城郭*）	80
しょうがくきん	（奨学金）	26
しょうがくせい	（奨学生*）	26
じょうかする	（浄化する*）	176
しょうぎ	（将棋）	77
しょうげき	（衝撃）	137, 183
しょうこ	（証拠）	24, 69
しょうさい	（詳細）	27
じょうざい	（錠剤*）	25, 192
しょうじ	（障子）	45
じょうじゅん	（上旬）	157
しょうじょう	（症状）	111
じょうしょうする	（上昇する）	174
しょうしんする	（昇進する）	174
しょうする	（称する）	42
じょうぞうする	（醸造する*）	174
じょうたい	（状態）	26
しょうだくする	（承諾する）	217
じょうだん	（冗談）	93
しょうちょう	（象徴）	181
じょうちょうな	（冗長な*）	93
しょうてん	（焦点）	205
しょうてんがい	（商店街）	192
しょうどう	（衝動*）	137
しょうとくたいし	（聖徳太子*）	66
しょうとつする	（衝突する）	137
じょうぶな	（丈夫な）	175
じょうほする	（譲歩する）	94
しょうめいする	（証明する）	24
しょうもうする	（消耗する）	212
じょうもんじだい	（縄文時代*）	62
しょうれいする	（奨励する）	26, 45
しょうわ	（昭和*）	69
しょかつ	（所轄*）	43
じょきんする	（除菌する*）	155
しょくじゅする	（植樹する）	125
しょくたく	（食卓）	150
しょくりょう	（食糧）	148
じょこうする	（徐行する）	219
しょさい	（書斎）	88
じょじし	（叙事詩*）	161
じょじゅつする	（叙述する*）	161
しょじゅん	（初旬）	157
じょじょに	（徐々に）	219
しょせき	（書籍）	30
じょせきする	（除籍する*）	30
しょぞくする	（所属する）	30
しょばつする	（処罰する）	26
しょほうせん	（処方箋*）	111
しょみん	（庶民）	156
しょむ	（庶務）	156
じらい	（地雷*）	125
しらぎく	（白菊*）	192
しり	（尻）	105
しりょう	（飼料*）	174
しりょく	（視力*）	113
しる	（汁）	193
しろうと	（素人）	166
しん	（芯）	89
じん	（陣）	143
じんえい	（陣営*）	143
しんがいする	（侵害する*）	25
しんかんせん	（新幹線）	48
しんぎする	（審議する）	24

しんきな　（新奇な*）　210
しんきんこうそく　（心筋梗塞*）　112
しんけんな　（真剣な）　26
しんこう(の)　（新興(の)）　98
しんこうする　（振興する）　98
しんこうする　（信仰する）　99
しんさ　（審査）　24
しんさつする　（診察する）　33
しんし　（紳士）　156
しんしてきな　（紳士的な）　156
しんしな　（真摯な*）　143
しんじゅ　（真珠）　155
しんすいする　（浸水する*）　193
しんせいする　（申請する）　32
しんせいな　（神聖な）　66
しんせき　（親戚）　119
しんせんな　（新鮮な）　210
しんぞう　（心臓）　106
じんぞう　（腎臓*）　106
じんそくな　（迅速な）　211
しんだんする　（診断する）　33
しんちょうな　（慎重な）　49
しんていする　（進呈する）　217
しんどうする　（振動する）　44
しんにゅうする　（侵入する）　25
しんぱん　（審判）　24
しんぴてきな　（神秘的な）　55
しんぼく　（親睦*）　151
じんみゃく　（人脈*）　54
しんようじゅ　（針葉樹*）　125
しんりょうじょ　（診療所*）　33
しんりょうひ　（診療費）　33
しんろう　（新郎*）　117

す

す　（酢）　181
す　（巣）　182
すい　（粋）　200
すいいする　（推移する*）　45
すいこうする　（遂行する*）　151
すいじ　（炊事）　88
ずいじ　（随時*）　163
ずいしょに　（随所に*）　163
すいしんする　（推進する）　45
すいせんする　（推薦する）　45
すいそうがく　（吹奏楽*）　160
すいそくする　（推測する）　45
すいたいする　（衰退する*）　82
すいちょく(の)　（垂直(の)）　126
すいていする　（推定する）　45
すいてき　（水滴）　177
すいはんき　（炊飯器*）　88
ずいひつ　（随筆）　163
ずいぶん　（随分）　163
すいぼくが　（水墨画*）　160
すいみん　（睡眠）　112
すいろんする　（推論する*）　45
すいをあつめる　（粋を集める）　200
すうはいする　（崇拝する）　189
すえつける　（据え付ける*）　217
すえる　（据える）　217
すかす　（透かす*）　175
すがた　（姿）　55
ずかん　（図鑑）　45
すぎ　（杉）　193
すききらい　（好き嫌い）　207
すきとおる　（透き通る）　175
すきま　（隙間）　167
ずきん　（頭巾*）　87
すじ　（筋）　107
すず　（鈴）　94
すすめ　（勧め）　32
すすめる　（勧める）　32
すすめる　（薦める*）　45
すそ　（裾）　99
すたれる　（廃れる）　30
すてきな　（素敵な）　183
すでに　（既に）　54
すなおな　（素直な）　166
ずのう　（頭脳）　105
すべる　（滑る）　54
すます　（澄ます）　160
すみ　（墨）　160
すむ　（澄む）　160
すもう　（相撲）　74
する　（擦る）　144
するどい　（鋭い）　94
すれちがい　（擦れ違い）　144
すれちがう　（擦れ違う）　144
すれる　（擦れる）　144
すんだんする　（寸断する*）　95
すんひょう　（寸評*）　95
すんぽう　（寸法）　95

せ

せいいたいしょうぐん　（征夷大将軍*）　68
せいき　（世紀）　66
せいぎ　（正義）　31
せいきゅうする　（請求する）　32
せいきょする　（逝去する*）　117
せいけつな　（清潔な）　212
せいこうする　（成功する）　189
せいこうな　（精巧な）　162
せいこうほうしゅう　（成功報酬）　189
せいさい　（制裁）　136
せいさく　（政策）　49
せいじつな　（誠実な）　118
せいじゅくする　（成熟する）　169
せいしょ　（聖書）　66
せいしょく　（生殖*）　169
せいだいな　（盛大な）　98
せいとんする　（整頓する*）　89
せいはする　（制覇する*）　63
せいふくする　（征服する）　68
せいみつな　（精密な）　137
せいやくする　（誓約する*）　44
せいれき　（西暦）　36
～せき　（～隻）　154
せきずい　（脊髄*）　106
せきつい　（脊椎*）　107
せこうする　（施行する）　30
せこうする　（施工する*）　30
せじょうする　（施錠する*）　192
ぜせいする　（是正する）　144
せっし　（摂氏*）　67
せっしゅする　（摂取する*）　67
せっしょう　（摂政*）　67
せっちゅう　（折衷）　145
せっとう　（窃盗*）　131
ぜつめつする　（絶滅する）　68
せとないかい　（瀬戸内海*）　62
ぜひ　（是非）　144
せまる　（迫る）　133
せめ　（攻め）　39
せめる　（攻める）　39
せん　（栓）　87
ぜん　（膳）　89
～ぜん　（～膳*）　89
ぜん　（禅）　161
せんい　（繊維）　48
せんきょ　（選挙）　142
ぜんきんせん　（漸近線*）　219
ぜんきんてきな　（漸近的な*）　219
せんげんする　（宣言する）　54
せんこうする　（専攻する）　39
せんざい　（洗剤）　25
せんざいする　（潜在する*）　157
せんしょくたい　（染色体*）　175
せんす　（扇子）　77
せんすいする　（潜水する）　157
ぜんせい　（全盛）　98
せんだいし　（仙台市*）　63
せんたくし　（選択肢*）　49
せんたくする　（選択する）　36
せんたん　（先端）　83
ぜんてい　（前提）　31

せんでんする （宣伝する） 54
せんと （遷都*） 67
せんとう （戦闘） 150
せんぬき （栓抜き*） 87
せんぱい （先輩） 50
せんぱく （船舶） 100
せんぷうき （扇風機） 77
せんりゅう （川柳*） 163

そ

～ぞい （～沿い） 98
そう （僧） 156
そうおん （騒音） 193
そうかんする （創刊する） 38
ぞうき （臓器*） 106
ぞうきいしょく （臓器移植*） 106
ぞうきん （雑巾） 87
そうぐうする （遭遇する*） 32
ぞうげ （象牙*） 161
そうこ （倉庫） 68
そうさくする （創作する） 38
そうさくする （捜索する） 49
そうしき （葬式） 116
そうしつする （喪失する） 117
そうじゅうする （操縦する） 92
そうしょくする （装飾する） 43
ぞうしょくする （増殖する*） 169
そうしん （痩身*） 56
そうぞうしい （騒々しい） 193
そうぞうする （創造する） 38
そうだいな （壮大な） 212
そうどう （騒動） 193
そうなんする （遭難する） 32
そうにゅうする （挿入する*） 169
そうりつする （創立する） 38
ぞうわい （贈賄*） 132
そえる （添える） 188
そえんな （疎遠な*） 51
そがいする （疎外する*） 51
そきゅうする （遡及する*） 187
そくざに （即座に） 55
そくしんする （促進する） 54
ぞくする （属する） 30
そくせき （足跡*） 80
そくばくする （束縛する） 131
そしき （組織） 51
そしする （阻止する） 216
そしな （粗品*） 192
そしょう （訴訟） 137
そち （措置） 144
そで （袖） 192
そぼくな （素朴な） 201
そまつな （粗末な） 192
そまる （染まる） 175
そめる （染める） 175
そんえき （損益*） 48

た

たい （隊） 136
たいいん （隊員） 136
たいきゅうせい （耐久性*） 81
たいぐう （待遇） 50
たいくつな （退屈な） 162
たいけい （体系） 38
たいこ （太鼓） 76
たいざいする （滞在する） 31
たいさく （対策） 49
たいじ （胎児*） 113
たいしゅう （大衆） 142
だいしょう （代償*） 32
たいしょうりょうほう （対症療法*） 111
たいしん(の) （耐震(の)*） 81
だいず （大豆*） 167
たいせいほうかん （大政奉還*） 69
たいせきする （堆積する*） 166
たいだな （怠惰な*） 139, 200
だいたんな （大胆な） 106
たいてい(の) （大抵(の)） 216
たいど （態度） 26
だいとうりょう （大統領） 55
だいにほん
　ていこくけんぽう （大日本帝国憲法*） 69
たいねつ(の) （耐熱(の)*） 81
だいのう （大脳*） 105
たいのうする （滞納する） 33
たいひ （堆肥*） 166
たいほする （逮捕する） 131
たいまんな （怠慢な） 100, 139
たえる （耐える） 81
たえる （堪える） 210
たき （滝） 127
たき(の) （多岐(の)*） 60
だきょうする （妥協する） 200
たく （炊く） 88
たくじしょ （託児所*） 57
たくみな （巧みな） 162
たくわえる （蓄える） 180
たけ （丈） 175
～たけ （～岳*） 99
～だけ （～岳*） 99
だげき （打撃） 183
だけつする （妥結する） 200
ださく （駄作） 212
たずさわる （携わる） 31
たずねる （尋ねる） 216
ただし （但し） 33
ただよう （漂う） 68
だっきゃくする （脱却する*） 27
たっきゅう （卓球*） 150
だっこくする （脱穀する*） 168
だっせんする （脱線する） 168
だったいする （脱退する） 168
たつまき （竜巻*） 180
たて （縦） 92
たて （盾） 187
たてじく （縦軸） 193
たての （縦の） 92
たてまつる （奉る） 69
だとうな （妥当な） 200
たな （棚） 192
たま （弾） 87
たましい （魂） 161
だまる （黙る） 199
たまわる （賜る） 119
だれ （誰） 155
たれる （垂れる） 126
たろう （太郎*） 117
たわむれる （戯れる*） 163
だんあつする （弾圧する*） 87
たんか （担架） 130
たんさんいんりょう （炭酸飲料*） 166
たんじゅう （胆汁*） 193
たんしゅくする （短縮する） 124
たんじょうび （誕生日） 32
たんすい （淡水） 63
たんてい （探偵*） 163
たんてきな （端的な*） 83
たんとうちょくにゅうに （単刀直入に*） 25
たんのう （胆嚢*） 106
だんぼう （暖房） 174
だんりょくせい （弾力性） 87

ち

ちかう （誓う） 44
ちかく （地殻*） 180
ちかごろ （近頃*） 43
ちくさん （畜産） 166
ちくせきする （蓄積する） 180
ちぢむ （縮む） 124
ちぢめる （縮める） 124
ちぢれる （縮れる） 124
ちつじょ （秩序） 187, 212
ちっそ （窒素*） 166
ちっそくする （窒息する） 166
ちみつな （緻密な*） 211
ちゅうけい （中継） 193

ちゅうこくする　（忠告する）　160
ちゅうじつな　（忠実な）　160
ちゅうしゃ　（注射）　57
ちゅうじゅん　（中旬）　157
ちゅうしょうてきな　（抽象的な）　27
ちゅうすう　（中枢）　127
ちゅうせん　（抽選）　27
ちゅうとはんぱな　（中途半端な）　83
ちゅうふく　（中腹）　105
ちゆする　（治癒する*）　111
ちょう　（腸）　106
ちょうえき　（懲役*）　44
ちょうかい　（懲戒*）　44
ちょうかく　（聴覚）　39
ちょうこうする　（聴講する）　39
ちょうこく　（彫刻）　82
ちょうじ　（弔辞*）　117
ちょうしゅうする　（徴収する）　181
ちょうしんき　（聴診器）　39
ちょうせんする　（挑戦する）　148
ちょうだいする　（頂戴する）　76
ちょうふする　（貼付する*）　24
～ちょうめ　（～丁目）　116
ちょちくする　（貯蓄する）　180
ちょっけい　（直径）　156
ちんじゅつする　（陳述する*）　188
ちんつうざい　（鎮痛剤*）　111
ちんぷな　（陳腐な*）　219
ちんぼつする　（沈没する）　26
ちんもく　（沈黙）　199
ちんれつする　（陳列する）　188

つ

ついきゅうする　（追及する）　30
ついせきする　（追跡する）　80
ついらくする　（墜落する）　136
つうちょう　（通帳）　44
つうやく　（通訳）　42
つか　（塚*）　156
つきそう　（付き添う*）　188
つきる　（尽きる）　82
つく　（就く）　48
つぐ　（継ぐ）　193
つくす　（尽くす）　82
つぐない　（償い）　32
つくる　（創る）　38
つくろう　（繕う）　217
つけもの　（漬物*）　181
つける　（漬ける）　181
つつしんで　（謹んで）　117
つづみ　（鼓*）　76
つな　（綱）　150
つなみ　（津波）　124
つば　（唾）　107
つばさ　（翼）　213
つぶ　（粒）　213
つぶす　（潰す）　112
～つぼ　（～坪*）　89
つむ　（摘む）　174
つめ　（爪）　105
つや　（艶）　162
つややかな　（艶やかな*）　162
つゆ　（露）　116
つゆ　（梅雨）　194
つらぬく　（貫く）　162
つり　（釣り）　98
つりあう　（釣り合う）　98
つる　（釣る）　98

て

ていあんする　（提案する）　31
ていぎ　（定義）　31
ていけいする　（提携する）　31
ていけつする　（締結する*）　39
ていこうする　（抵抗する）　111, 216
ていこく　（帝国*）　69
ていさい　（体裁）　136
ていじする　（提示する）　31
ていしゅ　（亭主*）　76
ていしゅつする　（提出する）　31
ていせいする　（訂正する）　43
ていたいした　（停滞した）　31
ていたく　（邸宅）　142
ていねいな　（丁寧な）　116, 118
ていぼう　（堤防）　124
てがかり　（手掛かり）　56
てき　（敵）　183
てきぎ　（適宜）　132
てじょう　（手錠）　192
てちょう　（手帳）　44
てつがく　（哲学）　37
てっきょする　（撤去する*）　100
てっこう　（鉄鋼）　48
てっする　（徹する）　219
てったいする　（撤退する*）　100
てっていてきな　（徹底的な）　219
てっぱいする　（撤廃する*）　100
てっぽう　（鉄砲）　25
てつやする　（徹夜する）　219
てぬぐい　（手拭い）　86
てのこう　（手の甲）　105
てんかする　（転嫁する*）　117
てんじょう　（天井）　81
でんせんする　（伝染する）　175
でんたく　（電卓）　150
てんてき　（点滴*）　177
でんとう　（伝統）　55
てんどん　（天丼*）　192
てんのう　（天皇）　145
てんぷする　（添付する*）　188
てんぽ　（店舗*）　55
てんらんかい　（展覧会）　186

と

とう　（棟）　38
とう　（唐*）　66
とう　（塔）　81
どう　（胴）　104
どう　（銅）　149
とういつする　（統一する）　55
とうかする　（透過する*）　175
とうかつする　（統括する*）　56
とうき　（陶器）　74
とうぎする　（討議する）　216
とうげ　（峠）　101
とうけい　（統計）　55
とうげい　（陶芸*）　74
とうけん　（刀剣*）　25
とうさいする　（搭載する*）　157
とうし　（闘志*）　150
とうじ　（冬至*）　100
とうじょうする　（搭乗する*）　157
とうすいする　（陶酔する*）　110
とうたする　（淘汰する*）　118
とうとい　（貴い）　126
どうとく　（道徳）　61
とうにょうびょう　（糖尿病*）　112
とうひする　（逃避する*）　50
とうひょうする　（投票する）　45
とうふ　（豆腐*）　167
どうめい　（同盟）　143
とうめいな　（透明な）　175
どうメダル　（銅メダル*）　149
どうよう　（童謡）　76
どうようする　（動揺する）　82
どうりょう　（同僚）　143
とうるいする　（盗塁する*）　151
とうろんする　（討論する）　216
とおりま　（通り魔*）　133
とくしまけん　（徳島県*）　61
とくしゅな　（特殊な）　81
どくそうてきな　（独創的な）　38
とくちょう　（特徴）　181
とくはいん　（特派員）　67
とくめい(の)　（匿名(の)*）　155
とけつする　（吐血する*）　112

とげる (遂げる) 151
とじまり (戸締まり) 39
どじょう (土壌) 166
とそうする (塗装する*) 92
とだな (戸棚) 192
とたん(に) (途端(に)) 83
とちぎけん (栃木県*) 60
とつじょ (突如) 155
とどこおる (滞る) 31
となえる (唱える) 50
となり(の) (隣(の)) 177
どひょう (土俵) 75
とびら (扉) 137
とぶ (跳ぶ) 148
とぼしい (乏しい) 216
とまどい (戸惑い) 213
とまどう (戸惑う*) 213
ともかせぎ(の) (共稼ぎ(の)) 42
ともなう (伴う) 176
とら (虎) 93
とらえる (捉える*) 218
とりあつかい (取り扱い) 95
とりあつかう (取り扱う) 95
とりしまる (取り締まる) 39
とる (撮る) 24
とろする (吐露する*) 112
どんぶり (丼) 192
どんよくな (貪欲な*) 204

な

ないかく (内閣) 142
ないかくそうりだいじん (内閣総理大臣) 142
ないぶんぴつ (内分泌*) 110
なえ (苗) 168
ながさきけん (長崎県*) 62
ながめ (眺め) 81
ながめる (眺める) 81
なぐさめる (慰める) 200
なぐる (殴る) 131
なげく (嘆く) 205
なし (梨*) 60
なしとげる (成し遂げる*) 151
なぞ (謎) 212
なだれ (雪崩) 195
なつかしい (懐かしい) 126
なつく (懐く) 126
なっとう (納豆*) 167
なっとくする (納得する) 33
ななめ(の) (斜め(の)) 177
なはし (那覇市*) 63
なべ (鍋) 87
なべりょうり (鍋料理*) 87
なまぐさい (生臭い) 183
なまける (怠ける) 139
なまちゅうけい (生中継*) 193
なまり (鉛) 89
なめらかな (滑らかな) 54
ならう (倣う) 216
ならけん (奈良県*) 60, 61
なわ (縄) 62
なんのへんてつもない (何の変哲もない*) 37

に

に (弐) 119
にいがたけん (新潟県*) 60
にえる (煮える) 88
におい (匂い) 86
におう (匂う) 86
におう (臭う) 183
にぎる (握る) 55
にくい (憎い) 205
にくしみ (憎しみ) 205
にくむ (憎む) 205
にくらしい (憎らしい) 205
にごる (濁る) 176
にさんかたんそ (二酸化炭素*) 166
にじ (虹) 95
にしゃたくいつ (二者択一*) 36
にせ(の) (偽(の)*) 25
にせもの (偽物) 25
〜にそって ((〜に)沿って) 98
〜にたえない ((〜に)堪えない) 210
にっこうとうしょうぐう (日光東照宮*) 60
につまる (煮詰まる*) 88
にぶい (鈍い) 94
にゅうさん (乳酸*) 166
にょう (尿) 110
にょうぼう (女房) 174
にる (煮る) 88
にわとり (鶏*) 92
にんじゃ (忍者*) 75
にんしんする (妊娠する) 112
にんたい (忍耐*) 75, 81

ぬ

ぬう (縫う) 95
ぬぐ (脱ぐ) 168
ぬま (沼) 176
ぬる (塗る) 92

ね

ねたむ (妬む) 206
ねっきょうてきな (熱狂的な*) 162
ねばり (粘り) 125
ねばりづよい (粘り強い*) 125
ねばる (粘る) 125
ねらい (狙い) 130
ねらう (狙う) 130
ねんがじょう (年賀状) 61
ねんかん (年鑑) 45
ねんしゅつする (捻出する*) 86
ねんせい (粘性*) 125

の

のう (脳) 105
のうこうそく (脳梗塞*) 112
のうにゅうする (納入する) 33
のせる (載せる) 30
のぞむ (臨む) 57
のど (喉) 110
ののしる (罵る) 199
のぼる (昇る) 174
のる (載る) 30
のろう (呪う*) 205

は

は (刃) 92
〜は (〜派) 67
はあくする (把握する) 55
はい (肺) 106
ばいう (梅雨) 194
ばいかいする (媒介する*) 181
はいきがす (排気ガス*) 176
はいきする (廃棄する) 30, 149
ばいきん (ばい菌) 155
はいく (俳句) 74
はいぐうしゃ (配偶者) 32
はいけい (拝啓) 118
はいしする (廃止する) 30
はいしゅつする (排出する*) 176
ばいしょうする (賠償する) 32
はいじょする (排除する) 176
ばいしんいん (陪審員*) 139
はいすいする (排水する) 176
はいせきする (排斥する*) 216
はいぜつする (廃絶する*) 30
ばいたい (媒体*) 181
はいはんちけん (廃藩置県*) 69
はいゆう (俳優) 74
ばいようする (培養する*) 167
はいりょする (配慮する) 50
はか (墓) 154
はかいする (破壊する) 174
はがす (剝がす) 93
はかせ (博士) 39, 43
はきけ (吐き気) 112

はきする（破棄する）149
はく（履く）36
はく（吐く）112
～はく（～拍*）87
はぐ（剥ぐ）93
はくがいする（迫害する）133
はくし（博士）39, 43
はくしゃをかける（拍車をかける*）87
はくしゅ（拍手）87
ばくぜんと（漠然と）174
ばくだん（爆弾）87
ばくふ（幕府*）68
はくぶつかん（博物館）39
はくりょく（迫力*）133
ばくろする（暴露する）116
はげしい（激しい）176
はげます（励ます）45
はげむ（励む）45
はけんする（派遣する）66
はし（端）83
はし（箸）87
はずむ（弾む）87
はた（旗）151
はだ（肌）104
はだか(の)（裸(の)）194
はだぎ（肌着）104
はだし（裸足）194
はたんする（破綻する*）143
はち（鉢）194
はちうえ（鉢植え*）194
はちみつ（蜂蜜）182
ばつ（罰）26
はつがする（発芽する）168
はっきする（発揮する）183
はっくつする（発掘する）168
はっこうする（発酵する*）167
ばっさいする（伐採する*）125
はっしゃする（発射する）57
ばっする（罰する）26
はつもうで（初詣*）74
はでな（派手な）67
はなす（離す）33
はなはだ（甚だ）219
はなはだしい（甚だしい）219
はなばなしい（華々しい）82
はなむこ（花婿*）117
はなやかな（華やかな）82
はなよめ（花嫁）117
はなれる（離れる）33
はねる（跳ねる）148
はばつ（派閥*）144
はばむ（阻む）216
はまべ（浜辺）63
はもの（刃物*）92
はら（腹）105
はらだち（腹立ち）105
はる（貼る）24
はれつする（破裂する）180
はれる（腫れる）110
はん（藩*）69
はん（班）157
はんい（範囲）127
はんえいする（繁栄する）169
はんきょう（反響）125
はんけい（半径）156
はんげきする（反撃する）183
はんこうする（反抗する）111
はんしゃする（反射する）57
はんじょうする（繁盛する）98, 169
はんしょくする（繁殖する）169
はんせん（帆船*）101
はんそで(の)（半袖(の)）192
はんぱな（半端な）83
はんよう(の)（汎用(の)*）186
はんようせい（汎用性*）186
はんらんする（氾濫する）124
ばんりのちょうじょう（万里の長城*）83

ひ

ひ（碑）100
ひがいもうそう（被害妄想*）207
ひかえしつ（控え室）137
ひかえる（控える）137
ひかげ（日陰）119
～ひき（～匹）182
ひきょうな（卑怯な）201
ひく（弾く）87
ひごろ（日頃）43
ひざ（膝）105
ひさんな（悲惨な）133
ひじ（肘）104
ひじゅんする（批准する*）39
ひしょ（秘書）55
びしょう（微笑）166
びせいぶつ（微生物*）166
ひそむ（潜む*）157
ひたす（浸す）193
ひつじ（羊*）95
ひつじゅひん（必需品）55
ひっす(の)（必須(の)*）36
ひってきする（匹敵する）182
ひとかげ（人影）24
ひとみ（瞳）201
ひなんする（避難する）50
ひにょうき（泌尿器*）110
ひねる（捻る）86
ひびき（響き）125
ひびく（響く）125
ひふ（皮膚）110
ひまな（暇な）33
ひみつ（秘密）55, 137
びみょうな（微妙な）166, 210
ひめ（姫*）80
ひめじじょう（姫路城*）80
ひめんする（罷免する*）142
ひやくてきな（飛躍的な*）219
ひゃっかじてん（百科事典）88
ひゆ（比喩*）163
ひょう（票）45
ひょう（～票）45
びょうしゃする（描写する）161
ひょうしょうする（表彰する*）149
ひょうしょうだい（表彰台*）149
ひょうちゃくする（漂着する*）68
びょうりかいぼうがく（病理解剖学*）189
ひよくな（肥沃な*）213
ひりょう（肥料）166
びりょう(の)（微量(の)）166
ひろうする（披露する）116
びん（瓶）194
びんかんな（敏感な）49
びんせん（便箋）111
びんづめ(の)（瓶詰(の)／瓶詰め(の)）194
ひんど（頻度*）174
ひんぱんな（頻繁な）169, 174
びんぼうな（貧乏な）216

ふ

ふうさする（封鎖する）69
ふうぞく（風俗）45
ふうちょう（風潮*）98
ふえ（笛）75
ふえる（殖える）169
ふきつな（不吉な）74
ふきゅうする（普及する）30
ふきん（布巾）87
ふく（拭く）86
ふくおかけん（福岡県*）61
ふくし（福祉）57
ふくしょうする（復唱する*）50
ふくめん（覆面）175
ふくらます（膨らます）218
ふくらむ（膨らむ）218
ふくれる（膨れる）218
ふけつな（不潔な）212

ふごう　（富豪）　82
ふさい　（負債）　56
ふさがる　（塞がる）　112
ふさぐ　（塞ぐ）　112
ふじ　（藤*）　67
ふしょうじ　（不祥事*）　131
ふしょうする　（負傷する）　31
ふしょくする　（腐食する*）　219
ぶじょくする　（侮辱する）　206, 207
ふじわらし　（藤原氏*）　67
ふしん　（不振）　44
ふしんな　（不審な）　24
ふぞく（の）　（附属（の）*）　37
ふそんな　（不遜な*）　198
ふた　（蓋）　88
ぶた　（豚*）　92
ふたご　（双子）　168
ぶたにく　（豚肉）　92
ふたば　（双葉*）　168
ふち　（縁）　192
ふっこうする　（復興する）　98
ふっしょくする　（払拭する*）　86
ぶっそうな　（物騒な）　193
ふっとうする　（沸騰する）　217
ふにんする　（赴任する）　150
ふはいする　（腐敗する）　219
ふへんてきな　（普遍的な）　83
ふほう　（訃報*）　162
ふまえる　（踏まえる）　132
ふみきり　（踏切）　132
ふみこむ　（踏み込む）　132
ふむ　（踏む）　132
ふやす　（殖やす）　169
ふようする　（扶養する）　157
ふり　（振り）　44
ふりこむ　（振り込む*）　44
ふりむく　（振り向く*）　44
ふりょうひん　（不良品*）　61
ふる　（振る）　44
ふるう　（振るう*）　44
ふろ　（風呂）　83
ふんいき　（雰囲気）　50
ふんがいする　（憤慨する）　206
ぶんかくんしょう　（文化勲章*）　145
ふんかする　（噴火する）　124
ふんきゅうする　（紛糾する*）　142
ぶんけん　（文献）　57
ふんしつする　（紛失する）　31
ふんしゅつする　（噴出する）　124
ふんすい　（噴水）　124
ぶんせきする　（分析する）　38
ふんそう　（紛争）　31
ふんとうする　（奮闘する）　150, 183
ぶんぴする　（分泌する*）　110
ぶんぴつする　（分泌する*）　110
ぶんぼうぐ　（文房具）　174
ぶんみゃく　（文脈）　54
ぶんりする　（分離する）　33
ぶんれつする　（分裂する）　180

へ

へい　（塀）　80
へいか　（陛下*）　145
へいがい　（弊害*）　154
へいさする　（閉鎖する）　69
へいたい　（兵隊）　136
へいていする　（閉廷する*）　139
へいぼんな　（平凡な）　211
へいようする　（併用する*）　156
へだたる　（隔たる）　139
へだてる　（隔てる）　139
べっそう　（別荘）　145
へび　（蛇*）　86
へり　（縁）　192
べんかいする　（弁解する）　43
へんかんする　（返還する）　69
べんぎ　（便宜）　132
へんきゃくする　（返却する）　27
へんけん　（偏見）　113
べんごし　（弁護士）　43
べんごする　（弁護する）　43
べんしょうする　（弁償する）　32
へんせんする　（変遷する）　67
べんとう　（弁当）　43
へんのうする　（返納する*）　33

ほ

ほ　（穂）　168
ぼうえいする　（防衛する）　57
ぼうえんきょう　（望遠鏡）　177
ほうが　（邦画*）　130
ほうかいする　（崩壊する）　174, 195
ぼうがいする　（妨害する）　138
ほうきする　（放棄する）　149
ぼうけん　（冒険）　188
ぼうさい　（防災*）　32
ほうさく　（方策）　49
ほうしする　（奉仕する）　69
ほうしゃせん　（放射線*）　57
ほうしゃのう　（放射能）　57
ほうしゅう　（報酬）　42
ほうじん　（邦人*）　130
ぼうだいな　（膨大な）　218
ほうちょう　（包丁）　116
ぼうちょうする　（傍聴する*）　139
ぼうちょうする　（膨張する）　218
ほうてい　（法廷）　139
ぼうとう　（冒頭）　188
ほうどうじん　（報道陣*）　143
ぼうとうちんじゅつ　（冒頭陳述*）　188
ほうび　（褒美）　94
ほうむる　（葬る）　116
ほうめい　（芳名*）　116
ほうりゅうじ　（法隆寺*）　81
ほうわする　（飽和する）　199
ほお　（頬）　104
ほかくする　（捕獲する）　176
ほがらかな　（朗らかな）　200
ぼき　（簿記*）　39
ぼく　（僕）　98
ぼくし　（牧師）　93
ぼくじょう　（牧場）　93
ぼくちく　（牧畜）　93, 166
ぼくめつする　（撲滅する*）　74
ほげい　（捕鯨）　95
ほごする　（保護する）　43
ほこり　（誇り）　206
ほこる　（誇る）　206
ほころびる　（綻びる）　143
ほじゅうする　（補充する）　154
ほしょうする　（保証する）　24
ほしょうする　（補償する）　32
ほしょうする　（保障する）　45
ほそうする　（舗装する）　55
ほたる　（蛍*）　88
ぼち　（墓地）　154
ぼっしゅうする　（没収する）　26
ほどこす　（施す）　30
ほにゅうるい　（哺乳類*）　180
ほのお　（炎）　127
ほほ　（頬）　104
ほめる　（褒める）　94
ほり　（堀）　80
ほる　（彫る）　82
ほる　（掘る）　168
ほろびる　（滅びる）　68
ほろぼす　（滅ぼす）　68
ぼん　（盆）　99
ほんそうする　（奔走する*）　218
ほんだな　（本棚）　192
ぼんち　（盆地）　99
ほんぽう　（本邦*）　130
ほんやくする　（翻訳する）　42

ま

まいそうする　（埋葬する*）　116

まかなう (賄う) 132
まぎらわしい (紛らわしい) 31
まぎれる (紛れる) 31
まく (幕) 68
まく (膜) 175
まくら (枕) 67
まくらのそうし (『枕草子』*) 67
まことに (誠に) 118
まさつ (摩擦) 144
ますい (麻酔) 24, 110
また (又) 31
また (股) 105
または (又は) 31
まち (街) 192
まちかど (街角) 192
まつ (松) 160
まっちゃ (抹茶*) 76
まつばやし (松林*) 160
まどわす (惑わす*) 213
まぬがれる (免れる) 138
まぼろし (幻*) 150
まめ (豆) 167
まもうする (摩耗する*) 212
まやく (麻薬*) 24
まゆ (眉) 104
まんが (漫画) 77
まんせい(の) (慢性(の)) 100
まんちょう (満潮*) 98

み

みき (幹) 48
みさき (岬) 100
みじめな (惨めな) 133
みじゅくな (未熟な) 169
みすい(の) (未遂(の)*) 151
みすえる (見据える*) 217
みせられる (魅せられる*) 161
みぞ (溝) 177
みそしる (味噌汁) 193
みちばた (道端) 83
みつ (蜜) 181
みっしゅうする (密集する) 137
みっせつな (密接な) 137
みつど (密度) 137
みつばち (蜜蜂*) 182
みなもと (源) 67
みにくい (醜い) 94
みね (峰) 101
みやぎけん (宮城県*) 60
みゃく (脈) 54
みやざきけん (宮崎県*) 60, 62
みょうな (妙な) 210
みりょく (魅力) 161
みる (診る) 33
みんぞく (民俗) 45
みんよう (民謡) 76

む

むこ (婿) 117
むしする (無視する) 113
むじゃきな (無邪気な) 194
むじゅんする (矛盾する) 186, 187
むしょう(の) (無償(の)*) 32
むだづかい (無駄遣い) 66, 212
むだな (無駄な) 212
むとんちゃくな (無頓着な*) 89
むね (旨*) 31
むらさき(の) (紫(の)) 67
むらさきしきぶ (紫式部*) 67

め

め (芽) 168
めいじいしん (明治維新*) 48
めいしょう (名称) 42
めいふく (冥福*) 118
めいぼ (名簿) 39
めいよ (名誉) 176
めいりょうな (明瞭な) 212
めいろうな (明朗な) 200
めいわくな (迷惑な) 213
めがね (眼鏡) 106, 177
めぐる (巡る) 195
めす(の) (雌(の)) 182
めつぼうする (滅亡する) 68
めもり (目盛り) 98
めん (麺*) 94
めんえき (免疫*) 26
めんきょ (免許) 138
めんじょする (免除する) 138
めんぜい (免税) 138
めんるい (麺類*) 94

も

も (喪) 117
~もう (~網) 154
もうい (猛威*) 155
もうしょ (猛暑*) 155
もうそう (妄想*) 207
もうてん (盲点) 189
もうもくてきな (盲目的な*) 189
もうれつな (猛烈な) 155, 210
もぎ(の) (模擬(の)*) 163
もぐる (潜る) 157
もけい (模型) 126
もさくする (模索する) 49, 126
もち (餅) 151
もちゅう (喪中*) 117
もはん (模範) 127
もふく (喪服) 117
もほうする (模倣する) 126, 216
もも (桃*) 68
もよう (模様) 126
もよおし (催し) 51
もよおす (催す) 51
もらす (漏らす) 49
もりあがる (盛り上がる) 98
もる (漏る) 49
もれる (漏れる) 49
もんく (文句) 74
もんしんひょう (問診票*) 33

や

や (矢) 93
やく (訳) 42
やしき (屋敷) 27
やしなう (養う) 37
やじるし (矢印) 93
やせる (痩せる) 56
やっかいな (厄介な) 211
やっきになる (躍起になる*) 219
やなぎ (柳*) 163
やますそ (山裾*) 99
やまなしけん (山梨県*) 60
やよいじだい (弥生時代*) 66
やりとげる (やり遂げる) 151

ゆ

ゆいいつ(の) (唯一(の)) 83
ゆういんする (誘引する*) 183
ゆううつな (憂鬱な) 113, 204
ゆうえきな (有益な) 48
ゆうかいする (誘拐する*) 130
ゆうがな (優雅な*) 211
ゆうかんな (勇敢な) 200
ゆうぎ (遊戯*) 163
ゆうしする (融資する) 48
ゆうしゅうな (優秀な) 44
ゆうずうがきかない (融通が利かない) 48
ゆうどうする (誘導する) 183
ゆうぼく (遊牧) 93
ゆうゆうと (悠々と) 198
ゆうよする (猶予する*) 138
ゆうれい (幽霊) 75
ゆうれつ (優劣*) 150
ゆうわくする (誘惑する) 183, 213
ゆかいな (愉快な) 204

ゆかしたしんすいする (床下浸水する*) 193
ゆずる (譲る) 94
ゆみ (弓) 75
ゆらぐ (揺らぐ) 82
ゆるい (緩い) 177
ゆるむ (緩む) 177
ゆるやかな (緩やかな) 177
ゆれ (揺れ*) 82
ゆれる (揺れる) 82

よ

よい (良い) 61
よいん (余韻*) 163
よう (酔う) 110
ようかい (妖怪*) 80
ようこう (要項*) 36
ようごする (擁護する*) 148
ようし (要旨) 31
ようしゃする (容赦する*) 219
ようせいする (要請する) 32
ようそ (要素) 166
ようちえん (幼稚園) 38
ようちな (幼稚な) 38
ようなし (洋梨*) 60
ようぶん (養分) 37
ようもう (羊毛) 95
ようらん (要覧*) 186
よか (余暇) 33
よきょう (余興) 98
よくあつする (抑圧する) 183
よくせいする (抑制する) 183
よこじく (横軸) 193
よこづな (横綱) 150
よこはまし (横浜市*) 63
よっぱらい (酔っ払い) 110
よむ (詠む*) 74
よめ (嫁) 117
よゆう (余裕) 154

ら

らいう (雷雨*) 125
らいひん (来賓*) 145
らくのう (酪農) 155
らちする (拉致する*) 133
らん (欄) 36
らんかん (欄干*) 36
らんそう (卵巣*) 182

り

りえき (利益) 48
りくつ (理屈) 162
りこてきな (利己的な*) 189
りこんする (離婚する) 33
りしゅうする (履修する*) 36
りじゅん (利潤) 217
りっぱな (立派な) 67
りふじんな (理不尽な*) 82
りゃくだつする (略奪する) 132
りゅうさん (硫酸*) 213
りょう (寮) 27
りょうしつ (良質) 61
りょうじゅう (猟銃*) 25
りょうしん (良心) 61
りれき (履歴) 36
りんかく (輪郭*) 80
りんきおうへんに (臨機応変に*) 57
りんじ(の) (臨時(の)) 57
りんしょう(の) (臨床(の)*) 57
りんぱせん (リンパ腺*) 107
りんり (倫理*) 37

る

るい (塁*) 151
るいせきあかじ (累積赤字*) 143
るいせきする (累積する*) 143

れ

れいぎ (礼儀) 51
れいきゃくする (冷却する*) 27
れいこくな (冷酷な) 210
れいたんな (冷淡な) 63
れいぼう (冷房) 174
れっかする (劣化する*) 150
れっとうかん (劣等感*) 150
れんさ (連鎖*) 69
れんぱする (連覇する*) 63
れんぽう (連邦) 130
れんめい (連盟) 143

ろ

ろうか (廊下) 81
ろうきゅうかする (老朽化する*) 218
ろうすい (老衰) 82
ろうどくする (朗読する) 200
ろうひする (浪費する) 218
ろこつな (露骨な) 116

わ

わいろ (賄賂*) 132
わが (我が) 83
わき (脇) 104
わく (枠) 189
わく (湧く) 205
～わく (～枠*) 189
わくせい (惑星) 213
わけ (訳) 42
わずかな (僅かな) 219
わずらわしい (煩わしい) 204
われ (我) 83
われわれ (我々) 83

別冊

解答

Answers

❶ 初級・中級で学習した漢字の中級での読み方

練習 P. 19～20

1 春分の日（しゅんぶんのひ）
秋分の日（しゅうぶんのひ）
2 昆虫（こんちゅう） 群がって（むらがって）
3 預金（よきん） 残高（ざんだか）
4 裸足（はだし） 芝生（しばふ）
5 最寄り（もより） 耳鼻科（じびか）
6 建立（こんりゅう） 境内（けいだい）
7 姫路城（ひめじじょう） 築いた（きずいた）
8 手際（てぎわ） 済ました（すました）
9 風邪（かぜ） 小児科（しょうにか）
10 受かった（うかった） 若干（じゃっかん）
11 多忙（たぼう） 省みる（かえりみる）
12 専ら（もっぱら） 仏像（ぶつぞう）
13 体裁（ていさい） 整えました（ととのえました）
14 過ち（あやまち） 背景（はいけい）
15 球根（きゅうこん） 植わって（うわって）
16 富（とみ） 独占（どくせん）
17 革命（かくめい） 乱れた（みだれた）
18 発足（ほっそく） 取材（しゅざい）
19 速やか（すみやか） 願書（がんしょ）
20 経て（へて） 逃れた（のがれた）
21 合唱（がっしょう） 吹奏楽（すいそうがく）
親しむ（したしむ）
22 本音（ほんね） 明かした（あかした）
23 器（うつわ） 類似（るいじ）
24 田舎（いなか） 水田（すいでん）
25 捜査（そうさ） 詳細（しょうさい）
26 燃料（ねんりょう） 営んで（いとなんで）
27 一切（いっさい） 任す（まかす）
28 統一（とういつ） 歩んだ（あゆんだ）
記されて（しるされて）
29 渓谷（けいこく） 探険（たんけん）
30 賢明（けんめい） 保守的（ほしゅてき）
31 来る（きたる） 神殿（しんでん）
32 病んで（やんで） 図った（はかった）
33 粉末（ふんまつ） 熱湯（ねっとう）
34 見計らって（みはからって） 試みた（こころみた）
35 衣装（いしょう） 喜劇（きげき） 舞台（ぶたい）

❷ 上級漢字 1000

1課 練習 P. 28

問題1

（1）
①形態（けいたい） ②宿舎（しゅくしゃ）
③寮（りょう） ④抽選（ちゅうせん）

（2）
⑤礼金（れいきん） ⑥家主（やぬし）
⑦謝礼（しゃれい） ⑧敷金（しききん）
⑨契約（けいやく） ⑩解約（かいやく）
⑪修理代（しゅうりだい） ⑫返却（へんきゃく）
⑬仲介斡旋料（ちゅうかいあっせんりょう）
⑭詳しい（くわしい） ⑮情報誌（じょうほうし）
⑯探す（さがす）

問題2

①はる→貼る ②とる→撮る
③にせ→偽 ④ひとかげ→人影
⑤あさ→麻 ⑥かたな→刀
⑦おかす→侵す ⑧ばつ→罰

2課 練習 P. 34

問題1

（1）
①誕生日（たんじょうび） ②申請（しんせい）
③最寄り（もより） ④国籍（こくせき）
⑤所属（しょぞく） ⑥配偶者（はいぐうしゃ）
⑦離婚（りこん） ⑧休暇（きゅうか）
⑨離れる（はなれる）

（2）
⑩診療費（しんりょうひ） ⑪但し（ただし）
⑫提示（ていじ） ⑬一旦（いったん）
⑭返納（へんのう）

問題2

①こんいん→婚姻 ②のせる→載せる
③とどこおる→滞る ④おさめる→納める
⑤たずさわる→携わる ⑥まぎらわしい→紛らわしい
⑦つぐなう→償う ⑧すたれる→廃れる

3課 練習 P. 40

問題1

①附属図書館（**ふぞくとしょかん**）
②附属幼稚園（**ふぞくようちえん**）
③分析センター（**ぶんせき**センター）
④情報基盤センター（**じょうほうきばん**センター）
⑤創造工学センター（**そうぞうこうがく**センター）
⑥理学系総合研究棟（**りがくけいそうごうけんきゅうとう**）

問題2

①支援（**しえん**）
②購入（**こうにゅう**）　提示（**ていじ**）
③専攻（**せんこう**）　聴講（**ちょうこう**）
④准教授（**じゅんきょうじゅ**）
⑤締め切り（**しめきり**）　掲示板（**けいじばん**）
⑥所属（**しょぞく**）　及び（**および**）　名簿（**めいぼ**）
⑦携帯電話（**けいたいでんわ**）　聴けます（**き**けます）

問題3

①はく→**履く**　②やしなう→**養う**
③けずる→**削る**　④せめる→**攻める**
⑤とりしまる→**取り締まる**　⑥かかげる→**掲げる**
⑦はくし→**博士**

4課 練習 P. 46

問題1

（1）
①頃（**ごろ**）
②ふりこまれます→**振り込まれます**
③つうちょう→**通帳**　④優秀（**ゆうしゅう**）
⑤虚偽（**きょぎ**）　⑥記載事項（**きさいじこう**）
⑦誓約事項（**せいやくじこう**）
⑧懲戒処分（**ちょうかいしょぶん**）

（2）
⑨奨励費（**しょうれいひ**）　⑩登録票（**とうろくひょう**）
⑪推薦（**すいせん**）　⑫印鑑（**いんかん**）
⑬障害（**しょうがい**）　⑭風俗（**ふうぞく**）

問題2

①はげむ→**励む**　②ちかう→**誓う**
③したがう→**従う**　④かせぐ→**稼ぐ**
⑤いいわけ→**言い訳**　⑥きかざった→**着飾った**
⑦けんじつな→**堅実な**　⑧ふる→**振る**
⑨こりない→**懲りない**　⑩さわる→**障る**

5課 練習 P. 52

問題1

（1）
①対策（**たいさく**）　②検索（**けんさく**）
③消去法（**しょうきょほう**）④選択肢（**せんたくし**）
⑤足し算（**たしざん**）

（2）
⑥漏れ（**もれ**）　⑦せんぱい→**先輩**
⑧配慮（**はいりょ**）　⑨さける→**避ける**
⑩復唱（**ふくしょう**）　⑪雰囲気（**ふんいき**）
⑫待遇（**たいぐう**）　⑬厳禁（**げんきん**）
⑭開催（**かいさい**）　⑮あいさつ→**挨拶**
⑯礼儀（**れいぎ**）　⑰組織（**そしき**）
⑱意思疎通（**いしそつう**）

問題2

①いじ→**維持**　②きびしい→**厳しい**
③もよおす→**催す**　④おごそかな→**厳かな**
⑤となえる→**唱える**　⑥おる→**織る**
⑦つく→**就く**　⑧みき→**幹**
⑨かおる→**薫る**　⑩いっち→**一致**

6課 練習 P. 58

問題1

①金融（**きんゆう**）　②為替（**かわせ**）
③債券（**さいけん**）　④株価（**かぶか**）
⑤把握（**はあく**）　⑥顧客（**こきゃく**）
⑦融資（**ゆうし**）　⑧統計学（**とうけいがく**）
⑨維持（**いじ**）　⑩掛け金（**かけきん**）
⑪患者（**かんじゃ**）　⑫衛生（**えいせい**）
⑬疾病（**しっぺい**）　⑭臨床（**りんしょう**）
⑮放射線（**ほうしゃせん**）⑯福祉（**ふくし**）
⑰介護（**かいご**）　⑱献立（**こんだて**）
⑲託児所（**たくじしょ**）　⑳塾（**じゅく**）
㉑翻訳（**ほんやく**）　㉒意思疎通（**いしそつう**）

問題2

①こもん→**顧問**　②りんしょう→**臨床**
③うながす→**促す**　④すべる→**滑る**
⑤かえりみる→**省みる**　⑥のぞむ→**臨む**
⑦いた→**射た**　⑧にぎる→**握る**
⑨すでに→**既に**　⑩やせ→**痩せ**

7課 練習 P. 64

問題1

①湖（みずうみ） 滋賀県（しがけん）
茨城県（いばらきけん） 霞ヶ浦（かすみがうら）
②静岡県（しずおかけん） 山梨県（やまなしけん）
富士山（ふじさん）
③くま→熊 しか→鹿
④青森（あおもり） 長野（ながの） 愛媛（えひめ）
和歌山（わかやま） 山形（やまがた） 栃木（とちぎ）
岡山（おかやま）
⑤埼玉県（さいたまけん） 岐阜県（ぎふけん）
記録（きろく）
⑥新潟県（にいがたけん）
⑦宮城県（みやぎけん） 仙台市（せんだいし）
みどり→緑
⑧神奈川県（かながわけん） 横浜市（よこはまし）
⑨神社（じんじゃ） つれて→連れて いのる→祈る
おみや→お宮 習慣（しゅうかん）
⑩島根県（しまねけん） なわ→縄
印象的（いんしょうてき）
⑪三重県（みえけん） 近畿地方（きんきちほう）
⑫淡路島（あわじしま）
⑬鹿児島県（かごしまけん）
⑭沖縄県（おきなわけん） 県庁（けんちょう）
那覇市（なはし）
⑮徳島（とくしま） 香川（かがわ） 高知（こうち）

問題2

①はまべ→浜辺 ②なし→梨
③たんすい→淡水 ④おき→沖
⑤しゅくがかい→祝賀会 ⑥よい→良い
⑦ふりょうひん→不良品 ⑧きゅうでん→宮殿

8課 練習 P. 70

問題1

①長崎（ながさき） 鎖国（さこく） 貿易（ぼうえき）
拠点（きょてん）
②弥生（やよい）
③還元（かんげん） 開催（かいさい）
④はでな→派手な
⑤予算（よさん） ざいげん→財源
⑥古墳（こふん）
⑦えど→江戸 幕府（ばくふ）
⑧帝国（ていこく）
⑨昭和（しょうわ）
⑩鎌倉（かまくら） あそび→遊び

問題2

①日本語の起源について調べる。（きげん）
②レポートを清書して提出（ていしゅつ）してください。（せいしょ）
③冷蔵庫に肉や野菜（やさい）を入れる。（れいぞうこ）
④駅員は制服を着ています。（せいふく）
⑤藩を廃止（はいし）して都道府県（とどうふけん）とする。（はん）

問題3

①ほろびる→滅びる ②ただよう→漂う
③まくら→枕 ④くさり→鎖
⑤もも→桃 ⑥いね→稲
⑦むらさき→紫 ふじ→藤

まとめ問題・1 P. 71～72

1 ひょうげん→表現
単刀直入（たんとうちょくにゅう）
2 美術（びじゅつ） せんもん→専門
教育（きょういく） 施す（ほどこす）
もくてき→目的 設立（せつりつ）
3 大統領（だいとうりょう） 批准（ひじゅん）
しょめい→署名
4 韓国（かんこく） 共稼ぎ（ともかせぎ）
かてい→家庭
5 祝日（しゅくじつ） 揚げる（あげる）
6 疎外（そがい） 人間関係（にんげんかんけい）
びんかん→敏感
7 握手（あくしゅ） （お）じぎ→（お）辞儀
8 倉庫（そうこ） 証拠（しょうこ） しょるい→書類
9 えいきょう→影響 抽象的（ちゅうしょうてき）
りかい→理解
10 廃棄（はいき） しょり→処理 施設（しせつ）
けんせつ→建設 しんせい→申請
11 平和条約（へいわじょうやく） 締結（ていけつ）
前提（ぜんてい）
12 にゅういん→入院 看護師（かんごし）
はげまして→励まして
13 厳重（げんじゅう） 警戒（けいかい）
投票（とうひょう） おこなわれた→行われた
14 じぶん→自分 葛藤（かっとう） くるしむ→苦しむ
15 新潟（にいがた） 佐渡（さど）
16 痩せない（やせない） えいよう→栄養
摂取（せっしゅ）
17 状態（じょうたい） 脱却（だっきゃく）
しんけん→真剣
18 瀬戸内海（せとないかい） きこう→気候
温暖（おんだん）

19 がいりゃく→**概略** 独創的（**どくそうてき**）
20 音楽鑑賞（**おんがくかんしょう**） 優秀（**ゆうしゅう**）
21 行儀（**ぎょうぎ**） よい→**良い** 厳しく（**きびしく**）
22 統一（**とういつ**） ほろぼし→**滅ぼし**
築いた（**きずいた**）
23 提案（**ていあん**） なっとく→**納得**
24 無駄遣い（**むだづかい**） 財布（**さいふ**）
25 しんにゅう→**侵入**
健康保険証（**けんこうほけんしょう**）
26 携帯電話（**けいたいでんわ**） ふきゅう→**普及**
へんか→**変化**
27 遭難者（**そうなんしゃ**） 救助（**きゅうじょ**）
きんちょう→**緊張**
28 手帳（**てちょう**） 箇条書き（**かじょうがき**）
29 新幹線（**しんかんせん**） 込んで（**こんで**）
収益（**しゅうえき**）
30 株式市場（**かぶしきしじょう**） かんけい→**関係**
統計（**とうけい**） 載って（**のって**） 論文（**ろんぶん**）
参考（**さんこう**） ぶんけん→**文献**
31 挨拶（**あいさつ**） すます→**済ます**
ふえて→**増えて** 年賀状（**ねんがじょう**）
へって→**減って**
32 沖縄（**おきなわ**） 返還（**へんかん**）
33 銃（**じゅう**） ぬすまれた→**盗まれた**
事件（**じけん**） 詳細（**しょうさい**）
34 授業料（**じゅぎょうりょう**） 滞納（**たいのう**）
じょせき→**除籍**
35 視聴者（**しちょうしゃ**） 応援（**おうえん**）
とどいた→**届いた**
36 儀式（**ぎしき**） のぞむ→**臨む** 厳か（**おごそか**）
雰囲気（**ふんいき**） 漂って（**ただよって**）

9課 練習 P. 78

問題1

①元旦（**がんたん**） 初詣（**はつもうで**）
②碁（**ご**） 将棋（**しょうぎ**）
③べんきょう→**勉強** 弓（**ゆみ**）
④笛（**ふえ**） ふきます→**吹きます**
⑤陶芸（**とうげい**）
⑥息子（**むすこ**） 怪獣（**かいじゅう**） 夢中（**むちゅう**）
⑦相撲（**すもう**） 土俵（**どひょう**） ころがり→**転がり**
⑧忍者（**にんじゃ**） 衣装（**いしょう**）
とりました→**撮りました**
⑨漆器（**しっき**） 和菓子（**わがし**）
⑩お土産（**おみやげ**） 扇子（**せんす**）
⑪お化け（**おばけ**） 幽霊（**ゆうれい**）
ちがいます→**違います**
⑫むすめ→**娘** おどり→**踊り** 師匠（**ししょう**）
おおぜい→**大勢** 弟子（**でし**）

問題2

①鬼（**おに**） ②不吉（**ふきつ**）
③琴（**こと**） ④鐘（**かね**）
⑤怪しい（**あやしい**） ⑥鼓（**つづみ**）

問題3

①かぶき→**歌舞伎** ②はいく→**俳句**
③たいこ→**太鼓** ④まんが→**漫画**
⑤かようきょく→**歌謡曲** ⑥さむらい→**侍**
⑦まっちゃ→**抹茶** ⑧ちょうだい→**頂戴**

10課 練習 P. 84

問題1

①姫路城（**ひめじじょう**） 法隆寺（**ほうりゅうじ**）
世界文化遺産（**せかいぶんかいさん**）
とうろく→**登録**
②建築物（**けんちくぶつ**） 遺跡（**いせき**）
複合（**ふくごう**）
③れきし→**歴史** 普遍的（**ふへんてき**） 価値（**かち**）
④きゅうでん→**宮殿** 万里（**ばんり**）
長城（**ちょうじょう**）
⑤唯一（**ゆいいつ**）
⑥わがくに→**我が国**
⑦とう→**塔** 堅く（**かたく**） ゆれ→**揺れ**
吸収（**きゅうしゅう**）
⑧剛（**ごう**） 構造（**こうぞう**）
⑨でんとう→**伝統** 最先端（**さいせんたん**）
ぎじゅつ→**技術**
⑩ふろ→**風呂**

問題2

①途端（**とたん**） ②天井（**てんじょう**）
③さくら→**桜** ④ろうか→**廊下**
⑤がまん→**我慢** ⑥さる→**猿**

問題3

①はなやかな→**華やかな** ②つきる→**尽きる**
③おとろえる→**衰える** ④ほる→**彫る**
⑤たえる→**耐える** ⑥つくす→**尽くす**
⑦ゆらぐ→**揺らぐ** ⑧ながめる→**眺める**

11課 練習 P. 90

問題1

①なまり→鉛　金属（きんぞく）
②蛍（ほたる）
③鉛筆（えんぴつ）　芯（しん）　おれる→折れる
④印鑑（いんかん）　朱肉（しゅにく）
⑤さめない→冷めない　鍋（なべ）　蓋（ふた）
⑥炊事（すいじ）　せんたく→洗濯　そうじ→掃除
⑦傘（かさ）　ふられる→降られる　鍵（かぎ）
⑧結晶（けっしょう）
⑨壁（かべ）　へび→蛇　掛けて（かけて）
⑩書斎（しょさい）　百科事典（ひゃっかじてん）
　せんもん→専門　ならび→並び　整頓（せいとん）
⑪椅子（いす）
⑫花壇（かだん）　ひよう→費用　捻出（ねんしゅつ）

問題2

①水を1杯（いっぱい）ください。
②椅子（いす）が2脚（にきゃく）足（た）りません。
③箸（はし）は何膳（なんぜん）要（い）りますか。
④1坪（ひとつぼ）は畳（たたみ）2枚分（まいぶん）の広さだ。
⑤この曲（きょく）は1拍（いっぱく）目を強く弾（ひ）いてください。

問題3

①ふく→拭く　②たく→炊く
③はずむ→弾む　④しぼる→絞る
⑤にる→煮る　⑥ひく→弾く

12課 導入部（どうにゅうぶ） P. 91

				aみ	①に	く	い			②か		③ぬ	
bに	④ぶ	い			わ					cめ	ん	る	い
	た				と				⑤か				
				dと	り	⑥あ	つ	か	い				
						わ			ぞ		⑦と		
									eく	⑧じ	ら		
			⑨は							ょ			
			fが	ん	⑩ぐ		gさ	⑪い	ほ	う			
			す		ち			っ		だ			
								し		ん			
	⑫や					⑬ゆ		ょ					
hに	じ		⑭ゆ		iよ	う	も	う					⑮ほ
	る		ず			ぼ		び		⑯jす	ん	ぽ	う
	kし	⑰か	る			く		ん		ず			び

12課 練習 P. 96

問題1

①あつかい→扱い
②捕鯨（ほげい）　議論（ぎろん）
③不自由（ふじゆう）　ゆずり→譲り
④麺類（めんるい）
⑤祖母（そぼ）　裁縫（さいほう）
⑥縦（たて）　よこ→横　証明書用（しょうめいしょよう）
　とる→撮る
⑦おろかな→愚かな　行為（こうい）
　語った（かたった）
⑧ぼくじょう→牧場　うし→牛　うま→馬
　ひつじ→羊　ぶた→豚　にわとり→鶏
⑨夫（おっと）　がんぐ→玩具　企画（きかく）
　従事（じゅうじ）
⑩多少（たしょう）　譲歩（じょうほ）
⑪みにくい→醜い　あらそい→争い
⑫じょうだん→冗談　しかられた→叱られた

問題2

①ぞうきん→雑巾　ぬう→縫う
②ねこ→猫　すず→鈴
③操縦（そうじゅう）
④壁（かべ）　ぬる→塗る
⑤あわ→泡
⑥かめ→亀
⑦剥がす（はがす）
⑧とら→虎　するどい→鋭い
⑨ゆみ→弓　や→矢　かたな→刀
⑩にじ→虹
⑪か→蚊
⑫愚痴（ぐち）

13課 練習 P. 102

問題1

①海峡（かいきょう）　②淡路島（あわじしま）
③軍艦（ぐんかん）　④至った（いたった）
⑤慢性（まんせい）　⑥船舶（せんぱく）
⑦撤退（てったい）　⑧岬（みさき）
⑨峠（とうげ）　⑩丘陵（きゅうりょう）
⑪峰（みね）　⑫岳（だけ）
⑬渓谷（けいこく）　⑭郡（ぐん）
⑮起伏（きふく）

問題2

①きしゃ→汽車　②てっきょ→撤去
③ぼく→僕　④ちょうきょり→長距離

⑤じまん→自慢　⑥けいい→経緯
⑦はんせん→帆船

問題3
①ぼん→盆　こきょう→故郷
②あおぐ→仰ぐ
③そって→沿って
④しきゅう→至急　れんらく→連絡
⑤つり→釣り
⑥もりあがる→盛り上がる

14課 練習　P. 108

問題1
①脇（わき）　せん→腺
②顎（あご）
③骨髄（こつずい）
④眼鏡（めがね）
⑤とまる→泊まる　中腹（ちゅうふく）
⑥膝（ひざ）　保護（ほご）
⑦はだ→肌　ふせぎます→防ぎます
⑧つめ→爪　伸びて（のびて）
⑨股（また）
⑩した→舌
⑪首脳（しゅのう）
⑫はい→肺　呼吸（こきゅう）
⑬唾（つば）
⑭しぼう→脂肪　筋肉（きんにく）
⑮胃（い）　ちょう→腸　整える（ととのえる）
⑯だいたんな→大胆な
⑰蛇（へび）　胴（どう）
⑱はらだち→腹立ち　おちついて→落ち着いて
⑲しり→尻
⑳面接（めんせつ）　しんぞう→心臓

問題2
①こう→甲　②まゆ→眉
③せきつい→脊椎　④なやむ→悩む
⑤かしこい→賢い　⑥あせ→汗
⑦頬（ほお）　⑧肘（ひじ）
⑨唇（くちびる）　⑩筋（すじ）

15課 練習　P. 114

問題1
①症状（しょうじょう）　②下痢（げり）
③吐き気（はきけ）　④睡眠（すいみん）
⑤糖尿（とうにょう）　⑥心臓（しんぞう）
⑦腎臓（じんぞう）　⑧肝臓（かんぞう）
⑨疾患（しっかん）　⑩脳梗塞（のうこうそく）
⑪胃潰瘍（いかいよう）　⑫妊娠（にんしん）

問題2
①眼科（がんか）　視力検査（しりょくけんさ）
②亀（かめ）　皮膚（ひふ）　肺（はい）
③鬱病（うつびょう）　受診（じゅしん）
④喉（のど）　かわく→渇く
⑤過剰（かじょう）　摂取（せっしゅ）　尿（にょう）
⑥えいよう→栄養　偏らない（かたよらない）
⑦処方箋（しょほうせん）
⑧胎児（たいじ）
⑨矯正（きょうせい）
⑩酔い（よい）　きく→効く

16課 練習　P. 120

問題1
①拝啓（はいけい）　②ご丁寧（ごていねい）
③誠に（まことに）　④ご無沙汰（ごぶさた）
⑤お陰さま（おかげさま）　⑥喪中（もちゅう）
⑦挨拶（あいさつ）
⑧致しました（いたしました）
⑨賜りました（たまわりました）

問題2
①つつしんで→謹んで　おくやみ→お悔やみ
②一周忌（いっしゅうき）　親戚（しんせき）
③平均（へいきん）　じゅみょう→寿命
④陰気（いんき）　笑顔（えがお）
⑤誠実（せいじつ）　疑問（ぎもん）
⑥しっぱい→失敗　喪失（そうしつ）
⑦慶弔休暇（けいちょうきゅうか）

まとめ問題・2　P. 121 ～ 122

1　背後（はいご）　忍び寄って（しのびよって）
怪物（かいぶつ）
2　殊に（ことに）　さくら→桜
3　ほしゅてきな→保守的な　払拭（ふっしょく）
4　包丁（ほうちょう）　刃（は）　とぐ→研ぐ
5　目盛り（めもり）　つりあって→釣り合って
6　検査（けんさ）　脊髄（せきずい）
傷つける（きずつける）　しんぱい→心配
7　むし→無視　憂鬱（ゆううつ）
8　ひみつ→秘密　暴露（ばくろ）
怖かった（こわかった）
9　もんく→文句　忍耐（にんたい）
取り組もう（とりくもう）

10 理不尽（りふじん） あつかい→扱い うけて→受けて 辞職（じしょく）

11 車椅子（くるまいす） 強いられた（しいられた）

12 地震（じしん） ゆれ→揺れ 壁（かべ） たて→縦 亀裂（きれつ）

13 つり→釣り 干潮（かんちょう） 満潮（まんちょう） 時刻（じこく）

14 足の甲（あしのこう） 靴（くつ） あわない→合わない

15 差別（さべつ） 原因（げんいん） 偏見（へんけん） 抗議（こうぎ）

16 げんりょう→原料 値上がり（ねあがり） 価格（かかく） 転嫁（てんか）

17 用紙（ようし） 句読点（くとうてん）

18 遺族（いぞく） かなしみ→悲しみ 耐える（たえる）

19 周り（まわり） 評価（ひょうか） 無頓着（むとんちゃく）

20 あに→兄 こうじょう→工場 塗装（とそう）

21 夏至（げし） 頃（ごろ） 冬至（とうじ）

22 従来（じゅうらい） 樹脂（じゅし） 違った（ちがった） 研究（けんきゅう） はげんで→励んで

23 我が国（わがくに） けいざい→経済 物価（ぶっか） 下がり（さがり） 景気（けいき） 悪化（あっか） 悪循環（あくじゅんかん）

24 俳優（はいゆう） 滑稽（こっけい） やく→役 演じる（えんじる） じょうずだ→上手だ

25 郷里（きょうり） 集中豪雨（しゅうちゅうごうう） 見舞われた（みまわれた）

26 候補者（こうほしゃ） しぼりこんだ→絞り込んだ

27 北海道（ほっかいどう） 牧畜（ぼくちく） さかんだ→盛んだ 牛乳（ぎゅうにゅう）

28 離婚（りこん） けいい→経緯

29 大筋（おおすじ） 合意（ごうい） 肝心（かんじん） きまって→決まって

30 おや→親 慶弔休暇（けいちょうきゅうか） 規定（きてい） かくにん→確認

31 伝統（でんとう） 亀（かめ） 絵（え） 便箋（びんせん） れい→礼

32 顧客（こきゃく） へんか→変化 企業（きぎょう） 淘汰（とうた）

33 病（びょう） 撲滅（ぼくめつ） 期間（きかん） ひつようだ→必要だ

34 跡継ぎ（あとつぎ） 皆（みな） 動揺（どうよう）

35 煮詰めて（につめて） 材料（ざいりょう） くわえます→加えます

36 社長（しゃちょう） きびしく→厳しく 叱責（しっせき） 以来（いらい） 対する（たいする） 意欲（いよく） うしなって→失って

37 丘（おか） たおれそう→倒れそう 撤去（てっきょ）

38 以前（いぜん） 比べ（くらべ） 臓器移植（ぞうきいしょく） 盛ん（さかん） 実際（じっさい） 手術（しゅじゅつ） おこなわれて→行われて

17課 練習 P. 128

問題1

①貴重品（きちょうひん）
②預金通帳（よきんつうちょう）
③印鑑（いんかん）
④懐中電灯（かいちゅうでんとう）
⑤日頃（ひごろ） ⑥避難（ひなん）
⑦崖（がけ） ⑧大規模（だいきぼ）
⑨親戚（しんせき） ⑩契約（けいやく）

問題2

①津波（つなみ）
②噴出（ふんしゅつ） 噴火（ふんか） 垂直距離（すいちょくきょり） 範囲（はんい）
③瓦（かわら）
④霧（きり）
⑤炎（ほのお）
⑥中枢（ちゅうすう）
⑦首都圏（しゅとけん） 襲った（おそった） 豪雨（ごうう） 滝（たき）
⑧影響（えいきょう） 嵐（あらし） 瞬間（しゅんかん）

問題3

①ちぢむ→縮む
②かみなり→雷 ひびく→響く
③なつかしい→懐かしい
④かくれる→隠れる

18課 練習 P. 134

問題1

①怨恨（えんこん） ②奪われず（うばわれず）
③箇所（かしょ） ④刺し傷（さしきず）
⑤踏切（ふみきり） ⑥砕けた（くだけた）
⑦跡（あと）

問題2

①悲惨（ひさん） 通り魔（とおりま）
②俺（おれ） 振り（ふり） 詐欺（さぎ）
③犯罪組織（はんざいそしき） 拉致（らち） 脅迫（きょうはく） 犯した（おかした）
④恨み（うらみ）

⑤血痕（けっこん） 鑑定（かんてい）
⑥束縛（そくばく）
⑦不祥事（ふしょうじ）
⑧邦人（ほうじん） 邦画（ほうが）
⑨邪魔（じゃま）
⑩賄賂（わいろ） 便宜（べんぎ） 図った（はかった）
逮捕（たいほ）

問題3

①せまる→迫る ②おどし→脅し
③みじめな→惨めな ④ふまえる→踏まえる
⑤まかなう→賄う ⑥ねらう→狙う
⑦しばる→縛る ⑧あざむく→欺く
⑨ける→蹴る ⑩なぐる→殴る

19課 練習 P. 140

問題1

①無免許（むめんきょ） ②児童（じどう）
③突っ込む（つっこむ） ④渋滞（じゅうたい）
⑤追突（ついとつ） ⑥懲役（ちょうえき）
⑦執行猶予（しっこうゆうよ）
⑧死刑囚（しけいしゅう）
⑨死刑制度廃止（しけいせいどはいし）
⑩訴える（うったえる）
⑪運搬（うんぱん）
⑫妨害（ぼうがい）

問題2

①精密（せいみつ）
②扉（とびら）
③雷（かみなり） 柵（さく）
④法廷（ほうてい） 裁判（さいばん） 傍聴（ぼうちょう）
⑤陪審員（ばいしんいん）
⑥裁判員制度（さいばんいんせいど） 開廷（かいてい）
⑦休憩（きゅうけい） 衝突（しょうとつ） 記憶（きおく）
⑧怠った（おこたった）
⑨番組（ばんぐみ） 隔週（かくしゅう） 放送（ほうそう）

問題3

①へだてられて→隔てられて
②おぼれる→溺れる
③ひかえる→控える ④さばく→裁く
⑤おちいる→陥る ⑥くりかえし→繰り返し
⑦さえぎる→遮る ⑧まぬがれる→免れる
⑨さまたげる→妨げる ⑩しぶい→渋い

20課 練習 P. 146

問題1

(1)訂正 (2)修正 (3)是正 (4)処置 (5)措置
①是正（ぜせい） ②不均衡（ふきんこう）
③措置（そち） ④摩擦（まさつ）

問題2

①天皇（てんのう） ②皇后（こうごう）
③陛下（へいか） ④勲章（くんしょう）
⑤皇居（こうきょ） ⑥催され（もよおされ）
⑦皇太子（こうたいし） ⑧妃（ひ）
⑨別荘（べっそう） ⑩姿（すがた）
⑪唯一（ゆいいつ） ⑫宮殿（きゅうでん）
⑬迎賓館（げいひんかん） ⑭折衷（せっちゅう）
⑮装飾（そうしょく）

問題3

①たいしゅう→大衆
②きょぜつ→拒絶
③すれちがった→擦れ違った どうりょう→同僚
④しへい→紙幣
⑤べっそう→別荘 ぜひ→是非

21課 練習 P. 152

問題1

①絶滅（ぜつめつ） ②危機（きき）
③幻（まぼろし） ④保護（ほご）
⑤横綱（よこづな） ⑥連覇（れんぱ）
⑦狙う（ねらう） ⑧盗塁（とうるい）
⑨輝く（かがやく） ⑩餅（もち）
⑪監督（かんとく） ⑫親睦（しんぼく）

問題2

①嬢（じょう）
②表彰台（ひょうしょうだい） 国旗（こっき）
③髪（かみ） 触る（さわる） 癖（くせ）
④与えられた（あたえられた） 任務（にんむ）
無事（ぶじ） 遂行（すいこう）

問題3

①おもむく→赴く ②きたえる→鍛える
③はねる→跳ねる ④おとる→劣る
⑤いどむ→挑む ⑥あな→穴
⑦はた→旗 ⑧うえて→飢えて

問題4

①選挙(せんきょ)を棄権(きけん)する。　②人権(じんけん)を擁護(ようご)する。
③銅(どう)メダルを獲得(かくとく)する。　④歓声(かんせい)が上がる。
⑤空を飛(と)ぶ。　⑥我(わ)がチームの健闘(けんとう)を祈(いの)る。

22課 練習　P. 158

問題1

①輸入業者(ゆにゅうぎょうしゃ)　仕入れた(しいれた)
　卸す（おろす）
②自動販売機（じどうはんばいき）　場合（ばあい）
　小銭（こぜに）
③僧（そう）　整備（せいび）
④江戸時代（えどじだい）　庶民（しょみん）
　娯楽（ごらく）　研究書（けんきゅうしょ）
　出版（しゅっぱん）
⑤合併(がっぺい)　鉄鋼(てっこう)　誕生(たんじょう)
⑥班（はん）　討論（とうろん）
⑦両親（りょうしん）　妻（つま）　扶養（ふよう）
⑧光沢(こうたく)　革(かわ)　靴(くつ)　磨く(みがく)
⑨車掌(しゃしょう)　安全(あんぜん)　確認(かくにん)
⑩上旬（じょうじゅん）　搭載（とうさい）
　発売（はつばい）
⑪潜水（せんすい）　練習（れんしゅう）

問題2

①しゅん→旬　あな→穴　もぐって→潜って
②だれ→誰　はか→墓
③せき→隻
④きんせん→金銭
⑤じゅうじつした→充実した

問題3

①しんじゅ→真珠　②あみ→網
③へいがい→弊害　④はんけい→半径
⑤ごらく→娯楽　⑥とうじょう→搭乗

23課 練習　P. 164

問題1

①川柳（せんりゅう）　詩（し）　滑稽（こっけい）
　描写（びょうしゃ）
②随筆（ずいひつ）
③悲劇（ひげき）　戯曲（ぎきょく）
④比喩（ひゆ）　例えば（たとえば）　丸い（まるい）
　類似（るいじ）　表現（ひょうげん）
⑤人間（にんげん）　行動（こうどう）　扱う（あつかう）
　擬人化（ぎじんか）
⑥似た（にた）　位置（いち）　繰り返し（くりかえし）
　用いる（もちいる）　韻（いん）　踏む（ふむ）
⑦吹奏楽（すいそうがく）　曲（きょく）　楽譜（がくふ）
⑧有名（ゆうめい）　探偵（たんてい）

問題2

①くるう→狂う　②あらす→荒らす
③きぬ→絹　④かいこ→蚕
⑤たくみに→巧みに　⑥つらぬく→貫く
⑦えがく→描く　⑧すます→澄ます

問題3

①部屋(へや)の隅(すみ)　②模擬(もぎ)試験
③精巧(せいこう)な機械(きかい)　④退屈(たいくつ)な話
⑤閑静(かんせい)な住宅街(じゅうたくがい)　⑥禅(ぜん)の精神(せいしん)
⑦幾何学(きかがく)模様(もよう)　⑧突然(とつぜん)の訃報(ふほう)

24課 練習　P. 170

問題1

①茎（くき）　繁殖（はんしょく）　挿し木（さしき）
②栄養(えいよう)　植物(しょくぶつ)　枯れて(かれて)
③二酸化炭素（にさんかたんそ）　窒素（ちっそ）
④栽培（さいばい）　肥料（ひりょう）　避けて（さけて）
　堆肥（たいひ）
⑤土壌（どじょう）　微生物（びせいぶつ）
⑥作物（さくもつ）　耐える（たえる）
⑦納豆（なっとう）　大豆（だいず）　発酵（はっこう）
⑧削除（さくじょ）　挿入（そうにゅう）
⑨繁盛（はんじょう）　神社（じんじゃ）
⑩収穫（しゅうかく）
⑪隙間（すきま）
⑫餅（もち）　喉（のど）　詰まって（つまって）
　窒息（ちっそく）

問題2

①しも→霜　②め→芽
③ぼくちく→牧畜　④すなお→素直
⑤きょうさく→凶作　⑥じゅくす→熟す
⑦びりょう→微量

問題3

①ほる→掘る　②ぬぐ→脱ぐ
③かる→刈る　④いも→芋

まとめ問題・3 P. 171～172

1 圧縮（あっしゅく） とどきました→届きました
2 商店（しょうてん） おそって→襲って
商品（しょうひん） 略奪（りゃくだつ）
3 あたり→辺り 踏み込む（ふみこむ）
密集（みっしゅう）
4 けいたい→携帯 公衆電話（こうしゅうでんわ）
へって→減って
5 監督（かんとく） お嬢さん（おじょうさん）
一緒（いっしょ） べんとう→弁当
6 庶務（しょむ） たんとう→担当 補充（ほじゅう）
ひつよう→必要
7 弦楽器（げんがっき） 魅力（みりょく）
8 古代（こだい） 発掘現場（はっくつげんば）
穀物（こくもつ） たね→種 はっけん→発見
9 針葉樹（しんようじゅ） 広葉樹（こうようじゅ）
分布（ぶんぷ） しらべる→調べる
10 噴火（ふんか） 可能性（かのうせい）
かつどう→活動 監視（かんし）
11 支払い（しはらい） 購入（こうにゅう）
税金（ぜいきん） 控除（こうじょ）
12 国際連盟（こくさいれんめい） 設立（せつりつ）
加盟国（かめいこく）
13 寮（りょう） 食堂（しょくどう）
留学生（りゅうがくせい） 歓迎会（かんげいかい）
ひらかれた→開かれた
14 旬（しゅん） やさい→野菜 栄養（えいよう）
15 忠告（ちゅうこく） したがって→従って
探偵（たんてい） ちょうさ→調査 たのむ→頼む
16 豆腐（とうふ） 納豆（なっとう） 大豆（だいず）
しょくたく→食卓 欠かせない（かかせない）
17 源氏物語（げんじものがたり） 貴い（とうとい）
身分（みぶん） 人物（じんぶつ） 登場（とうじょう）
18 きおん→気温 適宜（てきぎ） 休憩（きゅうけい）
無理（むり）
19 ぐうぜん→偶然 柳（やなぎ） 傍ら（かたわら）
20 世界大戦（せかいたいせん） けいざい→経済
財閥（ざいばつ） うごかして→動かして
21 困難（こんなん） けんきゅう→研究
成し遂げた（なしとげた）
22 わき→脇 窮屈（きゅうくつ） 桜（さくら）
模様（もよう） あわなくて→合わなくて
残念（ざんねん）
23 おく→奥 荒廃（こうはい） むかし→昔
おとずれた→訪れた
24 双子（ふたご） 未熟（みじゅく） せ→背
25 みな→皆 模範演技（もはんえんぎ） 披露（ひろう）
26 殺す（ころす） 脅かされて（おどかされて）
金庫（きんこ） あけた→開けた
27 刑事（けいじ） 贈賄事件（ぞうわいじけん）
そうさ→捜査 はじめた→始めた
28 来賓（らいひん） 方（かた） 挨拶（あいさつ）
29 せいせき→成績 良くて（よくて） 美人（びじん）
姉（あね） 劣等感（れっとうかん）
30 嵐（あらし） 猛烈（もうれつ） かぜ→風
吹いた（ふいた） 屋根（やね）
とばされた→飛ばされた
31 擬声語（ぎせいご） 擬態語（ぎたいご）
32 厳しい（きびしい） ひんぱんに→頻繁に 霜（しも）
33 かいけつ→解決 方策（ほうさく） 模索（もさく）
34 言論（げんろん） じゆう→自由 圧迫（あっぱく）
行為（こうい） ゆるされない→許されない
35 執筆（しっぴつ） さっか→作家
控え室（ひかえしつ） 突如（とつじょ）
あらわれた→現れた
36 郷里（きょうり） 邸宅（ていたく） 所有（しょゆう）

25課 練習 P. 178

問題1

①沼（ぬま） ②浄化（じょうか）
③汚濁（おだく） ④不名誉（ふめいよ）
⑤漁獲（ぎょかく） ⑥急激（きゅうげき）
⑦伴う（ともなう） ⑧排水（はいすい）
⑨近隣（きんりん） ⑩緩やか（ゆるやか）
⑪傾斜（けいしゃ） ⑫溝（みぞ）
⑬点滴（てんてき）

問題2

①顕微鏡（けんびきょう） さいぼう→細胞
②のぼる→昇る
③道端（みちばた） つむ→摘む
④くつがえす→覆す
⑤隣（となり） かって→飼って
⑥そまって→染まって
⑦はげしい→激しい ともなう→伴う
⑧ななめ→斜め
⑨にごって→濁って すきとおって→透き通って
⑩暖房（だんぼう） こわれた→壊れた

26課 練習 P. 184

問題1

①蜜蜂（みつばち） ②昆虫（こんちゅう）
③１匹（いっぴき） ④雌（めす）

⑤巣造り（すづくり）　⑥餌（えさ）
⑦雄（おす）　⑧交尾（こうび）
⑨揮発性（きはつせい）　⑩誘引（ゆういん）
⑪維持（いじ）　⑫卵巣（らんそう）
⑬抑制（よくせい）　⑭外敵（がいてき）
⑮臭気（しゅうき）　⑯興奮（こうふん）
⑰攻撃性（こうげきせい）

問題2

①しゅうきょう→宗教
②す→酢　穀物（こくもつ）　果物（くだもの）
③つけて→漬けて
④さけて→裂けて
⑤生涯（しょうがい）　えがいた→描いた
⑥しげって→茂って
⑦貝殻（かいがら）　装飾（そうしょく）
⑧たつまき→竜巻
⑨脂肪（しぼう）　たくわえる→蓄える
⑩藍（あい）　くき→茎
⑪恒温（こうおん）　影響（えいきょう）
⑫蚊（か）　媒介（ばいかい）

27課 練習　P. 190

問題1

①錯覚（さっかく）　②付き添う（つきそう）
③凝った（こった）　④干渉（かんしょう）
⑤盲点（もうてん）　⑥懸命（けんめい）
⑦自己（じこ）　⑧矛盾（むじゅん）
⑨解釈（かいしゃく）　⑩解剖（かいぼう）
⑪閲覧（えつらん）

問題2

①いっしょうけんめい→一生懸命
②（ご）らん→（ご）覧
③ちんれつ→陳列　④ぼうけん→冒険
⑤くうどう→空洞　⑥そえて→添えて
⑦こうばい→勾配　⑧せいこう→成功
⑨じしゃく→磁石　⑩じゅんじょ→順序
⑪わく→枠　⑫じっせん→実践

問題3

①冷蔵／庫　②望遠／鏡
③無／収入　④交通／機関
⑤化学／調味料　⑥不／得意／科目
⑦経済／援助／計画　⑧新／和英／大／辞典

28課 練習　P. 196

問題1

①気兼ね（きがね）　鉢植え（はちうえ）
　缶詰（かんづめ）　瓶（びん）　詰める（つめる）
②お邪魔（おじゃま）
③男女兼用（だんじょけんよう）
④雪崩（なだれ）
⑤伯父（おじ）　叔母（おば）
⑥お巡りさん（おまわりさん）
⑦伯母（おば）　玄人（くろうと）
⑧叔父（おじ）　芝生（しばふ）
⑨崩壊（ほうかい）
⑩袖（そで）　菊（きく）
⑪戸棚（とだな）　丼（どんぶり）
⑫商店街（しょうてんがい）　騒ぎ（さわぎ）
⑬粗い（あらい）
⑭無邪気（むじゃき）
⑮騒々しい（そうぞうしい）

問題2

①へり→縁　②うけついで→受け継いで
③さんばし→桟橋　④げんかん→玄関
⑤くずれた→崩れた　⑥めぐって→巡って
⑦かねて→兼ねて　⑧こんいろ→紺色
⑨ふち→縁　⑩うめ→梅　はち→鉢
⑪よこじく→横軸　たてじく→縦軸
⑫ひたした→浸した

問題3

(1)・魚を買いに①市場（いちば）へ行く。
　・外国為替（かわせ）②市場（しじょう）では円高（えんだか）ドル安（やす）の傾向（けいこう）が見られる。
(2)・来週、①生物（せいぶつ）の試験がある。
　・②生物（なまもの）ですので、今日中にお召（め）し上がりください。

29課 練習　P. 202

問題1

①襟（えり）　整える（ととのえる）　態度（たいど）
　引き締める（ひきしめる）
②褐色（かっしょく）　肌（はだ）　親しみ（したしみ）
　素朴（そぼく）
③我々（われわれ）　瞳（ひとみ）
④孝行（こうこう）　儒教（じゅきょう）
⑤敬い（うやまい）　尽くして（つくして）
⑥粋（すい）
⑦曖昧（あいまい）　避ける（さける）

⑧傘（かさ） 柄（え） 彫って（ほって）
⑨悠々（ゆうゆう）
⑩傲慢（ごうまん） 謙虚（けんきょ）

問題2

①伝統を守るために、妥協は許されない。
②怠惰な生活を改める。
③うちの息子は食欲が旺盛だ。
④萎縮せず、伸び伸びと発言する。
⑤臆病な子どもが物語の勇敢な主人公に憧れる。
⑥その僧は誰に対しても慈悲深く、寛容だった。

問題3

①あわただしい→慌ただしい
②さとる→悟る
③あきない→飽きない ④だまって→黙って
⑤ほがらかだ→朗らかだ ⑥なぐさめる→慰める
⑦おどろく→驚く ⑧がら→柄
⑨かんちがい→勘違い ⑩ののしる→罵る

30課 導入部 P. 203

1

❶近所づきあいが面倒だ。＝煩わしい
❷健康な人を見ると自分と違っていいなあと思う。
＝羨ましい
❸いつも一緒にいる人がいなくて心細い気持ちだ。
＝寂しい

2

❶暗いニュースを聞くと、憂鬱な気分になる。
❷自由だが孤独な一人暮らし。
❸閑静な住宅街。
❹新緑の季節は爽やかな気分になる。
❺静かで穏やかな春の海。
❻研究に対する貪欲なまでの執着。

3

❶あせる→焦る
❷したわれて→慕われて
❸あこがれる→憧れる
❹なげく→嘆く

4

❶（勇気が）わく→湧く ❷のろう→呪う
❸にくんで→憎んで ❹あきらめる→諦める
❺ほこり→誇り

5

❶憤る（いきどおる） ❷惜しむ（おしむ）
❸嫉妬（しっと） ❹軽蔑（けいべつ）
❺侮辱（ぶじょく） ❻挫折（ざせつ）

30課 練習 P. 208

問題1

①爽やか（さわやか）
②恩（おん）
③郷愁（きょうしゅう） なつかしい→懐かしい
④被害妄想（ひがいもうそう） 陥って（おちいって）
⑤機嫌（きげん）
⑥羞恥心（しゅうちしん）
⑦苦労（くろう） 感慨（かんがい）
⑧憤り（いきどおり）
⑨軽蔑（けいべつ）
⑩質（しつ） 驚嘆（きょうたん）
⑪申請（しんせい） 煩わしい（わずらわしい）
手続き（てつづき）
⑫憂鬱（ゆううつ）
⑬戯曲（ぎきょく） 嫉妬（しっと）
⑭羨ましい（うらやましい）
⑮誇張（こちょう）

問題2

①ざせつ→挫折 ②どんよく→貪欲
③したう→慕う ④ゆかい→愉快
⑤ぶじょく→侮辱 ⑥にくらしい→憎らしい

問題3

①こがす→焦がす ②おだやかに→穏やかに
③さびしい→寂しい ④わく→湧く
⑤いやがる→嫌がる ⑥あこがれる→憧れる
⑦あきらめない→諦めない ⑧おしむ→惜しむ

31課 導入部 P. 209

1

❶いずれも優れていて、甲乙つけがたい作品
❷鮮やかな色の衣装：はっきりしていて美しい色の衣装
❸強烈な印象：忘れられないような印象
❹奇妙な物語：おかしな物語
❺見るに堪えない残酷な場面：見ていられないほど残酷な場面
❻頑丈なつくりの椅子：壊れにくそうな椅子
❼斬新なデザイン：従来にないデザイン

②
❶ ありふれた名前：**平凡な**名前
❷ 上品な振る舞い：**優雅な**振る舞い
❸ 知的で上品な趣味：**高尚な**趣味
❹ 面倒な仕事：**厄介な**仕事
❺ 素早い対応：**迅速な**対応
❻ 細かく丁寧な作業：**緻密な**作業
❼ スケールの大きい計画：**壮大な**計画
❽ 疲れ果てる：**消耗する**
❾ 味わいのある建物：**趣**のある建物

③
❶ 曖昧な⟷**明瞭な**
❷ 傑作・佳作⟷**駄作**
❸ 冗長な⟷**簡潔な**
❹ 天国のような⟷**地獄**のような
❺ **秩序**正しい社会⟷混乱した社会

31課 練習 P. 214

問題1
① 謎（**なぞ**）　② 惑星（**わくせい**）
③ 硫酸（**りゅうさん**）　④ 撮影（**さつえい**）
⑤ 粒（**つぶ**）　⑥ 渦巻き（**うずまき**）
⑦ 模様（**もよう**）

問題2
① 肥沃（**ひよく**）　排水（**はいすい**）　汚染（**おせん**）
② 尾（**お**）　翼（**つばさ**）
③ 塊（**かたまり**）
④ 甲乙（**こうおつ**）
⑤ 硫黄（**いおう**）　臭い（**におい**）
⑥ 眼（**め**）　清潔（**せいけつ**）　扱い（**あつかい**）
⑦ 緻密（**ちみつ**）
⑧ 壮大（**そうだい**）
⑨ 地獄（**じごく**）　強烈（**きょうれつ**）
魅せられた（**み**せられた）
⑩ 平凡（**へいぼん**）　優雅（**ゆうが**）

問題3
① とまどう→**戸惑う**　② むだづかい→**無駄遣い**
③ あざやかな→**鮮やかな**　④ がんばる→**頑張る**
⑤ おもむき→**趣**　⑥ やっかいな→**厄介な**
⑦ たえない→**堪えない**　⑧ みょうな→**妙な**

32課 導入部 P. 215

①
① 受け入れて楽しむこと→**享受する**
② 念を入れて調べること→**吟味する**
③ 相手の要求などを受け入れること→**承諾する**
④ 困難に負けないで勝つこと→**克服する**
⑤ 命令や誘いに対して逆らうこと→**抵抗する**
⑥ 物をさしあげること→**進呈する**
⑦ よく考えてみること→**検討する**
⑧ 機材などを設置すること→**据え付ける**
⑨ 決まりを守ること→**遵守する**
⑩ 質問すること→**尋ねる**
⑪ 値段がとても高くなること→**高騰する**
⑫ 不足すること→**欠乏する**
⑬ 妨げ、止めること→**阻止する**
⑭ 真似ること→**模倣する**
⑮ 壊れたり悪くなったりしたところを直すこと
→**修繕する**
⑯ 水分が十分であること、豊かになること
→**潤う**

②
① 倹約する⟷**浪費する**
② しぼむ・縮む⟷**膨張する**

③
① **緩慢に**変化する
② **僅かに**上回る／下回る
③ **急激に**増加する⟷**徐々に**減少する
④ **漸近的に**減少する

32課 練習 P. 220

問題1
① 経て（**へて**）　老朽化（**ろうきゅうか**）
甚だしい（**はなはだしい**）
② 徹底的（**てっていてき**）　対策（**たいさく**）
討議（**とうぎ**）
③ 大規模（**だいきぼ**）　飛躍的（**ひやくてき**）
④ 容赦（**ようしゃ**）
⑤ 企業倫理（**きぎょうりんり**）　遵守（**じゅんしゅ**）
⑥ 環境（**かんきょう**）　恩恵（**おんけい**）
享受（**きょうじゅ**）
⑦ 沸騰（**ふっとう**）　麺（**めん**）

⑧僅か（わずか） 購入（こうにゅう）
⑨王妃（おうひ） 浪費（ろうひ） 的（まと）
⑩克服（こくふく）
⑪吟味（ぎんみ）
⑫選挙（せんきょ） 支援（しえん） 奔走（ほんそう）
⑬裾（すそ） 綻びて（ほころびて） 繕って（つくろって）
⑭抵抗（ていこう） 抑える（おさえる）

問題2

①タイプを**打つ**。
②消費者の心理を**捉える**。
③勝負にお金を**賭ける**。
④例に**倣って**問題を解く。
⑤**徐行**運転をする。
⑥人に道を**尋ねる**。
⑦**倹約**を心がける。
⑧粗品を**進呈**します。

問題3

①とぼしい→**乏しい**　②ふくらます→**膨らます**
③はばむ→**阻む**　④うるおう→**潤う**
⑤すえる→**据える**　⑥くさる→**腐る**

まとめ問題・4　P. 221～222

1 望遠鏡（ぼうえんきょう） とおく→**遠く** 星（ほし）
2 てき→**敵** 襲撃（しゅうげき） うけ→**受け**
所属（しょぞく） たい→**隊** 一瞬（いっしゅん）
全員（ぜんいん）
3 げいじゅつ→**芸術** 分野（ぶんや）
いだいな→**偉大な** 功績（こうせき）
対して（たいして） 文化勲章（ぶんかくんしょう）
さずけられる→**授けられる**
4 研究棟（けんきゅうとう） 施錠（せじょう）
こまって→**困って**
5 家柄（いえがら） 貴族（きぞく）
6 侮辱（ぶじょく） 恨み（うらみ）
7 頑固（がんこ） 説得（せっとく） 本当（ほんとう）
たいへん→**大変**
8 大抵（たいてい） 貧乏（びんぼう） 生活（せいかつ）
9 連邦（れんぽう） 崩壊（ほうかい）
げんいん→**原因**
10 水道（すいどう） 破裂（はれつ） 浸水（しんすい）
11 主張（しゅちょう） 凝縮（ぎょうしゅく）
12 継続（けいぞく） つづける→**続ける**
大切（たいせつ）
13 苦労（くろう） やりとげる→**やり遂げる**
覚悟（かくご）
14 叔父（おじ） 紳士的（しんしてき）
実際（じっさい） 威張って（いばって） 嫌（いや）
15 親しく（したしく） 一緒（いっしょ）
さそわれて→**誘われて** 戸惑った（とまどった）
16 学長（がくちょう） そつぎょう→**卒業**
活躍（かつやく） 誇った（ほこった）
17 自動車（じどうしゃ） 激増（げきぞう）
排気（はいき） 汚染（おせん）
18 漬物（つけもの） 砂糖（さとう） 酢（す）
漬けた（つけた） あまい→**甘い**
19 磁気（じき） よわく→**弱く** 反応（はんのう）
わるい→**悪い**
20 果汁（かじゅう） 絞って（しぼって）
あかちゃん→**赤ちゃん**
21 利己的（りこてき） 熱心（ねっしん） 慈善（じぜん）
うんどう→**運動**
22 しゃしん→**写真** 焦点（しょうてん）
撮影（さつえい）
23 窓（まど） あけて→**開けて** 新鮮（しんせん）
24 徹夜（てつや） 締め切り（しめきり） 間（ま）
25 すてきな→**素敵な** 演奏（えんそう）
会場（かいじょう） 和やか（なごやか）
雰囲気（ふんいき） 醸し出された（かもしだされた）
26 きんぞく→**金属** 欄干（らんかん） 腐食（ふしょく）
きけん→**危険**
27 試行錯誤（しこうさくご）
くりかえした→**繰り返した** 結果（けっか）
納得（なっとく）
28 花瓶（かびん） 邪魔（じゃま）
かたづけて→**片付けて**
29 交渉（こうしょう） 妥結（だけつ）
30 不遜（ふそん） たいど→**態度**
きらわれて→**嫌われて**
31 しゅみ→**趣味** 幻想的（げんそうてき） 絵（え）
あつめる→**集める**
32 指揮（しき） ゆめ→**夢**
33 果物（くだもの） ゆにゅう→**輸入** 制限（せいげん）
緩和（かんわ） めずらしい→**珍しい**
34 自己嫌悪（じこけんお） おちいった→**陥った**
35 博物館（はくぶつかん） 陶器（とうき）
てんらんかい→**展覧会**
36 長所（ちょうしょ） 明朗（めいろう）
すなおな→**素直な**
37 奇数（きすう） ふだ→**札** かい→**階**
偶数（ぐうすう）
38 あつかわれた→**扱われた** 憤慨（ふんがい）

留学生のための漢字の教科書 上級1000［改訂版］

●

初版 第4刷

著　者

佐藤 尚子（千葉大学大学院国際学術研究院教授）
佐々木 仁子（元千葉大学国際教育センター非常勤講師）

中国語・韓国語翻訳 ● 李明華
インドネシア語翻訳 ● Sri Budi Lestari
ベトナム語翻訳 ● TRẦN CÔNG DANH

イラスト ● 花色木綿
装幀 ● 梅田綾子
編集協力・組版 ● 山田恵（りんがる舎）・山口晴代

留学生のための 漢字の教科書 上級 1000［改訂版］

ISBN978-4-336-06302-1

2018年11月20日　初版 第1刷　発行
2023年10月25日　初版 第4刷　発行

著　者　佐藤 尚子
　　　　佐々木 仁子

発行者　佐藤 今朝夫

発行所　国書刊行会

〒174-0056　東京都板橋区志村 1-13-15
TEL.03-5970-7421　FAX.03-5970-7427
http://www.kokusho.co.jp

印刷　株式会社シーフォース　　製本　株式会社村上製本所